汉语言文字及应用

刘钦荣　孙保营　牛巧红　编著

郑州大学出版社

图书在版编目(CIP)数据

汉语言文字及应用 / 刘钦荣，孙保营，牛巧红编著. — 郑州 ：郑州大学出版社，2022.12(2024.6 重印)
ISBN 978-7-5645-9303-2

Ⅰ. ①汉… Ⅱ. ①刘… ②孙… ③牛… Ⅲ. ①汉语 - 语言学 - 高等学校 - 教材 Ⅳ. ①H1

中国版本图书馆 CIP 数据核字(2022)第 235978 号

汉语言文字及应用
HANYUYAN WENZI JI YINGYONG

策划编辑	李勇军	封面设计	孙文恒
责任编辑	刘晓晓	版式设计	孙文恒
责任校对	暴晓楠	责任监制	李瑞卿
出版发行	郑州大学出版社	地　　址	郑州市大学路 40 号(450052)
出 版 人	孙保营	网　　址	http://www.zzup.cn
经　　销	全国新华书店	发行电话	0371-66966070
印　　刷	廊坊市印艺阁数字科技有限公司		
开　　本	710 mm × 1 000 mm　1 / 16		
印　　张	25.75	字　　数	441 千字
版　　次	2022 年 12 月第 1 版	印　　次	2024 年 6 月第 2 次印刷
书　　号	ISBN 978-7-5645-9303-2	定　　价	88.00 元

前　言

汉语是汉民族的母语，是操这种语言的所有成员维系民族及国家认同、弘扬中华文化、构筑心灵世界、深化意义探究、传承民族精神的共同基础和必要条件。德国哲学家、语文学家尼采曾指出，母语是“真正的教育由之开始的最重要、最直接的对象”，良好的母语训练是“一切后续教育工作”的“自然的、丰产的土壤”；教师应当使学生严肃地对待母语，“对语言感到敬畏”，最好还“对语言产生高贵的热情”。

教育是心智成长的过程，而母语是心智成长最重要的环境之一。母语就好比文化母乳，我们在母语的滋养下学会了思考、表达和交流。虽然后续教育有不同领域和学科之分，但一切教育的基本要求是正确地阅读、思考和写作，而这种正确性正是通过良好的母语训练打下基础的。认真对待语言，力求准确地使用每一个词，这不仅是为了避免他人的误解，更是对待心智生活的严肃态度。不能想象，一个对写给别人看的文字极其马虎的人，自己思考时会非常认真。事实上，这种马虎恰恰暴露了他自己也不在乎所要传达的东西。相反，凡是呕心沥血于精神劳动的人，因为珍惜其劳动成果，对文字往往都无比敬畏。

如果说文化是一种教养，那么，母语就是教养的基本功。一个人教养上的缺陷定会在语言上体现出来，无论是说话还是写作。一个语言粗鄙的人，我们会立刻断定他没文化；一个语言华而不实的人，我们也可以立刻断定他伪文化。举止上的高贵风度来自平时一丝不苟的训练（包括自我训练），语言上的良好作风也是如此。且不说写给大众公开发表的文章，哪怕是写给某一个人看的信、只给自己看的日记，都讲究用词和语法的正确、文风的端正，不肯留下一个不修边幅的句子，如此持之以恒，良好的语言文字运用习惯就化作本能了，而这便是文字上的教养，因为教养无非是化作本能的良好习惯罢了。

各民族都拥有优秀母语写作的传统，这个传统存在于本民族的经典作品之中，它们理应成为母语学习的范本。一百多年前，尼采已经埋怨过德国青少年不是向德语经典作家,而是从媒体那里学习母语,使得他们“尚未成型的心灵上被印上了我们新闻审美趣味的野蛮标记”。如果尼采生活在今天这个网络时代,真不知他会作何感想。我们认为,网络语文的繁荣极大地拓宽了写作普及的范围和发表自由的空间,这诚然是好事,但也因此更应该警惕尼采所说的“新闻审美趣味”的蔓延。网络语文往往是急就章,因此可能导致两个后果:一是内容上的浅薄,缺乏酝酿和积累,成为即兴发泄和时尚狂欢的娱乐场;二是语言上的粗率,容易滋生马虎对待母语的习气,成为错别字和语病的重灾区。内容浅薄、语言粗率,这往往被认为是“新闻审美趣味”的两大特征,所以尼采说它“野蛮”。

当然语言是约定俗成的,必然会在使用中有发展、有更新,我们非常鼓励语言上的创新。但是,创新必须是合乎母语本身规律的,一个词的新的用法,一个句子的新的组织法,应该是对原有词法和句法的推陈出新,而非凭空生造;同时,创新能否被接受成为新的约定俗成,有待于时间的检验。有一点可以肯定,创新的前提是敬畏母语,因而对母语十分细心,有敏锐而细腻的感觉,那种哗众取宠的起哄式的所谓“创新”是闹剧,今天一哄而起,明天就会一哄而散。

我们想强调的是,母语是教育的起点,大学生也应该高度重视母语的学理训练与应用规范。不容乐观的现实却是,高等教育进入大众化时代,不少高校的母语教育并未得到应有的重视,甚至面临弱化和边缘化的局面,或者说没有显示出理想的效果,致使汉语言文字应用失范和遣词造句平庸乏味成为一种较为突出和普遍的社会现象,许多人虽然天天离不开母语,却与母语中独特的文化意蕴渐行渐远。高校发展的实践表明,学科、专业、课程三者密切相关,相互支撑,互为促进。在轰轰烈烈开展高校“双一流”建设的今天,在大力提倡进行教学改革提升内涵建设的当下,我们呼吁高校开设大学生“汉语言文字及应用”课程,助推一流高校、一流学科的形成与发展。

开设“汉语言文字及应用”这门课的必要性主要体现在以下三个方面:

第一,有助于提升大学生的汉语水平,增强母语意识。语言文字是社会成员传递信息和沟通思想的工具,正确地使用汉语言文字,对于整个社会和社会中的每个成员都十分重要,对汉语言文学、汉语国际教育、汉语言专业的大学生来说更是最基本的要求。但长期以来由于我们过于讲求类似语法这样的知识性东西的传授,而忽视了对于学生汉语言文字应用能力的培养,忽视了对于学生驾驭文字能力的培养，造成大学生甚至全民的文字应用水平不够理想。

这种现象已经引起了有关部门和专家的关注，他们呼吁在中小学乃至大学加强汉语课的教学。中央电视台《文化访谈录》栏目播出一期节目，题目是"我们的汉语水平"，对当前大学生汉语水平低下、沟通能力欠缺的现状进行了深入的分析；2007 年中央电视台《东方时空》以"学英语，别丢了母语"为题做了专题报道。诗人余光中指出，英文充其量是我们了解世界的一种工具而已，汉语才是我们真正的根。中国修辞学会原会长、著名语言学家王德春教授认为，"母语不通，外语同样也学不好"。他认为，在国际交流日趋频繁的大背景下，大学生的母语意识必须增强而绝不能削弱。因此，针对当前大学生汉语水平整体下滑的现状，有必要开设一门有关汉语言文字应用的课程，使学生系统地学习现代汉语言文字的基础知识，增强母语意识，逐渐提高汉语言文字应用能力。

第二，有助于大学生了解汉语言文字的规范标准，提高运用能力。通过汉语言及应用的系统学习，可以使大学生深入了解现代汉语语音、汉字、词汇、语法、语用各方面的规范标准，加深对语言规律的认识，使理论知识转化为提高正确运用汉语言文字的能力。

在语言生活中，不规范现象大量存在。语言文字失范现象，日常交际中有，报刊中也有；普通人语言运用中有，播音员主持人语言中也有，影视歌词中还有。失范现象的广泛性及不良影响的深远性让人忧虑。因此，在教学内容中，一方面要介绍汉语语音、文字、词汇、语法等的规范标准；另一方面，要通过对不规范用例的分析，增强同学们汉语言文字规范化的意识，提高学生正确使用汉语的能力。

第三，通过系统的学习，掌握有关语言应用的知识，提高学生言语交际的能力。在信息时代，人与人之间的交往日益频繁，言语交际能力越来越显示出它的重要性。现代社会对人才的要求，不仅要具有一定的学历，而且还必须具备一定的社会交往能力，具备一定的言语交际能力。言语交际是一门艺术，在现代社会中，良好的言语交际能力对一个人来说非常重要。于是，教学实施中加入言语交际方面和汉文化方面的内容，把汉语言文字的应用放到言语交际的大背景中来学习，使学生获得汉语运用及言语交际方面的能力。

总之,针对当前大学生汉语水平不够理想的现状,有必要在大学阶段开设一门有关汉语言文字应用的课程,使学生系统学习现代汉语言文字的基础知识,掌握现代汉语言文字实际运用的知识以及语用、篇章方面的基本规律,使其汉语言文字能力得到提高。

基于对课程性质、定位、功能的认知,近年来,本书三位作者就编著《汉语言文字及应用》一书,反复研讨交流,碰撞智慧火花,定框架、明体例、撰内容,真正做到凝聚合力定思路,分工合作显亮点。课中检验,课外咨询;寒暑交替,数易其稿。该书跟其他著作和教材相比,主要有以下四个方面的特色:

第一,把汉语言文字的基础知识和规范化的内容相结合。传统的现代汉语教科书,着重讲授系统的语音、文字、语汇、语法、修辞等基础知识,而《汉语言文字及应用》则着眼于汉语言文字的规范化和实际运用,特别注重培养学生的汉语言文字规范意识和提高学生的汉语言文字应用能力。通过大量的正反两方面汉语言文字运用实例的列举和分析,使学生感悟到汉语言文字现象与每个人的日常生活息息相关,在日常的听、说、读、写实践中注意汉语言文字的科学应用,从而养成良好的语感,提高汉语言文字的修养,增强汉语言文字的实际应用能力。

第二,把传统知识和最新的语言现象相结合。语言是一个历史的长河,是一个开放的系统,时刻处于动态的演进过程之中。新的字词、新的格式、新的说法不断涌现,如何看待这些新的语言现象?我们的态度是,不但不排斥,恰恰相反,积极敞开胸怀接纳新词、新语、新用法。但是,并非只要是新的就一味吸纳,在使用时有着明晰的选择性。具体到著作编写过程中,我们尽量以一种开放的、发展的、辩证的心态和眼光来处理新的语言现象,肯定那些有生命力的、已被社会普遍认可的用例;对那些虽没有得到社会普遍认可,但有一定合理性和生命力的语言现象,也进行实事求是的分析和处理;对那些大多数人看不懂的、有低俗取向的语言材料,如个别网络用语,则持审慎的态度,倾向于不提倡使用。

第三,把静态的知识和动态的知识相结合。我国著名物理化学家、教育家卢嘉锡曾经说过:"一个只会创造不会表达的人,不算是一个真正的科学技术工作者。"对致力于发明创造的科技工作者如此,对一般人也是如此,不会表达是一种很大的人生缺憾。在现代社会,良好的言语交际能力是一个现代人必须具备的基本素质，其重要意义，绝对不在掌握现代教育、外语、驾驶、摄影等热门的专业技术之下。良好的言语交际能力不仅仅表现在把话说准确、说清楚，还表现在如何说得更加生动形象、更加巧妙有趣。本书把汉语言文字的应用放到言语交际的大背景下，介绍并解析言语交际的方法和技巧，提供交际的具体案例，以期使大学生能够获得言语交际方面的知识和能力。

第四，把汉语言文字应用和汉文化相结合。汉民族共同语无论是文字还是词汇，都负载着丰富的中华优秀传统文化内涵，这些内容又制约着汉语言文字的应用。我们从不同角度来挖掘蕴含在汉语言文字中的民族文化内涵。通过学习这些知识，一方面可以加深对本民族语言文字丰富内涵的认识，另一方面可以更准确地运用这套语言文字符号。

在践行上述四种“结合”理念和指导思想的具体阐述、评析中，无疑要对纷繁复杂、良莠不齐的语言现象进行褒贬臧否，指出其优劣得失。这就需要汉语言学科方面的科学指导和理论解释。在分析、诠释各种语言现象的过程中，既能检验汉语言学科传统知识、理论、方法的合理内核与解释能力，又可以发展丰富汉语言学科已有认识成果，从而推动汉语言文字学科的发展。

本书所涉及的内容虽经我们认真思考，反复核对，广泛征求意见，也未必就能够涵盖汉语言文字应用的所有内容，更未必能做到完全恰当。但是这本书至少可以告诉学生，汉语言文字应用中有哪些不规范现象，正确的应该是什么样的，如何进行规范；在言语交际中怎样遣词造句，选用什么样的表达方式交际效果才会更好；面对文化意义丰富的词语，如何使用，注意哪些问题，什么样的表达才更有文化内涵、更具有汉语味儿；孤立地看，一句话、一段组合没有问题，但放在具体语境中却是特别不恰当、不合适，面对特定语境的需要，我们应该如何组织语言材料、布局谋篇，恰切地表情达意；等等。

本书可以作为汉语言文学、新闻学、传播学、广播电视学、汉语国际教育、语文教育等专业的基础课教材，或作为高校其他专业的通识课教材；也可以作为以提升广大学生汉语言文字素养为目标的素质课读本；还可以作为指导各行各业人们汉语言文字实践的自学参考书。

汉语言文字世界汪洋恣肆，景象万千，汉语言文字应用学博大精深，学理深奥。面对让世人赞叹不已的汉语言文字，我们三位作者怀着无比虔诚恭敬之心感佩将汉语言文字创造和应用到极致的先民、圣人、艺术家！所以，我们深感所做的工作是初步的、基础的，敬请各位专家学者、师生读者多提宝贵意见和建议，以便日后修订和完善。

编著者

2022 年 9 月 22 日

目　录

第一章　语音及应用规范

语音是语言符号的物质外壳，也是语言的组成要素之一。语音同自然界其他声音一样，产生于物体的振动，具有音高、音强、音长、音色等声音要素，具有一定的物理属性；语音又是由人类的发音器官发出的，不同的发音器官、发音方法可以发出不同的语音，具有一定的生理属性；更重要的是，一种语言选择哪些语音、用什么样的语音形式表达什么样的意义，是社会成员约定俗成的，因此又具有一定的社会属性，社会属性是语音的本质属性。

从不同角度可以划分出不同的语音单位。音节是一般人自然感觉到的最小语音片段，在汉语中，除了儿化韵之外，基本上一个汉字对应一个音节。音素是从音节中分析出来的、从音质角度划分出的最小语音单位。按照发音时气流在口腔是否受阻，音素还可以分为元音和辅音两大类。发音时，气流在口腔受到阻碍的为辅音，不受阻碍的为元音。一般来说，辅音气流较强，声音不响亮；元音气流较弱，但是声音响亮清晰。

对于汉语的语音系统来说，大家更熟悉的是声母、韵母和声调。声母是汉语音节开头的辅音，汉语普通话中有 21 个声母，每个声母都有独特的发音部位和发音方法，掌握这些发音部位和发音方法，就掌握了声母的发音要领。韵母是一个音节中声母后面的部分，普通话中有 39 个韵母，又分为单韵母、复韵母和鼻韵母，把握单韵母的发音特征、复韵母和鼻韵母的发音特点都是我们准确掌握韵母发音的关键。声调是一个音节高低升降的变化，普通话的声调共有 4 个，传统上称为阴平声、阳平声、上声、去声，在汉语中具有区别意义的作用，声调不同，意义就有区别，因此，对于普通话来说，声调也是至关重要的。此外，普通话带有特定的声调的音节约有 1300 个，这些音节中声韵的拼合，声、韵、调的配合都有一定的要领或规律，汉语拼音的拼写也要遵循一定的规则。如果违背声母、韵母、声调的发音原理，违反声、韵、调的配合规律，不遵守汉语拼音的拼写规则，就会出现语音不规范的现象。

生活中，语音不规范的现象非常普遍，主要表现为声、韵、调发音不标准,方言的不恰当使用,一些人名、地名的误读,一些多音字、易错字的误认,以及网络中谐音替代、不规范合音的大量出现,这些不规范现象给我们的语言生活带来了诸多不便,在语言运用中应该尽量避免。确立正确的语音标准,掌握科学的发音技巧,继续大力推广普通话,是进一步促进现代汉语语音规范化的有效对策。

第一节　语音基础知识

一、语音的性质

语音是由人类的发音器官发出来的、能够表示意义的声音。它是语言的物质存在形式。

(一)物理属性

从物理角度看,语音同其他声音一样,都是由物体振动而产生的音波所构成的。声音包含音高、音强、音长、音色 4 个要素。

1.音高

音高就是声音的高低,它决定于发音体振动的快慢,即振动频率。在某些语言中,不同的音高有区别词义的作用。例如汉语,音节的高低变化不同,就分别表现为不同的声调。“汤、糖、躺、烫”四个词的音强、音长、音色基本上都是一样的,但由于音高变化所构成的声调不同,词义也完全不同。另外,几乎所有的语言都利用音高的变化来表达不同的感情,在一句话里,常常由于前后高低的变化,产生不同的语调,表示不同的语气。

2.音强

音强又称音重、音量,就是声音的强弱或轻重,它决定于发音时用力的大小。在一些语言中,运用不同的音强,可以构成重音和轻音,而重音和轻音的不同,可以区别语汇意义和语法意义。在汉语里,音强可以区别词义,如“莲子”和“帘子”,“老子”(春秋时思想家)和“老子”(父亲)等词义的不同就是凭重音来区别的。在句子中,某些词读得重或轻一些,还可以表达不同的感情色彩或强调这些词的意义。

3.音长

音长就是声音的长短,它决定于发音体振动时间的久暂。音长在某些语言里也有区别意义的作用。如汉语粤方言的“三”[saːm]和“心”

[sam]。此外,音长还同音高、音强一样,是构成不同语调的要素之一,成为各种语言用来表达说话者的感情色彩的一种重要手段。一般来说,在汉语里重读的音节,声音就拖得长。

4.音色

音色是声音的特色,也称声音的个性。造成不同音色的条件有三个,即发音体不同、发音时共鸣器的形状不同和发音方法不同。音色是构成不同声音的最基本的要素,音色不同,声音表示的意义也不同。如:ɑ(啊)、o(喔)、e(鹅),ɑi(唉)、iɑ(呀)、ɑn(安)、nɑ(呐),等等。

(二)生理属性

语音是人类的发音器官发出来的,发音器官及其活动决定着语音的生理性质。要想使语言充分发挥作用,就必须使语音发得准确清楚,所以我们需要了解人的发音器官的构成以及各部分在发音时起的作用。(见图 1-1)

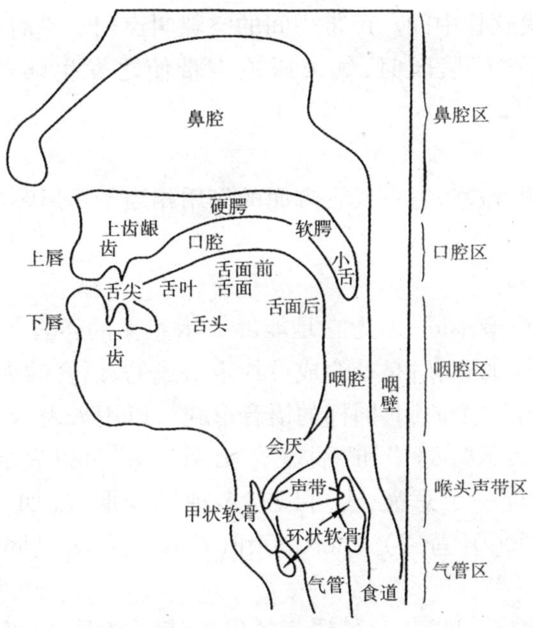

图 1-1　发音器官纵向剖面示意图

1.口腔

口腔包括舌头、嘴唇、上腭等部分。由于人的嘴巴可以自由开合,舌头可以自由伸缩与升降,嘴唇可以自由展开或合拢,口腔就可以形成不同形状的共鸣器,使气流通过时发出各种不同的声音。人类千变万化的声音,首先是由口腔的不同形状形成的。

2.鼻腔

鼻腔是发音的共鸣器。鼻腔是口腔上的二楼,一楼和二楼之间被腭隔开,上腭包括硬腭和软腭。软腭上升,贴在咽壁上,挡住气流到鼻腔的通路,这时发出的便是"口音";软腭下降,挡住口腔的通路,气流从鼻腔出来,发出的便是"鼻音"。如果气流从鼻腔、口腔同时通过,发出的便是"鼻化音"。

3.咽腔

咽腔是在喉头上面、口腔后面、鼻腔下面的空腔,只起共鸣作用。

4.喉头和声带

喉头由四块软骨(一块环状软骨,一块甲状软骨和两块勺状软骨)构成,声带长在四块软骨中间。声带中间的空隙叫声门。平时声门敞开着,让气流自由通过。声门紧闭时,气流压迫声带使之发生颤动,于是就发出声音。

5.肺和气管

肺是空气的贮藏室,它在发音方面的作用相当于手风琴的风箱;气管是气流的通道。

(三)社会属性

语音跟其他声音不同,因为它是能够表示意义的声音。用什么样的语音形式表示什么样的意义,是社会成员约定俗成的,语音的表意功能是社会赋予的。正是由于这个原因,同样的语音形式可以用来表示不同的意义,如"yóu tǒng"可以表示"邮筒"和"油桶","méi chē"可以表示"没车"和"煤车",等等。而同样一个意义,也可以有多种语音形式,如"yùmǐ(玉米)、bàngzi(棒子)、bāogǔ(苞谷)、zhēnzhūmǐ(珍珠米)"等是同一事物的几个不同的名称。

语音的社会属性可以从一种语言的民族特征来看,也可以从一种语言的地方特征来看。如,汉语音节有声调,而英语却没有。又如北京音里 n、l

非常分明，赣方言、河南的信阳方言却 n、l 不分。语音的社会属性还表现在语音的系统性上，各种语音或方言都有自己的语音系统。如，“送气与不送气”在汉语里有区别意义的作用，说“他饱了”与“他跑了”意思显然不同；而“送气与不送气”在英语里则没有区别意义的作用，如把“park（公园）”中的[p]念成[p^h]，最多听着不顺耳，意思却不变。因此英国人学汉语就要更加注意这种“送气与不送气”的作用。

二、语音的构成

语音是由许多单位构成的，这些单位是我们从不同的角度划分出来的。

（一）音节

音节是语音的自然单位。这个自然单位可以理解为“在听觉上自然感到的一个发音片段”。一般来说，一个汉字就是一个音节，如“欢迎华侨归国观光”（Huān yíng Huá qiáo guī guó guān guāng）这句话，说者和听者马上便可以知道它包含八个音节。只有儿化时，两个汉字才念成一个音节，如“花儿、叶儿、盆儿、罐儿、绳儿”等。这些词发音时，在前一个音节的末尾加上一个卷舌动作，使两个汉字成为一个音节。过去，有些汉字念两个音节，如“瓩”念“千瓦”，“浬”念“海里”，这些字现在已经废除。

（二）音素

音素是从音节中分析出来的最小的语音单位。如“爱”的发音“ai”不是最小的语音单位，可以再分析出“a”和“i”，“a”和“i”是不能再分的语音单位，它们就是音素。

汉语一个音节可以包含1—4 个音素，如“鹅”只有“e”1 个音素，“恩”包含“e”和“n”2 个音素，“好”包含“h”“a”和“o”3 个音素，“黄”包含“h”“u”“a”和“ng”4 个音素。

从发音气流通过口腔时受不受阻碍等来区分，音素又可分为元音和辅音两大类。

元音和辅音的主要区别有：

（1）发元音时，气流在口腔里不受任何部位阻碍；发辅音时，气流在口腔里受到一定程度的阻碍。

（2）发元音时，声带颤动，声音响亮清晰；发辅音时，声带多不颤动，声音不响亮，不清晰。

(3)发元音时,气流较弱;发辅音时,气流较强。

(4)发元音时,发音器官各部位保持均衡紧张;发辅音时,发音器官的成阻部位特别紧张。

(三)声、韵、调

汉语拼音的传统分析方法是把一个音节分成声母和韵母两部分,再加上声调。声、韵、调是汉语音节的三要素。

声母是一个音节开头的辅音。在汉语普通话中,22 个辅音除 ng 外,其他 21 个辅音都可以作声母。

韵母是一个音节声母后面的部分,韵母主要由元音构成,一部分韵母的收尾音是鼻辅音 n 或 ng。有些音节只有韵母,我们称这样的音节为“零声母”音节。

声调是一个音节高低升降的变化。

(四)元音、辅音同声母、韵母的关系

元音、辅音是按照音素发音特点区分的;声母、韵母是就音节的组成部分来区分的。声母都由辅音构成,韵母由元音或元音加辅音构成。

三、记录语音的工具

为了便于学习和研究,前人创制了多种记录语音的工具,把听觉信号转换为视觉信号,使有声语言里的各种语音现象成为可以看得见的东西。常用的记录语音的工具有国际音标和汉语拼音。

(一)国际音标

国际音标是国际语音学会正式讨论通过并公布使用的,以后又经过多次增补和修订,逐渐成为今天国际上通用的记音符号。

国际音标的主要优点包括:

(1)由于它是根据“一个音素只用一个符号,一个符号(音标)只代表一个音素”的原则制定的,所以准确无误,没有含混的毛病。

(2)国际音标形体简单清晰,便于使用和区分,而且大部分符号都是采用很多国家通用的拉丁字母,学和用都比较容易。

(3)国际音标符号相当完备,必要时还可以加上一些附加符号,可以精确细微地记录各种语言的语音。

基于国际音标的诸多优点,所以它已经为世界各国语言学家所公认,通行范围很广。现在,我国开展少数民族语言的研究和汉语方言的调查,也都是采用国际音标记音。

(二)汉语拼音

《汉语拼音方案》是给汉字注音的一套音标方案,是记录汉字字音、推广普通话的语音工具。

汉语拼音方案

1.字母表

字母:	Aɑ	Bb	Cc	Dd	Ee	Ff	Gg
名称:	ㄚ	ㄅㄝ	ㄘㄝ	ㄉㄝ	ㄜ	ㄝㄈ	ㄍㄝ
	Hh	Ii	Jj	Kk	Ll	Mm	Nn
	ㄏㄚ	ㄧ	ㄐㄧㄝ	ㄎㄝ	ㄝㄌ	ㄝㄇ	ㄋㄝ
	Oo	Pp	Qq	Rr	Ss	Tt	
	ㄛ	ㄆㄝ	ㄑㄧㄡ	ㄚㄦ	ㄝㄙ	ㄊㄝ	
	Uu	Vv	Ww	Xx	Yy	Zz	
	ㄨ	ㄪㄝ	ㄨㄚ	ㄒㄧ	ㄧㄚ	ㄗㄝ	

2.声母表

b	p	m	f	d	t	n	l
ㄅ玻	ㄆ坡	ㄇ摸	ㄈ佛	ㄉ得	ㄊ特	ㄋ讷	ㄌ勒
g	k	h		j	q	x	
ㄍ哥	ㄎ科	ㄏ喝		ㄐ基	ㄑ欺	ㄒ希	
zh	ch	sh	r	z	c	s	
ㄓ知	ㄔ蚩	ㄕ诗	ㄖ日	ㄗ资	ㄘ雌	ㄙ思	

3.韵母表

	i 丨 衣	u ㄨ 乌	ü ㄩ 迂
a ㄚ 啊	ia 丨ㄚ 呀	ua ㄨㄚ 蛙	
o ㄛ 喔		uo ㄨㄛ 窝	
e ㄜ 鹅	ie 丨ㄝ 耶		üe ㄩㄝ约
ai ㄞ 哀		uai ㄨㄞ 歪	
ei ㄟ欸		uei ㄨㄟ 威	
ao ㄠ 熬	iao 丨ㄠ 腰		
ou ㄡ 欧	iou 丨ㄡ 忧		
an ㄢ 安	ian 丨ㄢ 烟	uan ㄨㄢ 弯	üan ㄩㄢ 冤
en ㄣ 恩	in 丨ㄣ 因	uen ㄨㄣ 温	ün ㄩㄣ 晕
ang ㄤ 昂	iang 丨ㄤ 央	uang ㄨㄤ 汪	
eng ㄥ 亨的韵母	ing 丨ㄥ 英	ueng ㄨㄥ 翁	
ong （ㄨㄥ）轰的韵母	iong ㄩㄥ 雍		

(1)"知、蚩、诗、日、资、雌、思"等音节的韵母用 i。

(2)韵母儿写成 er,用作韵尾的时候写成 r。

(3)韵母ㄝ单用的时候写成 ê。

(4)i 行的韵母,前面没有声母的时候,写成 yi(衣),ya(呀),ye(耶),yao(腰),you(忧),yan(烟),yin(因),yang(央),ying(英),yong(雍)。

u 行的韵母,前面没有声母的时候,写成 wu(乌),wa(蛙),wo(窝),wai(歪),wei(威),wan(弯),wen(温),wang(汪),weng(翁)。

ü 行的韵母,前面没有声母的时候,写成 yu(迂),yue(约),yuan(冤),yun(晕),ü 上两点省略。

ü 行的韵母跟声母 j,q,x 拼的时候,写成 ju(居),qu(区),xu(虚),ü 上两点也省略;但是跟声母 n,l 拼的时候,仍然写成 nü(女),lü(吕)。

(5)iou,uei,uen 前面加声母的时候,写成 iu,ui,un,例如 niu(牛),gui(归),lun(论)。

4.声调符号

阴平	阳平	上声	去声
ˉ	ˊ	ˇ	ˋ

声调符号标在音节的主要母音上。轻声不标。例如:

妈 mā	麻 má	马 mǎ	骂 mà	吗 ma
(阴平)	(阳平)	(上声)	(去声)	(轻声)

5.隔音符号

a,o,e 开头的音节连接在其他音节后面的时候,如果音节的界限发生混淆,用隔音符号(')隔开,例如 pi'ao(皮袄)。

四、声母

声母是汉语音节开头的辅音,如"发展"(fazhan)这个词是两个音节,开头的辅音分别是 f 和 zh。

每个声母都有发音部位和发音方法。掌握了每个声母的发音部位和发音方法,就能准确地发出这个音。

(一)声母的发音部位

发声母时,阻碍气流的部位叫发音部位。如发 b 时,是上下唇阻碍气流,因而上下唇就是 b 的发音部位,而声母 b 也就叫双唇音。

根据发音部位的不同,可以把普通话的 21 个声母分为 7 类。

(1)双唇音:b、p、m。指上下唇紧闭,气流在双唇处受到阻碍而发出的音。

(2)唇齿音:f。指下唇和上齿靠拢,留出一条窄缝,气流在下唇与上齿处受到阻碍而发出的音。

(3)舌尖中音:d、t、n、l。指舌尖与齿龈接触,挡住气流而发出的音。

(4)舌根音:g、k、h。指舌头后缩,舌根抬起,和软腭接触或接近,构成阻碍而发出的音。

(5)舌面音:j、q、x。指舌面前部接触或接近硬腭形成阻碍而发出的音。

(6)舌尖后音:zh、ch、sh、r。指舌尖翘起,向后接触或接近硬腭前,形成阻碍而发出的音。

(7)舌尖前音:z、c、s。指舌尖向前平伸接触或接近上齿背形成阻碍而发出的音。

(二)声母的发音方法

所谓发音方法,是指发音时克服、除去阻碍的方法。

声母按发音方法的不同可分为五类。

(1)塞音。发音器官先紧闭,气流蓄在紧闭部位的后面,突然将紧闭部位打开,产生一种爆发的声音。塞音又叫“爆破音”;在除阻时破裂成声,所以也叫“破裂音”。塞音有 b、d、g、p、t、k。

(2)擦音。发音器官两部分离得很近,形成窄缝;气流从窄缝中出来,造成一种摩擦声音。擦音有 f、h、x、sh、r、s。

(3)塞擦音。是“塞音”和“擦音”两种发音方法的结合。发音器官先紧闭,蓄气,然后让气流把发音器官挤开一条窄缝,从窄缝中挤出来。这样造成的一种声音就叫“塞擦音”。塞擦音有 j、zh、z、q、ch、c。

(4)鼻音。发音时,口腔里的发音部位紧闭,挡住气流的通路,气流从鼻腔透出。鼻音声母有 m、n。

(5)边音。舌尖抵在齿龈上,挡住了气流从口腔出来的正面通路;气流从舌头的两边透出。边音有 l。

以上五类发音方法中,又各有“清”“浊”和“送气”“不送气”的区别。所谓“清”“浊”是指声带颤动不颤动来说的。发清音时,声带不颤动,包括 b、p、d、t、g、k、j、q、zh、ch、z、c、f、h、x、sh、s。发浊音时,声带颤动,包括 m、n、l、r。所谓“送气”“不送气”,是指气流呼出时的两种情况。有的气流弱而短，自然流出，如“b、d、g、j、zh、z”，就叫“不送气音”；有的气流强，如“p、t、k、q、ch、c”，就叫“送气音”。

（三）声母发音的综合分析

按照发音部位和发音方法，21 个声母的发音情况如下：

b[p]——双唇、不送气、清、塞音。发音时双唇紧闭。气流蓄在紧闭部位后边，然后将紧闭部位突然打开，气流振动受阻部位，口腔发生共鸣而成声，呼出的气流很微弱，声带不振动。如“宝贝”两个字开头的音。

p[p^h]——双唇、送气、清、塞音。发音时发音部位与 b 相同，发音方法与 b 基本一样，只是呼出的气流较强。发 p 音时，就像吹灯时喷出一口气。如“评判”两个字开头的音。

m[m]——双唇、浊、鼻音。发音时双唇紧闭，软腭下降，声带颤动，从鼻孔出气、发音。如“美满”两个字开头的音。

f[f]——唇齿、清、擦音。发音时下唇与上齿轻轻接触，气流从唇齿缝间摩擦而出，使阻碍部分振动，口腔发生共鸣而成声。如“发奋”两个字开头的音。

d[t]——舌尖中、不送气、清、塞音。发音时舌尖顶住齿龈，气流蓄在紧闭部位后边，然后把紧闭部位突然打开，气流振动受阻部位，口腔发生共鸣而成声，如“导弹”两个字开头的音。

t[t^h]——舌尖中、送气、清、塞音。发音时发音部位与 d 相同，发音方法与 d 基本一样，只是呼出的气流较强。如“体贴”两个字开头的音。

n[n]——舌尖中、浊、鼻音。发音时舌尖顶住上齿龈，软腭下垂，声带颤动，气流从鼻孔透出。如“恼怒”两个字开头的音。

l[l]——舌尖中、浊、边音。发音时舌尖顶住上齿龈（较 d、t、n 稍后），声带颤动，口腔发生共鸣，气流从舌头的两边出来。如“老练”两个字开头的音。

g[k]——舌根、不送气、清、塞音。发音时舌根顶住软腭，气流蓄在紧闭部位的后边，然后发音器官突然打开，气流振动受阻部位，口腔发生共鸣而成声。如“改革”两个字开头的音。

k[k^h]——舌根、送气、清、塞音。发音时发音部位与 g 相同，只是呼出的气流较强。如“开垦”两个字开头的音。

h[x]——舌根、清、擦音。发音时舌根接近软腭，中间留一道窄缝，气流从窄缝里摩擦而出，气流振动受阻部位，口腔发生共鸣而成声。如“航海”两个字开头的音。

j[tɕ]——舌面、不送气、清、塞擦音。发音时舌面向硬腭前部贴紧，舌尖下垂，然后把舌面放松一点，气流由窄缝中挤出，口腔发生共鸣而成声。如“解决”两个字开头的音。

q[tɕʰ]——舌面、送气、清、塞擦音。发音时发音部位与 j 相同，发音与 j 基本一样，只是由窄缝中挤出的气流较强。如“崎岖”两个字开头的音。

x[ɕ]——舌面、清、擦音。发音时舌面和硬腭前部接近，中间留一道窄缝，让气流摩擦而出，口腔发生共鸣而成声。如“雄心”两个字开头的音。

zh[tʂ]——舌尖后、不送气、清、塞擦音。发音时舌尖翘起，顶住上齿龈后面硬腭的前端，然后突然把舌尖放松一点儿，让气流由窄缝中挤出，口腔发生共鸣而成声。如“庄重”两个字开头的音。

ch[tʂʰ]——舌尖后、送气、清、塞擦音。发音时发音部位与 zh 相同，发音方法与 zh 也基本一样，只是从窄缝中挤出的气流较强。如“车床”两个字开头的音。

sh[ʂ]——舌尖后、清、擦音。发音时舌尖翘起，和上齿龈后面的硬腭前端接近，中间留一道窄缝，让气流从中摩擦而出，口腔发生共鸣而成声。如“事实”两个字开头的音。

r[ʐ]——舌尖后、浊、擦音。发音时发音部位与 sh 相同，发音方法与 sh 也基本一样，只是声带颤动。如“柔软”两个字开头的音。

z[ts]——舌尖前、不送气、清、塞擦音。发音时舌尖向前平伸，顶住上齿背后，然后把舌尖放松，让气流由窄缝中挤出来，口腔发生共鸣而成声。如“总则”两个字开头的音。

c[tsʰ]——舌尖前、送气、清、塞擦音。发音时发音部位与 z 相同，发音方法与 z 基本一样，只是由窄缝中挤出的气流较强。如“层次”两个字开头的音。

s[s]——舌尖前、清、擦音。发音时舌尖向前平伸，和上齿背后接近，中间留一道窄缝，让气流从中摩擦而出，口腔发生共鸣而成声。如“思索”两个字开头的音。

五、韵母

普通话中共有 39 个韵母，按照韵母内部构成成分的特点，韵母可分为单韵母、复韵母和鼻韵母三类。

(一)单韵母

只有一个单元音构成的韵母叫单韵母。普通话中共有 10 个单韵母：a、o、e、i、u、ü、ê、-i[ɿ]、-i[ʅ]、er。按照发音特点，这 10 个单韵母又可分成舌面元音韵母、舌尖元音韵母和卷舌元音韵母三类。

1.舌面元音韵母

发音时，主要靠舌面起作用的单元音韵母叫舌面元音韵母。舌面元音韵母的发音与舌位的高低、口的开闭、舌位的前后和唇形的圆与不圆都有关系(见图 1-2)。

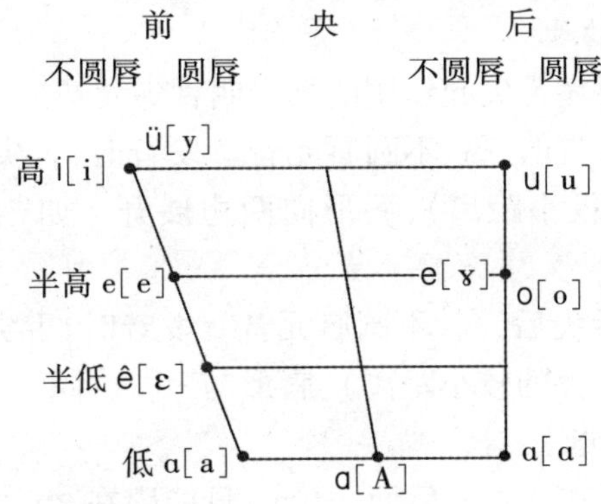

图 1-2　普通话舌面元音舌位唇形图

7 个舌面元音的发音情况如下：

a[A]——舌面、央、低、不圆唇元音。发音时，口腔大开，舌面降低，舌面隆起的部分在中间，嘴唇呈自然状态。如“发达”(fādá)、“拉萨”(lāsà)的韵母。

o[o]——舌面、后、半高、圆唇元音。发音时，口腔半闭，舌头后缩，舌面后部隆起到半高度，嘴唇拢圆。如“薄膜”(bómó)、“婆婆”(pópo)的韵母。

e[ɤ]——舌面、后、半高、不圆唇元音。发音时，口腔半闭、舌位的前后、高低与 o 同，不同的是嘴唇不圆，嘴角向两边伸展。如“色泽”(sèzé)、“合格”(hégé)的韵母。

i[i]——舌面、前、高、不圆唇元音。发音时，口腔闭合，舌头前伸，抵住下齿背，舌面前隆起到高的位置，唇形呈扁平状。如“记忆”(jìyì)、“体力”(tǐlì)的韵母。

u[u]——舌面、后、高、圆唇元音。发音时舌头后缩，舌面后部隆起到高的位置，双唇拢圆，中间只留一个小孔。如“鼓舞”(gǔwǔ)、“互助”(hùzhù)的韵母。

ü[y]——舌面、前、高、圆唇元音。发音时，舌面隆起状况与 i 同，只是唇形是圆的。如“区域”(qūyù)、“旅居”(lǚjū)的韵母。

ê[ɛ]——舌面、前、半低、不圆唇元音。发音时，口腔半开，舌尖抵住下齿背，舌面前部隆起到半低的位置，嘴唇向两边展开。如“欸”的韵母。

2.舌尖元音韵母

发音时，主要靠舌尖起作用的元音叫舌尖元音。

-i[ɿ]——舌尖前、高、不圆唇元音。发音时，舌尖前伸接近上齿背(保持不产生摩擦的较小距离)，唇形向两边展开。如“自私”(zìsī)、“恣肆”(zìsì)的韵母。

-i[ʅ]——舌尖后、高、不圆唇元音。发音时，舌尖往后翘，接近硬腭前部(保持不产生摩擦的较小距离)，唇形与-i[ɿ]同。如“值日”(zhírì)、“时事”(shíshì)的韵母。

-i[ɿ]只能跟在 z、c、s 后面，-i[ʅ]只能跟在 zh、ch、sh、r 后边，不能自成音节。

3.卷舌元音韵母

发音时，靠卷舌作用发出的元音叫卷舌元音。

er[ər]——卷舌、央、中、不圆唇元音。发音时，先把舌面放到发 e[ə](舌位在中央，口的开闭不大不小，唇形不圆)的位置，同时卷起舌头发音。

(二)复韵母

由两个或三个元音复合成的元音叫复元音，复元音构成的韵母叫复韵母。

普通话里共有 13 个复韵母：ai、ei、ao、ou、ia、ie、iao、iou、ua、uo、uai、uei、üe。

复韵母按照发音特点可分为三类。

1.前响复韵母

主要元音在前的复韵母叫前响复韵母。普通话里的前响复韵母有 4 个:ai、ei、ao、ou。发音时,第一个元音响度大,声音长,口腔的肌肉紧张度也大;第二个元音响度小,声音短,口腔肌肉也比较松弛。

ai[ai]——由 a 滑动到 i。a 比单发时舌位要靠前一些,i 的开口度比单发时要稍大一些。这种变化是前后音素相互影响的结果。

ei[ei]——由 e 滑动到 i。e 比单发时要靠前些,舌位也稍低些,i 比单发时开口度稍大些。

ao[ɑu]——由 a 滑动到 o。a 受 o 的影响,比单发时稍靠后;o 比单发时开口度小,接近 u。

ou[ou]——由 o 滑动到 u。o 比单发时舌位靠前些,开口度稍小;u 比单发时的开口度稍大。

2.后响复韵母

主要元音在后的复韵母叫后响复韵母。普通话里有 5 个后响复韵母:ia、ie、ua、uo、üe。发音时,第一个元音响度小,声音短,口腔肌肉松弛;第二个元音响度大,声音长,口腔肌肉比较紧张。

ia[iᴀ]——由 i 向 a 滑动。　　ie[iɛ]——由 i 向 ê 滑动。

ua[uᴀ]——由 u 向 a 滑动。　　uo[uo]——由 u 向 o 滑动。

üe[yɛ]——由 ü 向 ê 滑动。

3.中响复韵母

由三个元音复合在一起,中间的元音比较响亮的复韵母叫中响复韵母。普通话里共有 4 个中响的复韵母:iɑo、iou、uɑi、uei。发音时,两头的元音响度小,声音短,口腔肌肉松弛;中间的元音响度大,声音长,口腔肌肉比较紧张。

iɑo[iɑu]——由 i 经 ɑ 再向 o 滑动。ɑ 比单发时舌位靠后,唇形稍圆,o 比单发时的开口度小(接近 u)。

iou[iou]——由 i 经 o 再向 u 滑动。o 比单发时舌位靠前,开口度也稍小,u 比单发时的开口度稍大。

uɑi[uai]——由 u 经 ɑ 再向 i 滑动。ɑ 比单发时舌位靠前,i 比单发时开口度稍大。

uei[uei]——由 u 经 e 再向 i 滑动。e 比单发时舌位靠前,开口度也稍大,i 比单发时开口度稍大。

(三)鼻韵母

单元音或复合元音后边带上鼻辅音 n 或 ng 的韵母叫鼻韵母。普通话中共有 16 个鼻韵母:an、ian、uan、üan、en、in、uen、ün、ang、iang、uang、eng、ing、ueng、ong、iong。

鼻韵母按照韵尾的不同,可以分为两类。

1.前鼻音韵母

带有前鼻辅音 n 作韵尾的韵母叫前鼻音韵母。发音时,前边的主要元音发得响一些、长一些,然后紧跟着向 n 滑动,使舌尖顶住齿龈,发出 n 的本音就马上停止,n 要发得轻而短。

an[an]——由 ɑ 向 n 滑动。ɑ 比单发时舌位靠前。

en[ən]——由 e 向 n 滑动。e 比单发时舌位靠前,开口度也稍大。

ian[iɛn]——由 i 经 ɑ 再向 n 滑动。ɑ 的实际发音是 ê。

in[in]——由 i 向 n 滑动。唇形始终保持不动。

uan[uan]——由 u 经 ɑ 再向 n 滑动。ɑ 比单发时舌位靠前。

uen[uən]——由 u 经 e 再向 n 滑动。e 比单发时舌位靠前,开口度也稍大。

üan[yan]——由 ü 经 ɑ 再向 n 滑动。ɑ 比单发时舌位稍高些。

ün[yn]——由 ü 很快向 n 滑动,至 n 即止。

2.后鼻音韵母

带有后鼻辅音 ng 做韵尾的韵母叫后鼻音韵母。发音时,前边的主要元音同样要发得响一些,长一些,然后紧跟着向 n 滑动,使舌根顶住软腭,打开鼻腔的通路,发出 ng 的本音就马上停止。ng 要发得轻而短。

ang[ɑŋ]——由 ɑ 向 ng 滑动。ɑ 比单发时舌位靠后。

iang[iɑŋ]——由 ɑ 向 ng 滑动。ɑ 比单发时舌位靠前。

ing[iŋ]——由 i 向 ng 滑动。

uang[uɑŋ]——由 u 经 ɑ 向 ng 滑动。ɑ 比单发时舌位靠后。

ueng[uəŋ]——由 u 经 e 向 ng 滑动。e 比单发时舌位靠前些。

ong[uŋ]——由 o 向 ng 滑动。o 比单发时的开口度小,接近 u 的开口度。

iong[yŋ]——io 发 ü[y]音,向再向 ng 滑动。

在后鼻音韵母当中,ueng 和 ong 发音不同,要注意分辨。这两个韵母用法也不同。ueng 只能自成音节,不能同声母相拼;ong 却恰恰相反,不能自成音节,只能跟在声母后面作韵母构成音节。

六、声调

声调是音节高低升降的变化。汉语里,一个汉字就是一个音节,所以声调又叫字调。

声调有区别意义的作用。音节的声母、韵母相同,如果声调不同,表示的意义就有别。例如:

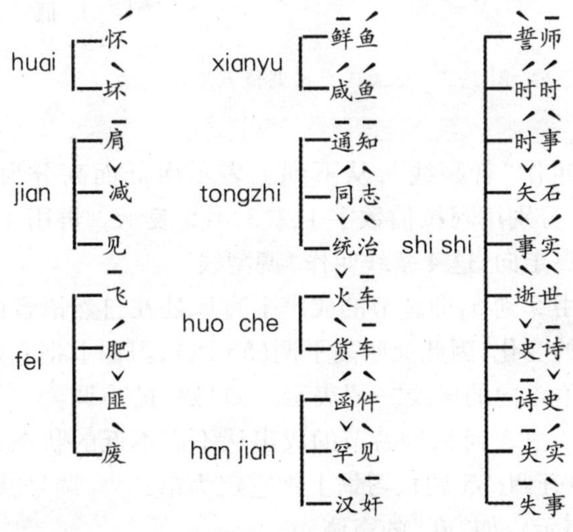

一个人讲话如果声调掌握不准就会影响交际效果。如,有人把“大家理智”说成“打架离职”;把“教师同志”说成“教室通知”,就会影响到信息的传递。

调值是音节的高低升降的形式,就是声调的实际读法。调类是依据调值的异同划分出来的类别。在同一种语言里,读起来属于同一调值的一些字,便属于同一调类。

普通话语音的调类共有 4 个,叫作“四声”,照传统说法称为阴平声、阳平声、上声、去声。依据调值的不同,四种声调各有特点,不易相混,一平、二升、三曲、四降。

描写普通话的调值，一般用“五度标记法”（如图 1-3）。

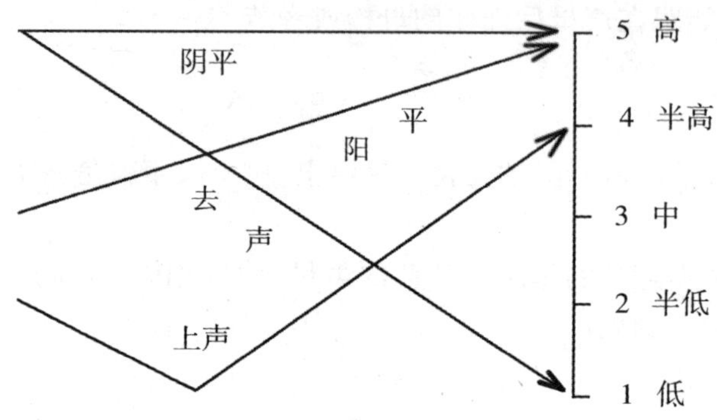

图 1-3　普通话声调调值五度标记法

右边的竖线叫作“音高线”，从下到上表示由低而高分为五度：低、半低、中、半高、高。分别用阿拉伯数字 1、2、3、4、5 表示。再用 4 条不同的线段表示声调的音高走向，这 4 条线叫作“调型线”。

阴平的调值由 5 到 5，即音节的成声平直地处在自然语音的最高点上，大体上没有升降的变化，因此又叫高平调（55 调），习惯上把它定为第一声，调号就用代表调值走向的横线“—”表示。如“妈”的声调。

阳平声的调值由 3 到 5，即音节的成声从不高不低的状态开始，升至高音度，因此又叫中升调（35 调），习惯上把它定为第二声，调号就用代表调值走向的斜线“/”表示。如“麻”的声调。

上声的调值由 2 降 1 再升到 4，即音节的成声从半低状态开始，降至低音度，接着升到较高处，因此又叫降升调（214 调），习惯上把它定为第三声，调号就用代表调值走向的曲线“∨”表示。如“马”的声调。

去声的调值由 5 降到 1，即音节的成声从高音度开始较快地降至低音度，因此又叫全降调（51 调），习惯上把它定为第四声，调号就用代表调值走向的斜线“\”表示。如“骂”的声调。

掌握普通话语音的调值是学习普通话的重点，必须认真地反复练习。

七、音节

(一)普通话的音节结构

普通话里约有400个基本音节。如果不同声调的音节都算上,就有约1300个。

音节由声、韵、调构成。韵母又分韵头、韵腹、韵尾。韵头又叫介音,是介乎声母和韵腹之间的音;韵腹又叫主要元音;韵尾又叫尾音。

普通话音节结构主要有四条规律:第一,有的音节可以没有辅音声母。第二,声调和韵腹是必不可少的两个部分。第三,10个单元音都可充当韵腹。如果不止一个元音,总是开口度较大的元音充当韵腹。第四,元音最多可以有三个,而且只能连续排列,依次充当韵头、韵腹和韵尾;辅音只能出现在音节的开头和结尾,没有辅音连续排列的情况。

(二)音节的拼合

在汉语里,拼音指的是声母和韵母急速地连读,拼合成一个音节。

拼音的要领是:前音轻短后音重,两音相连猛一碰。

拼音时,声母要用本音。如pa,倘能将p的本音与a连续,中间气流不间断,很自然地就拼成一个音节。

带有介音的韵母,拼音方法有以下三种。

第一是两拼法——把韵母读成一个整体跟声母拼读。如:l—iào,liào(料);g—uǎn,guǎn(管);x—üān,xuān(宣)。

第二是三拼连读法——把介音i、u、ü跟后面部分分开。从声母开始发音,稍慢地接发介音,再接发后面部分。如:t—i—án,tián(田);d—u—àn,duàn(断)。这样,带有介音的韵母,如:ian、uan、üan等,不必再学,只要学会an等二十几个韵母就行了。介音i、u、ü放在“三拼”中去解决。

第三是“声介合母”拼读法——把声母和介音先合起来,作为一种拼音“零件”,然后再与后面部分相拼。如:pi—āo,piāo(飘);ku—à,kuà(跨);qu—án,quán(泉)。声介合母要求认读得很熟,一看见即能发音,不能临时拼合,要把它当作一个整体与后面部分相拼。

(三)普通话声、韵、调配合规律

掌握普通话声、韵、调配合的规律,可以帮助我们了解普通话音节结构的特点,对教学普通话和给汉字注音都有很大的帮助。

普通话声母和韵母配合的规律性主要表现在声母的发音部位和韵母的“四呼”关系上。对韵母传统的分析方法一向有“四呼”的说法。就是以韵头为标准，把韵母分为四类：

开口呼——没有韵头而韵腹又不是 i、u、ü 的韵母；

齐齿呼——韵头或韵腹是 i 的韵母；

合口呼——韵头或韵腹是 u 的韵母；

撮口呼——韵头或韵腹是 ü 的韵母。

普通话声调同声、韵、母的配合关系比较复杂，较为突出的规律有两条：第一，普通话里 m、n、l、r 这 4 个浊音声母的字很少出现阴平的。第二，普通话里 b、d、g、j、zh、z 这 6 个不送气塞音和塞擦音声母同鼻韵母拼合时，很少有阳平字。

（四）拼写规则

1.y、w 用法

y、w 两个字母是用来分隔音节的。具体用法如下。

（1）齐齿呼韵母自成音节，只有 i 一个元音时，i 前加 y；除 i 外还有元音时，改 i 为 y。如：

mayi（蚂蚁），以免同 mai（买）相混。

heye（荷叶），以免同 heie（黑鹅）相混。

xinying（新颖），以免同 xining（西宁）相混。

（2）合口呼韵母自成音节，只有 u 一个元音时，u 前加 w；除 u 外还有元音时，改 u 为 w。如：

jianwu（剑舞），以免同 jianu（家奴）相混。

jiangwan（江湾），以免同 jianguan（监管）相混。

hangwu（行伍），以免同 hangu（憨姑）相混。

（3）撮口呼韵母自成音节时，ü 前一律加 y，同时省去 ü 上两点。如：

yinyu（阴雨），以免同 yinü（义女）相混。

fanyue（翻阅），以免同 fanüe（发疟）相混。

2.隔音符号

a、o、e 开头的音节，连续在其他音节后边时，如果音节界限混淆，在 a、o、e 前用隔音符号分开。如：

xi’an（西安），以免同 xian（鲜）相混。

pi'ao(皮袄),以免同 piao(瓢)相混。

ji'e(饥饿),以免同 jie(街)相混。

3.ü 上两点的省略

跟在声母 j、q、x 后面的 ü 可以省去上面的两点,原因是在普通话里,j、q、x 不跟合口呼韵母相拼,所以省去两点也不会同"u"发生混淆。如:

j+ǜ→jù(锯)　　j+üàn→juàn(倦)

q+ǜ→qù(去)　　q+üàn→quàn(劝)

x+ǜ→xù(蓄)　　x+üàn→xuàn(炫)

j+üè→juè(倔)　　j+ǜn→jùn(俊)

q+üè→què(却)　　q+ǘn→qún(群)

x+üè→xuè(血)　　x+ǜn→xùn(逊)

跟在声母 n、l 后面的 ü,不能省去上面的两点,原因是在普通话里,ü 和 u 都可以同 n、l 相拼,所以省去 ü 上的两点,就会 ü、u 不分,发生混淆。如:

4.iou、uei、uen 的省写

这三个韵母前拼声母时,省去中间的字母,写成 iu、ui、un,例如 diū(丢)、duī(堆)、dùn(顿)。

5.关于音节的连写

(1)词、句子和诗的拼写。

a.一个词的各个音节要连写,词和词要分写,每句话的开头字母要大写。

b.方位短语可以连写,数词和量词要分开写,但"一个"用得最多,也可以连写。

c.诗歌每一行开头的第一个字母要大写。

(2)专用名词和专用短语的书写。

a.人的姓和名要分开写,每部分第一个字母要大写。如:

Léi Fēng(雷锋)　Zhāng Hǎidí(张海迪)

b.地名一般要连写,第一个字母要大写。但若有表示区划单位的词,要和地名分开写，第一个字母也要大写。如：

Hénán Shěng（河南省） Zhèngzhōu Shì（郑州市）

Shànghǎi（上海） Běijīng Shì（北京市）

c.其他专用名称如果是词，音节要连写；如果是短语，也要按词分开写，每个词的开头字母要大写。如：

Zhōngguó Gòngchǎndǎng（中国共产党）

Běijīng Túshúguǎn（北京图书馆）

d.书名、商店名、车站名、商标名等可以全部使用大写字母，不加调号。如：

XINHUA SHUDIAN（新华书店）

ZHENGZHOU BAIHUO GONGSI（郑州百货公司）

e.当一个词写到一行末了，写不完的时候，要移到下一行写，但必须把一个音节全部移过去，不允许把一个音节分开。如下面的“同志”的拼音写法就是错误的：

Měi yīge gòngchǎndǎngyuán yīdìng yào xuéxí Báiqiú'ēn tóng
每 一个 共 产 党 员 一定 要 学习 白求恩 同

zhì de jīngshén
志 的 精 神 。

第二节 语音应用失范

在普通话语音系统中，一个完整的音节一般由声母、韵母、声调三个部分构成，每一部分都有区别词性和词义的作用，如果念错任何一个部分都会造成意义上的变化。另外，音节在语流中还会受其他音节的影响而产生语流音变。在语言应用过程中，如果违背声母、韵母、声调的发音原理和语流音变的规律，违背普通话的语音规范，就会造成语音失范的现象。

一、语音应用失范现状概说

语音应用失范现象较为普遍，几乎遍及各个领域。在新闻传媒、日常生活、网络交际中，都时常会遇到语音失范的问题。

（一）语音应用失范的主要类型

1.声母发音错误

n、l 相混，把 n 读成 l 或者把 l 读成 n。如："男子"读成"篮子"，"脑子"读成"老子"，"饮料"读成"饮尿"，"泪流满面"读成"内牛满面"等。

h、f 相混，把 h 读成 f 或者把 f 读成 h。如："反对"读成"缓对"，"凡是"读成"还是"，"黄飞鸿"读成"房飞冯"，"开花"读成"开发"，"欢呼"读成"翻福"等。

平翘不分，把 zh、ch、sh 读成 z、c、s 或者把 z、c、s 读成 zh、ch、sh。如："炊烟"读成"崔烟"，"森林"读成"深林"，"照相"读成"造相"，"主力"读成"阻力"，"商业"读成"桑业"，"找到"读成"早到"，"栽花"读成"摘花"，"赞歌"读成"战歌"，"乱草"读成"乱吵"等。

2.韵母发音错误

ai 误发为 ê、ei，如"白菜"读为 bêcê 或 beicei；

ei 误发为 i、ui，如"飞"误发为 hui 或 fi，"类"误发为 lui；

ao 误发为 uo，如"烙"误发为 luo，"勺"误发为 shuo；

ou 误发为 u，如"谋"误发为 mu，"否"误发为 fu；

iou 误发为 ou、u，如"六"误发为 lou 或 lu；

uei 误发为 ei，如商丘、焦作等地把"水"误发为 fei 或 shei；

i 误发为 ü，如"鲜"误发为 xuan，"劣"误发为 lüe；

uo 误发为 uai、ui、ue，如"国"误发为 guai 或 gui，"说"误发为 xue；

en 误发为 ei、eng，如"门"焦作的部分地区误发为 mei，林州误发为 meng；

uen 误发为 en、ui，如"吞"误发为 ten，"温"误发为 wei；

ing 误发为 in、eng、iong，如"硬"误发为 eng，"杏"误发为 heng 或 xin；

iang 误发为 ang，如"酿"误发为 rang，"秧"误发为 rang。

3.声调错误

主要是调值错误。普通话的阴平是 55 调值，但河南省大部分县市却读成了近于阳平的调值，即 24 调值，如"歌声清新、珍惜光阴、春天开花、江山多娇"等。普通话中的上声字，河南人大多读成了 55 调值，如"党委领导、理想美好、请你指导、产品展览"。普通话的阳平是 35 调值，但河南省大部分县市却读成了 42 调值，如"河南人民"。普通话的去声是 51 调值，但河南省大部分县市却读成了31调值,如"盛、会、记、去",等等。

4.语流音变错误

不该儿化的地方用儿化。如"不知道"读成"不儿道","告诉你"读成"告儿你","制服"读成"制服儿","白糖"读成"白糖儿","小鸭"读成"小鸭儿",等等。

该读轻声的地方不读轻声。如南方话中,"妈妈""爸爸""哥哥""姐姐"等称呼,第二字的轻声都读成了原声调。

"啊"该变读没有变读或变读不正确。如"这就是少林寺啊",其中的"啊"应该读作[zA],不少人读作"呀";"冲啊",其中的"啊"应该读作nga,有人读作"呀";"这山多高啊",其中的"啊"应该读作"哇",有人读作"呀"或"啊"。

(二)语音应用失范的主要原因

1.思想不重视

不少人不重视语音规范的问题。有的人认为语音不标准没有什么关系,只要能够进行交流,别人能听懂意思就行了,没有必要都说普通话。有的人在语音问题上粗心大意,在书写拼音时出现明显错误。据2011年3月31日新浪微博消息,处在"瘦肉精"危机中的××集团召开"万人职工大会",集团董事长再次向消费者致歉,并称因"瘦肉精"事件受损超过121亿元。员工和经销商纷纷表态,全场气氛达到高潮。但有趣的是,现场照片显示,大会背板上××企业名称的拼音却写错了,把"shuang"误拼为"shaung",被网友讽刺为"开愚人节玩笑"。《咬文嚼字》编辑部公布的2021年度"十大语文差错"中,仅读音错误的就占有2例:"六安"的"六"误读为"liù";"接种疫苗"的"种"误读为"zhǒng"。可见,大众语文生活中,语音失误现象甚为普遍。

2.习惯难改

中国有七大方言区,每一个方言区中还有若干个次方言区。同一个汉字,在不同的方言区可能有不同的读音,如上海话把"典型"说得像"电影",广东话把"私有制"说得像"西游记",湖南话把"图画"说得像"头发",湖州话把"青年"说得像"亲娘",等等。有时候读音错误是受方言习惯的影响,即使是从事播音主持的专业人员也难免受到习惯的左右。知错不改是一种普遍的心理。

3.多音字的存在

多音字可以分为多音多义字和多音同义字两种。多音多义字是指有多种读音,各种读音又各自表示不同意义和适用语境的字。如“扒”,读 pá 时的意义和适用语境是“扒手、扒糕、扒羊肉”等;而读 bā 时的意义和适用语境是“扒房、扒开、扒土、扒着栏杆”等。多音同义字是指有多种读音,各种读音都表示相同意义,但各有不同适用语境的字。如“片”,读 piān 时,适用于“片子、唱片儿、影片儿”等词语中;而读 piàn 时,则适用于“纸片、肉片、片言只字”等词语中。普通话常用字中有一百多个多音多义字,这些字字形相同,读音和意义及用法却不同,如“为”,动词义时读“wéi”,如“作为”“大有可为”“为人师表”等,介词义时读“wèi”,如“为什么”“为国家”“为人民服务”等。

多音字的存在给我们的读音带来不便,如果粗心大意,不注意据义定音,往往容易读错。如“拓片”中的“拓”应读“tà”,不读“tuò”;“押解”中的“解”应读“jiè”,不读“jiě”;“稽首”中的“稽”应读“qǐ”,不读“jī”;“一沓纸”中的“沓”应读“dá”,不读“tà”;等等。

4.认字读半边

由于汉字的形声字数量很多,而且其读音常常与偏旁有关,造成不少人遇到不认识的字往往“见边(偏旁)读边”。所谓“秀才识字读半边”,就是指完全按声旁的读音来读形声字的音。如“塑”音为 sù,误读为 shuò 或 suò,显然是受偏旁“朔(shuò)”读音的影响。类似情况如“谊”yì,受偏旁“宜”影响误读为 yí,“械”xiè,受偏旁影响误读为 jiè,“荨麻”中的“荨(qián)”误读为“寻”,“莠(yòu)”误读为“秀”,“绽(zhàn)”误读为“定”,“宠(chǒng)”误读为“龙”,“电饼铛”中的“铛(chēng)”误读为“dàng”,等等。

有些人常常根据带某偏旁的一个字的读音进行类推,造成误读,如“拙”读“zhuō”,有的人就把“咄(duō)”“绌(chù)”“黜(chù)”等都误读成“zhuō”。

二、传媒中的语音应用失范

传媒,也称“媒体”或“媒介”,是传播各种信息的媒体。国家语言文字工作委员会和广播电影电视部联合颁布的《关于广播、电影、电视正确使用语言文字的若干规定》(1987 年 4 月 1 日)(以下简称《规定》)中明确指出:“广播、电影、电视使用语言文字应做到规范化,对全社会起积极的示范作用。”广播、电影、电视作为现代化的大众传播媒介,具有广泛的群众性,其使用语言文字是否规范,不仅关系到宣传的实际效果,而且对社会的语言文字应用也会产生重大的影响。

(一)大量使用方言

电影、电视剧(不包括地方戏曲和曲艺)滥用方言情况突出,方言版的电影、电视剧不断出现,如四川方言版《让子弹飞》,天津方言版的《杨光的快乐生活》,河南方言版的《不是闹着玩的》《就是闹着玩的》《鸡犬不宁》,陕西方言版的《秋菊打官司》《有话好好说》,东北方言版的《刘老根》《东北一家人》等,均是使用当地方言;《疯狂的石头》《武林外传》则用了重庆、山西、河南、陕西、东北等多种方言。

各地电视台竞相播出方言节目。重庆卫视的《雾都夜话》是较早出现的方言节目。上海电视台的方言情景节目有《老娘舅》《红茶坊》,湖北卫视在经济频道设有《阿星笑长开讲》《经视故事会》,河南电视台有《村长开汇》节目,杭州电视台有《阿六头说新闻》,等等。

电视广告也有不少方言语音,主要表现在广告配音中的台湾味儿、香港味儿、广东味儿、东北味儿上。

广播中也存在着滥用方言播音的现象,有些地方的广播电台(站)和电视台方言播音占播音时间比重较大。

(二)播音员、主持人读音不规范

播音员、主持人读音不正确的现象时有发生。遇到这种情况,一旦发现大都能够及时纠正。2010 年 8 月 7 日 22 时左右,甘南藏族自治州舟曲县突降暴雨,发生泥石流,第二天,××电视台主持人播报这条新闻时,将“舟曲(qū)”读成了“舟曲(qǔ)”。播完这条新闻,主持人下楼取东西,遇见一位藏族播音员,听说这个地名是由藏语音译过来的,应该是“舟曲(qū)”。这位主持人听了,在接下来的新闻播报中马上纠正了这个词的读音。另据 2010 年 8 月 11 日新浪体育讯:北京时间 8 月 11 日 20:30,中国国家足球队在广西南宁迎来了热身赛对手,来自西亚的巴林队。比赛进行到第 53 分钟,张琳芃上场,解说员在介绍时将“张琳芃”读成“张琳凡”。该解说员马上就纠正了自己的失误,播报了张琳芃正确的读音“Zhāng línpéng”。

出现读音不正确的情况如下：

1.字形相近而误

对于字形相近的字，要注意仔细辨别其差别及意义，不可望形生音。

2011年1月8日，在××电视台举办的2011年中国慈善年会颁奖会上，主持人把“河南省荥阳市”中的“荥(xíng)”读成了“荣(róng)”；2000年3月19日，××电视台播出的《中国人口》节目中，主持人将“武陟县”的“陟(zhì)”读成“涉(shè)”。

2018年，我国某著名大学建校120周年。校庆会上，×××校长在致词中，居然将“鸿(hóng)鹄(hú)”念成了“鸿(hóng)浩(hào)”，一时间贻笑大方，引起了舆论一片哗然。这所高校是何等学府？在建校的120年里，为我国培养出了很多十分优秀的学子，是我国站在高等教育金字塔尖端的顶级学府。这所高校的校长是何等人才？自创校以来，校长就从来都是万里挑一的奇才，各个为难得一遇的顶尖人才。而当今的校长，如此一个简单的成语就读错了，着实让人难以接受。

类似的例子还有：“塞浦路斯”的“浦(pǔ)”读成“捕(bǔ)”，“唐玄奘”的“奘(zàng)”读成“装(zhuāng)”，“齐桓公”的“桓(huán)”读成“恒(héng)”，“病入膏肓”的“肓(huāng)”读成“盲(máng)”，“不容置喙”的“喙(huì)”读成“缘(yuán)”等。

2.读半边而误

汉字中绝大部分字是形声字，有人无原则地根据形声字的声旁进行类推而导致误读。

1996年10月7日，××电视台体育新闻中，播音员把“威慑”的“慑”读成“聂”；1996年12月7日，××电视台体育评论员把“阴霾”读成“阴里”；××电视台《飞越太平洋》节目主持人将“莘莘学子”的“莘”读成“辛”；2003年11月，××电视台播出了一条天津市喜降大雪的消息，把“按捺不住兴奋的心情”中的“捺(nà)”错读成“奈(nài)”。

2005年，我国某著名大学校长×××将对联中的“瓠(kuā)”念成“瓜(guā)”，匪夷所思，引发热论。对联“寸寸河山寸寸金，瓠离分裂力谁任”的意思是：“祖国每一寸土地都像金子一样宝贵，谁能肩负起阻止祖国被分裂的重任？”

2006年，我国又一著名大学校长×××把“黉宫”念成了“皇宫”，不可思议,嘲讽之声四起。“泱泱大学止至善　巍巍黉宫立东南”中的黉(hóng),古代是学校的意思。泱泱大学止至善,说的是××大学至真至善,暗合××大学“自强不息,止于至善”的校训;巍巍黉宫立东南,说的是××大学这块牌子立于祖国东南。

2019年9月5日,早上十点档《央广新闻》内容提要刚一结束,主播××在播报完一组快讯后,随即“自曝家丑”播出这样一条纠错信息:“在九点(实为九点半)的《此时此刻》中,有一条关于缅甸掸邦的新闻,我错将掸邦读作了dǎn邦。经核实,应读shàn。掸邦是缅甸的民族之一。在这里向听众致歉了!”整个语调真诚实在,让人感受到正视问题的大台风范。

3.多音字读错

多音字在不同的语言环境中读音不同,有的播音员在播音时出现错误:

2010年6月14日北京交通广播《新闻直通车》节目,主持人把“咋舌”的“咋(zé)”读成了“zǎ”。

央视中文国际频道2016年8月7日播出的《快乐汉语》节目,主题字是“夕”。在节目的最后一个环节“鹊桥相会”里,有两位学员把填空题“朝□夕□”填成了“朝令夕至”。“班主任”说填错了,而“传道教师”却说:“这个词他们不算错。因为古书里经常用到这个词……张居正的时候,驿传制度改革,那时候没有现在的微信或电信系统,但是中央发布命令……一日之内,朝令夕至。”这么一讲,学员们很高兴。可是“传道教师”把“驿传制度”的“传”字读为chuán,这是不对的,“传”在这儿该读zhuàn。

查《汉语大辞典》《辞源》等工具书可知,“驿传”应读zhuàn,并且凡是与“驿传”有关的词,如“传驿、亭传、传吏、传馆、传乘、传马、传骑、传符”等,“传”都读zhuàn。

2019年9月9日,中国播音主持艺术网载,四川传媒学院播音专业毕业的张同学一直记得学院的办学理念:培养广大群众有声语言表达的“楷模”。对此,身为县级台联播节目主播的她,哪怕面对熟知既定的县域县情,遇到个别多音姓氏,她总是倍加小心。“我们县总工会一位领导姓氏是谌,我知道这是个多音字,到底是读chén,还是shèn,记者稿件没有标注,于是我找人要到号码直接联系上这位领导,确定了

shèn 这个读音。”张同学认为，时政新闻需要规范读音，不是可有可无的小问题。毕竟媒体是窗口，需要通过语言传达树立形象，传播规范。“正式场合需要规范，日常交流明了即可。”

张同学的这种敬业精神和严谨态度，值得大力提倡！

“新冠（guān）”的“冠”误读为“guàn”，赫然出现在《咬文嚼字》2020 年度“十大语文差错”中。

类似的还有：“情不自禁”的“禁”应读“jīn”，而误读作“jìn”；“勾当”的“勾”应读“gòu”，而误读作“gōu”；“慰藉”的“藉”应读“jiè”，而误读作“jí”；“连累”的“累”应读“lei”，而误读作“lèi”，等等。

4.变调读错

××电视台《北大荒承载着什么?》中，播音员把“沉甸甸”念成了去声，而根据变调规律应该念成阴平。××卫视新闻“今天凌晨一点五十五分，我国……”中的“一”应该变调为去声，但播音员仍读成阴平。

2019 年 8 月 19 日，央视新闻新媒体中心的《主播说联播》，著名主持人×××一不小心把常见的“符合”读成了 fǔ 合。引发细心网友的挑错：“17 秒，这是‘符合’读的是不是 fǔ? 听了好几遍，不是应该读 fú 吗?”

连续的语流中，因语速过快或心理紧张影响，声调读错现象时有发生，这就需要放慢语速、消除紧张情绪。

5.儿化不正确

一般表现为该儿化的没儿化，不该儿化的反而读成了儿化。

《播音与主持》（××人民广播电台播音部主编）第 31 期的监听组指出了如下关于“儿化”错误的监听结果：

××卫视 1999 年 5 月 23 日中午 12:35 新闻“牲畜饮用不干净水（儿）死亡”。

1999 年 5 月 25 日××电视台“在东京明治公园（儿）举行了抗议活动”。

1998 年 3 月 23 日××电视台新闻联播“上演了《睡美人（儿）》”。

1998 年 3 月 29 日××电视台新闻联播“税法咨询点（儿）”。

××电视台选送的“金士明杯播音员节目主持人大赛”的参赛节目中“我一眼（儿）就认出了你”。

以上各例的儿化都是错误的，有的使意义发生了变化。

2021年12月2日，微信公众号"北京海外文化交流"发文说，北京2号地铁线上的站名如"前门、建国门、天安门、和平门、朝阳门、健德门、崇文门"等都是不能带儿化音的。有些人滥用儿化，交流中经常出现"听我的儿""快乐儿""独特儿""特色儿""亲热儿""选择儿"这些说法，这只能是他个人的发音特色，不具普遍性。

6.声调读错

《播音与主持》第31期还指出了8处声调错误。

2000年1月28日《今晚三十分》节目，"德国纳粹头目希特勒……"这段话中的"勒"字，多次被读成一声。

1月24日《生活早报》节目，《公安机关将实施对违章驾驶员计分管理》"逾期三个月"，"逾"字读成了四声。

1月28日《老年之家》节目，《望月怀远》"张九龄是韶州曲江人"，"韶"读成四声。

1月24日《老年之家》节目，《二月四日立春恰逢春节除夕》"虽不是千载难逢"，"载"读成四声。

1月24日《老年之家》节目，《冬季进补应注意的问题》"不能无的放矢"，"矢"读成一声。

1月24日《三星十八点》节目，"我们将抽出幸运听众，获得由环球唱片有限公司中国业务部提供的年历照片"，"供"读成四声。

1月26日《今天我主持》节目，"潜力"的"潜"读成三声，"为此而努力值得吗"，"为"读成二声。

1月27日《流行都市》节目，"具有愤世嫉俗的忧郁感"，"嫉"读成四声。

2016年8月6日，瑞文网曾登载过这样一篇文章：

一位美国犹太女学生 Ms.Dickstein 曾经闹过一个笑话。有一次她向中国朋友们介绍一位她学中文时的男同学说："他是我的同床。"听到这句话的中国朋友感到很奇怪。后来她发现她闹了一个笑话：她原来想文雅地介绍说"他是我的同窗"，但因为声调掌握不准确，"同窗"变成了"同床"。

马达加斯加学生胡兰婷回忆自己的学习汉语之路，简述了这样的故事：

刚来中国学汉语的时候，我分不清声调，经常因为声调不准闹出一些笑话。记得有次老师让我读课文，那时候我普通话说得不标准。

我：玛丽吻(wěn)我。

老师：不对，应该是“玛丽问(wèn)我”。

我：玛丽吻我。

老师：No No No，“玛丽问我”。

当时我心里想：老师，我哪里不行，不是一样的吗？我不知道老师说的句子和我说的句子区别在哪里？

还有一次，在课间休息的时候，老师问我们正在吃什么。

我：吃了电(diàn)心。

老师：什么？

我：电心。

老师：电心是什么东西？

我：dessert。

老师：点(diǎn)心！“点心”不是“电心”，你的声调要好好学！

那时候，我才明白如果我说的汉语不标准的话，中国朋友就听不懂我说话。我开始好好地练口语，每天大声读课文，晚上不管累不累，必须练完口语才去睡觉。

三、生活中的语音应用失范

在日常生活中，读错字音的现象也是比较普遍的，有的人甚至习焉不察。有一位民办教师把“矗立”读作“直立”，别人说他读得不对时，他惊讶地说：“啊！三个‘直’字还不读直？”原来他从小到大几十年，一直把“矗”读作“直”，早已成习惯了。生活中的语音失范现象主要表现在以下几个方面。

（一）人名的误读

中国人历来重视自己的名字。古人讲：“行不更名，坐不改姓。”在交际场合，准确地叫出别人的名字，是对别人起码的尊重，也是规范公众信息交流的重要举措。但中国姓氏繁多，加上多音字丰富，导致人们在人名上时常出现读错、说错的情况。读错频率比较高的姓氏有：

“华”姓，应读 huà，不读“中华”的“华”。如三国神医华佗、“文革”结束后的国家领导人华国锋等。

“任”姓，应读 rén，不读“任务”的“任”。如人民的好公安局长任长霞、华为总裁任正非。

“解”姓，应读 xiè，不读“解放”的“解”。如明代大学士解缙。

“仇”姓，应读 qiú，不读“仇恨”的“仇”。如明代大画家仇英。

“朴”姓，应读 piáo，不读“朴素”的“朴”。如韩国前总统朴槿惠。

“查”姓，应读 zhā，不读“检查”的“查”。如金庸原名查良镛。

“盖”姓，应读 gě，不读“覆盖”的“盖”。如京剧名家盖叫天。

“区”姓，应读 ōu，不读“区别”的“区”。如国家足球队的前门将区楚良。

“乐”姓，应读 yuè，不读“快乐”的“乐”。如战国名将乐毅。

“逄”姓，应读 páng，不读 féng（逢）或 péng（蓬）。如《毛泽东和他的秘书田家英》的作者逄先知。

“万俟”复姓，应读 mòqí，不读 wànsì（万四）。如陷害岳飞的恶人万俟卨。

“尉迟”复姓，应读 yùchí，不读 wèichí（为迟）。如唐代名将尉迟敬德。

（二）地名的误读

中国的地名，一般都有历史渊源，有不少有特殊的读音。特别是生僻的地名，一不注意就会念错。容易误读的地名主要有：

浙江的丽（Lí）水，台（Tāi）州，鄞（Yín）县；

安徽的亳（Bó）州，歙（Shè）县，六（Lù）安，黟（Yī）县，枞（Zōng）阳；

河南的浚（Xùn）县，柘（Zhè）城，武陟（Zhì），泌阳（Bì）；

山西的繁峙（Shì）县，长（Zhǎng）子县，隰（Xí）县；

四川的郫（Pí）县，珙（Gǒng）县，犍（Qián）为；

江苏的盱眙（XūYí），邗（Hán）江，邳（Pī）州；

河北的蔚（Yù）县，井陉（Xíng），蠡（Lǐ）县；

山东的莘（Shēn）县，莒（Jǔ）县，茌（Chí）平；

江西的铅（Yán）山，婺（Wù）源；

湖北的监（Jiàn）利，郧（Yún）县；

湖南的耒（Lěi）阳，郴（Chēn）州；

新疆的巴音郭楞（Léng）；

内蒙古的巴彦淖（Nào）尔；

上海的莘（Xīn）庄；

辽宁的阜（Fù）新。

（三）方言的使用

在各大方言区中，人们在交往过程中一般会使用自己的方言。每一种方言又包含着若干次方言。在跨地区交际时，如果使用方言，会给对方造成理解上的障碍。

以河南话为例，豫东、豫西、豫南、豫北各有特点，各有容易读错的音。如信阳话中 n、l 不分，f、h 不分，zh、ch、sh 和 z、c、s 不分；商丘话中 f、sh 不分；等等。

河南话中有不少土词土语，有的只有读音，不知道其对应的准确汉字，在日常生活中应尽量避免使用。如：

不老盖儿——膝盖　　哥老只儿——胳窝

布住——抱着的意思　　突鲁——下滑的意思

协活——喊叫的意思　　砢碜——恶心的意思

夜儿黑——昨晚的意思　　不枪中——不行的意思

跟盖儿——旁边的意思　　空壳篓——没有的意思

值得欣慰的是，由于推广普通话以及城市化的影响，河南话正在逐步向普通话靠拢，一些重要的语音特征在大城市以及年轻人口中已经很难见到。

（四）容易读错的字词

下列字词的读音括号内正确，括号外错误：

挨（āi）ái 近　挨（ái）āi 饿　狭隘（ài）yì　谙（ān）yīn 熟

熬（āo）áo 菜　凹（āo）wā 陷　鏖（áo）ào 战　拗（ǎo）niù 断

拗（ào）niù 口　同胞（bāo）pāo　剥（bāo）bō 皮

薄（báo）bó 纸　沙家浜（bāng）bīng　蓓蕾（bèilěi）péiléi

悖（bèi）bó 逆　奔（bèn）bēn 小康　迸（bèng）bìng 发

包庇（bì）pì　麻痹（bì）pì　裨（bì）pí 益　濒（bīn）pīn 临

针砭（biān）fà　屏（bǐng）bìng 气　摒（bìng）bǐng 弃

剥（bō）báo 削　停泊（bó）pó　淡薄（bó）báo　哺（bǔ）pǔ 育

粗糙（cāo）zào　嘈（cáo）zāo 杂　参差（cēncī）cānchā

搽(chá)chā 粉　猹(chá)zhá　刹(chà)shā 那
谄(chǎn)xiàn 媚　阐(chǎn)shǎn 明　忏(chàn)qiàn 悔
场(cháng)chǎng 院　一场(cháng)chǎng 雨
赔偿(cháng)sháng　倘(cháng)táng 佯　嗔(chēn)zhēn 怒
瞠(chēng)tāng 目　惩(chéng)chěng 罚　鞭笞(chī)tái
踟蹰(chíchú)zhízhú　奢侈(chǐ)yí　整饬(chì)shāng
炽(chì)zhì 热　不啻(chì)dì　叱咤(chìzhà)chīzhài
憧(chōng)zhuàng 憬　崇(chóng)chōng 拜
踌躇(chóuchú)chízhú　罢黜(chù)zhuō　揣(chuǎi)chuāi 摩
椽(chuán)yuán 子　创(chuāng)chuàng 伤
凄怆(chuàng)càng　啜(chuò)zhuì 泣　辍(chuò)zhuì 学
宽绰(chuò)zhuò　瑕疵(cī)cí　伺(cì)sì 候
淙(cóng)zōng 淙流水　一蹴(cù)jiù 而就　簇(cù)zù 拥
璀璨(cuǐcàn)cuīcān　皴(cūn)jūn 裂　忖(cǔn)cùn 度
蹉(cuō)cuò 跎　挫(cuò)cuō 折　呆(dāi)ái 板
档(dàng)dǎng 案　悼(dào)diào 念　提(dī)tī 防
并蒂(dì)tì 莲　缔(dì)tì 造　玷(diàn)zhān 污　装订(dìng)dīng
订(dìng)dīng 正　恫吓(dònghè)tòngxià　胴(dòng)tóng 体
句读(dòu)dú　踱(duó)dù 步　阿(ē)ā 谀　婀娜(ēnuó)āná
扼(è)é 要　菲(fěi)fēi 薄　沸(fèi)fú 点　氛(fēn)fèn 围
拂(fú)fó 晓　果脯(fǔ)pǔ　诸葛(gě)gē 亮　脖颈(gěng)jǐng
提供(gōng)gòng　供(gōng)gòng 销　供(gōng)gòng 给
佝(gōu)jū 偻　勾(gòu)gōu 当　蛊(gǔ)hǔ 惑　商贾(gǔ)jiā
桎梏(gù)kù　粗犷(guǎng)kuàng　皈(guī)bān 依
瑰(guī)guì 丽　刽(guì)kuài 子手　鳜(guì)júe 鱼
聒(guō)tiān 噪　尸骸(hái)hài　罕(hǎn)hān 见　呵(hē)hā 欠
回纥(hé)qí　干涸(hé)gù　上颌(hé)ké　附和(hè)hé
沟壑(hè)huò　起哄(hòng)hōng　华(huà)huá 山
浣(huàn)wán 溪沙　豢(huàn)quàn 养　污秽(huì)suì
混淆(hùnxiáo)húnyáo　混(hùn)hún 浊　豁(huò)huō 达
跻(jī)jì 身　畸(jī)qí 形　汲(jí)xí 取　即(jí)jì 使　即(jí)jì 兴

嫉(jí)jì 妒　贫瘠(jí)jì　狼藉(jí)jì　给(jǐ)géi 予　给(jǐ)géi 养

脊(jǐ)jí 梁　觊觎(jìyú)qíyù　古迹(jì)jí　成绩(jì)jī

雪茄(jiā)qié　夹(jiā)jiá 道　夹(jiá)jiā 袄　歼(jiān)qiān 灭

信笺(jiān)qiān　眼睑(jiǎn)lián　离间(jiàn)jiān

僭(jiàn)qián 越　发酵(jiào)xiào　姣(jiāo)jiáo 好

缴(jiǎo)jiāo 纳　校(jiào)xiào 对　倔强(jiàng)qiáng

攻讦(jié)hán　拮据(jiéjū)jiējù　桔(jié)jú 梗　押解(jiè)jiě

尽(jǐn)jìn 管　粳(jīng)gēng 米　颈(jǐng)jìng 项　强劲(jìng)jìn

痉(jìng)jīng 挛　抓阄(jiū)guī　针灸(jiǔ)jiū　内疚(jiù)jiū

狙(jū)zǔ 击　咀嚼(jǔjué)zǔjiáo　矩(jǔ)jù 形

龃龉(jǔyǔ)zǔwǔ　镌(juān)juàn 刻　隽(juàn)jūn 永

角(jué)jiǎo 色　口角(jué)jiǎo　角(jué)jiǎo 逐　诡谲(jué)jú

龟(jūn)guī 裂　可汗(Kèhán)Kěhàn　恪(kè)gè 守

铿锵(kēngqiāng)jiānjiàng　倥偬(kǒngzǒng)kōngcōng

窥(kuī)guī 探　感喟(kuì)wèi　邋遢(lātā)lièqū

书声琅(láng)liáng 琅　唠(láo)lāo 叨　落(lào)luò 枕

落色(làoshǎi)luòsè　奶酪(lào)luò　烙(lào)luò 印

勒(lè)lēi 索　擂(léi)lèi 鼓　羸(léi)yíng 弱　恶劣(liè)lüè

贿赂(lù)lǔ　棕榈(lǘ)lǚ　裸(luǒ)kě 视　阴霾(mái)huì

埋(mán)mái 怨　耄耋(màodié)máozhì　联袂(mèi)jué

闷(mēn)mèn 热　闷(mèn)mēn 倦　愤懑(mèn)mǎn

分娩(miǎn)wǎn　幽冥(míng)mín　酩酊(mǐngdǐng)míngdīng

荒谬(miù)niù　蓦(mò)mù 然　牟(móu)mù 取

模(mú)mó 样　羞赧(nǎn)bào　泥淖(nào)zhuò　木讷(nè)nà

气馁(něi)nuǐ　嫩(nèn)lùn 芽　酝酿(niàng)ràng

玩弄(nòng)lòng　拘泥(nì)ní　宁(nìng)níng 愿

泥泞(nìng)níng　忸怩(ní)nié　虐(nüè)yuè 待　呕(ǒu)ōu 吐

奇葩(pā)bā　扒(pá)bā 手　迫(pǎi)pāi 击炮　澎湃(pài)bài

蹒(pán)mán 跚　河畔(pàn)bàn　滂沱(pāngtuó)pángtuò

咆(páo)báo 哮　炮(páo)pào 烙　胚(pēi)pī 胎

喷(pèn)pēn 香　抨(pēng)pīng 击　纰(pī)bī 漏　土坯(pī)pēi

砒(pī)bī 霜　毗(pí)bī 邻　癖(pǐ)pì 好　媲(pì)bǐ 美

扁(piān)biān 舟　饿殍(piǎo)fú　一瞥(piē)piě　湖泊(pō)bō

糟粕(pò)bō　解剖(pōu)pāo　匍(pú)fú 匐　曝(pù)bào 晒

沏(qī)qì 茶　栖(qī)xī 息　蹊跷(qīqiao)xīxiao　菜畦(qí)xí

绮(qǐ)yǐ 丽　修葺(qì)róng　休憩(qì)xì　关卡(qiǎ)kǎ

潜(qián)qiǎn 水　悭(qiān)jiān 吝　掮(qián)jián 客

天堑(qiàn)zàn　缱绻(qiǎnquǎn)qiānjuǎn　戕(qiāng)qiáng 害

强(qiǎng)qiáng 迫　勉强(qiǎng)qiáng　翘(qiáo)qiào 楚

翘(qiáo)qiào 首　讥诮(qiào)xiào　憔悴(qiáo)jiāo

地壳(qiào)ké　胆怯(qiè)què　惬(qiè)xiè 意　衾(qīn)jīn 枕

引擎(qíng)jìng　亲(qìng)qīn 家　龟兹(qiūcí)guīzí

曲(qū)qǔ 折　祛(qū)qù 除　黢(qū)jùn 黑　龋(qǔ)yǔ 齿

小觑(qù)xū　债券(quàn)juàn　逡(qūn)jūn 巡

攘(rǎng)xiāng 除　围绕(rào)rǎo　丰稔(rěn)niàn

稔(rěn)niàn 知　仍(réng)rēng 然　偌(ruò)nuò 大

丧(sāng)sàng 钟　缫(sāo)chāo 丝　堵塞(sè)sāi

稼穑(sè)qiáng　潸(shān)sù 然　讪(shàn)xiàn 笑

禅(shàn)chán 让　赡(shàn)zhān 养　折(shé)zhé 本

摄(shè)niē 影　威慑(shè)niè　妊娠(shēn)chén

似(shì)sì 的　教室(shì)shǐ　狩(shòu)shǒu 猎

倏(shū)shūn 忽　刷(shuà)shuā 白　洗涮(shuàn)shuā

游说(shuì)shuō　吮(shǔn)yún 吸　朔(shuò)sù 方

怂(sǒng)zòng 恿　悚(sǒng)shù 然　宿(sù)xù 舍

塑(sù)suò 料　簌(sù)xiāo 簌　鬼祟(suì)chǒng

婆娑(suō)shā　趿(tā)jí 拉　水獭(tǎ)lài　拓(tà)tuò 本

鞭挞(tà)dǎ　丝绦(tāo)tiáo　饕餮(tāotiè)hàozhěn

体(tī)tǐ 己　倜傥(tìtǎng)zhōudǎng　孝悌(tì)dì

腼腆(tiǎn)diǎn　轻佻(tiāo)tiǎo　妥帖(tiē)tiě　请帖(tiě)tiē

字帖(tiè)tiě　绿汀(tīng)dīng　悲恸(tòng)dòng

荼(tú)chá 毒　湍(tuān)chuǎn 急　颓(tuí)tuì 唐

蜕(tuì)tuō 变　逶迤(wēiyí)wěishī　桅(wéi)wēi 杆

圩(wéi)yú 田　推诿(wěi)wēi　猥(wěi)wēi 琐

斡(wò)gàn 旋　龌龊(wòchuò)wūcù　可恶(wù)è

膝(xī)qī 盖　檄(xí)xī 文　狡黠(xiá)jié　纤(xiān)qiān 维

翩跹(xiān)qiān　涎(xián)yán 水　弓弦(xián)xuán

舷(xián)xuán 窗　癫痫(xián)jiǎn　鲜(xiǎn)quān 有

霰(xiàn)sàn 弹　关饷(xiǎng)shǎng　骁勇(xiāo)yáo

肖(xiào)xiāo 像　叶(xié)yè 韵　挟(xié)jiā 持　采撷(xié)jié

纸屑(xiè)xiāo　机械(xiè)jiè　歆(xīn)qīn 羡

省(xǐng)shěng 亲　珍馐(xiū)xiù　岫(xiù)yòu 岩

铜臭(xiù)chòu　星宿(xiù)sù　自诩(xǔ)yǔ　体恤(xù)xiě

畜(xù)chù 养　酗(xù)xiōng 酒　炫(xuàn)xuán 耀

绚(xuàn)xún 丽　眩晕(xuànyùn)xuányūn　穴(xué)xuè 位

噱(xué)nüé 头　戏谑(xuè)nuè　徇(xùn)xūn 情

殉(xùn)xún 情　逊(xùn)sùn 色　山崖(yá)ái　倾轧(yà)zhā

殷(yān)yīn 红　湮没(yānmò)yīnmù　筵(yán)yàn 席

梦魇(yǎn)yàn　赝(yàn)yīng 品　佯(yáng)yǎng 装

钥匙(yàoshi)yuéchi　哽咽(yè)yàn　摇曳(yè)yì　拜谒(yè)hé

笑靥(yè)yàn　旖旎(yǐnǐ)qíní　游弋(yì)gē　造诣(yì)zhī

友谊(yì)yí　肄(yì)sì 业　后裔(yì)yī　荫(yìn)yīn 凉

罂粟(yīngsù)yáolì　应(yīng)yìng 届　应(yìng)yīng 用

黝(yǒu)yóu 黑　囿囿(yòu)yǒu　宽宥(yòu)yǒu

伛偻(yǔlǚ)qūlǒu　囹圄(yǔ)wū　老妪(yù)qū　熨(yù)wěi 帖

艺苑(yuàn)yuán　跃(yuè)yào 进　愠(yùn)wēn 色

登载(zǎi)zài　装载(zài)zǎi　拒载(zài)zǎi　暂(zàn)zhàn 时

臧否(zāngpǐ)zàngfǒu　玄奘(zàng)zhuǎng　宝藏(zàng)cáng

确凿(záo)zuó　咋(zé)zá 舌　谮(zèn)zàn 言

憎(zēng)zèng 恨　驻扎(zhā)zhá　挣扎(zhá)zhā

札(zhá)zhā 记　轧(zhá)yà 钢　栅(zhà)shān 栏

择(zhái)zé 菜　占(zhān)zhàn 卜　破绽(zhàn)dìng

颤(zhàn)chàn 栗　着(zháo)zhuó 凉　沼(zhǎo)zhāo 泽

号召(zhào)zhāo　贬谪(zhé)dí　坚贞(zhēn)zhēng

侦(zhēn)zhēng 察　装帧(zhēn)zhèng　砧(zhēn)zhàn 板
缜(zhěn)shēn 密　症(zhēng)zhèng 结　拯(zhěng)chěng 救
诤(zhèng)zhēng 言　症(zhèng)zhēng 候　脂(zhī)zhí 肪
踯躅(zhízhú)zhèngshǔ　质(zhì)zhǐ 量　对峙(zhì)shì
中(zhōng)zhòng 听　中(zhòng)zhōng 肯　胡诌(zhōu)zōu
压轴(zhòu)zhóu　伫(zhù)chù 立　贮(zhù)chǔ 藏
谆(zhūn)chūn 谆　卓(zhuó)zhuō 越　啄(zhuó)zhuō 木鸟
着(zhuó)zháo 陆　恣(zì)cí 意　油渍(zì)zé　作(zuō)zuó 坊

四、网络交际中的语音失范

网络交际是指网民以屏幕文字、音频及视频等形式进行相互间的交流和沟通。它与现实交际的最大区别在于交际主体匿名性,网民彼此隐去真实身份,基本不受社会角色和社会责任的制约,自主程度大大提高,产生被解放的感觉和为所欲为的冲动,因此他们对语音规范不屑一顾,不时打破常规的表达形式,标新立异,语出惊人,造成网络交际中出现大量的语音失范现象。

网络交际中的语音失范现象十分普遍。主要表现在随意使用谐音替代和不规范的合音等。

(一)谐音替代

所谓"谐音替代",就是不用原有的词语,而是用读音相近的另一个词语来代替。

1.汉字谐音型

由于快速聊天的需要和输入法的词语组合等因素的影响,网民在聊天中常常不会去纠正打字时出现的错误,形成一批不规范的谐音用字。如:

用"偶"代替"我";用"素"代替"是";用"银"代替"人";用"介"代替"这";用"神马"代替"什么";用"有木有"代替"有没有";用"母鸡"代替"不知";用"粉可爱"代替"很可爱";用"斑竹、斑猪"代替"版主";用"人参公鸡"代替"人身攻击";用"大虾"代替"大侠";用"筒子们"代替"同志们";用"米钱了"代替"没钱了";用"灰常"代替"非常";等等。还有"哪"和"那"、"地"和"的"、"倒"和"到",常常相互替代等。

2.数字谐音型

本来毫无关系的数字因为读音相近被人为地组合在一起并赋予一定的

意义。例如常用数字表示爱情：

"1"表示"要"；"2"表示"爱"；"3"表示"想"；"4"表示"是"；"5"表示"我"；"7"表示"亲"；"8"表示"抱"；"0"表示"你"。"34"是"相思"；"30"是"想你"；"51"是"唯一"；"20"是"爱你"。"360"是"想念你"；"520"是"我爱你"；"530"是"我想你"；"04551"意思是"你是我唯一"；"59420"意思是"我就是爱你"；"5201314"意思是"我爱你一生一世"；"5203344587"意思是"我爱你生生世世不变心"；等等。

再如：

"54"表示"我是"；"56"表示"无聊"；"74"表示"kiss"；"78"表示"去吧"；"84"表示"不是"；"88"表示"拜拜"；"246"表示"饿死了"；"456"表示"是我啦"；"584"表示"我发誓"；"596"表示"我走了"；"687"表示"对不起"；"885"表示"帮帮我"；"886"表示"拜拜了"；"918"表示"加油吧"；"995"表示"救救我"；"0837"表示"你别生气"；"1414"表示"意思意思"；"1573"表示"一网情深"；"4242"表示"是呃是呃"；"5366"表示"我想聊聊"；"5454"表示"我是我是"；"5871"表示"我不介意"；"7456"表示"气死我了"；"7878"表示"去吧去吧"或"吃吧吃吧"；"8147"表示"不要生气"；"9494"表示"就是就是"；"55555"表示"呜呜地哭"；等等。

3.字母谐音型

这是利用英文字母或单词的读音来替代原词的类型。如：

"U"(you)表示"你"；"Q"(cute)表示"可爱"；"CU"(See you)表示"再见"；"u2"(you too)表示"你也是"；"me2"(me too)表示"我也是"；"OIC"(Oh,I see)表示"我明白了"；"3ku""3Q""3KS""TKS"都表示"Thanks"(谢谢)；"Who a u"(Who are you)表示"你是谁"；等等。

4.字母数字混合型

这是用数字、英语字母和汉语拼音相互混杂来表示动作行为的类型。如：

"44K8"表示"试试看吧"；"8U8"表示"发又发"；"1 job"表示"要工作"；"+U"表示"加油"；"拍 MP"表示"拍马屁"；"T 你"表示"踢你"。"I 服了 you"表示"我服了你"；"喝 9"表示"喝酒"；"e 网情深"

表示“一网情深”;等等。

(二)不规范合音

网络语言中还有一种特殊的合音现象。这种合音不仅将两个字的发音连在了一起,还省去其中一些音素,对音节进行了合并。如:

“你不要老是酱紫嘛!”(“酱紫”是“这样子”的合音)

“你才表脸呢!我哪里说过?”(“表”是“不要”的合音。)

以上所举不规范的语音现象,在语言运用中应当尽量避免。

第三节 语音规范对策

所谓语音规范,就是按照汉民族共同语语音明确一致的标准来纠正语音方面存在的问题。面对普遍存在的语音失范现象,必须积极采取规范对策,确立正音标准,推广普通话,掌握发音技巧,进一步促进现代汉语语音的规范化。

一、确立正音标准

1955 年 10 月召开的“全国文字改革会议”和“现代汉语规范化问题学术会议”,明确了普通话的含义,即“以北京语音为标准音,以北方方言为基础方言,以典范的现代白话文著作为语法规范”。这说明普通话的标准音是北京语音。

为什么要以北京语音为标准音?林语堂曾经赞美北京话是“平静自然舒服悦耳的腔调儿”,老舍把北京话比喻成像“清夜的小梆子”,俞平伯也说过:“北京话是全中国最优美的语言。”在北京,人们能听到最标准的普通话,也能听到充满了浓厚地方特色的北京话,这也是最能体现这座城市历史和风俗的话。

以北京语音作为汉民族共同语的标准音,主要原因在于:一种共同语的语音标准必须以某个城市的语音作为标准,而在诸城市中,北京的影响最大。金、元、明、清各朝均在北京建都,中华人民共和国成立也确立北京为首都,北京作为全国政治、经济、文化中心的地位不断被强化并辐射影响全国。北京的这种特殊地位,是其他城市所不能相比的。同时,北京语音早已随着政治、经济和文化的影响,传播到了全国各地。特别是五四运动以后开展的

"国语运动",又在口语方面增强了北京话的代表性,促使北京语音成为全民族共同语的标准音。

确立普通话的正音标准,应当注意以下两个方面的问题。

(一)北京语音不等于普通话语音

普通话语音以北京语音作为标准音,因此,凡是不符合这个标准的,都是不规范的。但是,这是就整体来说的,不是说北京话任何一个语音成分都是标准的,都是普通话成分,在北京语音里,由于各种原因还存在着一些分歧,如:

普通话		北京方言
逮(小偷)	dǎi	dei
(教)室	shì	shǐ
(比)较	jiào	jiǎo
暂(时)	zàn	zǎn
侵(略)	qīn	qǐn
(蝴)蝶	dié	diěr

(二)要注意多音字和异读词的读音

一个汉字在不同的语言环境中读音不同,这就是一字多音现象,这些字又叫"多音字"。多音字是汉语里的一种正常现象。对于多音字,应根据它所出现的语言环境来确定不同的读音。如:

剥 bāo 剥花生　剥羊皮　　bō 剥夺　剥削　剥离

削 xiāo 削果皮　削铅笔　　xuē 削弱　瘦削　削除

薄 báo 薄纸　穿得太薄　　bó 薄弱　刻薄　轻薄

泊 bó 淡泊　停泊　　pō 湖泊

背 bèi 脊背　背静　　bēi 背包　背枪

奔 bēn 奔跑　奔波　　bèn 投奔

一个汉字在同一个词内有不同的读音,这就是同词异读现象,这些汉字所在的词又叫"异读词"。异读词同义异读,是语言中的一种累赘,在普通话中应该只保留一种读音而淘汰其他读音。普通话审音委员会根据一定的原则对异读进行了多次审定,并于 1985 年 12 月正式公布《普通话异读词审音表》。它确定了 850 多个异读字的规范读音,同时也确定了近 2000 个常用词语的规范读音,为我们提供了关于异读词(字)的标准的正音规范。如:

“荒谬”的“谬”读 miù，不读 niù；“缔结”的“缔”读 dì，不读 tì；“机械”的“械”读 xiè，不读 jiè；“娇嫩”的“嫩”读 nèn，不读 nùn。

二、推广普通话

普通话是我国的通用语言，是我们的民族共同语。《中华人民共和国宪法》第十九条明确规定：“国家推广全国通用的普通话。”推广普通话标准音是语音规范的一项主要内容。

（一）推广普通话的意义

推广普通话是我国语言文字工作的一个重要部分，对于促进我国政治和谐、经济发展、文化繁荣，增强民族自豪感都有重要的意义。

首先，推广普通话可以进一步消除方言隔阂，减少不同方言区人们交际时的困难，有利于国家的统一和民族的团结。我国有七大方言区，而且大方言区内还有很多次方言区，各方言区之间、各次方言区之间在语音、词汇、语法上都有很大的差异。这些差异往往会阻碍人们进行交际，影响人们之间的沟通和了解。推广普通话可以有效消除各个方言区及次方言区人们之间的语言障碍，使全国人民顺利地进行交际。

其次，推广普通话可以促进政治和谐、经济发展、文化繁荣。在任何一个社会内部都需要进行有效、简便、规范的交流，这对于建立和谐政治，促进经济和文化发展具有重要作用。随着改革开放和社会主义市场经济体制的建立，我国境内开始了大规模的人口流动，推广普通话，营造良好的语言环境，对于促进人员交流、商品流通，培育统一的大市场具有很重要的现实意义。改革开放之后，一些经济发达地区的方言有跟普通话争夺地盘的趋势，人们争相模仿港台腔，甚至在大众传媒机构也出现了港台腔泛滥的现象，这不仅影响了人们对普通话的感情，而且破坏了全民的文化体系，在这种情况下，必须大力推广普通话。

再次，推广普通话可以更好地适应信息时代的要求。信息技术的日新月异，传声技术的日益现代化，计算机语言输入和语言识别问题的不断研究，都对语言的规范化提出了新的要求。只有推广普通话，才能适应社会的信息化要求。

最后，推广普通话可以更好地进行国际交往。随着改革开放政策的贯彻执行，国际往来和交流越来越多，进一步推广普通话，可以减少言语交际的困难，促进国际交往。

需要指出的是，推广普通话并不是人为地消灭方言，主要是为了消除方言隔阂，以利于社会交际。同时，更要尊重少数民族的语言，应该坚持社会语言生活主体化与多样化相结合的原则，一方面使公民普遍具备普通话的能力，另一方面尊重方言和少数民族语言的使用价值和文化价值。

（二）推广普通话的方针

20 世纪 50 年代，我国提出的推广普通话的方针是“大力提倡，重点推行，逐步普及”，并且取得了积极效果。1986 年，国家教育委员会（简称“国家教委”）和国家语言文字工作委员会（简称“国家语委”）召开了全国语言文字工作会议，国家语委在工作报告中指出：“五十年代确定的‘大力提倡，重点推行，逐步普及’的推广普通话工作方针是正确的……但是，形势变化了，推广普通话工作要有新的进展，工作重点和实施步骤也必须作些调整。重点应当放在推行和普及方面，在普及方面应当更积极一些。”报告还提出：在本世纪内要努力使普通话成为教学语言、工作语言、宣传语言、交际语言，并提出衡量普通话水平的三个等级。

1992 年国家语委正式将新时期推广普通话工作的方针调整为“大力推行、积极普及、逐步提高”。调整后的方针保持了与原方针的连续性，也恰当地表述了现阶段在推广普通话工作中如何兼顾和协调普及与提高的要求。

在调整后的推广普通话方针指导下，推广普通话的范围更加广泛，要求更加明确具体。1997 年公布的《普通话水平测试等级标准（试行）》，使普通话的水平有了较为科学的、可以操作的量化手段和衡量尺度。后几经讨论、修订，直至 2003 年，由教育部、国家语言文字工作委员会印发了《普通话水平测试大纲》。这是国家实施普通话水平测试的依据，各级测试机构和普通话水平测试员要严格执行，以确保测试质量。1984 年，中国地名委员会、中国文字改革委员会、国家测绘局《中国地名汉语拼音字母拼写规则（汉语地名部分）》，2011 年中华人民共和国国家质量监督检验检疫总局、中国国家标准化管理委员会《中国人名汉语拼音字母拼写规则》、2012 年中华人民共和国国家质量监督检验检疫总局、中国国家标准化管理委员会《汉语拼音正词法基本规则》，2013 年国务院《通用规范汉字表》等标准的颁布实施，为普通话的深入推广和拼音书写提供了规范依据。

1997年国务院决定，自1998年起，每年9月第三周为全国推广普通话宣传周，以加强宣传推广的力度，尽快在全国普及普通话。

这些举措的实施，说明推广普通话工作已经迈上了一个新台阶。

（三）推广普通话的重点

推广普通话工作要紧紧围绕社会需求，从国情出发，遵循语言自身发展规律，依法强化政府行为。要以学校为基础，以党政机关为龙头，以广播电视等新闻媒体为榜样，以公共服务行业为窗口，并逐步向广大农村地区拓展，向更宽的领域延伸，逐步实现全社会普及普通话。

1.教师

推广普通话，学校是基础。学校是推广普通话的重要阵地。只有各级学校普及了普通话，才能保证我们的学生学会普通话，才能保证全社会逐步普及普通话。学校的任务是教育、教学，对学生进行普通话的基本训练是教学的任务之一，作为肩负教育、教学任务的教师责无旁贷。同时，教师对学生"传道、授业、解惑"的主要工具是语言，如果教师的语言合乎规范，就可以给学生做出表率。教师的地位、肩负的任务和职业特点都决定了必须把使用普通话作为合格教师的必备条件，把使用普通话进行教育、教学作为对教师的基本要求。

2.媒体从业人员

推广普通话，新闻媒体是榜样。广播电视等新闻媒体要以普通话为基本的播音用语，播音员、节目主持人要成为全社会说好普通话的榜样。媒体从业人员由于其特殊的身份和广泛影响，在推广普通话方面负有特别的责任。长期以来，播音员、主持人、出镜记者的语音风貌对全社会来说具有标志作用、示范作用、导向作用、规范作用和传播作用。因此，坚持在各类节目中说标准的普通话，不说各种方言、土语，并且做到自觉抵制各种语言糟粕的侵袭，是对所有媒体从业人员的要求。

3.公务员

推广普通话，党政机关是龙头。党政机关要率先垂范，把普通话作为公务用语，并督促和带动全社会推广普及普通话。各级行政机关公务人员在接待、讲话、发布信息时应统一使用普通话。

4.服务行业人员

推广普通话，公共服务行业是窗口。服务行业包括商业、交通、旅游、饮食、通信、医疗、金融等行业。这些服务行业的从业者，因为工作性质的关系，他们接触群众多，天天与服务对象打交道。如果他们能用普通话进行交际就可以更好地为人民服务，提高工作效率和服务质量，并且对全社会形成人人讲普通话的风气会有一定的积极影响。因此，提倡公共服务行业要以普通话为服务用语，鼓励从业员工努力提高普通话水平。

三、掌握发音技巧

推广普通话标准音，需要引导人们掌握正确的发音技巧。

（一）方音辨正

方音辨正就是辨别方音与标准音之间的差别，指出纠正方音的方法，帮助大家更有效地学习普通话语音。

下面介绍河南话与普通话的辨正问题。

1.分辨舌尖前音 z、c、s 与舌尖后音 zh、ch、sh

河南方音里，大部分县市舌尖前后音是可以分开的，如郑州、开封、濮阳等地，情况大致与北京相同。有的县市两组音都有，但系统与北京不同，如洛阳、新安、孟津、洛宁等地（“支”与“资”同音，“钞”与“操”同音，“生”与“僧”同音，声母均为 z、c、s）；有的县市没有舌尖后音，舌尖后音的字多成舌尖前音，如信阳等地（“知、吃、师”等字的读音便是 z、c、s）；还有的县市两组音都没有，而混同于舌叶音，如安阳等地。舌叶音是介于舌尖前后音之间的一组音（“紫”“纸”同音，“粗”“初”同音，“死”“使”同音）。

（1）掌握舌尖前音与舌尖后音的发音方法。二者的区别在于发音部位的不同，舌尖后音发音时舌尖翘起来，顶住硬腭的前部，然后再放开，气流慢慢摩擦而出。而舌尖前音发音时舌尖是顶住上齿背。

（2）区分读 z、c、s 与 zh、ch、sh 的字。区分这些字的读音要多注意广播电视中的发音，逐渐形成习惯。试比较以下词语的发音：

自 zì 愿—志 zhì 愿	鱼刺 cì—鱼翅 chì
私 sī 人—诗 shī 人	仿造 zào—仿照 zhào
粗 cū 布—初 chū 步	姿 zī 势—知 zhī 识
新春 chūn—新村 cūn	宗 zōng 旨—中 zhōng 止
资 zī 助—支 zhī 柱	自 zì 动—制 zhì 动
物资 zī—物质 zhì	糟 zāo 了—招 zhāo 了

近似 sì—近视 shì　　搜 sōu 集—收 shōu 集
增 zēng 订—征 zhēng 订　　从 cóng 来—重 chóng 来
支 zhī 援—资 zī 源　　主 zhǔ 力—阻 zǔ 力
木柴 chái—木材 cái　　商 shāng 业—桑 sāng 叶
申诉 sù—申述 shù　　摘 zhāi 花—栽 zāi 花
午睡 shuì—五岁 suì　　八成 chéng—八层 céng
树 shù 立—肃 sù 立　　找 zhǎo 到—早 zǎo 到
乱吵 chǎo—乱草 cǎo　　山 shān 顶—三 sān 顶

(3)利用声旁类推法。哪些字是舌尖前音,哪些字是舌尖后音,一般是采用声旁类推法。大凡同声旁的字,声母的发音部位都是相同的。如:

宗(z—):踪　综　棕　粽　鬃　淙(cong)
曹(c—):槽　漕　艚　嘈　螬　遭(zao)
司(s—):饲　伺　笥　词(ci)　祠(ci)
中(zh—):盅　忠　衷　钟　肿　种　仲
辰(ch—):晨　宸　唇
申(sh—):伸　神　呻　审　婶

偏旁类推法有例外情况。比如“册”的声母是舌尖前音,以“册”作偏旁的字“珊、删、姗”的声母却是舌尖后音。

舌尖前音和舌尖后音的字还可以从北京音系声韵配合规律来区别。在北京音里,ua、uai、uang 三个韵母只拼 zh、ch、sh,不拼 z、c、s。如“抓”(zhuā)、“揣”(chuāi)、“双”(shuāng)等四十几个字都是舌尖后音字。

在北京音里,en、eng 两个韵母虽然同时能拼舌尖前音和舌尖后音,但是舌尖前音的字极少,除“怎、参(~差)、森、曾、层、僧”等十几个字外,有100多个字都是舌尖后音的。如“真、陈、审、争、成、胜”等。可以用“记少不记多”的办法来分辨。

2.尖团音

齐齿呼和撮口呼韵母前拼声母 z、c、s 的字音就是尖音,齐齿呼和撮口呼韵母前拼声母 j、q、x 的字音就是团音。普通话语音是不分尖团的,河南话里却分尖团。普通话以 j、q、x 作声母的字,河南的郑州、洛阳、商丘、许昌、南阳、濮阳、林州等地的方音分作 z、c、s 和 j、q、x 两组。如:

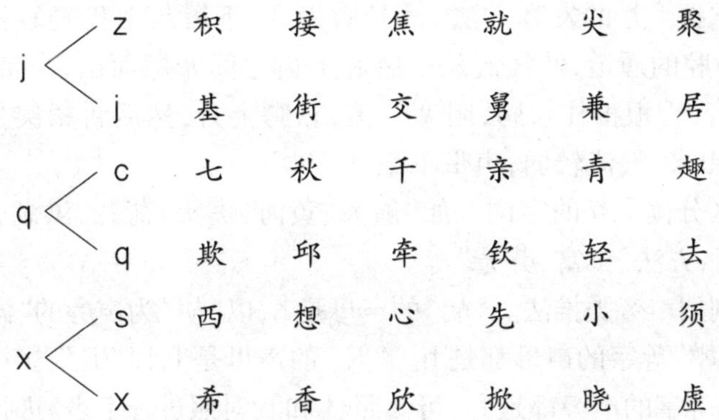

河南120多个县(市、区)中就有60多个县(市、区)有这种区别,约占50%。学习普通话要注意将尖音一律改为团音。

3.分辨n和l

信阳的一些县(市、区),当n与合口呼韵母相拼时,读为l,与其他韵母相拼时则n、l混读。如:“男女”(nánnǚ)读成“褴褛”(lánlǚ),“努力”(nǔlì)读成“鲁力”(lǔlì),“呢子”(nízi)读成“梨子”(lízi),“浓重”(nóngzhòng)读成“隆重”(lóngzhòng)。

(1)掌握n、l的发音方法。n的发音是舌尖翘起,顶住上齿龈,同时小舌下垂,气流通过鼻腔流出。而l的发音方式是舌尖翘起,顶住上齿龈,同时小舌抬起,堵住通往鼻腔的通道,气流经过舌头的两边流出。

(2)区分读n、l的字。区分读n和l的字,一方面多注意广播电视中的发音,熟记读n和读l的常用字、词,做一些练习。如“哪能不来、南方来信、吃苦耐劳、乱拉乱推、冷暖自知、红黄蓝绿”等。试比较以下词语的发音:

南nán宁—兰lán陵　　恼nǎo怒—老lǎo路

泥ní巴—篱lí笆　　一年nián—一连lián

(3)利用声旁类推法。“良”的声母是l,以“良”为声旁的“粮、莨、踉、狼、郎、浪、朗、廊、啷、琅、榔、螂、锒”的声母都是l。“奴”的声母是n,以“奴”为声旁的字“努、怒、驽、孥、帑、伮”等的声旁都是“n”。

4.分辨f和h

信阳、驻马店、周口、开封等的一些地方,发音时容易把f和h相混。如:“反对”(fǎnduì)读成“缓对”(huǎnduì),“开花”(kāihuā)读成“开发”(kāifā)。

(1)掌握 f、h 的发音方法。f 是唇齿音,下唇与上齿轻轻接触,软腭上升,堵塞鼻腔的通道,使气流从下唇和上齿之间摩擦而出,声带不颤动。而 h 是舌根音,舌根抵住软腭,阻塞气流,软腭上升,然后舌根突然离开软腭,气流迸发出来,气流较弱,声带不颤动。

(2)区分读 f、h 的字词。如"航海、黄海、虎头、荷花、洪湖、欢呼、辉煌、斧头、反复、方法、丰富、芬芳"等。

(3)利用声旁类推法。"胡"的声母是 h,以"胡"为声旁的"湖、糊、蝴、瑚、葫、煳、猢、鹕"等字的声母都是 h。"凡"的声母是 f,以"凡"为声旁的字"帆、梵、钒、矾"等字的声旁都是 f。可参照《f 和 h 对照辨音字表》进行学习。

5.分辨 zh、ch、sh 和 j、q、x

濮阳市毗邻山东省的一些县市,如南乐、清丰、台前,新乡的长垣,安阳的滑县、内黄和开封的兰考等,在发音时将舌尖后音 zh、ch、sh 发成舌面音 j、q、x。如:"书"(shū)读成"需"(xū),"猪"(zhū)读成"居"(jū),"吃"(chī)读成"期"(qī),"是"(shì)读成"系"(xì)。

二者的区别在于发音部位的不同。舌尖后音发音时舌尖翘起来,顶住硬腭的前部,然后再放开,气流慢慢摩擦而出;舌面音发音时舌面前部上抬,抵住硬腭前端,阻碍气流,然后舌面前部慢慢离开硬腭前端,呼出气流。

6.分辨 sh 和 f

商丘、焦作、驻马店等的部分县市,舌尖后音 sh 往往发成唇齿音 f。如:"水"(shuǐ)读成"匪"(fěi),"说"(shuō)读成 fō 或 fê,"书"(shū)读成"夫"(fū)。

7.分辨前鼻音韵母与后鼻音韵母

普通话语音里的鼻韵母分前鼻音与后鼻音两类。河南话里,绝大部分县市是能把前、后鼻韵母分清的,与北京音一致。有一部分县市把这两类韵母混同或丢掉鼻音尾,有代表性的是信阳话、林州话和长垣话。

信阳话里 in 与 ing 不分。如"病、顶、幸、英"等字,普通话里的韵母是 ing,信阳话里读 in。其次,eng 韵逢唇音声母时,信阳话里读 ong,如"朋、盟、风";其他一律读成 en,如"灯、能、更、坑、生、层"。

林州话里 en、in、uen、ün 这 4 个韵母分别读成了 eng、ing、ong、iong。如"本、盆、陈",韵母都成了 ong;"宾、金、银",韵母都成了 ing;"孙、春、顺",韵母都成了 ong;"君、群、运"韵母都成了 iong。林州话中,an、ian、 uan、üan 这 4 个韵母都丢掉了鼻尾音 n，这些韵母的主要元音都成了鼻化音。

长垣话里没有前鼻音韵母。普通话的 an、en、ian、in、uan、uen、üan、ün，长垣话都丢掉了尾音 n，而读成 ai、ei、iai、iei、uai、uei、üai、üei。长垣人学普通话，需要把上述韵尾改为 n。

发好鼻韵母的音，对一部分河南人来说，是有困难的。前鼻音韵母与后鼻音韵母的区别，关键是在 n 与 ng 的区别。发 n 时，舌尖要抵在齿龈上；发 ng 时，舌根要抵在软腭上。不管哪种情况，一定都要在发音终止时舌尖离开齿龈或软腭。

辨认哪些是前鼻音的字，哪些是后鼻音的字，也是用偏旁类推法。以前鼻音的字作偏旁的字往往也是前鼻音的字。以后鼻音的字作偏旁的字往往也是后鼻音的字。如：

安（—an）：按　鞍　胺　案　氨　桉

分（—en）：纷　份　芬　氛　吩　粉　汾　忿　盆

林（—in）：淋　琳　霖

仑（—un）：沦　抡　论　轮　囵　纶　伦

君（—ün）：郡　群　裙　珺

记认前鼻音或后鼻音韵母字，用不着平均用力。比如林州人 in、ing 相同，实际上是只有 ing 韵，没有 in 韵，所以，只要从方音中认出哪是 in 韵的字就行了。又如长垣人 en、ei 混同，实际上只有 ei，没有 en，所以，只要从方音中认出哪些是 en 韵的字就行了。

8.分辨 i 和 ei

开封、许昌、南阳的部分地区，以及焦作的博爱等地方，把韵母 i 读成了 ei，如："笔"（bi）读成 bei，"披"（pi）读成 pei。

与此相反，有的部分地区把唇齿音 f 与 ei 相拼的字中的 ei 又读成了 i，如"费、非、肥、匪、飞、废、肺、啡"等字都读成了"fi"。

辨证方法：记住容易读错的字；普通话声母 f 不能与 i 韵母相拼。

9.分辨 e 与 ai

河南的绝大部分地区，把一些字如"色、涩、啬、则、择、责、册、厕、测、策、泽"等字的舌尖前音声母变成了舌尖后音，同时又把韵母 e 都读成了 ai。如："色"（se）读成 shai，"择"（ze）读成 zhai，"测"（ce）读成 chai，"客"（ke）读成 kai。

10.分辨 u 和 ou

南阳市的西峡、镇平、内乡、淅川和洛阳、三门峡的部分县市，以及信阳的罗山等地，当 u 与 d、t、n、l、z、c、s、zh、ch、sh、r 等声母相拼时，往往把 u 读作 ou。如："兔子"（tùzi）读作 tòuzi，"炉子"（lúzi）读作"娄子"（lóuzi）。

11.e 的发音

河南的部分地区把 e 读作 uo，如把"科、课、棵、和"等字的韵母读作 uo。如："科"（kē）读作 kuō，"和"（hé）读作 huō。而商丘地区把与 d、t、g、k 相拼的 e 读作 ei，如把"特"（tè）读作"tei"。信阳方言中，把与 d、t、g、k 相拼的 e 读作 ie，如把"特（tè）"读作"tie"。

12.韵头 u 的丢失

河南省的南阳等地，z、c、s、d、t、sh 等声母与 ui 相拼的音节，韵头 u 往往丢失，变成了 ei。如把"最、脆、岁、对、退、睡"的韵母都读作 ei。

13.en 的发音

长垣、陕州区、洛宁、渑池等地，把 en 多发为 ei；焦作的一部分地区把与 b、p、m、f 相拼的 en 发为 ei，如把"门"（mén）读作"méi"；而安阳的林州则全部读作后鼻音 eng，如把"门"（mén）读作"méng"等。

14.声调辨正

河南方言和普通话声调的区别主要是调值，普通话的阴平、阳平、上声、去声分别读 55、35、214、51 的调值，而河南方言则大多读作 24、42、55、31 的调值。（见表 1-1）

表 1-1　调类调值对照表

<table>
<tr><th rowspan="3">调类</th><th colspan="10">调值</th><th rowspan="3">例字</th></tr>
<tr><th rowspan="2">北京</th><th colspan="9">河南</th></tr>
<tr><th>郑州</th><th>开封</th><th>许昌</th><th>南阳</th><th>信阳</th><th>洛阳</th><th>新安</th><th>灵宝</th><th>安阳</th></tr>
<tr><td>阴平</td><td>55</td><td colspan="3">24</td><td colspan="2">44</td><td colspan="2">44</td><td>53</td><td>33</td><td>开封新乡</td></tr>
<tr><td>阳平</td><td>35</td><td colspan="3">41</td><td colspan="2">42</td><td colspan="2">42</td><td>324</td><td>42</td><td>河南人民</td></tr>
<tr><td>上声</td><td>214</td><td colspan="3">55</td><td colspan="2">54</td><td colspan="2">54</td><td>54</td><td>53</td><td>理想美好</td></tr>
<tr><td>去声</td><td>51</td><td colspan="3">31</td><td colspan="2">31</td><td colspan="2">312</td><td>24</td><td>213</td><td>巨大胜利</td></tr>
<tr><td>入声</td><td></td><td colspan="3"></td><td colspan="2"></td><td colspan="2"></td><td></td><td>4</td><td>积极活跃</td></tr>
</table>

熟练地辨识本地方音的调类,是学习普通话的关键。除入声外,我们只要知道某个字在自己方言里读第几声,便可推知在普通话里读第几声,这就叫"依方音辨调类"。知道了调类,再用普通话的调值去读,就成了普通话语音了,这就叫"照京音读调值"。

河南的方言误读远不止以上这些,方言区的人在学习普通话过程中应该注意纠正。

(二)语流音变

连续说话时,由于音节相互影响,有的音节声母、韵母和声调发生了变化,叫做音变。

1.轻声

(1)什么是轻声。

连续发出的音节中,有的音节因受前后声调的影响,失去了原有声调,变成了一种又轻又短的声调,叫作"轻声"。如"子"原是上声,在"桌子、炉子、椅子、凳子"这些词中就变成轻声。普通话里轻声很多,有少数的字总是读轻声的,如"们"。

(2)轻声的作用。

轻声有区别词义的作用。如"东西"一词,后一音节不读轻声,表示方向;读轻声便是"事物"的意思。比较下边两句中"东西"这个词读法和意思的不同。

①这间屋子东西宽三米,南北长五米。

"东西"表示从东到西,"西"字读第一声。

②屋子外间堆满了东西。

"东西"表示事物,"西"字读轻声。

轻声可以区别词性。如:

①A.村民们在街道下面挖了许多地道。("道"不读轻声,名词。)

B.她们河南话说得很地道。("道"读轻声,形容词。)

②A.这村儿住有几户人家?("家"不读轻声,名词,指住户。)

B.人家不同意,你怎么能强迫人家呢?("家"读轻声,代词,指别人,也可指自己。)

(3)读轻声的音节。

助词读轻声。助词中“所”字除外,其他的助词一律读轻声。如:

红的　绿的　激动地　沉重地　好得很　打得准　盼着
唱着　实现了　懂得了　批评过　表扬过　好吗　来吧
快跑哇　起来呀　开钻哪　戴花啦

语素重叠或音节重叠构成的名词,第二个音节读轻声。如:

爷爷　奶奶　姥姥　爸爸　妈妈　哥哥　弟弟　姐姐　妹妹
叔叔　娃娃　猩猩

单音节动词重叠后,第二个音节读轻声。如:

听听　看看　想想　试试　谈谈　猜猜　扫扫　铲铲　擦擦
刮刮　捅捅　刨刨

构成名词的词缀语素“子、头”和表示复数的“们”读轻声。如:

帽子　剪子　胖子　骨头　盼头　苦头　我们　你们
同志们　先生们　代表们

一部分表示方位的单音节语素读轻声。如:

天上　地上　树上　水里　嘴里　手里　外边　里边　南边
里头　外头　后头

用在动词、形容词后边的趋向动词一般读轻声。如:

挑起　放下　带上　拿去　认出　送出　想起来　打回去
亮起来　暗下去　好起来　烂下去

单纯词的第二个音节读轻声。如:

萝卜　玻璃　蜘蛛　葫芦　玫瑰　琵琶　吩咐　哆嗦　犹豫
伶俐　糊涂　模糊

某些双音的合成词第二个音节读轻声。如:

月亮　耳朵　云彩　柴火　眉毛　韭菜　朋友　战士　衣裳
头发　眼睛　黄瓜　休息　招呼　咳嗽　搅和　新鲜　痛快
舒服　详细　老实

插在某些词语之间的“一”和“不”读轻声。如:

试一试　等一等　量一量　动一动　拉一拉　是不是
差不多　拿不动　高不高　好不好

2.变调

每个汉字都有一定的声调,每种声调都有固定的调值。但是,一句话的音节连续读出时，有些音节的声调发生了变化，这就叫变调。如：

我要好好地教训他一顿！（契诃夫《变色龙》）

“好”字本读 hǎo，第三声。这里两个“好”字重叠，要读成 háo hǎo 或 hǎo hāor。不是前一个字变调，就是后一个字变调。

变调是汉语语音中很普遍的现象。明显的变调有上声的变调、形容词的变调、“一”“七”“八”“不”的变调。

(1)上声的变调。

第一，上声在非上声前变成半上(21 度)。

上声+阴平→21+55

首都　北京　老师　广播　小说　好听

上声+阳平→21+35

旅行　祖国　语言　表达　改良　准则

上声+去声→21+51

访问　领袖　感谢　努力　否定　演戏

第二，上声相连，可分几种情况。

两个上声相连，前一个上声变直上，后一个上声拖腔时为原调，不拖腔时为半上。如：

上声+上声→35+214

辅导　表演　理想　美好　水果　洗脸

三个上声相连，前两个上声变直上，后一个上声拖腔时为原调，否则变半上。如：

上声+上声+上声→35+35+214 或 21+35+214

洗脸水　讲演稿　苦水井　打草稿

四个以上的上声相连，可先按意群分组。分组后，便成两个上声相连或三个上声相连。变调办法同上。

好久/好久　岂有/此理　买把/纸雨伞　我写/辅导/讲稿

种马场/有两匹/好母马

第三，上声在由上声变来的轻声前，可分为两种情况：

前边的变半上，即“上声+轻→21+轻声”格式，如“奶奶、姐姐、姥姥、椅子、斧子、耳朵”。

前边的变直上，即“上声+轻→35+轻声”格式，如“走走、管管、找找、想想、煮煮、数数、小姐、老虎、水手、手里、可以、嘴里”。

(2)形容词的变调。

形容词重叠后儿化并加“的”，阳平、上声、去声，一般要把后一个音节或后两个音节变成阴平(阴平不变)。如：

长长(儿)的　cháng cháng de→cháng chāngr de

满满(儿)的　mǎn mǎn de→mǎn mānr de

快快(儿)的　kuài kuài de→kuài kuāir de

双音节的形容词重叠。如：

老老实实　lǎo lǎo shí shí→lǎo lao shī shī

清清楚楚　qīng qīng chǔ chú→qīng qing chū chū

用叠音的词缀语素构成的形容词，重叠的音节非阴平的，前一个轻声，后一个要变阴平。如：

热腾腾 rè téng téng→ rè teng tēng

明晃晃 míng huǎng huǎng→míng huang huāng

白亮亮 bái liàng liàng→bái liang liāng

(3)“一、七、八、不”的变调。

“一、七、八、不”如果单念或在句子末尾都读本调。

当它们出现在去声前边时，一律变阳平。如：

一：一旦 yí dàn　一派 yí pài　一句 yí jù

七：七万 qí wàn　七件 qí jiàn　七岁 qí suì

八：八面 bá miàn　八次 bá cì　八个 bá gè

不：不怕 bú pà　不会 bú huì　不愿 bú yuàn

“一、七、八”如果表示序数，不变调。如“第一册”“第七课”“第八届”“三十一册”“五十七页”“六十八页”“八一建军节”“二七大罢工”“三八妇女节”等。

“一、七、八、不”变调口诀如下：

“一、七、八、不”变调同，去声前边变阳平。此外“一”字还要变，非去前边变去声。

“一、不”夹在中间要轻读。

“一”有重音读阴平。

3.儿化音变

(1)什么是儿化音变。

在普通话中,韵母 er 从来不跟声母相拼。它除了自成音节之外,便是经常用在其他音节后,与前边的韵母融合成一个带有卷舌动作的韵母,这种现象叫儿化音变。儿化了的韵母叫“儿化韵”。如:

对!我再去修沟就更像样儿了!不理你们了,简直地说不到一块儿!(老舍《龙须沟》)

在文学作品中,有时作者并没有写出“儿”字,但在朗读中,这个儿化韵的处理是不能不注意的。如:

长官,他本来是开玩笑,把烟卷戳到狗的脸上去;狗呢——可不肯做傻瓜,就咬了他一口……他是个荒唐的家伙,长官!(契诃夫《变色龙》)

(2)儿化韵的作用。

表示喜爱、温和、委婉的语感。如:

鲜花儿　熊猫儿　山歌儿　好玩儿

您慢慢儿走!　有工夫来玩儿!

表示细、小、轻、微等意思。如:

麻绳儿　图钉儿　鸡毛儿　粉笔末儿

门缝儿　小棍儿　一会儿　没多远儿

标明词性,是名词的标志。如:

锄苗儿　没事儿　打鸟儿　看门儿

盖盖儿　打座儿　打滚儿　帮忙儿

区别词义。如:

说闲话(议论是非)——说闲话儿(闲谈)

白面(面粉)——白面儿(白色的粉末)

半天(很久)——半天儿(一个上午或一个下午)

笑话(耻笑)——笑话儿(可笑的故事)

(3)儿化音变的规律。

韵母末尾为 ɑ、o、e、u、ê 的,原韵母不变,只加卷舌动作。如:

刀把儿 dāo bàr　　嫩芽儿 nèn yár　　国画儿 guó huàr

泡沫儿 pào mòr　　杂活儿 zá huór　　小道儿 xiǎo dàor

小桥儿 xiǎo qiáor　存折儿 cún zhér　小鹿儿 xiǎo lùr

土豆儿 tǔdòur　煤球儿 méi qiúr　菜碟儿 cài diér

木橛儿 mù juér

韵母末尾为 ng 的，后鼻尾音减弱，加卷舌动作。如：

船帮儿 chuán bāngr　蛋黄儿 dàn huángr

蜜蜂儿 mì fēngr　小桶儿 xiǎo tǒngr　电影儿 diàn yǐngr

韵母末尾为-i（[ɿ][ʅ]）的，主要元音变为 e[ə]，再加卷舌动作。如：

墨汁儿 mò zhēr　小吃儿 xiǎo chēr　找事儿 zhǎo shèr

枪子儿 qiāng zěr　挑刺儿 tiāo cèr　肉丝儿 ròu sēr

韵母为 i、ü 的，韵母后加 e[ə]，再加卷舌动作。如：

小鸡儿 xiǎo jiēr　马驹儿 mǎ juēr

韵尾为 i、n 的，丢掉韵尾，加卷舌动作。如：

锅盖儿 guō gàr　乖乖儿 guāi guār　刀背儿 dāo bèr

小锤儿 xiǎo chuér　竹竿儿 zhú gār　锁链儿 suǒ liàr

一串儿 yī chuàr　烟卷儿 yān juǎr

韵尾为 in、ün 的，丢掉韵尾，加 e，再加卷舌动作。如：

干劲儿 gàn jièr　绸裙儿 chóu quér

上面是就儿化韵的实际声音变化来讲的。平时拼写的时候，不必这样细致烦琐，只需要在音节末尾写上一个 r 就可以了。

4."啊"的音变

"啊"用作叹词或独立成句，或附在句首，因不受前边字音影响，一律念 a。如：

①啊！这最后的一课，我真永远忘不了。（都德《最后一课》）

"啊"字有的写成"呵"，如：

②呵！我仔细再看看，真是我们敬爱的周总理。（刘秀新《一件珍贵的衬衫》）

"啊"出现在句尾，受前边字音的影响而发生变化。变化分同化音变和异化音变两种。

（1）"啊"的同化音变。

同化音变是把前一音节末尾的音素，加在 a 前。又分六类：

前边的音节末尾是 i、ü 的，变为 ya[iʌ]，或可写作"呀"。如：

①同志，我一辈子也忘不了你的情意啊（yì ya）。（陈广生、崔家骏《人民的勤务员》）

②渔夫叫道："好倒霉啊（méi ya），碰上我来解救你……"（《渔夫的故事》）

③每月一千八百万的军费，四百万的政费，作什么用的呀，"军政当局"呀（jú ya）？（鲁迅《"友邦惊诧"论》）

前边音节末尾是 u、ou 或 ao 的，变为 wa[uA]，或可写作"哇"。如：

①魔鬼说："渔夫啊（fū wa），准备死吧！"（《渔夫的故事》）

②你可别落后啊（hòu wa）！

③好哇（hao wa），你咬人？（契诃夫《变色龙》）

前边音节末尾是 n 的，变为 na[nA]，或可写作"哪"。如：

①开船哪（chuán na）！

②屋里怎么没有人哪（rén na）？（杜鹏程《夜走灵官峡》）

③南方的甘蔗林哪（lín na），你竟如此翻动战士的衷肠。（郭小川《青纱帐——甘蔗林》）

前边的音节末尾是 ng 的，变为 nga[ŋA]。如：

①蜜蜂是渺小的，蜜蜂却又多么高尚啊（shàng nga）！（杨朔《荔枝蜜》）

②老人的心胜过多少盏灯啊（dēng nga）！（王宗仁《夜明星》）

③是谁救了我的命啊（mìng nga）！（《渔夫的故事》）

前边音节末尾是-i[ʅ]、er 的，变为 ra[ʐA]。如：

①是啊（shì ra），春节你们太忙了，我来出个公差。（陈广生、崔家骏《人民的勤务员》）

②看问题得一分为二啊（èr ra）。

③我一看小孩子，是挺好的一个小孩儿啊（háir ra）。（魏巍《谁是最可爱的人》）

前边音节末尾是-i[ɿ]的，变为[zA]。如：

①那是什么样的社会，什么样的揪心的日子呀（zì[zA]）！（《新手表》）

②这是钨丝啊（si[zA]）？

(2)"啊"的异化音变。

“啊”前边音节末尾是 a、o(ao、iao 例外)、e、ê 的，产生异化音变，在“啊”前加上一个 i 的音素，成为 ya[iA]。如：

①老孙头在一旁嚷道：“别摸它呀(ā ya)，这家伙不太老实，小心它踢你。”(周立波《分马》)

②麻烦事儿这么多啊(duō ya)！

③“怎么过河啊(hé ya)，这又宽又凶的河！”我把头探出窗外，心中默默想着。(杨得志《大渡河畔英雄多》)

④那个字怎么写啊(xiě ya)？

思考与练习

一、音素分析法和声韵调分析法，你认为哪一种比较适合汉语？为什么？

二、你的家乡话中，声母跟普通话有哪些不同，试举例说明。

三、你的家乡话中，韵母跟普通话有哪些不同，试举例说明。

四、我们提倡语言的规范化，会不会阻碍语言的发展，请谈谈你的看法。

五、两种方言调值相同，调类是否一定相同？调类相同，调值是否一定相同？为什么？

六、我们提倡说普通话，有人担心会消灭方言，你认为呢？

七、有人认为：轻声和儿化是北京话里才有的，学习普通话不一定学习这些音变，你认为对吗？

八、从普通话的声韵配合规律看下边音节的拼合为什么是错误的？

瓮 wong　心 sin　黑 hie　佛 fu　内 nui　嫩 lun　对 dei

缺 quo　加 ja　飞 fi　下 ha　坡 puo　小 siao　鲜 xuan

九、读准下列词中上声的变调。

海军　演出　脸盆　党员　广场　勇敢　法律　璀璨

恶心　早操　许多　伟人　羽毛　理解　鼓掌　果树

宝贵　厂子　首都　北京　祖国　海洋　水果　了解

土地　巩固　尾巴　统一　女兵　语言　改良　领导

演讲　解放　鼓励　胆子　酒吧　锦鸡　索赔　涨潮

所有　窄小　醒目　索价　等等　吼声　感激　语流

骨折　腐朽　解体　可恶　脑际　里头　股东　厂家

考察　解除　请柬　倘使　讨厌　水库　点子　老翁
可惜　草原　散文　毁损　酩酊　捣乱　铁道　宝贝
解剖　展出　美德　此时　保险　只有　演戏　伟大
底下　火车　采茶　法则　解答　水表　举手　考试
腐败　补丁

十、读准下列句子中词语的变调。

(1)我很了解你。

(2)请你给我打点洗脸水。

(3)请你给我买几把小雨伞。

(4)请你把美好理想给领导讲讲。

(5)展览馆里有好几百种展览品。

十一、读准下列词中“一”的变调。

一同　一早　一带　一统　一些　一度　一概　一般
一边　一端　一把　一瓶　一盆　一辆　一块儿　一齐
一如　一身　一刻　一手　一体　一道　一溜儿　一面
一气　一时　一山　一线　一向　一无　一下儿　一瞬
一样　一再　一斑　一览　一旁　一会儿　一共　一贯
一晃　一生　一路　一并　一栋　一点儿　一心　一应
一半　一阵　一水　一致　一旦　一顺儿　一朝　一品
一切　一世　一味　一总　一孔　一板　一群　一丈
一簇　一色　一杯　一准儿　一人　一连　一场　一日
一跃　一车　一根儿

十二、读准下列词中“不”的变调。

不便　不测　不错　不待　不但　不当　不定　不断
不穷　不对　不念　不够　不顾　不过　不讳　不济
不见　不快　不愧　不谢　不利　不料　不吝　不论
不妙　不日　不信　不善　不胜　不是　不遂　不肖
不逊　不幸　不外　不厌　不适　不屑　不要　不意
不用　不在　不振　不致　不干　不力　不义　不辩
不动　不赖　不怕　不正　不畅　不认　不变　不冻
不重　不卖　不乱　不易　不弃　不亮　不帅　不让

不困　不误　不问　不住　不会　不共　不惧　不似
不配　不借　不像　不避　不倦　不限　不忘　不换
不累　不遇　不富　不愿　不计　不趁　不懂　不算
不坏

十三、语气词“啊”的训练。

(1)菜市场里的货真全啊，什么鸡啊、鱼啊、肉啊、菜啊、盐啊、酱啊、粉丝啊、西红柿啊、黄瓜啊、茄子啊，真是应有尽有啊。

(2)这些孩子们啊，真可爱啊！你看啊，他们多高兴啊！又作诗啊，又画画儿啊，又唱歌啊，又跳舞啊，又跑步啊，又爬坡啊，又吃啊，又喝啊，又捉老鳖啊，又喂金鱼啊，又采鲜花啊，玩得多有意思啊，他们是多么幸福啊！老二啊，你看见了没有啊？

(3)——啪！啪！啪！
——谁啊？
——张果老啊！
——怎么不进来啊？
——怕狗咬啊！
——衣兜里装的啥啊？
——大酸枣啊！
——怎么不吃啊？
——怕牙倒啊！
——胳肢窝夹着什么啊？
——破棉袄啊！
——怎么不穿上啊？
——怕虱子咬啊！

十四、读准下列段落中词语的声母和韵母。

(1)四和十，十和四，十四和四十，四十和十四。说好四和十得靠舌头和牙齿。谁说四十是“细席”，他的舌头没用力；谁说十四是“适时”，他的舌头没伸直。认真学，常练习，十四、四十、四十四。

(2)石小四，史肖石，一同来到阅览室。石小四年十四，史肖石年四十。年十四的石小四爱看诗词，年四十的史肖石爱看报纸。年四十的史肖石发现了好诗词，忙递给年十四的石小四，年十四的石小四见了好报纸，忙递给年四十的史肖石。

(3)柳林镇有个六号楼,刘老六住在六号楼。有一天,来了牛老六,牵了六只猴;来了侯老六,拉了六头牛;来了仇老六,提了六篓油;来了尤老六,背了六匹绸。牛老六、侯老六、仇老六、尤老六,住上刘老六的六号楼,半夜里,牛抵猴,猴斗牛,撞倒了仇老六的油,油坏了尤老六的绸。牛老六帮仇老六收起油,侯老六帮尤老六洗掉绸上油,拴好牛,看好猴,一同上楼去喝酒。

(4)发废话花话费!回废话话费花,发废话花费话费会后悔,花费话费回废话会耗费话费。

(5)一个大,一个小,一件衣服,一顶帽。一边多,一边少,一打铅笔,一把刀。一个大,一个小,一只西瓜一颗枣。一边多,一边少,一盒饼干一块糕。一个大,一个小,一头肥猪一只猫。一边多,一边少,一群大雁一只鸟。一边唱,一边跳,大小多少要记牢。

(6)知道是知道,不知道是不知道,不要知道说不知道,也不要不知道装知道,一定要老老实实,实事求是,不折不扣的真知道。

十五、读准下列儿化韵。进了门儿,倒杯水儿,喝了两口儿运运气儿,顺手儿拿起小唱本儿,唱一曲儿,又一曲儿,练完了嗓子我练嘴皮儿,绕口令儿,练字音儿,还有单弦牌子曲儿,小快板儿,大鼓词儿,越说越唱我越带劲儿。

十六、搜集电视节目主持人语音错误十例。

十七、搜集电影中方言对白的台词十例。试分析它的作用。

十八、搜集网络中使用的词语,试分析其不规范的语音情况。

第二章　汉字及应用规范

文字是记录语言的书写符号系统，它克服了语言传达信息在时间和空间上的局限性，使一发即逝的语言可以“传于异地，留于异时”，使人类的文明得以积累、历史得以延续。汉字是世界各大古老文字体系中唯一传承至今的文字。从成熟于商代的甲骨文到始于商、盛于周、绵延至秦汉的金文，再到秦代通用文字小篆，以及后来起于秦、通行于汉代的隶书和兴于汉末、盛于魏晋、沿用至今的楷书，虽然历经几千年，汉字的结构、笔画、书写载体都发生了极大的变化，但是字形方正、由形及意的特点却一脉相承，流传至今。

规范汉字是中华人民共和国成立后，经过简化、整理，由国家有关主管部门公布的现代汉语用字。由于历史悠久、结构复杂、形体多变等原因，汉字的使用过程中存在一些不规范的现象，主要表现为滥用繁体字、随意简化汉字、错别字严重、网络用字混乱等情况，既妨碍文字交际作用的正常发挥，也为汉字的学习、传承和发展带来诸多不利影响。要解决当前社会上汉字使用不规范的现象，首先要充分发挥政府主管部门的监督作用、语言文字学家的引导作用、社会语言文字工作者的示范作用、社会全体成员的维护作用，同时还要重视小学汉字的规范教育，不但要培养学生对汉字的热爱和规范使用汉字的意识，还要从学生的认知规律入手，建立起学生对汉字结构、理据的正确认识。

第一节　汉字基础知识

一、汉字的字体

汉字，是汉民族祖先在长期的社会实践中创造出来的记录语言的符号，是他们用于记事、表情达意的最重要的辅助性交际工具。汉字字体的演变，大约有四个阶段，一是从萌芽演变为殷商甲骨文、商周金文，二是从殷商甲骨文、商周金文演变为小篆，三是从小篆演变为隶书，四是从隶书演变为楷书。

(一)汉字的萌芽

汉字的萌芽,经历了一个相当长的历史时期。东汉许慎《说文解字序》:“古者庖牺氏之王天下也,仰则观象于天,俯则观法于地,视鸟兽之文与地之宜,近取诸身,远取诸物,于是始作易八卦,以垂宪象。及神农氏结绳为治,而统其事,庶业其繁,饰伪萌生。黄帝之史仓颉见鸟兽蹄迒之迹,知分理之可相别异也,初造书契。百工以乂,万品以察。”这段文字描述了汉字萌芽的大致情况:伏羲观察天文地理、鸟兽等形状,近取自身部件,远取客观万象,创作八卦。换言之,伏羲的八卦符号阳爻“—”和阴爻“- -”是客观物象抽象化的结果。至于观“河图”而萌生之,也就不足为奇了。“河图”也是客观万象之一!用阳爻和阴爻组合而成的乾“☰”、坤“☷”、兑“☱”、离“☲”、震“☳”、艮“☶”、坎“☵”、巽“☴”,正是将客观的“天、地、泽、火、雷、山、水、风”等的抽象化。后代的文字也正是沿着抽象化的路子而创造的。“一”“三”“水”(坎卦)可以说是直接取自伏羲八卦。我们说伏羲八卦是汉文字的萌芽,其实也并不为过。

继伏羲而起的神农氏“结绳为治,而统其事”,也可谓独出心裁。汉郑玄撰、宋王应麟辑《周易郑康成注·系辞》:“结绳为约,事大,大其绳;事小,小其绳。”这是东汉郑玄对“结绳为治,而统其事”的解释。

“黄帝之史仓颉”“初造书契”,说明汉字产生于非常久远的年代。汉刘安《淮南鸿烈·本经训》:“昔者仓颉作书,而天雨粟,鬼夜哭。”此语大可不必相信,无非是说,汉字的产生是惊天动地的大事情。清韩彦曾在《御览经史讲义》里说:“世传仓颉造字使义理必归文字。文字必归六书。而遂因之以为书契,所谓天雨粟之说近于诞,而不足为据,而要之千古之治法基此矣。”汉郑玄撰、宋王应麟辑《周易郑康成注·系辞》:“书契书之于木,刻其侧为契,各持其一,后以相考合。”是说在木头的边上刻上记号或缺口,以表示数目;或者当事人双方各执其一,缺口对合以作为凭信。汉刘熙《释名·释书契第十九》:“契,刻也。刻识其数也。”

无论结绳,还是契刻,从严格意义上讲,都不是文字,充其量是一种记事表意的方法。从这里,我们也可窥到汉民族在社会实践中是如何对记事表意方法进行探索的。

对于汉字产生的具体年代,人们迄今还不能给出一个结论。根据出土文物和传世文献推测，裘锡圭在《文字学概要》里说："原始汉字的出现大概不会晚于公元前第三千年中期。到公元第三千年末期，随着夏王朝的建立，我国正式进入阶级社会。统治阶级为了有效地进行统治，必然迫切需要比较完善的文字，因此原始文字改进的速度一定会大大加快。夏王朝有完整的世系流传下来这件事，就是原始文字有了巨大改进的反映。汉字大概就是在这样的基础上，在夏商之际（约在前十七世纪前后）形成完整的文字体系的。"由此，我们可以知道，汉字形成完整体系距今大约 3700 年。宋薛尚功《历代钟鼎彝器款识法帖·夏器款识》载："右钩带铭三十五字，钿紫金为文，不可尽识，龙虎虫鸟书也。"

（二）甲骨文

甲骨文（见图 2-1）是目前我国发现的最早而又相当成熟的文字。它在清光绪二十五年（1899）出土于河南安阳小屯村。小屯村是殷商王盘庚迁殷后的商王朝都城的遗址，世称"殷墟"，所以甲骨文又称"殷墟文字"。由于它是将殷朝卜官占卜的卜辞和记录占卜活动的文字用刀刻在龟甲、兽骨上，故名"甲骨文"，也称"卜辞""殷墟书契"和"甲骨刻辞"等。从 1899 年以来，已出土的甲骨约 15 万片，已发现甲骨文字的单字总数有 4600 多个，其中已认识的近 2000 字，常用而又无争议的有 1000 多字。其基本字形是象形字，也有相当数量的假借字，以及近五分之一的形声字。甲骨学者董作宾《甲骨文断代研究例》根据世系、称谓、字形、书体等将甲骨文分为五个时期：盘庚至武丁时期，祖庚、祖甲时期，廪辛、康丁时期，武乙、文丁时期，帝

图 2-1　甲骨文

乙、帝辛时期。这一时期有代表性的甲骨刻辞有《祭祀狩猎涂朱牛骨刻辞》《四方风名刻辞》《鹿顶骨纪事刻辞》《宰丰骨刻辞》等。

（三）金文

金文（见图 2-2），是指殷商、西周、春秋战国时期铸刻在青铜器上的一种字形结构比较成熟的文字。有的铜器铭文比甲骨文还早。宋薛尚功《历代钟鼎彝器款识法帖·夏器款识》便载有夏代“琱戈铭”“钩带铭”两例。因为古人称铜为“吉金”，所以称铸刻在青铜器上的文字为“金文”（或“吉金文字”）。又由于这种文字大多铸刻在钟（乐器）和鼎（礼器）上，所以又称之为“钟鼎文”。人们又根据《礼记·祭统》的“夫鼎有铭。铭者，自名也。自名以称扬其先祖之美，而明著之后世者也”，以及东汉郑玄所注的“铭，谓书之刻之，以识事者也”等言，把这种铸刻在青铜器上的文字，称为“铜器铭文”（或“铭文”）。此外，它还有着“彝器款识”的别名。这是因为人们把古代青铜器中的礼器通称为“彝器”（又称“尊彝”），又根据《汉书·郊祀志下》“今此鼎细小，又有款识……”以及唐颜师古所注“款，刻也；识，记也”等言，故名之。

殷商的金文，在时间上虽与甲骨文同时并存，但自成风格，具有浓厚的书法意味。它多用于记事，十几字以上的铭文较少。由于金文多在母范上写刻后浇铸而成，其线条丰满而又柔韧。商代晚期的金文代表作有《戍嗣

图 2-2　金文

子鼎铭文》《宰甫卣铭》《小臣艅犀尊铭文》等。

西周是金文的鼎盛时期。这一时期,随着青铜器铸造的增多,金文出现了相当可观的局面。西周前期(武王至康王)的金文代表作有《利簋》(32字)、《何尊》(122字,其中3字残毁)、《大盂鼎》(291字)、《小盂鼎》(370余字)等。西周中期(昭王、穆王金文)的代表作有《大克鼎》(290字)、《卫鼎》[包括《五祀卫鼎》(207字)和《九年卫鼎》(195字)]、《墙盘》(284字)等。西周晚期(共王至幽王)的金文代表作有《毛公鼎》(497字)、《散氏盘》(357字)、《虢季子白盘》(111字)等。春秋战国时期,金文的代表作有《王孙遗者钟》(117字)、《秦公敦》(96字)、《叔弓镈》(493字)等。至今,发现金文单字4000余个,破解的约2500个。

金文与甲骨文相比较,有着自己的独特之处,大致表现在:商代金文象形程度高;线条丰满而又柔韧,体现了毛笔书写的笔意;西周晚期金文展示了大篆成熟的特征;春秋战国时期的金文显现了由大篆向小篆过渡的情况。

(四)篆书

篆书包括大篆和小篆。公元前221年,秦统一中国,始皇帝即下令全国"书同文",推行秦篆——小篆,将原来的籀文称为大篆。籀文得名于《史籀篇》。史籀是周宣王的史官,《史籀篇》据传是他的作品,当时是启蒙教材,其上所用的字体就被称为籀文。班固《汉书·艺文志》中有"史籀十五篇"之说,他又注道:"周宣王太史作大篆十五篇,建武时亡六篇矣。"许慎在《说文解字序》中也说:"宣王太史籀著大篆十五篇,与古文或异,至孔子书六经,左丘明述《春秋传》,皆以古文,厥意可得而说。"据文献记载,《史籀篇》于魏晋后全部亡佚,许慎的《说文解字》中收入籀文(大篆)223个,就是许慎根据当时《史籀篇》所存的9篇收集的。

秦国于西周晚期、春秋战国时期通行的文字字体是籀文(大篆),石鼓文是其历史见证(见图2-3)。石鼓文是在10块鼓形的石上分别刻有籀文(大篆)书体的四言诗一首,内容是歌颂秦国国君游猎的情况,因而也称"猎碣",是我国现存最早的刻石文字。宋欧阳修《集古录·石鼓文》载:"岐阳石鼓,初不见称于前世,至唐人始盛称之,而韦应物以为周文王之鼓,至宣王刻诗尔,韩退之直以为宣王之鼓,在今凤翔孔子庙中。鼓有十。先时散弃于野,郑余庆置于庙,而亡其一,皇祐四年,向传师求于民间,得之,乃足。其文可见者四百六十五，不可识者过半。”历代对石鼓文的书法给予很高的评价，杜甫、韦应物、韩愈等均有诗篇题咏。石鼓全部铭文大约有六百字，至唐宋时残缺不到三百字。现存最早有北宋拓本，有四百九十余字，石鼓实物现存于北京故宫博物院。

图 2-3　石鼓文局部

小篆（见图 2-4）是相对于大篆而言的。许慎在《说文解字序》中说：“秦始皇帝初兼天下，丞相李斯乃奏同之，罢其不与秦文合者。斯作《仓颉篇》，中车府令赵高作《爰历篇》，太史令胡毋敬作《博学篇》，皆取史籀大篆，或颇省改，所谓小篆者也。”其中的“省改”就是今天所说的“简化”，这里说明了小篆是由大篆简化而成的。小篆以秦刻石的文字为代表。据《史记·秦始皇本纪》记载，秦始皇东巡时在泰山、琅邪、之罘、碣石、会稽、峄山等处均有刻石。现在所能看到的，只有泰山、琅邪等处刻石，虽剥蚀严重，但秦篆面目尚存。所庆幸的是，今天尚能见到它的较为完整的宋拓本。这些刻石，相传都出自李斯手笔。此期的小篆，结体平稳端庄、上密下疏，线条圆浑挺健，犹如玉筯，故后人称其为“玉筯篆”。此外，从秦诏版、权量铭文以及虎符上，我们也可看到类似秦刻石的小篆的风貌。唐人对李斯小篆推崇有加。张怀瓘在《书断》中赞其“画如铁石，字若飞动，作楷隶之祖，为不易之法”。

图 2-4 《峄山碑》(局部)

从书写格式上讲,金文比较随意,笔画少的占的地方小,笔画多的占的地方大。而小篆形体整齐,讲究对称,笔画多少均占一格。

(五)隶书

关于隶书的名称缘由和产生时间,历代众说纷纭。从目前出土实物证明,隶书是与大篆同时并存的一种书体,它是当时的通用官书——大篆的附属书体(或称辅助书体),是大篆的隶属物。许慎在《说文解字序》中说:"是时,秦烧灭经书,涤除旧典,大发吏卒,兴戍役,官狱职务繁,初有隶书,以趣约易,而古文由此绝矣。自尔秦书有八体,一曰大篆,二曰小篆,三曰刻符,四曰虫书,五曰摹印,六曰署书,七曰殳书,八曰隶书,汉兴,有草书。"这段文字中的八种字体,应该说是分属于两种类型。大篆、小篆、隶书是汉字发展不同时期的字体,刻符、虫书、摹印、署书、殳书则是有着不同用途的特殊字体。刻符是刻在符契上的文字;虫书即鸟虫书,是主要用于旗幡上的文字;摹印是印章上的文字;署书是适用于封检签署的文字;殳书是刻在兵器上的文字。这里还告诉我们,隶书是篆书的草率写法,是"趣约易"的结果,只不过是开始流行于民间而已。从 1975 年出土的《云梦秦简》和 1980 年出土的《青川木牍》看，隶书的出现和被使用，远早于秦统一。

到了汉代，隶书取代小篆成为正式的官用书体，于是又有了秦隶和汉隶之分。汉隶又有“八分”的别名。对于这一称谓，《辞海》（第七版）注释道：“汉隶的别名。魏晋时也称楷书为隶书，因别称有波磔的隶书为‘八分’，以示区别。关于‘八分’的解释，唐张怀瓘《书断》引王愔说：‘字方八分，言有楷模。’又引萧子良说：‘饰隶为八分。’张怀瓘解释为：‘若“八”字分散……名之为八分。’清包世臣认为：‘八，背也，言其势左右分布相背然也。’《唐六典》：‘四曰八分，谓《石经》碑碣所用。’同意张说者较多。”那么，这个“八分”也就是我们今天所说的隶书。随着时代的发展，隶书还有“佐隶”“隶字”“史书”“散隶”“分隶”“分书”等诸多称呼。汉代的隶书又多用于碑刻，至东汉达到全盛时期。其传世隶书刻石珍品有《鄐君开通褒斜道石刻》《郙阁颂》《西狭颂》《石门颂》《封龙山碑》《张迁碑》《鲜于璜碑》《衡方碑》《曹全碑》《孔宙碑》《华山碑》《史晨碑》《礼器碑》《乙瑛碑》《孔彪碑》等。（见图 2-5）

从小篆到隶书，是汉字形体的一大变革，是古文字变为今文字的转折点，后人称作“隶变”。隶书将小篆的圆转笔势打破，淡化了其象形意味，符

图 2-5　《曹全碑》（局部）

号性加强，奠定了现代文字的基本格局。

（六）楷书

所谓楷书（见图 2-6），就是可以作为楷模的法书。唐张怀瓘《书断》中说：“楷书者法也，式也，模也。孔子曰：‘今世行之后世，以为楷式。’”故凡有法度之书皆可称“楷书”。楷书也称“真书”“正书”“今隶”（汉时相对于“八分”而言），是从隶书的快写和简化中萌生的。从汉简中可以发现，楷书一改汉隶的“一波三折”“蚕头雁尾”和字形扁方的体式，而变成笔画平直、结构方正，较之他书易写易看的一种字体。它的成熟应在“钟王”时代。“钟王”即指钟繇和王羲之。楷书自汉末兴起以来，继钟繇之后，至晋王羲之时，得到了长足的发展。南北朝以后，楷书取代了今隶成为通行的官用书体。

就楷书体势上讲，它以方正取代了隶书的横扁式，抛弃了今隶的波势挑法，以顿笔收笔。左撇不再有较粗的收笔，而是采用了草书的细尖，右捺由今隶的上挑，一改为捺脚。

图 2-6　颜真卿《多宝塔》拓片（局部）

楷书的形成,克服了隶书的难于书写的短处,汲取了草书便捷的长处。其特点是易写易识,具有较强的实用性。所以,自南北朝至今,其间尽管有简化字使用,但总体来讲,其变化不大。

可以说,无论汉字哪种字体出现,都是以实用作为前提的,实用是汉字发展的永久动力。

二、汉字的结构

清代王筠在《文字蒙求·自序》里引其友陈山嵋的话说:"人之不识字也,病于不能分。苟能分一字为数字,则点画必不可以增减,且易记而难忘矣。"此话不无道理。所谓"分",即分析字的造字方法,或者说分析字的结构。从字的结构来说,无论是独体字或是合体字,都能够"分"之。独体字如"羊""牛"之类,可分作头、身、尾,"鸟"可分作头、眼、尾、爪等。至于合体字更不用说了。将字"分"了,不但容易记住,而且能够减少写错别字的概率。

要正确地分析汉字的结构,就避不开传统的六书。六书之名始见于《周礼》。《周礼·地官·保氏》:"保氏掌谏王恶,而养国子以道,乃教之六艺,一曰五礼,二曰六乐,三曰五射,四曰五驭,五曰六书,六曰九数。"此语提到了六书,但没有说出具体内容。交代其具体内容的是东汉的班固。他在《汉书·艺文志》里说:"古者八岁入小学,故周官保氏掌养国子,教之六书,谓象形、象事、象意、象声、转注、假借,造字之本也。"东汉郑玄《周礼注》引东汉郑众语:"六书,象形、会意、转注、处事、假借、谐声也。"东汉许慎对六书解释得较为周详。他在《说文解字序》里说:"《周礼》:八岁入小学,保氏教国子,先以六书。一曰指事。指事者,视而可识,察而见意,'上''下'是也。二曰象形。象形者,画成其物,随体诘诎,'日''月'是也。三曰形声。形声者,以事为名,取譬相成,'江''河'是也。四曰会意。会意者,比类合谊,以见指㧑,'武''信'是也。五曰转注。转注者,建类一首,同意相受,'考''老'是也。六曰假借。假借者,本无其字,依声托事,'令''长'是也。"

班固、郑众、许慎三家对六书的解释,尽管名称和次序有别,但其内容和思想应该说是一脉相承的。这是因为,班固的《汉书·艺文志》是承袭西汉刘歆的《七略》而作的,郑众又是刘歆的再传弟子,许慎则是刘歆的再传弟子贾逵的学生。

许慎的《说文解字》用六书理论，以小篆为主，分析了9353个汉字的字形结构，并将具有同一个形旁的字归在一起，分为540部，对后世影响很大，成为后代学者分析汉字结构所遵循的标准。

用现在的眼光看来，许慎的《说文解字》有着不周全之处，如将人牵象做活儿的"為(为)"解释为母猴，其六书理论对后起字"凤凰"的"凰"(本作"皇"，引"凤"字而类化)无法解释等，但毕竟是瑕不掩瑜的事情。

清戴震在许慎六书的基础上，提出了"四体二用"说。他在《答江慎修先生论小学书》里说："大致造字之始，无所冯依。宇宙间事与形两大端而已。指其事之实曰指事，一二、上下是也；象其形之大体曰象形，日月、水火是也。文字既立，则声寄于字，而字有可调之声；意寄于字，而字有可通之意。是又文字之两大端也。因而博衍之，取乎声谐，曰谐声；声不谐而会合其意，曰会意。四者，书之体止此矣。由是之于用，数字其一用者，如初、哉、首、基之皆为始，卬、吾、台、予之皆为我，其义转相为注，曰转注。一字具数用者，依于义以引伸，依于声而旁寄，假此以施于彼，曰假借。所以用文字者，斯其两大端而已。"这里是说，指事、象形、形声、会意四者是造字方法，转注、假借是用字方法。戴震这一理论被后来诸多说文家接受。我们这里也不妨采取此说。

(一)指事字

郭沫若在《古代文字之辩证的发展》一文里说："中国文字的起源应当归纳为指事与象形两个系统，指事系统应当发生于象形系统之前。"这与许慎、戴震等的认识是相同的。指事是用指示性符号来表现所概括的事物或抽象概念的造字法。伏羲的八卦符号阳爻"—"就具有这样的性质。所以说，伏羲享有"一画开天下"之誉，实不为过！

指事字，可以分为两类：一是独体的纯粹指事字，二是加体的指事字。

(1)独体的纯粹指事字。这是早期创造的汉字，如"一、二、三、亖(四)、㐅(五)、二(上)、二(下)"等。

(2)加体的指事字。这一类指事字出现在象形字之后，是在象形的基础上加指事符号而形成的。如"本"，是"木"下加一指事符号"一"，指树根；"末"，是"木"上加一指事符号"一"，指树梢；"朱"，是"木"中加一指事符号"一"，指树心的颜色——赤色。《说文解字》："朱，赤心木，松柏属。从木,一在其中。”“亦”,是“腋”的古字,金文像站立的人两臂下各有一指事符号,以示腋。《说文解字》:“亦,人之臂亦也。”“甘”,是“口”中加一指事符号“一”,表示甜美。《说文解字》:“甘,美也。从口含一。”

在指事字中,独体的纯粹指事字较少,而加体的指事字较多。但总体来讲,指事字在汉字中为数不多。

(二)象形字

象形字是通过描摹客观实体的外部轮廓或某些特征所创造的汉字。这种字是汉字形体构造的基础,所表达的一般属于有形可象的名词。后起的会意字、形声字的组成成分大多是象形字。那些加体的指事字,也是在象形的基础上添加指事符号的。

人们所说的“书画同源”,主要是针对象形字而讲的。绘画,可以说是人们将所描摹的客观实体进一步具象化的结果,而汉字则是将其进一步抽象化的结果。

随着汉字字体的楷书化,古代的象形字象形意味减弱,符号性增强。如“日、月、山、田、鸟、虫、牛、羊、马、鹿、鱼、犬、水、手、心、口、耳、目、女、刀、木”等,都成了今天楷书的部首。

从整个象形字来看,它们都是造字者“近取诸身,远取诸物”的心化结果。这种字在整个汉字中,比指事字要多。

(三)形声字

形声字是以表事类的字为形符,取音同或音近的字为声符所创造的汉字。也就是说,形声字一定是合体字,表事类的形符,也称作意符或形旁,声符也称作声旁,表示字的大致读音。意符一般是由指事字或象形字充当,声符是指事字、象形字、会意字都可以充当。

汉字一般采用“左形右声”的造字结构,但也不乏其他的结构形式。主要有以下八种形式:

左形右声:膀、情、请、论、桃、骑、酣

右形左声:鹦、雄、期、刊、刚、功、邵

上形下声:篇、草、霖、旻、竿、究、箜

下形上声:勇、然、袋、婆、羡、感、婴

外形内声:圆、闺、衷、裹、座、圈、图

内形外声:辫、闻、闽、衡、辩、闷、问

声占一角:旗、病、徒、远、近、旌、房

形占一角:荆、颍、颖、翰、载、栽、脩

因为形声造字法有了标音成分,所以它生命力极强。甲骨文中的形声字仅占20%左右,汉代以后,形声字已经占汉字的80%以上。

(四)会意字

会意字是组合两个或两个以上意符以表示新义的汉字。也就是说,会意字都是合体字。它大体可以分作两类:

(1)同体会意字,即有两个或两个以上相同的字组合而成的汉字。这类会意字在汉字里占有相当数量。如“从、比、北、林、炎、鑫、森、淼、垚、焱、犇、犇、骉、猋、众、惢、孨、晶、磊、毳”等。

(2)异体会意字,即由两个或两个以上不同意符组合而成的汉字。这类会意字比同体会意字要多。如“令、伐、析、拿、掰、步、败、牧、明、取、楞、碧、尖、嵩、岳、舀、相、杳、杲、吠、鸣、歪、孬、枭、汆”等。

会意字,是汉字的重要组成部分,数量要多于指事字、象形字。

总之,“六书”和“四体二用”理论,能够帮助人们正确地了解造字方法和认识其意义,以便正确地使用汉字,达到交际的目的。

第二节　汉字应用失范

一、汉字应用规范概说

文字作为记录语言的书写符号和最重要的辅助性交际工具,是人们传递信息、交流思想不可缺少的工具。文字的使用是否合乎规范和标准,关系到交际交流能否顺利进行,反映出使用者的受教育水平和文化素质,也从一个侧面反映出一个地区、一个国家和一个民族的文明程度。随着社会的进步和科学技术的发展,人们对文字规范要求的程度也在不断加强和提高,国家也越来越重视语言文字的规范工作。《中华人民共和国国家通用语言文字法》第三条明确规定:“国家推广普通话,推行规范汉字。”这从法律上确定了规范汉字作为我国通用文字的地位。

所谓规范汉字一般是指中华人民共和国成立以来,经过简化和整理并由国务院或国家有关主管部门以字表、规范和方案等形式正式公布的现代汉语用字。正式公布的字表、规范主要有《简化字总表》(1964 年发布)、

《第一批异体字整理表》(1955 年发布)、《印刷通用汉字字形表》(1965 年发布)、《现代汉语常用字表》(1988 年发布)、《现代汉语通用字表》(1988 年发布)、《部分计量单位名称统一用字表》(1977 年发布)、《关于地名用字的若干规定》(1987 年发布)、《信息交换用汉字编码字符集基本集(GB2312—1980)》(1980 年发布)、《通用规范汉字表》(2013 年发布,该表共收录汉字 8105 个)等。此外,还有吸收了汉字简化和整理成果的字典、词典,如《新华字典》《现代汉语词典》《现代汉语规范字典》《汉语大字典》等,这些也都是汉字规范化的依据。

这些字表和规范在实际使用中不断完善。1986 年国务院批准重新发表《简化字总表》,共收简化字 2235 个,这些字是我们现行汉字中简化字的统一规范,应该严格遵照执行。1988 年 3 月,国家语言文字工作委员会和新闻出版署联合发布《现代汉语通用字表》,收现代汉语通用字 7000 个。《现代汉语通用字表》是为进一步适应汉字字形规范化需要而制定的,其内容不仅包括了《简化字总表》《第一批异体字整理表》《现代汉语常用字表》中的大多数汉字,还包括《印刷通用汉字字形表》中的所有汉字。字表规定了每个字的字形,包括笔画数、笔顺和组合结构,是汉字定形、定量的重要成果,是现行印刷标准字形的范本,也是我们使用规范汉字的重要依据。

党和国家不仅重视汉字规范标准的研究和制定,也一直高度重视汉字的规范使用工作。在颁布一系列规范字表明确汉字规范的同时,不断加强对规范使用汉字的管理。相关部门根据国家有关语言文字工作的方针和要求,先后制定和发布了一系列有关规范使用汉字的政策法规。如《关于广播、电影、电视正确使用语言文字的若干规定》《出版物汉字使用管理规定》《国务院批转国家语言文字工作委员会关于废止〈第二次汉字简化方案(草案)〉和纠正社会用字混乱现象的请示的通知》《广告语言文字管理暂行规定》《关于企业、商店的牌匾、商品包装、广告等正确使用汉字和汉语拼音的若干规定》《关于在各种体育活动中正确使用汉字和汉语拼音的规定》《关于社会用字管理工作的意见》等。各地方政府也都相应地颁布了一些地方性的语言文字使用的政策法规。这些政策法规的颁布和施行,使规范使用汉字工作取得了巨大的成就。

但是,由于汉字历史悠久,结构复杂,形体多变,加之使用文字的人受教育水平、规范意识不一以及社会潮流的影响,目前在社会用字方面还存在着许多不规范的现象,社会用字情况不容乐观。如大街上繁体字随处可见,报纸、影视、书刊、网络上丢字、别字现象俯拾皆是,广告和商店名称中乱改成语现象普遍成风,小广告、路边招牌上错别字频现,等等。这种汉字使用的混乱现象,不仅影响了人们的交际交流,也影响了一个地方的整体形象,反映出人们在使用汉字时规范意识的缺乏。

二、汉字应用失范类型

汉字应用失范是指社会用字不符合汉字使用有关规范的现象。文字从使用的领域来看,可以分为社会用字和个人用字。个人用字指的是只面向写字者本人使用的文字,如个人的日记、笔记、账目用字等。社会用字是指面向社会大众、面向他人用于社会交际领域的用字。社会用字主要包括出版印刷用字、影视屏幕用字、城镇街头用字和计算机用字。目前社会用字失范现象大致可以概括为以下几种类型。

(一)滥用、错用繁体字

繁体字是与简化字相对应的一个概念,指原来笔画偏旁多,结构比较复杂,而后来又为简体字代替的汉字。如:

废—廢　爱—愛　饥—饑　医—醫　关—關　广—廣

亲—親　听—聽　齐—齊　灶—竈　戏—戲　盐—鹽

这些字中前面的是简化字,后面的是繁体字。简化字笔画少,占常用字数量较大而且简化比较合理,学习起来也比较容易,所以在普及教育、扫除文盲、发展文化科技事业和增进国际交流方面都发挥了积极的作用。自1956年《汉字简化方案》公布推行以来,我国已有数亿人学习和掌握了简化汉字,简化字已成为我国官方的文字,也得到了国际社会的广泛承认,它的使用范围已扩大到东南亚国家和其他华人社区,联合国文件中文文本使用的也是规范的简化字。

简化字作为我国法定的规范文字,在社会生活的各个方面发挥了重要作用,社会用字应该使用规范的简化汉字。但近年来,由于各种因素的影响,繁体字却有回潮的势头。走在大街上,商店、企事业单位的牌匾以及广告、招牌等繁体字随处可见,存在大量滥用、错用繁体字的现象。

1.滥用繁体字

滥用繁体字是指社会用字中在不该使用繁体字的地方使用了繁体字。

目前这种现象非常普遍，据有关抽样调查研究显示，滥用繁体字约占使用不规范汉字现象的三分之二以上。滥用繁体字现象最严重的是工厂、企业、商店、事业单位的牌匾用字，报纸、刊名用字，影视片名和书名用字，领导人和文化名人的题词用字，广告和商品包装用字等。如：

國窖1573（电视广告）、劍兰春（电视广告）、雙溝珍寶坊（广告牌）、國茶正韻莊（报纸广告）、十年鉅獻（楼盘广告）、極度深寒（电影字幕）、天生一對（电影字幕）、大發批發部（店名招牌）、衛康排擋（店名招牌）、新時尚服裝店（店名招牌）、兒童書店（店名招牌）、東方沙發店（店名招牌）、富麗燈飾城（店名招牌）、潔淨幹洗店（店名招牌）、金龍大酒店（酒店名）、藍寶石大酒店（酒店名）、政協（机关牌匾）、華僑聯合會（机关牌匾）、農業廳（机关牌匾）、師範大學（机关牌匾）、大學學報（学报刊名）、中國農業銀行（电子显示屏）、企業集團（企业名称）、蒞臨指導（欢迎标语）、歡迎光臨（小店门前招牌）、歡度國慶（节日横幅）、中醫推拿（招牌）、總經理（名片）

2.错用、夹用繁体字

错用繁体字是指不清楚简化字和繁体字之间的对应关系，在该用甲繁体字的地方使用了乙繁体字。简化字和繁体字之间不是一一对应的关系，有的一个简化字对应着几个繁体字，特别是那些用同音代替简化的简化字，在简繁转换的时候很容易出错，这种现象在社会用字中经常见到。如（括号内是正确的）：

幹（乾）洗店　脩車（修车）　理發（髮）店　慈禧太後（后）

海澱（淀）区　復（複）印店　鍾（鐘）表店　瀋（沈）宅　故裏（里）

夹用繁体字是指在简化字中夹杂使用繁体字，或在一个字中部分部件使用繁体部件。如：

開业大吉　歡迎品尝　補胎充气　降價促销　莅临指導

大众排檔　輪（轮）　轎（轿）　覌（观）　鷄（鸡）　鸡（鸡）

購（购）

国家语言文字工作委员会在1986年重新发表《简化字总表》的说明中明确指出，社会用字要以《简化字总表》为标准，凡是在《简化字总表》中已经被简化了的繁体字，应该用简化字而不用繁体字。《国家通用语言文字法》更是明确规定以下几种情形应当以国家通用语言文字为基本的用语用字:(1)广播、电影、电视用语用字;(2)公共场所的设施用字;(3)招牌、广告用字;(4)企业事业组织名称;(5)在境内销售的商品的包装、说明。

简化字作为我国的通用文字,在一般的场合均要使用简化汉字,但在一些具体的情况和场合,《国家通用语言文字法》也允许保留和使用繁体字:(1)文物古迹;(2)姓氏中的异体字;(3)书法、篆刻等艺术作品;(4)题词和招牌的手写体;(5)出版、教学、研究中需要使用的;(6)经国务院有关部门批准的特殊情况。

前述使用繁体字的现象,不但违反了《国家通用语言文字法》的有关规定,而且也很难取得好的宣传效果。对于繁体字,很多人尤其是年轻人,由于不认识或不太了解,有时看到这些字时只能连蒙带猜,这样商家就达不到宣传的目的。此外,大量使用繁体字也给中小学生造成了一定的负面影响,他们在学校学的和在社会上见到的不一样,这一方面加大了他们学习汉字的负担,另一方面也使他们在用字上感到迷惘。

(二)滥用已废止的简化字和随意简化汉字

滥用已废止的简化字主要是指社会用字中仍然使用《第二次汉字简化方案(草案)》(以下简称"二简")中的字。1977 年 12 月,中国文字改革委员会发布了《第二次汉字简化方案(草案)》并在报刊上开始试用,但由于这次汉字简化不够合理、不够成熟,社会各界在试用中提出了很多意见,因此"二简字"在试用半年后就停止了。1986 年 6 月,国务院正式批准废止《第二次汉字简化方案(草案)》。同年 10 月,国家语言文字工作委员会在对 1964 年发表的《简化字总表》作了部分调整的基础上,重新发表了《简化字总表》,并在说明中明确指出:凡是不符合《简化字总表》规定的简化字,包括《第二次汉字简化方案(草案)》的简化字和社会上流行的各种简体字,都是不规范的简化字,应当停止使用。但由于"二简字"曾在图书报刊和教材上试用过,其造成的影响至今还没有完全消除,因此社会上不少人到现在仍在使用已经废止的"二简字"。

滥用已废止的简化字现象常见于一些店铺的招牌、广告用字以及商品的手写标签用字等,报纸杂志等出版物中主要是同音代替字往往出错。如(括号内是正确的):

沈水(酒水)　鸡旦(鸡蛋)　大另批发(大量批发)

过滤咀香烟(过滤嘴香烟)　百条(面条)　白芽(白菜)

书笈(书籍)　付食店(副食店)　欢迊光临(欢迎光临)

小心玻玏(小心玻璃)　仃车场(停车场)　运轫(运输)

电彬(电影)　廸筑队(建筑队)　豆付(豆腐)

随意简化汉字是指不按照汉字简化规律的民间自造、乱造简化字现象,如(括号内是正确的):

手扦(擀)面　扦(插)座　问(问题)　图(图书馆)

使用已废止的简化字和随意简化汉字,都是不规范使用汉字的表现。

(三)错别字现象严重

错别字是错字和别字的合称。错字是指汉字的笔画、部件或结构不对,写得不成字,是字典、词典中查不到的字。别字是指字典、词典中有这个字,但由于使用者粗心或弄错了字的形音义而在本该用甲字的地方却用成了乙字的情况。错别字现象目前在社会用字中非常普遍。

1.错字

目前在印刷出版物、电影电视、网络等媒体上错字比较少,它主要常见于街边的一些小广告、招牌和其他面向公众的用字场合。错字主要是由于不清楚字的笔画和结构而造成错写。如(括号内是正确的):

步(步)　染(染)　展(展)　长(长)　具(具)　范(范)　冻(冻)

由于国家正式废止了"二简字",所以"二简字"和自造的简化字也都是错字,如(括号内是正确的):

西芷(西藏)　内苎古(内蒙古)　仈(儒)

百(面)　笈(籍)　仃(停)　尸(展)

2.别字

在当今的社会用字方面,别字现象十分严重。从印刷出版物到电视屏幕的字幕,从街头的广告招牌到网络文章,别字无处不见,有人甚至说是"无错不成文""无错不成书"。如(括号内是正确的):

寻人启示(事)　布(部)署工作　克(刻)苦钻研

补胎冲(充)汽(气)　另(零)售店　洗车打腊(蜡)

爆炒尤(鱿)鱼丝　欢渡(度)国庆　同仇敌慨(忾)

相形见拙(绌)　贪脏(赃)枉法　吃合(盒)饭

近些年来,报纸、杂志、书籍等出版物的文字差错率明显上升。《咬文嚼字》1997年第6期指出了《××读书报》的几个错别字:

第6版《"田雁宁现象"的启示》:"我想至少有如下两点足可令人三思:第一,文学创作和市场运作并非水火不相融;第二,文学创作绝对不是简单的市场运作。"其中的"水火不相融"应作"水火不相容"。"融"和"容"音同,形义不同。"融"指融合、调和,几种不同的事物合成一体。成语有"水乳交融",是说水和乳汁极容易融合,比喻关系非常融洽,或结合十分紧密。"容"指容纳、包含。水和火是对立物,彼此不能容纳,"水火不相容"的说法成立,但是不能说"水火不相融",因为水和火谈不到融合的问题。

第6版《青苹果的滋味》:"……经济利益对人类灵魂和精神家园的重重挤压,过于紧张的人们……他们迫切需要的是精神导向和慰籍……"其中的"慰籍"应作"慰藉"。"藉"和"籍"形、音、义都不同,不能混用。"慰藉",安慰,抚慰。

2016年7月19日《文汇报》第10版载有《茅盾,革命家与文学家的完美结合》一文,第一小部分的小标题是"少年失牯,立志'以天下为己任'"。这里的"失牯"无解,显然是"失怙"之误。"怙(hù)",义为依靠,倚仗。《诗·小雅·蓼莪》:"无父何怙,无母何恃!"后常以"怙""恃"分别指代父、母。丧父称失怙,丧母称失恃,父母双亡称失怙恃。牯(gǔ),义母牛,也指阉割过的公牛,又指公牛,亦泛指牛。茅盾十岁丧父,其父去世之前还教育他"大丈夫要以天下为己任",因而茅盾以此立志。

《咬文嚼字》公布的2020年度和2021年度"十大语文差错"中,属于书写别字的就有11例,它们分别是:

2020年度——

"共渡难关"误写为"共度难关";"宵禁"误为"霄禁";"挤兑"误为"挤对";"副作用"误为"负作用";"科创板"误为"科创版";"螺蛳粉"误为"螺丝粉"。

2021年度——

"蔓延"误为"曼延";"途经"误为"途径";"必需品"误为"必须品";"赓续"误为"庚续";"血脉偾张"误为"血脉喷张"。

《南方周末》设立《有错即改》栏目,专门刊登读者对刊物指出的差错,其中有不少别字,如:

2014年12月11日A8版民生版《医保报销症结何时解》一文中

“这个问题的解决，还是要靠新农合与各级医院的信息联网，实行往上结算”，其中“往上结算”应该是“网上结算”。2017 年 2 月 16 日 B13 环境版《“我们不该批评中国”》一文中“狄更斯与雾霾意向”，其中“雾霾意向”应为“雾霾意象”。

有学者曾专门撰文指出《苏曼殊画传：情僧梦露》中的几处错误：

第 335 页：“上海《生活日报》的文学附刊”应为“上海《生活日报》的文学副刊”。通常报纸刊登文艺作品、学术论文等的专栏或专页称“副刊”。第 360 页：“品茗对奕”应为“品茗对弈”。“弈”围棋、下棋；“奕”盛大之义。第 361 页：“烂柯山人此箸来意，实记亡友……”此处“箸”应是“著”之误。“箸”是筷子，没有著作的意思。第 375 页：“日用百贷”应为“日用百货”。

相对而言，电视屏幕上出现的错别字更多，特别是一些电视剧的字幕，谬误百出，为害尤甚。

凤凰网刊文《电视剧〈敢死队〉错字连篇成国产电视剧通病》，指出：

《敢死队》中，人物对话字幕出现了明显的错别字。如第 10 集中，敢死队的徐飞虎回答马烽说：“我怎么能和他比，如果我是条鱼，他就是条海底的绞龙！”此处字幕中的“绞龙”应为“蛟龙”。尤为严重的是，该剧每集片尾曲最后一句的字幕是：“用无谓勇敢捍卫祖国的尊严！”此处的“无谓”应为“无畏”。

有网友撰文纠错：在电视剧中，“内忧外患”成了“内优外患”，“劳民伤财”变成了“劳命伤财”，“悖论”成了“脖论”，“战死沙场”成了“战死杀场”，“安贫乐道”变成了“安平乐道”；在高校辩论会节目中，“徒有虚名”成了“图有虚名”；在某访谈节目中，“功夫在诗外”成了“功夫在师外”。凡此种种，不一而足。至于“象”“像”不分，“叠”“迭”混淆，更是比比皆是。

（四）利用谐音乱改成语

成语作为汉语中长期习用的一种定型化的短语，它或出自古籍，或出于典故，或是广为流行的大众口头语。成语表意固定，结构完整，在使用中除非特定的修辞需要，一般要作为一个整体，不能随意拆开、颠倒词序或更换词语。但在如今的社会用字中，很多广告和商家店名却出现了利用谐音任意改变成语结构和用字的现象。如（括号内是正确的）：

步步为赢（营）——某某牌运动鞋广告、默默无蚊（闻）——某杀虫剂广告、E(一)网(往)情深——网吧名、随心所浴(欲)——浴房广告、衣(一)见钟情——服装店名称、鸡(机)不可失——炸鸡腿鸡翅广告、安然无痒(恙)——某药品广告、咳(刻)不容缓——某止咳药广告、衣衣(依依)不舍——某商家店名、一戴(代)添(天)娇(骄)——文胸广告、茶(察)言观舍(色)——茶楼名称、各得其锁(所)——锁广告、饮(引)以为荣——饮料广告、饰(十)全饰(十)美——某商家店名、花好悦(月)缘(圆)——婚庆公司名

这种故意改变成语用字以求加深读者对所宣传内容印象的用法,偶一为之可能会起到较好的作用,但如今许多广告和商家随意窜改成语已经成了一种流俗,严重影响了社会用字的规范,造成了社会用字的混乱,误导了人们对词语的正常识记,在社会上尤其是给正在学习语言文字阶段的中小学生造成了很不好的影响,应该引起我们的高度重视。

(五)没有正确使用异体字和异形词

汉字历史悠久,又非出自一人一地,汉字中存在大量异体字。异体字是指音义完全相同而形体不同的一组字。如"暖—煖、迹—蹟—跡、猫—貓、欢—歡—驩—讙—懽"等。异体字由于音义一样只是形体不一样,徒增学习者负担,因此中华人民共和国成立后,国家对异体字的整理工作非常重视,1955 年 12 月,由文化部和中国文字改革委员会联合发布了《第一批异体字整理表》,共整理异体字 810 组,合计 1865 个字,整理后共精简 1055 个字。《第一批异体字整理表》的发表,对于汉字规范化起到了重要作用,消除了汉字长期以来多体并存的混乱情况。《第一批异体字整理表》颁布后,在使用中发现有些问题没能很好处理,在 1986 年颁布的《简化字总表》和以后的《现代汉语通用字表》中,又恢复了部分异体字,如"翦、凋、晖、澹、彷、桉"等,不再作为被淘汰的异体字。因此,凡是与《简化字总表》和《现代汉语通用字表》不一致的地方,应以后两者为准。

按照规范汉字的要求,被淘汰的异体字都是不规范的汉字,但近年来的社会用字中又出现了异体字回潮的现象。如把"你"写成"妳","推拿"写成"推拏","宾馆"写成"宾舘",有的饭店名写成"犇羴鱻"(奔膻鲜),特别是人名中异体字现象更为突出,往往让人不识其名,如"堃(坤)、喆(哲)、邨(村)、仝(同)、堯(尧)、昇(升)、樑(梁)"等。

汉语中有一部分异形词,也就是音义相同而书写形式不一样的那些词。

如“安装—按装、笔画—笔划、夸大其词—夸大其辞、流言蜚语—流言飞语、如雷贯耳—如雷灌耳、巧克力—朱古力”等。这些词从语言层面来说是词语的问题，但从文字层面来看则是文字的问题，是选用哪个字来记录语言中的词的问题。2001 年 12 月，教育部和国家语言文字工作委员会发布了《第一批异形词整理表》，公布了 338 组异形词，确定了推荐使用的规范形式，如上面所举的例子中的异形词都推荐第一个作为规范形式，这也就确定了这些词语中的规范汉字，广播、电视、报纸、杂志等社会用字也应以此为规范。

另外，汉语中有许多音译外来词，不同的人在翻译时用的汉字不一样，这样也造成一些异形词。比如英国曾经的“铁娘子”Thatcher，大陆版的翻译是“撒切尔”，港版翻译是“戴卓尔”，台版翻译是“柴契尔”；2022 年英国新任首相 Truss，中国大陆译作“特拉斯”，香港译作“卓慧思”。另外，还有“拉登—拉丹、布什—布希、里根—雷根—涅根、哈姆雷特—哈姆莱特”等。广播、电视、报纸、杂志等社会用字对这些外来词用字也应做到规范统一。

（六）网络用字混乱失控

随着现代信息技术的发展，计算机和网络走进了千家万户。网络作为一种新型的传播媒介，已经成为人们生活中必不可少的交际工具。但作为网络传播载体之一的文字，其使用的混乱情况却令人担忧。网络用字混乱情况大致有以下几种。

1.丢字和别字现象严重

不论是大的门户网站正式发布的内容还是个人的博客、微博，丢字、别字现象随处可见。如把“保健品”误为“保健晶”、“判刑”误为“判邢”、“提拔”误为“提拨”、“迷恋”误为“迷蛮”、“成吉思汗”误为“成杰思汉”等。

2.乱用谐音字代替正确的汉字

很多网民在聊天交流中大量使用谐音字代替应该正确使用的汉字，造成文字使用的混乱。如（括号内是正确的）：

版猪（版主）　斑竹（版主）　酱紫（这样子）　菌男（俊男）

霉女（美女）　杯具（悲剧）　洗具（喜剧）　果酱（过奖）

稀饭（喜欢）　童鞋（同学）　有木有（有没有）　粉可爱（很可爱）

鸡冻万分（激动万分）　基情洋溢（激情洋溢）　小盆友（小朋友）

恐龙（指长得难看的女孩子）　肿么了（怎么了）

神马都是浮云（什么都是浮云）　人参公鸡（人身攻击）

汉字的形、音、义之间有着固定的联系，文字和它所记录的词语之间有着固定的搭配，网络上大量的谐音代替极易造成用字的混乱和理解的错误，需要进行规范。

3.使用冷僻字和生造字

除了乱用汉字之外，在网络聊天室、论坛、贴吧、个人空间、网络签名等网络语境中还经常见到一些奇奇怪怪的用字。如：

①囧、兲、槑、圀、圐、圙、氼、烎、玊、嘦、勥、栥、嫑、纷、房

②尛钕孑（小女子）、貓ル（猫儿）

③卜嘦轻易嘀说媛（不要轻易地说爱）

④莓兲想埝伱（每天想念你）

⑤伱囨昰蕞葰旳，但却昰莪蕞爱旳（你不是最好的，但却是我最爱的）

上面①中有的是古汉语中的冷僻字和异体字，如“槑”是“梅”的异体字，“兲”是古“天”字，“纷”（给力）是个生造字。②③④⑤就是人们常说的“火星文”。这些生僻字、异体字以及造型怪异的用字，都离日常使用甚远，大多数网友也不懂其读音，要理解它们的意义，也只有绞尽脑汁地从它们的字形、大概的表音或是前后语句的语义来猜测其义。

目前，网络用字混乱情况已引起有关方面的重视。2012 年 1 月 18 日《中华读书报》载文——《〈咬文嚼字〉今年“咬”博客》，指出：网络不仅是语言智慧的展示区，也是语言差错的泛滥区。2012 年，《咬文嚼字》继咬嚼央视春晚、咬嚼《百家讲坛》、咬嚼知名作家之后，又以“新浪名人博客”为目标，咬嚼网络语文。《咬文嚼字》共选取新浪网 12 位博主，按音序排列是：方舟子、郭敬明、韩寒、黄健翔、郎咸平、李承鹏、李银河、马未都、钱文忠、徐静蕾、郑渊洁、周国平。2012 年至 2021 年，《咬文嚼字》杂志社逐月向社会公布文字检测报告，以引起社会大众对社会用字混乱现象的重视，引导规范运用汉字。

另据《中华读书报》2012 年 2 月 8 日第 2 版消息：近日遭到“咬嚼”的是作家 ×××。众多语言文字专家发现，其博文里充斥着错字和别字，包括把“令”写成“另”，把“了结”写成“了解”，“拉锯战”写成“拉锯站”，“名声大震”写成“名胜大震”等。语言文字专家分析称，除了这些态度粗疏的“笔误”之外，其基本不能准确辨析一些常见的易混字词，如“戴”与“带”、“副”与“幅”、“碳”与“炭”、“反映”与“反应”等。

名家博客代表网络语文的高度与方向，《咬文嚼字》从这里切入，意在推动网络语言文字的规范使用。

三、汉字应用失范原因

造成社会用字失范的原因很多，概括起来主要有以下几个方面。

（一）规范使用汉字的意识淡薄

汉字作为记录和传达语言的书面符号，作为重要的辅助性交际工具和信息的重要载体，只有规范正确地使用才能有效发挥它的作用。但很多人在使用汉字的时候，对规范用字认识不足，片面地认为文字的使用是个人的问题，多一笔少一笔关系不大，繁体字美观显得有学问，自造简化字方便，这样写了、用了也不见得有什么不利的影响。社会用字中大量存在的不规范现象，不但造成了社会用字的混乱，影响到交际交流，甚至有时一字之差会谬以千里，有时还会造成重大影响和损失。如曾经有个青年在写给父母的信中将“上调”写成了“上吊”，吓得父母差点丧命，去了才知道是工作调动了。据说冯玉祥与阎锡山曾商定在河南沁阳会战，以求聚歼驻扎在河南的蒋军，可是冯玉祥的随从副官在拟发命令时误将“沁阳”写成了“泌阳”，结果造成会战失败。另外，部分文字工作者文化素质不高、业务不精也是造成社会用字混乱的一个重要原因。如书报杂志的错别字现象，只要我们的编校人员文化素质高一点，业务精湛一点，工作认真负责一点，一些不规范现象是可以避免的，社会用字不规范现象也会大大减少。

教师的态度更是不可小觑。教师是社会知识阶层的重要群体之力，他们肩负着传道、授业、解惑的育人重任，是文明传承的主要负载者。教师的重要使命之一，即传播祖国的语言文字。据刘晓红 2014 年主编的《不同领域、职业和人群的语言文字的规范化应用》中的调查显示，不仅近年来普通民众的语言规范意识在降低，就是肩负教书育人重任的教师群体的语言规范水平也在下降。这种下降又主要体现在规范汉字的使用上，教师的日常书写机会减少了，使用电脑、手机的时间增多，我们看到教师乃至大学教师的微博语言或微信语言也有粗鄙化的现象，错别字的出现概率也显著增加。教师的工作文本，比如教案、电子演示稿、课件以及印发给学生的各类练习和资料，都可能出现不同程度的汉字失范现象。教师的工作性质决定了其语言文字的素质或规范程度影响的绝不仅是一己的语言表达，而是一群人乃至一代人的语言素质。在教师的工作实践中，语言文字的规范意识应当深入各个细节之中，而且不能以学科为限，如理工科教师的语言文字意识同样应予提高。

（二）不熟悉国家有关语言文字政策

一方面，有关调查显示，除了从事语言文字工作的专业人员外，还有为数不少的人，包括教师、公务人员以及经常同文字打交道的从事写作、编辑、广告制作、文秘工作的人员，不太了解也不太关心汉字的规范化、标准化，不少人根本就不知道什么是规范汉字，什么是不规范汉字，不知道国家颁布的一系列汉字应用的规范，因而缺乏正确使用汉字的自觉性、主动性和积极性，乱用繁体字，使用已废止的异体字和“二简字”，大量存在错别字也就不足为怪了。

另一方面，国家在语言文字政策方面的一些变化也是造成社会用字混乱的一个原因。如简化字发表以后又对某些字作了调整，“二简字”在不成熟的情况下匆忙发布，在试用一段时间后又废止，而对于那些曾经学习掌握了这些内容的人来说，就面临着重新学习、放弃的过程，容易引起混乱。

（三）厚古薄今和追奇逐异的心理作怪

繁体字大量回潮与厚古薄今有一定关系。改革开放以后，香港、澳门、台湾与内地（大陆）有经贸往来，这些地区大都使用繁体字，一些产品为了适应需要便将产品说明印成了繁体字。因此在一部分人看来，用繁体字比简化字时髦、有派头。另外一部分人则认为使用繁体字显得有古文功底，文化修养高，用上繁体字、异体字的招牌等显得店铺历史悠久，有文化蕴涵等。这样就导致了繁体字使用范围的扩大。

追奇逐异的心理也是社会用字失范的一个原因。当今社会是一个追求新异和个性的时代，人们总是希望自己做的与众不同，以期引起别人的注意，于是就出现了使用繁体字、异体字来吸引眼球，乱改成语用字来博得众人的瞩目，通过使用生僻字、乱拆、组合汉字的“火星文”来博取众人的注意的现象。

（四）汉字本身数量众多、结构复杂

汉字历史悠久，数量众多，在漫长的发展过程中，形体结构和音、义都发生了不少变化，形、音、义之间的关系复杂，存在着大量的形近字、同音字、多音多义字、异体字、繁简字，稍不注意就会用错。汉字字形结构复杂，多一笔少一笔、部件组合位置不同就会成为不同的字，某些语境下只能用甲字不能用乙字，这些复杂性造成了汉字难学、难写、难认、难记，客观上加大了汉字使用的难度。

1.因形近而误写误用

汉字中有许多形体相近但细微处有差别的字，这些字在书写或汉字输入时如不注意就很容易出错。如：

己已巳、戊戌戍、戎戒、栗粟、梁粱、颖颍、票要耍、辨辩辫瓣、炙灸、肓盲、茶荼、孤狐弧、署暑、末未、侯候、戴截、籍藉、浆奖桨、崇祟

2.因音同音近而误写误用

有些字字形字义不同而读音相同或相近，这种情况如不细心或不了解字义也很容易出错。如：

部署—布署　煤炭—煤碳　擅长—善长　书籍—书藉
刻苦—克苦　膨胀—膨涨　和盘托出—合盘托出
一筹莫展——愁莫展　名门望族—名门旺族
呕心沥血—沤心沥血　捉迷藏—捉谜藏
立足岗位—力足岗位

这些词语中第一个加点的字是正确的，第二个词语中加点的字是错用的。

3.因不了解字的形、音、义之间的关系而误写误用

汉字作为表意文字，其形、音、义之间关系较为复杂，如果没有弄清字的形、音、义关系，特别是那些音相近意义也相近的一些字，在使用过程中常常会发生错误。如“融化、熔化、溶化”意义相近但又有不同，不认真辨析，极易混淆用错。再如“金碧辉煌、风尘仆仆、金榜题名、滥竽充数、暴殄天物、提纲挈领、为虎作伥、瞠目结舌、妇孺皆知、再接再厉”，这些词语极易写成“金壁辉煌、风尘扑扑、金榜提名、烂芋充数、暴珍天物、题纲接领、为虎作帐、膛目结舌、妇儒皆知、再接再励”。

（五）计算机汉字输入软件方面的一些问题

汉字计算机输入技术的解决，较好地实现了人机交互，但一些汉字输入软件在设计上的不足，客观上造成了一些用字不规范现象的出现。如一些软件中的部分不规范词语的存在，哪些汉字能够组合成合理的词语，哪些词语应该作为首选项，等等，这些问题，目前在汉字信息处理方面还没有得到

很好的解决,还没有统一规范的标准,这也在一定程度上造成了社会用字的不规范。如"版猪、菌男、霉女、果酱"等词语的出现最初就是由于汉字输入软件误输入同音词而出现的。

第三节 汉字规范对策

汉字的规范使用,有利于人们交流思想、传递信息。人们在使用汉字进行交际时,必须遵守统一的规范标准。然而,目前社会上使用不规范汉字的现象随处可见。不要说不正规的出版物、广告和网络所载内容,就是正规出版的报纸、杂志、书籍,以及电影、电视字幕等,也被人戏称为"无错不成报,无错不成书,无错不成影视"。这些汉字使用的混乱现象,妨碍了文字交际作用的发挥,影响了社会主义精神文明建设,令有识之士扼腕叹息。

就汉字的规范来说,从古到今是不断变化的。它具有空间性、时间性的特点。就汉字字体来讲,如甲骨文是殷商时期的官用书体,小篆是秦朝时期的官用书体,隶书是汉朝时期的官用书体。相对于一个朝代,除了官用书体之外,使用其他的字体便视为不规范。就今天的繁简字而说,在古代使用有些今天看作是简化字的俗体字是不规范,而在今天的内地(大陆)使用繁体字则视为不规范;在今天的港台地区使用繁体字则又被看作是规范的。

如何解决汉字规范使用这一问题?我们应该从以下几个方面着手。

一、充分发挥政府的规范作用

政府规范汉字的使用,可以说是汉字规范的主体,是由政府主管部门发布的文字规范,具有一定的强制性。

中华人民共和国成立以来,政府发布了一系列规范汉字的文件。这些不同时期所发布的不同文件,都具有较强的指导性,在不同时期发挥了很好的作用,并继续影响和指导着人们对汉字的使用。

充分发挥政府的规范作用,不仅仅是指发布汉字的规范文件,而更重要的是要充分发挥政府相关部门的实施职能和监督作用,并在具体实施过程中,加大奖罚力度,对一些规范使用汉字的出版物重加奖赏,而对那些不规范使用汉字的出版物,或处罚,或限期整改,或予以取缔。2012 年第 7 期《咬文嚼字》载有以"编校质量大检查　审读专家大会师——上海市新闻出版局公布2011年报刊编校质量检查结果"为标题的消息。该消息所载的内容,就是表述政府部门行使监督权利的具体措施。这种有目的的活动,无疑对促进汉字的规范使用具有一定的积极作用。

国家级及省、市级文明城市、文明单位、文明校园等各项创建、评比活动的开展,也大大促进了语言文字的规范运用。因为市容市貌、城市形象、校园文化都与语言文字的运用密切相关。各级宣传部门、教育主管部门以及各类宣传媒体开展丰富多彩的汉字大赛,如"汉字英雄"、职业技能竞赛或考试活动,无疑也可助推汉字使用规范程度的提高。

二、充分发挥专家的规范作用

所谓专家规范,即语言文字学家所提出的汉字使用规范。它主要是通过关于文字方面的辞书以及他们本人的文章或著作体现出来的。这种规范,虽然不具有强制性,但具有一定的示范性,同样对社会用字起着重大的影响。这就要求语言文字学家必须严谨地去做学问,做规范使用汉字的楷模。同时,随着时代的变化,还要求语言文字学家正视社会上约定俗成的合理的汉字使用方法,以及"舶来品"的音译或意译的汉字规范,或写进工具书,或引导人们正确地使用。目前,汉字规范使用的"四定",也体现了这方面的成果。

所谓"四定",即定量、定形、定音、定序。

定量,即确定现代规范汉字的数量。规范汉字的数量以多少为宜,还有待进一步研究。一般来说,用以当代言语交际和写作,一万字足矣。但随着我国优秀传统文化的地位逐渐提高,其研究也更为广深。那么规范的一万汉字,恐怕也就承担不了这一任务。这就要求要适当扩大规范汉字的数量。这一任务应由政府出面召集有关汉字规范方面的专家学者,进行深度研究,立足我国"四部"(经、史、子、集)古籍,面向当今的使用情况,尽早确定规范汉字的合理数量。

由于运用对象、范围和目的的差异,规定掌握汉字的数量自然有别。为了适应语文教学及其他方面的需要,国家语言文字工作委员会、国家教育委员会1988年1月发布《现代汉语常用字表》,包括一级常用字2500个、二级常用字1000个,共计3500个汉字,对基础教育阶段的识字写字和用字教学具有针对性的指导作用。教育部和国家语言文字工作委员会2013年6月

18日发布的《通用规范汉字表》,共收字8105个,可以看作现代汉语通用汉字。此表不仅对汉字进行了科学定量,而且做了合理分级。这是因为国家规范要面向全国各阶层的使用者,其文化水平、交际范围、行业需求不同,对汉字的使用要求也必然会有差异。此外每个汉字本身的通用程度存在很大的差别。因此,字表只有合理分级,才能反映汉字的实际使用状况而照顾不同人群的需求差异,从而提高《通用规范汉字表》的实用性。这8105个字,分为三级:一级字表为常用字表,收字3500个,主要满足基础教育和文化普及的基本用字需要。二级字表收字3000个,使用度仅次于一级字。一、二级字表通过语料库统计和人工干预方法,主要依据字的使用度进行定量、收字和分级,合计6500字,主要满足出版印刷、辞书编纂和信息处理等方面的一般需要。三级字表主要通过向有关部门和群众征集用字等方法,收录音义俱全且有一定使用度的字,共1605个,是姓氏人名、地名、科学技术术语和中小学语文教材文言文用字中未进入一、二级字表的较通用的字,也是现代信息储备和信息传递所必不可少的特殊领域的用字,主要满足信息化时代与大众生活密切相关的专门领域的用字需要。这就是汉字的"分级"定量。

定形,即确定现代规范汉字的字形,亦指规定现行汉字的标准字形。凡属于通用规范汉字,一个字只能有一种确定的形体,不能有多种形体。我们所作的简化汉字、废除异体字和统一印刷字形等工作实际上都是在为汉字定形。

1965年中华人民共和国文化部和中国文字改革委员会联合发布《印刷通用汉字字形表》,该字表按照汉字的造字规律,统一规整了6196个汉字的字形样式,是对印刷体字进行的一次大规模的统一整理。1986年由国家语言文字工作委员会和新闻出版署联合发布的《现代汉语通用字表》收字量增加到7000字,其中字形标准基本沿袭了《印刷通用汉字字形表》的规则,这便是中国大陆目前所通行的汉字字形标准。

《第一批异体字整理表》公布以后,初步解决了异体字的问题;《简化字总表》的公布,解决了繁简体并存的问题;《印刷通用汉字字形表》解决了印刷体汉字中存在的差别。为汉字的定形工作打下了坚实的基础。但是,仍有一些问题需要认真解决,《第一批异体字整理表》中,就有一些不尽人意之处,例如,"氛、雰"二字虽同有"气"的含义,但"氛"指情况、情景,如"气氛”，而“雰”则指雾气，二字音同但义不同，却作为异体字处理了。另外，在选用正体字时，有的字结构上不便于分解，分解后不便于称说，例如正体字“騣”（马鬃）不如被废除的“鬃”便于书写和辨认。需要指出的是，在进一步研究汉字定形问题时，不能将异体字与通假字、古今字相混淆。如，不能将“於”不分任何语境，直接简化为“于”，因为，在古文里“於”作为名词，有时读“wū”。如《穆天子传》卷三：“虎豹为群，於鹊与处。”郭璞注：“於，读曰乌。”“於菟”的“於”也读作此音。晋杜预注，唐陆德明音义、孔颖达疏《春秋左传注疏》：“斗縠於菟为令尹，自毁其家，以纾楚国之难。”其注曰：“於，音乌。菟，音徒。”清姚炳《诗识名解·兽部·虎》有：“《左传》：‘楚人谓虎为於菟。’”鲁迅《答客诮》也有“知否兴风狂啸者，回眸时看小於菟”诗句。“於”作为叹词，也读“wū”，如汉司马迁《史记·夏本纪》：“皋陶曰：‘於！慎其身脩。’”有双音节“於乎”词，用同“呜呼”。如宋赵鹏飞《春秋经筌·宣公》：“於戏！盛哉！春秋之世，周室日衰，不复梦见宣王之事矣。”明陆深《俨山集·杂文·学说》：“於乎！论学至于孔子，万古之法程，卓乎不可尚也。”

根据目前文字运用的情况，仍有一部分异体字需要规范。例如：

拣：①挑选；②拾取。

捡：拾取。

“捡”只有“拾取”的意义，这一意义包含于“拣”中。两个字读音完全相同，就应把“捡”作为“拣”的异体字。

茧：①某些昆虫的幼虫在成蛹前吐丝做成的壳；②同“趼”。

趼：手掌或脚掌上因摩擦而生成的硬皮。

“趼”只有“茧”的第二种意义，包含于“茧”中，二者读音相同，就应把“趼”作为“茧”的异体字予以规范。

异体字的存在直接导致异形词的产生。如：

笔画—笔划　师傅—师父　嫉妒—忌妒　姿势—姿式

人才—人材　烦琐—繁琐　订婚—定婚　桑椹—桑葚

这些异形词在意义上没有什么区别，也应该将其中一个确定为标准的、规范的用法。

《第一批异体字整理表》已经公布数十年了，学习使用时应注意两点：首先，表中确定的正字，有些繁体被简化了，就应以《简化字总表》为准，如

“参、當、門、階”等，已经简化为“参、当、门、阶”等；其次，被废除的异体字，在作姓氏用时，仍可用原字，如“仝”作姓氏时就可以仍写作“仝”，而不必作“同”等。

整理异体字，我们要把《通用规范汉字表》作为重要依据。这主要是由于《通用规范汉字表》体现了其他几个字表的基本内容，其中隐含着对异体字的整理。此外，《印刷通用汉字字形表》确定的笔顺也有不够统一的地方。如“乃、及”，结构相似而笔顺不同，“乃”字的起笔是折，而“及”字的笔顺却是先起笔写撇。同是左中右结构的字，同是包围结构的字，书写顺序也不一致。这些笔顺的确定，规律性较差，不便于学习和掌握，应该进一步修订，以利于运用。这些不规则现象，不仅对信息时代汉字的标准化工作产生了不良的影响，也给汉字教学及汉语国际传播带来了很大的麻烦。因此，我们应该尽快认真清理汉字字形存在的问题，运用统一的规则调整字形，以使汉字字形更趋于标准化和系统化，更有利于教学和应用。

2013 年 6 月 18 日，教育部和国家语言文字工作委员会发布的《通用规范汉字表》，坚持科学的异体字定义，在充分吸收前几次对异体字调整的意见的基础上，结合现代社会语文生活的实际需要，对《第一批异体字整理表》中 90 余组处理不当的异体字组进行了必要的调整。此外还详细分解了简繁对应关系，从而促进海峡两岸信息互通。

2002 年和 2005 年，上海辞书出版社分别出版了李行健主编的《现代汉语异形词规范词典》和李行健、余志鸿著的《现代汉语异形词研究》，这两本著作可以认为是异形词研究的集大成者，理论性和实用性均为突出。

定音，就是确定每个汉字的标准读音，消除异读现象。字无定音会增加人们学习和使用汉字的负担。异读词的存在，对教学、广播、工具书的注音，中文信息处理都很不便，所以应在异读词中确定一种标准的读法。

为了促进语音规范化，推广普通话，对异读字的读音应该加以规范，1955 年“现代汉语规范问题学术会议”做出一项决议，由中国科学院组建“审音委员会”。这个委员会曾于 1957 年到 1962 年分 3 次发表了《普通话异读词审音表初稿》，并于 1963 年辑录成《普通话异读词三次审音总表初稿》（以下简称《初稿》）。《初稿》根据通行性、规律性和简易性的审音原则，审定了 1800 多个异读词的标准读音，废除了异读音。《初稿》公布以后，受到文教、出版、广播等领域相关部门的广泛重视，对现代汉语的语音规范和普通话的推广起到了积极作用。但是随着语言的发展，《初稿》中原审的一些词语的读音需要重新审定；同时，作为语音规范化的标准，《初稿》也亟须定稿。

1985 年，国家语言文字工作委员会对《初稿》进行修订，经广播电视部审核通过，最终形成《普通话异读词审音表》（以下简称《审音表》）。这次修订以便利广大群众学习普通话为基础，承认现实，约定俗成。《审音表》在《初稿》的基础上，修订词语 41 条。如“呆板”取消 ái 音，统读“dāi”；增补词语 16 条；根据不同情况，淘汰了原表部分词条，如方言异读、轻音问题等，统一了工具书中注音不一致或社会上误读较多的读音，为汉字的定音做出了重大贡献。

《审音表》共审定 839 条异读字的读音，审定为“统读”的有 586 字，占 69%。另外有 31 个字保留了文白异读。统读的，例如：“波”读 bō，“殊”读 shū，“获”读 huò；而“波”读 pō、“殊”读 shù、“获”读 hù 的一律废除。保留文白二读的，例如：“薄”字的口语音读 bó，常单用，如“纸很薄”；“薄”字的文读读 báo，多用于复音词，如“薄弱”“刻薄”。也有其他异读的情况，例如：“晕”字在“晕倒”“头晕”等词中读 yūn，在“月晕”“晕车”等词中读 yùn。

《审音表》公布以后，所有出版或修订的工具书都应该按照《审音表》的规范去注音。1990 年出版的《新华字典》，1996 年及以后出版的《现代汉语词典》修订本，1998 年出版的《现代汉语规范字典》，都采用的是《审音表》的规范注音。

需要说明，异读词的读音，离不开一定的语境，必须找出一定的语言规律。另外，还要照顾约定俗成的问题。比如，“给力”一词，近年来由港台传入内地（大陆），因为大陆所有词典里都没有收入“给力”这个词，所以，人们一开始感到非常新奇，很能表达意图，一律读作“gěilì”。其实，这并不是一个新词，在古文里多有出现，应该读作“jǐlì”。如明岳正《类博稿 · 记书十二首 · 顺义县永济桥记》：“彼徭虽供，而吾力不知困；租虽输，而吾财常有馀也。所以俭者给力，丰者予赀，未半岁而告成，不觉其侈而速也。”明朱朝瑛《读春秋略记 · 庄公》：“然使国有储蓄则可，今乞籴于邻，以救朝夕，犹恐不继，何足以给力后？非所急而营之，可谓不知务矣。”但既然人们已经都将它读作“gěilì”，那么，以后的工具书也只能定为此音了。

定序，就是规定现行规范汉字的排列顺序，规定标准的检字法。工具书的编写，档案、资料索引的编排，印刷铅字的排列，计算机汉字字库的编制和汉字信息处理，等等，都要求汉字有一定的排列顺序。现行汉字的排列顺序主要有音序法、形序法和义序法。

音序法是根据字的读音来排定字序的。使用拼音文字的语言按照字母的顺序安排词条的次序，我国古代的韵书根据四声和韵部编排字序，都属于音序法。

音序法中当前使用最广的是按照汉字的汉语拼音安排字序。同音的字一般再把偏旁相同的放在一起，以那个偏旁的起笔笔形排定字序。音序法的主要优点是简明、严谨，不会出现模棱两可的现象，使用起来很方便，不过也有很大的局限性，那就是不会念的字无法查检。用音序法编排的字书，一般还要附有部首或笔画的检字表，所以大型字书一般不采用音序法。

形序法按照字形排列字的顺序，主要有笔画法、部首法和号码法三种。

笔画法根据笔画数和笔形的顺序编排汉字。一般把笔画数和笔顺结合起来，先按笔画数从少到多排列，同笔数再按笔形顺序排列，起笔笔形相同的，再按第二笔的笔形顺序排列，以此类推。

部首法是按照部首编排汉字的，同部首的字再按笔画数和笔形顺序编排。现在通行的字典部首多不相同。部首法当前主要存在三个急需解决的问题。第一，各字书的部首数目不同。第二，部首的具体内容不同。第三，同字不同部，同部不同字。我们应该研究确定统一的部首数目和部首的具体内容，这样才能符合标准化的要求。

号码法是按照字形确定的号码编排汉字的。目前最通行的号码法是四角号码法，这是民国时期非常流行的一种查字法，也是非常好的一种查字法，很多工具书都用四角号码查字法，1950 年商务印书馆出版的《四角号码新词典》，就是用四角号码排列字头的。四角号码法的优点是看到字形就能知道代码，既不需要查部首，也不需要数笔画，使用比较方便。但是号码和笔形的关系是人为规定的，毫无理据，只能死记硬背，如果不常用，很容易忘掉。而且重码字比较多，例如在收字一万以上的中型字典中，代码是 4422 的就有五十多个字。此外，有些字的代码不易确定。

义序法是按照字义对汉字进行分类并排列顺序的，如《尔雅》《释名》等。按照意义排序很难统一标准，现在已经基本不使用了。目前，对汉字排列顺序主要采用音序法和形序法,二者各有优缺,将其结合起来查找工具书,更为实用和方便。

如果实现“四定”,无疑会给人们的交际和书写带来很大便利。语言文字学家所提出的汉字使用规范,都是语言文字学家出于学术良知和社会责任而呕心沥血探索研究出来的。这一点应该得到社会的充分肯定和尊重。

三、重视小学汉字的规范教育

很多人手下的错别字从小学阶段便已形成。从娃娃抓起,重视小学汉字的规范教育,将写错别字这一现象,消灭在萌芽时期,无疑是一条切实可行的措施。但这一措施的具体实施又是相当的艰巨。这就要求小学语文老师在识字教学中,不仅具有规范汉字教学的责任意识,还要具有一定的汉字构造的“六书”理论,尤其是“四体二用”中的“四体”。在具体的识字教学中,不能简单地教小学生点、横、竖、撇、捺,还必须有意识地运用汉字构造的“六书”理论,适当讲清汉字构造的本义。如“鸟”和“乌”字的区别,仅有一点之差,这一点是什么? 是“鸟”的眼睛,乌鸦是黑的,看不见眼睛,所以便没有这一点了。这样小学生不但学起来感兴趣,而且记得牢,能够收到举一反三的效果。很多人(包括古人)将“步”下边写成“少”,将“翰”的“羽”上多写一横,究其实,他们不懂造字方法。“步”,是会意字,上边是“止”,代表左脚;下边是反“止”(读 tà),代表右脚。所以古人的一步,等于现在的两步,即左右两个脚分别向前(或向后)迈了一下。今天所说一“步”,古代叫“跬”,即古代的“半步”。《荀子 · 劝学篇第一》:“不积跬步,无以至千里。”这样一讲,学生再写这个“步”字,就不会再多一点了。再如“翰”字,它是一个形声字,声符是“倝”(读 gàn,日出时光辉闪耀),形符是“羽”。所以在“翰”字右边的“人”下“羽”上多写一横,便是蛇足了。

当然,这一任务的完成不能仅仅依赖小学语文老师,其他科目的老师板书时也必须使用规范的汉字。这就要求我们的小学老师,必须经常翻看《新华字典》《现代汉语词典》等工具书,只有这样,才能奠定学生们规范使用汉字的良好基础。

四、文字工作者必须具备汉字使用规范的扎实功底

文字工作者，是指出版社编辑和校对人员、新闻工作者、从事大中小学教育者，以及所有文案工作者。这些人在文章里写错别字或说话中读错了字音，无论是于人于己，都会产生较大的不良影响。究其原因，主要是失于对汉字形、音、义三方面的细究。

我们以《咬文嚼字》杂志 2005 年 4 月 22 日刊登的“当代汉语出版物中最常见的 100 个别字”为例作以辅助说明。

100 个别字大致可归纳为三类：一是因形近而误的；二是因形音均相近而误的；三是因音同音近而误的。从定量分析来看，第一类只占 11%，第二类占 60%，第三类占 29%。从定性分析来看，不论哪种情况，三者均是因为不了解词义而导致错误。其中成语占了相当的比重。如（括号中的字为正字）：

甘败（拜）下风　自抱（暴）自弃　一愁（筹）莫展　穿（川）流不息
天翻地复（覆）　言简意骇（赅）　一股（鼓）作气　悬梁刺骨（股）
食不裹（果）腹　迫不急（及）待　一如继（既）往　草管（菅）人命
娇（矫）揉造作　一诺千斤（金）　不径（胫）而走　不落巢（窠）臼
烩（脍）炙人口　死皮癞（赖）脸　鼎立（力）相助　再接再励（厉）
黄梁（粱）美梦　美仑（轮）美奂　蛛丝蚂（马）迹　萎糜（靡）不振
默（墨）守成规　沤（呕）心沥血　出奇（其）不意　磬（罄）竹难书
声名雀（鹊）起　谈笑风声（生）　人情事（世）故　有持（恃）无恐
额首（手）称庆　鬼鬼崇崇（祟祟）　金榜提（题）名　走头（投）无路
趋之若骛（鹜）　洁白无暇（瑕）　不能自己（已）　竭泽而鱼（渔）
滥芋（竽）充数　世外桃园（源）　饮鸠（鸩）止渴　旁证（征）博引
灸（炙）手可热　床第（笫）之私　姿（恣）意妄为

这些成语或出于事典，或出于语典，只要经常翻阅成语词典，稍加了解和留神，便不会用错或写错。常言说，“词典翻烂，成功不远”。据汉司马迁《史记·孔子世家》载：“孔子晚而喜《易》……读《易》，韦编三绝。”孔子，人称圣人，尚且如此，更何况芸芸众生呢！

广大的文字工作者，要想胜任自己的工作，除了谙熟政府发布的一系列关于汉字规范的文件内容之外，还必须经常查阅《现代汉语词典》《古代汉

语词典》《辞海》《辞源》《汉语大字典》《汉语大词典》等工具书，以了解所查阅对象的构造方式及其所有义项，而后根据语境以选择合适的义项，久而久之，才能奠定自己关于汉字使用规范的扎实功底。

五、发挥监督作用，整顿社会不规范用字

社会上不规范使用汉字的现象随处可见，其中，滥用谐音成语这一现象比较突出，如报道雾霾新闻的用"十面'霾'（埋）伏"，从医的用"医（一）诺千金"，卖时尚服装的用"衣（一）见倾心"，卖儿童服装的用"童'颜'（言）无'季'（忌）"，卖牙刷的用"一毛不拔"表示牙刷结实耐用，等等。2020 年新冠疫情暴发以来，利用谐音改造成语蔚然成风，层出不穷，诸如"万无'疫'失""'疫'了百了""大'疫'灭亲""无情无'疫'""见'疫'思迁""点头会'疫'""'疫'不容辞""一心'移''疫'""'毅'心'移''疫'""'罩'单全收""'罩'夕相处""'罩'摇过市""相互'罩'应""有'四'无恐""'漱'手就'勤'""'疫'发不可收"等。应该承认，在特定情境下，有的成语翻新，顺势改造，确实具有新颖别致之趣。但有些则显得矫揉造作，牵强附会，纯属文字游戏，不啻是对汉语的亵渎，更重要的是误导人们，尤其是少年儿童。人民群众自发监督和批评不规范使用汉字的种种现象，净化社会文字使用环境，无疑是值得大力提倡和鼓励的。据有关报道，有些地方的中、小学校有计划、有目的地组织学生走向街头，寻找标语、商店招牌、路标等不规范使用汉字的情况，这是很好的举措，学生不但从中提高了规范使用汉字的意识和水平，而且净化了社会使用汉字的环境，有利于城市的文明建设。对于这样的举措，政府有关部门应该给予鼓励和表扬。

上海文化出版社主办的《咬文嚼字》刊物在这方面做得很好。该刊物所刊登的文章，涉及面非常广泛，且敢于刊登向权威挑战的文章，颇有一定的胆量，是发挥社会监督规范汉字使用的一个极好平台。

总之，规范汉字工作是一项需要政府领导和支持，语言文字学专家指导和引领，文字工作者以身作则和示范，群众参与和监督的艰巨而长期的工作，绝不是一朝一夕所能完成或一蹴而就的事情。

第四节　识字教学

识字教学是以汉字的识读为目标，要求通过对汉字的形式——字形的教学，使学生认识汉字的内容——字义、字音，也就是在文字的形式和内容之间建立起联系，看到形体能够准确地理解意义、读出读音，根据一定的音和义能够准确地写出汉字。

识字是学习文化的起点，是阅读写作的基础。识字的多少、快慢直接关系到学生的阅读能力和写作能力的强弱。小学生只有具有一定的识字量才能比较顺利地进行阅读、写作，拓宽知识面，提高学习的能力，识字教学是小学语文教学的重要内容。另外，成人的文字水平低，文字使用不规范现象严重，多与小学阶段没有很好地掌握汉字的形、音、义之间的关系有关。因此，讲究语言文字的规范化就要注重小学生的识字教学问题。

教学法认为，任何教学方法都是建立在两大类科学研究基础上的：一个是关于所教内容的规律的研究，就识字法来说，就是对汉字规律的研究，包括汉字的历史，字形构成，字的形、音、义之间的关系，汉字和汉语的关系等；另一个是关于所教对象的规律的研究，就识字法来说，就是对学生学习的规律，包括心理和生理特征、认知心理、心理发展等的研究。将两者结合起来，才能使教学法更具有科学性。

一、遵循汉字本体构造和使用规律

在识字教学过程中，首先应该遵循汉字本体构造和使用规律。分析字形要清楚，教读字音要准确，领会字义要具体形象，要让学生不仅知其然，而且知其所以然。

（一）抓住汉字构造特点

汉字的构造特点是“依形表意，形义统一”，“寓义于形，构形有据，据有明理，形理相通”。因此，教学就要从形入手，分析字形中所表达或包含的字义，并以联想的方式，建立音、形、义之间的联系，见形能知音义，读音而知形义，表义则知形音。

1.字形（尤其是象形字和形声字的形旁）要尽可能地恢复原貌

象形字的形象性，可增加具体事物与生活经验的联系，直观性可增加与已有口头语言中音义的联系。形旁归类法教学的关键是对担任义符的字义的理解和所属意义范围的明确，这样就可以学一个部首字，带一串形声字。针对小学生识字特点，教师要充分重视汉字的演变及其本义。

偏旁部首大部分是由独体字演变而来的。在小篆以前的汉字里，一个字的独立成字的写法同用作偏旁的写法，一般没有显著差别。后来随着字体的演变，有的字作为偏旁部首发生了变化。因此，在教这些字的时候，要尽量恢复字形原貌。如：

隹（[illegible]）：短尾巴鸟，多作偏旁，如“鹰、雄、集、雀”等。

攴、攵（金文“[illegible]”）：表示手拿鞭、棍的样子。在右边，如“敲、牧、败、救”等。

犬（甲骨文“[illegible]”）：在左边写作“犭”，表示与动物有关，如“狗、狼、狮、狈”等。

玉（甲骨文“[illegible]”）：在左边写作“王”，表示与玉石有关，如“玛、瑙、碧、玲”等。

根据形旁归类，教师可以有意识地指导学生根据形旁所属理解字义。

当然，分析字形不必字字追究原貌，尤其是现行汉字，对于“个案”的处理，科学尺度可适当放宽，也就是说允许杜撰，但杜撰要合情合理，要与字义相关联并且不能矛盾，不能仅凭自己的想象，不科学地妄加解释，以至于影响学生对汉字的进一步学习。

2.通过儿童自己的理解和经验展开联想

儿童的生活阅历是有限的，对生活的观察是浅显的，也没有高深的汉字学理论作依托，但是他们却能通过对生活的观察，用属于他们自己的独特表达方法，总结出对字形、字义的理解。如：

爬：手扒（巴）地。　谜：猜谜语。

怒：心里发怒。　捉：手脚并用捉虫子。

买、卖：缺少十样东西要买，多了十样东西要卖。

吐：口痰地上吐，陋习应根除。　怕：心里害怕，脸都吓白了。

这种识字法，叫“奇特联想识字法”，它利用汉字音、形、义提供的想象空间，展开离奇、特别的联想。

3.借助形声字音、形、义之间的联系，帮助辨认与识记

心理学理论认为，学习是一种迁移，无论是顺向迁移、逆向迁移，还是正迁移或负迁移，一种学习都会对另一种学习产生影响。形声字可以借助顺向迁移，认识一个声旁带出一大批近音字，或利用一个形旁类推一大批近义字；也可以发挥正迁移的促进作用，利用基本字带字、集中识字、归类识字等方法，辨认和识记同偏旁的字和形声字。如：

请
情↖ ↑ ↗清
睛←青→精
晴↙ ↓ ↘静
蜻

汉字中形声字居多，学生在学习汉字中往往因多而相互混淆，因声旁相同形体相近而认错用错。可根据汉字的造字规律，形旁以形释义，声旁用声组词，揭示其内在的联系。如：

消—削—悄—哨—捎—俏—梢—宵

挣—睁—静—净—狰—峥—筝

证—整—政—症—征—怔

漂—瞟—飘—瓢—剽

辩—辨—辫—瓣

也可让学生参与，举例、编歌谣、互动合作，既拓宽识字范围，又使语言得到了发展。如：

俊：人旁组俊俏，美丽好容貌。　峻：山旁组峻峭，高陡又险要。

骏：马旁组骏马，好马人人夸。　竣：立旁组竣工，大功已告成。

帮助学生简化思维过程，减轻识记强度，促进学习迁移，培养良好的思维方法和认知策略，学习的不仅是内容，更重要的是方法。

4.对由于隶变笔画不能表意的字，要通过多次简单重复的认读，直接建立字形与音、义之间的联系

鸡—汉—难—邓—圣—戏—观—欢—艰

泰—春—秦—奉

有些字发展到一定阶段，形义关系就会变得不清晰，甚至脱节，但由于据形识义是汉民族的文化心理，所以对于后来形义关系不清或形义关系脱离的字，人们总是试图对发展后的字形和字义做出新的诠释，以期使形义关系得到新的统一，如：

母：古文突出两乳（[illegible]），今可作“盘腿抱孩子”解释。

宝：繁体字是形声字，以玉玺为“寶”，今以玉石为“宝”。

泪：繁体字从氵戾声，今解作“眼中的水”，似乎更贴切。

（二）建立字、词、句、篇的联系

符号学理论告诉我们，语言本身有指示义与隐含义，隐含义由语言环境所决定，就是所谓言外之意。汉语（包括汉字）的隐含义往往曲而且深，就需要结合句、段、篇来理解。这是识字教学的延伸、扩展和补充。如果单一地孤立地识字，这个识字过程只能是机械的汉字符号训练，学生对汉字难以掌握和巩固，以后会常常写错、用错。

如教“强”，此字本来是形声字，左形右声（右声原为“彊”，汉字简化时作“虽”），本为“弓硬有力”之义，引申为“有力”，常用义“强壮”之“强”，与“弱”相反，读 qiáng；而“强词夺理、强人所难”之“强”则是据“有力”之义引申为“硬要、迫使”之义，读作 qiǎng；“倔强”的“强”读作 jiàng，是据“有力”之义引申为“强硬不屈”之义。三处不同音而音近，不同义而义近，读音意义区别微妙，不组词入句则难以区分并真正掌握，如果置于语言环境中：“他身体强壮，性格倔强，常常强人所难。”学生便很容易掌握了。

同音字教学也应字、词、句联系。如“再”和“在”，二者读音相同，字形各异，意义与用法不好把握。“在”作动词，如“他在北京”；作介词，如“他在明天动身”；作副词表“正在”之义，如“他在讲话”。“再”是副词，在动词、形容词前表“又、接着”之义，如“你再说一遍”。

这种叫“分散识字法”，以“字不离词，词不离句，句不离文”为突出特征，强调识字应在具体的语言环境中进行。

加强字、词、句的联系，能够加深学生对字的意义的认识，建立词和句的概念，为学习语文打下基础。

二、从学习者的心理认知规律入手

识字教学，还要从学习者的心理认知规律入手。

（一）循序渐进

儿童识字的过程，应该从简单到复杂，字形由简到繁，字义由浅到深，组词造句由易到难。如教“笔”，先让学生观察一支毛笔，明白笔杆是竹子做的，笔尖是毛做的，笔原指写字的毛笔，是个会意字。再让学生思考并列举还有哪些笔，学生列举了钢笔、铅笔、圆珠笔、排笔、油画笔等，进而启发学生：凡可用于写字、画画，有笔杆、有笔尖的都叫笔。我们还可以"笔杆是直的"来启发学生理解"笔直、笔挺"等词的意义。这样学生就从字形到字义、从具体到抽象、从个别到一般，掌握了字形、字义、字音，既掌握了"笔"的内涵，还扩展了对"笔"的外延的认识。

另外，要按照汉字自身的发展规律，循序渐进地进行教学。"六书"中的象形、指事、会意、形声，排列次序很适合儿童对汉字的认知顺序。而打破认知规律，杂乱无序地学习汉字，只能造成汉字"三难"（难读、难写、难认）的心理障碍。

（二）归类鉴赏区分异同

依据汉字字源学、文化学原理，将一些合体生字，通过引导学生观察、分析，启发学生将学过的生字与之类比，确定其读音或意义，并把其中携带相同文化信息的生字，进行归类鉴赏、区分异同。如教"鸡、鸭、鹅"三个字，可以编成如下口诀：

鸡鸭鹅，都知道，右边同类都为鸟。鸡嘴尖，吃食啄，左边配"又"显灵活。鸭嘴扁，吃食撮，左边配"甲"显笨拙。鹅爱叫，"哦哦哦"，左边配"我"巧妙多。

这里采用新旧知识联系的"以字带字"的办法，给声旁加形旁，或给形旁加声旁，揭示字词与事物之间的关系，类推一批字，从而扩大识字量，使每个生字都是"一幅色彩鲜明的图画""一个逗人喜爱的故事""一场有趣的游戏"。这样学生的识字"由于碰到具体的语言经验而发展并固定下来"。教学不再仅仅是从教师的头脑里向学生头脑里枯燥无味地和有气无力地"搬字"，而是让儿童在愉快的环境里接受形象的、色彩的、声音的感受，产生深刻的印象。

（三）寓知识性于趣味性之中

认清字形，记忆字形，是识字的难点和关键，采用"谜语识字法"和"趣味识字法"，可以通过对汉字巧妙运用以激发学生识字的兴趣，让学生在幽默、诙谐、乐观的情绪之中学习，营造出愉快、融洽的教学气氛，使枯燥乏味的单纯字、词教学变得妙趣横生。若能在教师的引导下让学生参与编谜、猜谜的过程，更能增强学生的创新意识。

1.以词打字谜

水落石出——泵　门庭若市——闹　一言既出——诎

阳光灿烂——晃　日落西山——晒

2.类比儿歌谜

门字歌：

进门张口有疑难（问）；一马进门冲破关（闯）；

门庭若市噪声喧（闹），不愿出门心里烦（闷）；

才已进门把门关（闭）；木字挡门事做完（闲）；

一人进门速度快（闪）；日光进门惜时短（间）；

3.结构字谜

赢：一字五部件，亡口月贝凡；败者因为它，胜者已领先。

闻：小耳朵，在门里，它想听听好消息。

以上列举了几种常见的识字教学方法。除此之外，还有其他方法，比如“把脉字理，深入浅出”“理清偏旁，层层推进”等。各种教学法各有千秋，在实施教学时，要根据特有的内容和特定的对象，恰当选择。

思考与练习

一、汉字字体的演变大致经历了哪几个阶段？各阶段有什么主要特点？

二、何谓“六书”？如何理解“四体二用”之说？

三、根据“六书”理论，指出下列汉字构造方式。

羊　门　耳　木　本　寸　甘　取　从

休　佛　斧　湖　捞　涉　补　锦

四、据统计，甲骨文中的形声字大概占20%，现代汉字中的形声字约占80%，形声为什么会成为汉字最主要的造字方式？

五、何谓规范汉字？为什么要规范使用汉字？

六、汉字规范的主要标准有哪些？

七、造成汉字使用失范的原因有哪些？如何减少汉字使用失范现象？

八、国家推行规范汉字，是不是说繁体字就一定不能使用？

九、与繁体字相比，简化字有什么优点？有哪些不足？举例说明。

十、以学习小组为单位，对你所在地区（城市或街道）社会用字失范情况作一次调查。

十一、结合具体实例，简要介绍几种识字教学方法。

十二、以"请、情、清、精、晴、睛、静"等字为例，说明你是如何对小学生进行识字教学的。

十三、以"州、旦、涉、循"为例，分别设计几个识字教学方案，并说明教学方案的教学原则和预期效果。

十四、改正下列的不规范用字。

潔淨幹洗店　兒童書店　慈禧太後　理發店　轎車　氿水
仃车场　扦座　寻人启示　贪脏枉法　戒娇戒燥　垂手可得
脍灸人口　刚腹自用　默默无蚊　既往不究　安然无痒
免死狐悲　书藉　克苦　提拨　按装　受活寡　一愁莫展
膛目结舌　烂芋充数　题纲接领　吴刚折桂　心机阴鸷
不动生色

第三章　语汇及应用规范

语汇是一种语言中词和熟语的结合体，是构成语言的建筑材料。丰富的词汇是一种语言发达的标志和富有表现力的体现。汉语从古代汉语、近代汉语发展至今，在漫长的历史进程中，积累了大量的词汇，为我们反映和表达日益纷繁复杂的事物和现象提供了材料基础。特别是新时期以来，随着我国社会生活各个方面的快速发展，汉语语汇也产生了极大的变化，主要变现为：新词的大量涌现，外来词的不断增加，方言词的大量涌入，古语词的新用，专业词语跨领域使用，成语、惯用语的灵活使用，以及缩略语的广泛使用。汉语语汇本身的丰富性叠加新时期以来的诸多变化，更增加了汉语语汇的复杂性。在言语生活中，若不留心，也会出现汉语语汇使用失范的现象，通常表现为生搬硬造新词新语，不恰当地缩略词语，以及异形词、方言词、外来词、古语词、专业词语、熟语的滥用。这些语汇使用的失范现象既妨碍言语交际的正常进行，也在一定程度上影响汉语的纯粹性。按照必要性、普遍性、明确性、高效性的原则，对其进行合理的规范是十分必要的。

第一节　语汇基础知识

语汇，也叫词汇，是一种语言中全部的词和固定短语的总汇。我们可以说“汉语语汇”“英语语汇”等，这里的语汇就是指这两种语言所使用的全部词语的总和。语汇也可以指某一局部范围内的词语的总汇，如“古代汉语语汇”“近代汉语语汇”“现代汉语语汇”是指汉语三个不同发展阶段所使用的词语的总汇；“北方方言语汇”“吴方言语汇”是指汉语两个不同方言的词语总汇；“鲁迅语汇”“《红楼梦》语汇”是指作家或作品使用的词语的总汇。词语是指个别的，而语汇是集体的，由一个个具体的词语构成。语言中个体的词语不能称为语汇。

语汇是语言的重要组成部分，是构成语言的建筑材料。语汇反映语言的状态，语汇越丰富、越纷繁，语言也就越丰富、越发达。一个人掌握的语汇越丰富，认识能力和驾驭语言的能力就会越强，交流时选择词语的余地越大，也就越能精确生动地表达自己的思想感情。

一、语汇的构成

（一）基本词

基本词是全民广泛使用、日常交际最必需、意义最明确、为人们共同理解的那部分词，是构成整个语汇系统的基础，在语汇系统中处于核心地位。一般包括：

表示自然界事物的词，如：山、水、云、雨、风、雷、电、雪、江、河等；

表示人体各部分名称的词，如：头、口、手、脚、脸、心、背、肺、眼睛等；

表示亲属和社会关系的词，如：爸爸、妈妈、哥哥、弟弟、姐姐、妹妹、朋友等；

表示动作、行为的词，如：走、跑、站、坐、来、去、睡、看、想、笑等；

表示生活和生产资料的词，如：锅、灶、刀、碗、油、盐、米、菜、鱼、酒等；

表示动物、植物的词，如：猪、牛、马、鸡、猫、老虎、树、花、木等；

表示政治、经济、文化范畴的词，如：党、书、阶级、资本、农业、电影等；

表示事物现象的性质、状态的词，如：红、黑、高、坏、冷、热、伤心、高兴等；

表示指称的词，如：你、我、我们、他们、谁、这、哪里、什么、怎样等；

表示程度、范围、语气、语法关系的词，如：很、更、呀、的、得、把、和等；

表示数量、计量、时间、季节等方面的词，如：一、二、百、千、万、个、根、只、小时、星期一、春节、夏至等。

基本词具有如下三个特点。

1.普遍性

基本词是人们日常交际中普遍使用的词，使用频率相当高，与人们的日常生活密切相关，人人要用，天天要讲。基本词在语汇中最活跃，通行地域最广，在使用上不受阶级、阶层、职业、地域、年龄、性别、文化程度等方面的限制，使用非常普遍。

2.稳固性

语言作为全民交际工具，本身就具有相对的稳固性。基本词作为语言的基础、语汇的核心，稳固性特点更加突出。现代汉语中的许多基本词，从甲骨文开始，代代传承，沿用至今，其基本意义没有变化，如"山、水、手、左、右、大、小、红、树"等。说基本词具有稳固性，但并非一成不变，只不过同整个语汇的变化相比，变化很小。

3.能产性

基本词具有极强的构词能力，是构造新词的基础。用基本词构成的新词，易于为人们所理解、接受，也便于流传。现代汉语中的很多词，都是通过基本词同别的成分结合创造出来的。"人、地、热、电"等词都有极强的构造新词的能力。如"人"：

人才　人潮　人称　人次　人大　人弹　人道　人丁　人定胜天
人犯　人贩子　人份　人夫　人浮于事　人格　人工　人海
人和　惨无人寰　人祸　人机界面　人际　人迹　人家　人间
人杰地灵　人精　人居　人均　人口　人困马乏　人来疯　人类
人老珠黄　人力　人流　人伦　人马　人脉　人们　人面兽心
人民　人名　人命　人莫予毒　人模狗样　人品　人气
人情世故　人权　人群　人肉搜索　人瑞　人身　人参　人生观
人声鼎沸　人士　人氏　人世间　人事　人手　人寿年丰　人梯
人头　人望　人微言轻　人为　人文精神　人文主义　人物
人像　人心不古　人心果　人行道　人性　人选　人烟
人仰马翻　人样　人妖　人意　人影　人鱼　人欲　人员
人缘儿　人云亦云　人造　人渣　人证　人质　人治　人中
人种　爱人　矮人　保人　报人　背人　鄙人　敝人　别人
病人　冰人　超人　成人　乘人之危　传人　仇人　愁人
丑人　词人　粗人　大人　恩人　达人　动人心弦　恶人
法人　烦人　犯人　凡人　高人　个人　工人　古人　故人
贾人　寡人　官人　国人　过来人　汉人　憨人　好人　红人
后人　坏人　骄人　举人　巨人　军人　俊人　可人　客人
来人　赖人　浪人　老人　恋人　两面人　猎人　路人　盲人
媒人　美人　门人　名人　男人　闹人　恼人　女人　旁人
胖人　仆人　气人　其人　奇人　旗人　前人　强人　亲人
情人　穷人　仁人志士　山人　善人　商人　伤人　上人
圣人　生人　诗人　拾人牙慧　世人皆知　熟人　耍人　私人

死人　俗人　损人　他人　糖人儿　套中人　天人合一　同人
偷人　托人情　小人　外人　外星人　为人　伟人　文人
闻人　武人　喜人　袭人　洗人　下人　仙人　闲人　先人
小人　笑人　心上人　新人　雪人　学人　洋人　养人　要人
妖人　邀人　野人　以貌取人　艺人　伊人　怡人　宜人
佣人　庸人　诱人　友人　有人　游人　怨天尤人　渔人之利
猿人　杂人　宰人　责任人　丈人　真人　整人　证人
知人之明　植物人　众人　中人　主人　助人为乐　专人　走人
族人　罪人　醉人　做人

当然，基本词的能产性也不是绝对的。有些表示称谓的和一些表示程度范围、语气、语法关系的基本词是不能产的，虽然常用，但很少同别的成分构成合成词。

（二）一般词

一般词相对于基本词而言，是语汇中除去基本词以外的那部分词。

一般词不具备基本词的普遍性、稳固性、能产性特点。如“逝世、辞世、殉职”“华诞、诞辰、寿辰”“母亲、家母、令堂”这三组词，文化层次低的人一般很少使用，即使文化水平较高的人，使用也要分场合、看对象，不像“死、生日、妈妈”那样普遍使用。又如“台词、化合、校对、化验、冶炼”等词，使用上要受行业限制。一般词比较容易变化，有些词常常是昙花一现，使用不久就隐匿了或被新的词语取代，如“红卫兵、红宝书、造反派、大跃进、万元户”等。一般词的构词能力较弱。一方面，一般词使用面窄，经常变动，构成新词不易被人理解；同时，由于一般词大多是多音节词，再同别的成分组合成词，必然要扩展词形长度，不符合汉语词的双音节化发展趋势。

基本词和一般词并不是截然分开的，它们有区别，也有联系，又互相转化。

在语汇系统中，一般词要比基本词多得多。根据来源情况，现代汉语的一般词包括新词、古语词、方言词、外来词、行业词。

新词指的是为了适应社会生活的变化和科学文化的发展，利用已有的汉语构词材料，按照汉语的构成规范而新创造的词语。现代汉语新词产生的途径多种多样，主要有新造词语、吸收外来词语、吸收方言词语、行业语延伸、旧词新用、缩略词语等。生活日新月异，语言要创造新内容，表达新感受,就会不断地有新词产生。新生词是一个历史范畴,具有鲜明的时代特色。各个历史时期都会出现一些新生词。例如“红军、边区、左倾、右倾、抗日、清党、共产党、苏维埃、八路军、供给制、原子弹”等是五四运动至中华人民共和国成立前出现的新生词。“土改、肃反、国营、工分、定额、粗粮、整党、大跃进、生产队、光荣榜”等是中华人民共和国成立后至1977年出现的新生词。“微机、软件、健美、构想、到位、创汇、扶贫、营销、肖像权、游乐场、保龄球”等是1978年以来出现的新生词。这些词现在都不是新词了。近些年,随着社会的发展与电脑的普及,现代人的生活越来越离不开网络了,网络上流行的新词铺天盖地,从“房奴”到“房嫂、房姐、房叔”,从“躺平”到“内卷”,层出不穷,让人应接不暇。此外,网络上还流行一些网络成语,例如:由“喜闻乐见、大快人心、普天同庆、奔走相告”缩略成“喜大普奔”;把“很累,感觉自己不会再爱了”缩略成“累觉不爱”;把“其他人有说有笑有打有闹,感觉自己很多余”缩略成“说闹觉余”;把“十分感动,然后拒绝”缩略成“十动然拒”;把“男生看了会沉默,女生看了会流泪”缩略成“男默女泪”。这些所谓的成语虽然在当下非常流行,但能不能成为新生词进入一般词汇,还有待于历史检验。

古语词是产生、通行于古代而只在现代汉语书面语中使用的词语,可分文言词和历史词两类。文言词是古代的书面语词,它所代表的有关事物或现象的概念今天还存在,只是已用别的词语来代替。如:

亦—也　甚—很　足—脚　固—结实

败北—失败　斡旋—调解　囹圄—监狱

历史词是指历史上出现过的而现在不再存在,或者只是作为遗迹文物存在的事物现象名称的词。历史词在现代汉语中没有相对应的词,现代很少使用,只用于涉及历史的作品。如:

鼎　鬲　阙　鼐　戟　殿　觚　刖　谥　爵　祭坛

科举　进士　礼部　司马　御史　太监　宰相　尚书

方言词是从方言语汇中吸收到普通话语汇中的词。方言词本来只通行于某一地区,在社会发展过程中,由于社会经济的交流和人口的流动,一些通行较广的词就逐渐吸收到普通话语汇中来了。普通话是以北方方言为基础形成的,其词汇是以北方话词汇为基础的,但北方方言地域广,人口多,词语差别也很大,广大北方方言区的词汇也并不都是普通话词汇,那些只在小范围内通行的北方方言词汇,如果被普通话吸收,也应看作现代汉语词汇系统中的方言词汇,如“老爹、老财、姥姥、哥儿们、折腾、鼓捣、带劲儿”等。被吸收到普通话词汇的方言词汇,已经成为共同语词汇的一员。普通话出于交际的需要,常从各地方言中吸收一些富有表现力的词语来丰富自己。例如从吴方言吸收了“别扭、垃圾、货色、把戏、尴尬、瘪三、拆烂污”等,从粤方言吸收了“阔佬、雪糕、冲凉、牛仔裤、电饭煲、炒鱿鱼、埋单、生猛”等;从西南官话吸收了“搞、耍、甩(扔)、奸(狡猾)、帮(替、给)、名堂、晓得”等;从东北官话吸收了“老鼻子、埋汰、念叨、装蒜、拉倒、捣鼓、砸锅、忽悠”等;从湘方言吸收了“里手、过细、过硬”等;从西北官话吸收了“手电、二流子、平台(晒台)”等。这些方言词都表示某种特殊的意义,普通话里没有相当的词来表示,所以吸收了进来。有些词是表示方言地区的特有事物的,如西北的“青稞、牦牛”,广东、广西的“橄榄、椰子、剑麻、椰子、槟榔”,东北的“二人转、狍子”等,则不应看作方言词。

外来词是从其他民族语言中吸收进来的词。汉语吸收外来词的类型有以下几种:一是音译,如“克隆(英 clone)、高尔夫(英 golf)”等;二是音译加汉语语素,如“艾滋病(英 aids)、比萨饼(意 pisa)”等;三是半音译半意译,如“冰激凌(英 ice-cream)、酒吧间(英 bar room)”等;四是音译兼意译,如“可口可乐(英 Coca Coal)、黑客(英 hacker)”等;五是借形,如字母词“MTV、CT”等,以及日源汉字词“景气、资本”等。

行业词是各行业和学科中使用的专门用词。它包括各个学科的专业术语和各个行业的行业用语,如“点球、牛市、智能卡”等。

也有一些行业用语随着科学知识的普及和某一行业的发展而渐渐被推广,为广大人民所了解和掌握。如“下课”是教育方面的专门用语,现在常被用来指担任某种职务的人因某种原因离开工作岗位或被解除职务。如:

> 有趣的是,北京奥运期间,“谢亚龙,下课!”成为除“中国,加油!”外的最流行的口号。(《瞭望东方周刊》2010 年第 38 期)

在民族共同语中有很多词都来源于某种行业语,它具有很强的表现力,当代社会伴随着科技的高速发展,科学术语层出不穷,这是丰富语言词汇的重要源泉之一,有的行业语还可能转化为基本词,如:“比重、水平、反应、麻痹、消化、战线、手术、麻醉、瘫痪、流产、感染”等医学用语;“腐蚀、饱和、分解、反应、还原、催化”等化学用语;“歼灭、攻击、基地、尖兵、突击、进军、堡垒、增援、会战、战役”等军事术语。这些词丰富了民族共同语的词汇。

二、语素

(一)语素的确定

语素是语言中最小的音义结合体,是能够区别意义的最小的语言单位。语素的主要职能就是充当构词的材料。语素是一定的声音和一定的意义的结合体,二者缺一不可,如“手”,语音形式是“shǒu”,意义是“人体上肢前端能拿东西的部分”;“首”语音形式是“shǒu”,意义是“头”;“马虎”的语音形式是“mǎhu”,意义是“不认真”。它们都是最小的音义结合体,不能分解成更小的有意义的单位。

确定一个语言单位是不是语素,一般使用替换法,即通过已知语素的替换来确定某个语言单位是不是语素。例如双音节单位能被已知语素双向替换的,就是两个语素,不能替换的就是一个语素。如:

学生:学——生　　　　　　考察:考——察

　　学术　门生　　　　　　　　考核　观察

经过替换,“学、生、考、察”这4个语言单位都可以在不改变基本语义的情况下,分别同其他相关的语素组合,因此,这4个语言单位都是语素。

(二)语素的分类

语素可以从不同的角度进行分类。从语音的角度可分为单音节语素和多音节语素;从功能的角度,可分为成词语素和不成词语素;从位置的角度,可分为定位语素和非定位语素。

1.单音节语素与多音节语素

(1)单音节语素,就是由一个音节构成的语素,书面上通常用一个汉字记录。单音节语素在现代汉语语素中占优势。据统计,现代汉语共有4000多个单音节语素,占语素总数的95%。现代汉语中的合成词和成语绝大多数是由单音节语素构成的。

(2)多音节语素,是由两个或两个以上的音节构成的语素,其中以双音节为主,三音节以上较少,多是音译的外来语素。现代汉语的多音节语素有以下几种:

联绵语素:大都是古汉语遗留下来的联绵字。联绵字由两个音节构成,书面上用两个汉字记录,合起来表示一个语素。可以细分为:双声的,如

"琉璃、玲珑、惆怅、蟾蜍"等;叠韵的,如"蜻蜓、玫瑰、朦胧、伶仃、逍遥"等;非双声叠韵的,如"杜鹃、玛瑙、珊瑚、囫囵"等。

音译外来语素:按照声音翻译过来的语素。如"尼龙、雷达、葡萄、咖啡、马达、扑克、吉普、巧克力、奥林匹克、阿司匹林"等。

感叹或象声语素:如表示感叹的"哎呀、哎哟"等,模拟自然界声音的"叮咚、咔嚓、扑通、哗啦、稀里哗啦"等。

叠音语素:由重叠音节构成的语素。如"孜孜、潺潺、淙淙、蛐蛐"等。

2.成词语素与非成词语素

(1)成词语素,是指能单独构成词的语素。成词语素可以单说单用。如"人、灯、走、葡萄、巧克力"等。有些语素如"的、啦、呢、吗、吧"等虽不能单说但能单用,也是成词语素。意义较实在的成词语素构词能力强,意义较虚的成词语素构词能力弱,或没有构词能力,一般只表示某种语法关系,如"了、过、啊"等。

(2)非成词语素,指不能像成词语素那样独立使用的语素,它们只能作构词的材料,同别的语素组合成词。非成词语素是专职的构词材料。如"民、语、虑、荣、丰、察、视"等。如:

牧:牧民　牧童　牧歌　牧业　牧畜　牧场

性:性质　性情　性状　性别　性子　弹性

成词语素与非成词语素的划分不是绝对的,有的非成词语素一般不单用,但在一定的条件下可以单用。如"言、语、知、觉"等在一些习惯性说法中可以单用,如"你一言,我一语""神不知,鬼不觉";再如"目、耳"一般不单用,但在成语"耳闻目睹""掩耳盗铃"等中单用。"叶、氧、氮"等在专业文献里可以单用。

3.定位语素与非定位语素

(1)定位语素。在和别的语素组合时位置固定的语素叫定位语素。定位语素的附着性强,与别的语素组合时位置始终是固定的。定位语素只表示一些附加的意义。

出现在别的成分前边的定位语素叫前置定位语素。如"老、第、初、向、把、被、阿、可"等。例如:

老:老师　老虎　老乡　老大　老道　老婆　老弟

可:可恨　可好　可恶　可气　可叹　可惜　可怜

出现在别的语素后边的定位语素叫后置定位语素。如“儿、子、头、者、家、士、巴、处、率、性、式、们、个、么、于、了、着、过、化、气”等，以及大量的形容词叠音后缀，如“呼呼、烘烘”等。有的后置定位语素有较强的构词能力，如：

者：读者　作者　患者　记者　学者　编者　听者

然：忽然　偶然　安然　纵然　突然　徒然　枉然

在现代汉语中，非成词的定位语素有极强的构词能力，且具有类化作用，如“头、者、子”作后缀构成的词都是名词，如“念头、读者、桌子”等；“化”作后缀构成的词都是动词，如“绿化、软化、神化”等；“可、气”作词缀一般都是形容词，如“可爱、可恼、小气、娇气”等。还有一些叠音的定位语素，如“裸裸、艳艳、灿灿、油油”等语素构词往往增强词义的强度，突出词的形象色彩，如“赤裸裸、金灿灿、绿油油、黑乎乎、黄澄澄”等。

（2）非定位语素，是与别的语素组合时位置不固定的语素，在构词时位置可前可后，比较自由。如：

工：工人　工厂　工薪　人工　木工

固：固体　固定　固化　稳固　凝固

定位语素不少是从古代汉语的非定位语素发展而来的，有的定位语素与非定位语素在书面上用同一个汉字来记录，需要注意区别。如“头”在“人头、山头、头脑”中是非定位语素，在“石头、骨头、看头”等中是定位语素。“子”在“子弹、子嗣、莲子”等中是非定位语素，在“帽子、桌子、胖子”等词中是定位语素。区别定位语素与非定位语素主要看意义，意义较虚、空灵的是定位语素，意义实在、明确的是非定位语素。

三、词

（一）词的确定

词是可以独立运用的最小的语言单位。说词是“最小的”，就把词与短语区别开了，短语也可以独立运用，但不是最小的单位；“独立运用”有两个含义：一是单说，二是单用，就是能单独充当句法成分，或者表示词与词之间的结构关系，或者表示句子的语气。如：

我们|必须|适应|市场|经济|对|人才|的|需要。

这个句子可以分为9个语言单位，每个语言单位都有其语音形式，都是能够独立运用的最小意义单位。其中实词 7 个,单独充当句子成分,虚词“对”和“的”表示不同的语法结构关系。

现代汉语词的判定有一定难度。常用确定词的方法主要有两种:

第一,提取判定。就是将一个句子中所有能够单独充当句法成分的单位拿走,剩下的成分,虽不能单说单用,但可以表示相关的语法意义,也可以判定是词。如“我的书卖了”,将主要成分提取后,剩下“的”“了”也是词。这种方法可以确定虚词。

第二,扩展判定。词的构成材料是语素,语素构成词后,意义已互相融合,因而词在意义上和形式上具有整体性和定型性特点。词作为一个整体,中间不能插入别的成分。用扩展法可以确定词与非词的界限。不能插入别的成分的单位是词,能插入别的成分的单位不是词;插入成分后,单位的意义发生变化的是词,意义不发生变化的不是词。如:“江山”不能说“江和山”,“黄瓜”不同于“黄色的瓜”,因此二者都是词。而“江海”可以说成“江和海”,意义不变,是短语。

(二)词的构成

根据构成语素的多少,词可以分为单纯词和合成词。根据构成音节的多少,词可以分为单音节词和多音节词。

1.单纯词

单纯词是由一个语素构成的词。根据与音节的联系又可分为单音节单纯词与多音节单纯词。

(1)单音节单纯词,是由一个单音节语素构成的词。如:

天 花 红 人 水 大 鸡 万 山 书 啊 会

美 好 清 一 三 百 斤 我 那 谁 不 很

(2)多音节单纯词,是由一个多音节语素构成的词。多音节单纯词的数量比单音节单纯词要少,主要有以下几种:

①联绵词:琵琶 仿佛 尴尬 蹉跎 逍遥 窈窕 蝴蝶 玻璃 芙蓉

②音译词:卢布 吉他 卡通 坦克 引擎

③叠音词:沉沉 缓缓 匆匆 渐渐 茫茫

④拟声词:啪啪 哗啦 噼啪 叮当 轰隆隆

2.合成词

合成词是由两个或两个以上的语素按照一定的结构方式和语义关系组合而成的词。根据构成合成词的语素的特点,可以把合成词的构造方式分为组合式和附加式两大类。

(1)组合式。由非定位语素组成合成词的方式叫组合式。非定位语素意义互相融合,构成一个合成词。根据构成合成词语素之间的关系,组合式合成词又分为并列式、限定式、补充式、支配式、陈述式等五种。

并列式。由几个意义相近、相关的语素并列构成合成词的方式。如:

A.喜悦 朋友 明亮 喜欢 讥刺 计算

B.寻常 尺寸 领袖 眉目 脸面 血汗

C.出纳 深浅 好恶 呼吸 缓急 动静

D.兄弟 女儿 质量 人物 睡觉 国家

A组中的两个语素,意义相同或相近,可以互相解释。B组中的两个语素表示同一类属意义,有的是整体与个体的关系,有的是连属关系,二者对称组成合成词,从字面引申出抽象的意义。C组中的语素,意义相反,互相矛盾,表示抽象概括的意义。D组合成词的意义以其中一个语素的意义为基础,另一个语素的意义弱化甚至完全消失,只起一个陪衬作用,通常把这种词叫偏义词。

限定式。前一个语素修饰限制后一个语素,后一个语素的意义是整个词的意义的中心。如:

A.黄豆 白字 白菜 秀发 特色

B.火热 金黄 血红 蚕食 龟缩

A组限定式合成词,前一个语素直接修饰限制后一个语素。B组合成词具有比喻性质,前一个语素是用来打比方的;这类词大多是形容词,具有词义程度加深、形象突出的特点。

补充式。前一个语素是词义中心,后一个语素对前面的语素作补充说明。如:

A.改正 推翻 说明 扩大 记住 展开

B.布匹 纸张 花朵 枪支 诗篇 房间

A组补充式合成词,前一个语素表示行为动作,后一个语素表示行为的结果或趋向,前后语素在意义上有因果关系;B组合成词,前一个语素表示事物名称，后一个语素具有计量意义，二者结合构成具有概括意义的名词。

支配式。前一个语素表示动作行为，后一个语素是动作行为支配的对象，二者有支配与被支配的关系。如：

A.干事　中肯　裹腿　管家　司机　示威

B.革命　注意　上当　吹牛　跳舞　签名

A组支配式合成词两个语素结合较紧，中间不允许插入别的成分；B组合成词两个语素之间关系较松，中间可以插入别的成分，具体运用中可以有多种形式，如“跳舞”，可以说“跳跳舞、跳一次舞”等，这种合成词也叫“离合词”，但插入别的成分后是短语。

陈述式。前一个语素多表示事物，后一个语素表示性质、状态或动作，二者构成陈述与被陈述的关系。如：

神往　口红　口吃　肉松　民主　日食　脸红

心疼　自私　自卫　发指　人为　性急

组合式合成词还有一些较为特殊的组合方式。重叠式，如“爸爸、姐姐、常常、场场”等。连动式，如“认领、报销、扮演、接管、抽调、割让、借用”等。兼语式，如“请教、召见、逗笑、遣返、引见、逼供、劝退、逗乐”等。

(2)附加式。是由定位语素同非定位语素构成合成词的方式。在附加式合成词中，非定位语素是词根，表示整个词的主要意义，定位语素是词缀，附加在词根上，表示某种抽象概括的意义。根据定位语素的位置，可分为前附式与后附式两种。

前附式。定位语素附加在非定位语素前面。这类定位语素常见的有“老、阿、可、非、以、小、打”等。如：

老：老师　老鼠　老虎　老乡　老板

阿：阿姨　阿飞　阿弟　阿贵　阿爸

可：可恨　可气　可叹　可怜　可靠

非：非凡　非常　非法　非命　非党

后附式。定位语素加在非定位语素的后面。这类定位语素常见的有“者、子、头、儿、化、性、们、式、员、家”等。如：

者：读者　编者　记者　患者　学者

子：条子　筷子　头子　刀子　矮子

头：苦头　念头　木头　罐头　想头

儿:盖儿　弯儿　画儿　个儿　信儿

定位语素在合成词中具有相当大的作用,它们或者表明词的意义类属,或者给词义增加某种色彩,或者表示词的语法类别。如“者”是名词的标志,具有动词或形容词性质的语素加上“者”就构成一个名词,如“使者、侍者、弱者”等;“化”是动词的标志,具有名词、形容词性质的语素加上“化”就构成了动词,如“氧化、炭化、丑化”等。

(三)词义

词义就是一个词所代表的意义。词作为语言符号系统中的一级单位,是语音和语义的结合体。与词的语音形式相对的,固定在一个词中的意义内容,就是词义。如“眼馋”这个词,语音形式是“yǎnchán”;意义是“看见自己喜爱的事物极想得到”,意义是词的内容,是词所负载的信息。

每个词都有特定的意义,有的词义项多,有的词义项少,有的词意义抽象,有的词意义实在。词义是一个词得以存在的基础,没有意义的词是不存在的。

1.词义的基本性质

(1)客观性。

词义源于客观现实,是客观事物在人们意识中的反映,是人们思维活动的产物。当客观的事物和现象反映到人们头脑中,人们逐渐把握了它们的本质特征之后,用一定的语音形式固定下来,就形成了概念,形成了词义。人们认识到用棉、麻织成的东西可以做衣料,就用“bù”这个声音来表示,形成了“布”的概念和词义。没有客观事物和现象,既不会有概念,也不会有词义。这就是词义的客观性。但大脑对客观对象的反映可以是真实的,也可以是虚幻的,因此词义可以是实有的,也可以是虚幻的,如“山、水、牛、羊”指称的是实有的对象,“鬼、神、妖精、仙女”等指称的则是虚幻的对象。这种虚幻意义的形成,也是有客观基础的,这就是人们通过幻想和想象而形成的对象。

(2)概括性。

词义是人类思维对客观事物抽象的结果,客观事物,即使是同类、同种、同一对象,由于时代或地域不同,都有许多具体特征,如果每一个客观对象都用一个词来表示,那词语的总数将是一个无法计算的天文数字。所以语言中的任何一个词,都不是反映某个客观对象的具体特征,而是概括地反映客观事物的共同特征，所以词义具有概括性的特点。如“人”这个词，不是指某一个人，而是概括了古人、今人，中国人、外国人，男人、女人，老人、青年人，工人、军人等各式各样具体的人。概括性是人类语言发达、思维精密的标志，是人类认识深化的结果。

(3)模糊性。

由于人们对客观事物的边界、状态的认识有一定的局限，具有不确定性，因而人类在认识活动中形成的概念，其外延往往是不固定的，没有明确的界限，反映在词义上，就是词义的模糊性。如“高、矮”“大、小”“深、浅”等词义的界限是不清晰的，具有相对性。

词义的模糊性突出表现在词所概括的概念的外延边缘的相互交叉上，很难划清界限。如“凌晨、清晨、黎明、拂晓、破晓、早晨”这组词，词义外延上有交叉，我们很难用 24 小时的某个时段与之相对应。

当然，词义在中心区域概念的区别还是清楚的。如“白天”和“黑夜”在“凌晨”“傍晚”阶段有交叉，但谁也不会把中午当黑夜，把半夜当白天。

词义的模糊与明确都是交际的需要，如“他跑得像风一样快”“他跑 100 米只用了 11 秒”，两句的表达一个模糊，一个精确，各有用处。

2.词义的发展变化

词义是一个历史范畴，它与客观对象的联系不是天然的、固定不变的，而是在一定的历史环境中形成的，因此，随着社会的变化，词义也会发生变化。

(1)词义的扩大。

词义的扩大就是词义所表示的概念外延扩大，即词义指称的范围由小变大，或从特指变为泛指，或从个别变为一般，或从部分变为整体。词义扩大，是词义变化中最普遍的一种情况。如：

江：原指长江，现泛指所有江河。

下课：原指上课时间结束，现又常用来指辞职或被撤换。

(2)词义的缩小。

词义的缩小就是概念外延的缩小，即词义所指范围由大变小，由一般变为个别、部分，与词义扩大正好相反。如：

臭：原指各种气味，现专指难闻的气味。

勾当：原泛指事情，现在专指坏的事情。

事故：原来泛指一切事情，现在专指意外的损失或灾祸，即不幸的事情。

（3）词义的转移。

词义的转移是指词义指称的对象发生了变化，原来指称甲事物，现在变为指称乙事物。如：

走：原义是跑，现在指步行。

闻：原来指用耳朵听，现在指用鼻子分辨气味。

牺牲：原来指为祭祀而宰杀的牲畜，现在指为了正义事业而舍弃自己的生命。

另外，词义还存在感情色彩的变化。如“走狗”本义指猎狗，今比喻受人豢养而帮助作恶的人，变成贬义。“无赖”本指无依靠，靠不住，现多指游手好闲、品行不端的人，词义发生了转移，感情色彩由中性变为贬义。

（四）单义词与多义词

一个词新创造出来的时候总是单义的，随着社会生活的变化和人的认识能力的发展，除了创造必要的新词外，主要是在原有词的基础上派生出新的意义，由一个最基本的意义扩展或派生出若干相关的新的意义，因此语言中的许多词都由单义发展成多义。

1.单义词

意义只有一项的词叫单义词。单义词主要有以下类别：

常见事物的名称：衣服、钢笔、桌子、茶几等；

专有名词：北京、上海、鲁迅、香港等；

科学术语：化合、元素、血压、外科等；

2.多义词

具有几项互有联系的意义的词叫多义词。多义词中有一项意义是本义，其余意义都是以本义为基础发展起来的。如“日”的本义是指太阳，在本义的基础上派生出以下意义：

①白天：夜以继日；②天、一昼夜：今日；

③每天：日产电视一千台；④时间：来日方长；

⑤特指某一天：假日；⑥用于计算天数：十日。

多义词虽然包含多种意义，但在具体语句中，由于交际环境和上下文的限制，其他无关意义已经排除在外，只剩下与交际场合相容的一项意义。如

“老”,在“人老了,该让年轻人上了”中指“年纪大”;在“咱们老地方见”中指“原来的”;在“菜炒老了就不好吃”中指“过了火”;在“老房子”中指“陈旧”等。

3.本义和派生义

本义是词的初始意义,是词最初产生的意义。如:

日——本义是指太阳;兵——本义是指兵器、武器;

月——本义是指月亮;老——本义是指年纪大。

派生义是在本义的基础上派生发展起来的意义。如:

紧:本义是“两物密切合拢”的意思,如“捆得很紧”。派生义:①生活困难,如“别人的日子过得很宽绰,他却过得很紧”;②严,如“管得太紧”;③严重,如“形势很紧”。

起:本义是“由躺而坐或由坐而立”。派生义:①取出,如“把钉子起出来”;②开始,如“从明天起咱们要做早操”。

从派生义与本义的关系看,词义的派生方式可分为直接引申、比喻引申、借代引申三种。

直接引申。是由本义直接发展、派生出新的意义的方式,由直接引申方式发展起来的派生义叫引申义。通过这种方式产生的引申义,与本义有直接的、内在的联系,从本义到引申义,或者扩大了词义范围,或者增加了词义程度,或者由具体到抽象,由抽象到具体。如“老”本义是“年岁大”,派生义是:

①老年人:尊老爱幼;②委婉指老人死亡:前天老了人了;

③以前存在的:老根据地;④陈旧:这所房子太老了;……

比喻引申。是通过本义的比喻用法来派生新义的方式,由比喻引申方式发展起来的派生义叫比喻义。如:

“雀斑”:本义是“鸟身上的斑点”;比喻义为“人脸上的褐色斑点”,如“她长了一脸雀斑”。

“虎口”:本义是“老虎嘴”。比喻义:①大拇指和食指之间的分歧处;②危险的地方,如“虎口脱险”。

借代引申。是通过词的借代用法派生出新的意义的方式,由借代引申发展起来的派生义叫借代义。如:

白旗:本义指“白色的旗帜”;借代义指“战争中表示投降的旗子”。

铁窗：本义指“安有铁栅栏的窗户”；借代义指“监牢”。

（五）同义词和反义词

1.同义词

（1）同义词及其类别。

同义词是指意义相同或相近的一组词。一组词之所以同义，主要在于它们的核心意义——概念意义是相同的，这是形成同义词的基础。每组同义词的意义，并不完全相等，总是有些区别的，往往在程度、范围、色彩、功能等方面有一些细微差别。如：

忧愁—悲愁　事情—事件　高兴—快乐

边境—边疆　激烈—猛烈　美丽—漂亮

根据同义词核心意义的差别，把同义词分为等义词和近义词。

等义词。等义同义词是词义完全相等，只是在风格上有细微差别，一般可以替换而不影响表达。如：

火柴—洋火　星期天—星期日　忌妒—妒忌

自行车—脚踏车　语法—文法　铁路—铁道

近义词。近义词指称的现象相近或相似，在理性意义、风格色彩、功能方面有种种细微差异，在应用上不能任意替换。如：

启迪—启发—启示　爱护—爱惜—珍惜

“启迪”是“开导、启发”的意思，书面色彩较浓；“启发”是阐明事例，引起对方联想而有所领悟；“启示”是启发指示，使有所领悟。如“启发群众的积极性”，不能换成“启示”，二者适用对象不同。“爱护、爱惜、珍惜”都有“惜”的意思，但“爱护”是爱惜并保护，如“爱护公物”；“爱惜”是因重视而不糟蹋，如“爱惜时间”；“珍惜”是珍重爱惜，如“珍惜时间”，词义的着重点不同。

（2）同义词的作用。

第一，同义词能反映出事物之间的细微差别，表达人们对客观事物的各种具体态度。如：

远望天山，美丽多姿，那常年积雪高插云霄的群峰，像集体起舞时的维吾尔族少女的珠冠，银光闪闪；那富于色彩的连绵不断的山峦，像孔雀开屏，艳丽迷人。

…………

就在雪的群峰的围绕中，一片绮丽的千里牧场就展现在你的眼前。

墨绿的原始森林和鲜艳的野花，给这辽阔的千里牧场镶上了双重富丽的花边。（碧野《天山景物记》）

这段话用了四个同义词："美丽"概括写天山景物的好看；"艳丽"形容孔雀开屏时鲜艳明亮的色彩，用这个比喻来形容连绵不断的山峦，突出色彩；"绮丽"写雪峰围绕的千里牧场给人意想不到的美；"富丽"则突出了"墨绿的原始森林和鲜艳的野花"的宏伟美丽。这几个同义词的选用，贴切地描写了不同景物美的特点，表意准确细致。

第二，同义词可以避免用词重复，使语言表达更加生动而富有变化，达到更好的修辞效果。如：

这只是我自己心情的改变罢了，因为我这次回乡，本没有什么好心绪。（鲁迅《故乡》）

"心情"和"心绪"是同义词并用，如果改用同一个词，表达就会逊色不少。

第三，同义词可以满足忌讳、婉曲的表达需要，构成修辞上的"委婉语"或"禁忌语"。如"落后"和"后进"、"死亡"和"去世"、"筷子"和"箸"等都是同义词，根据委婉或禁忌的表达需要，可以选择不同的词语。

第四，同义词连用可以增强语势，如"你看那行毛竹做的扁担，多么坚韧，多么结实，再重的担子也能挑得起。"（袁鹰《井冈翠竹》）有的则可构成具有特殊色彩的成语。如"家喻户晓""谨小慎微""流言蜚语"等。

2.反义词

（1）什么是反义词。

反义词是意义互相矛盾、互相对立的词。如：

战争—和平　成功—失败　高兴—悲伤

反义词是客观事物、现象的矛盾对立在语言中的反映。客观事物的性质、状态、行为具有大与小、多与少、长与短、进与退、上与下、生与死的对立，于是语言中就有了"大—小""多—少""长—短""进—退""上—下""生—死"这样的反义词。因此，客观世界的矛盾对立现象是构成反义词的基础。

能构成反义关系的几个词，必须属于同一意义范畴，属于同一个上位概念的几个矛盾对立的同级下位概念，而且词性相同，如"好"和"坏"都是表示性质的形容词，"快"和"慢"都是表示速度的形容词，"粗"和"细"都是表示形状的形容词。

由于词的多义性以及词义之间的复杂关系，有的词往往有多个反义词。如“老”有“年纪大”“陈旧”“经历长、有经验”“蔬菜过了适口的时期，食物火候大”等意义，“老”就与若干个意义相反的词构成了不同的反义关系，如“少、幼、新、嫩”等。

另外，一个词可以同几个词构成反义关系。一是一个多义词的义项各有不同的反义词，如前面举的“老”。二是一个词的反义词有几个同义词，于是就与一组同义词中的全部词构成反义关系，如“痛苦”的反义词是“高兴”，“高兴”有“快活、愉快、痛快、愉悦、幸福”等同义词，它们与“痛苦”均能构成反义词。“痛苦”又有“悲伤、伤心、愁苦、忧伤”等同义词，所以这两组同义词中的任何一个词均有好几个反义词。三是表示对立的反义词之间有第三意义的词，它们可互为反义词。如“黑”与“白”是反义关系，同“红”也是反义关系，所以“黑、白、红”可以互为反义词。

(2)反义词的类型。

从意义和用法看，反义词可分为绝对反义词和相对反义词两类。

绝对反义词是指两个反义词之间没有表示中间状态意义的反义词，两个词的意义互相排斥，互相对立，完全相反。如：

死—活　动—静　真—假　对—错

相对反义词意义上不是互相排斥的，在两个反义词之间还有表示其他意义的词存在，两个词的意义相对。如：

高—低　深—浅　冷—热　长—短

(3)反义词的作用。

反义词是客观矛盾对立关系在语言中的反映。因此，恰当地运用反义词，可以鲜明生动地将事物矛盾对立面揭示出来，使人在对照中分清是非、善恶、美丑，留下深刻的印象。

第一，恰当运用反义词，可以形成鲜明对照，加深对矛盾对立事物的印象和认识。如：

悲剧将人生的有价值的东西毁灭给人看，喜剧将那无价值的撕破给人看。（鲁迅《再论雷峰塔的倒掉》）

第二，在对偶句式中对举使用反义词，可以构成富于哲理性的警策语句。如：

智者千虑，必有一失；愚者千虑，必有一得。

四、熟语

熟语是由词或语素构成的常用而定型的现成用语。熟语是一种特殊的语汇成分,它是大于词的语言单位,但又具有词的基本特征,在造句功能上相当于一个词,可以充当各种句子成分,是词的等价物。熟语包括成语、惯用语、歇后语和谚语。

(一)成语

成语是一种相沿习用具有书面语色彩的固定短语,它是熟语中最重要的一种。

1.成语的特点

第一,意义的整体性。成语往往表示的是概括的不可分割的完整意义。其意义不是构成成分意义的简单相加,而是在其构成成分意义的基础上进一步概括出来的整体意义。如“破釜沉舟”,表面意义是“砸破饭锅沉下船”,实际含义是“下定决心干到底”。

第二,结构的凝固性。凝固性表现在两个方面:一是构成成语的词或语素不能随意替换或增减,如“提纲挈领”不能说成“提领挈纲”或“提纲举领”等;二是语序不能随意改动,如“胡作非为”不能说成“非为胡作”。

第三,风格的典雅性。成语大都来自古代文献,语体风格仍保留着原书面语庄重、典雅的特色。

2.成语的来源

(1)来自神话和寓言。我国古代许多神话传说和寓言故事含义深刻,富有教育意义,往往被概括成成语。如:

精卫填海(《山海经·北山经》)　叶公好龙(《新序·杂事》)

(2)来自历史故事。我国许多著名的历史故事和历史事件,也被后人概括而凝缩为成语。如:

请君入瓮(《朝野佥载》)　四面楚歌(《史记·项羽本纪》)

(3)来自古诗文。一种是从古书中直接摘引原句而定型成为成语,一种是经过紧缩或增换语素而演变为成语。如:

群臣进谏,门庭若市。(《战国策·齐策》)

瓜田不纳履,李下不整冠。(曹植《君子行》)

(4)来自口头俗语。如：

谚曰："狼子野心。"是乃狼也，其可畜乎！(《左传·宣公四年》)

鄙谚曰："欲投鼠而忌器。"此善喻也。(贾谊《新书·阶级》)

其他来源于群众口语的成语如"七上八下、不三不四、三长两短、半斤八两、人山人海、大惊小怪、百花齐放"等。

3.成语的作用

第一，言简意赅。成语形式简练，但内容丰富。恰当地使用成语可以使言语简洁，增强语言表达效果。如"物极必反"说明了事物发展到顶点就会朝相反的方向转化的深刻道理。

第二，形象生动。有些成语本身就是由形象的比喻或描绘构成，妥帖运用它们，可使语言表达色彩鲜明，生动形象。如：

对于他们，第一步需要还不是"锦上添花"，而是"雪中送炭"。所以在目前的条件下，普及工作的任务更为迫切。[毛泽东《在延安文艺座谈会上的讲话》(1942 年 5 月)]

"雪中送炭"指文艺普及工作，"锦上添花"指文艺提高工作。

第三，协调句式，增强节奏感。成语多为四字格，适当选用可以使句式整齐，节奏明快，具有音乐美感。如：

他们也无需说话，他们只更深地把自己投进物理的世界，在这里披荆斩棘，浴血奋战；专心致志，刻苦攻关。(柯岩《奇异的书简》)

(二)惯用语

惯用语是口语中一种短小定型，具有整体意义的习用性短语。如"走过场、唱高调、穿小鞋、泡蘑菇、拦路虎、光杆司令、眼中钉、钻空子、耳边风"等。

惯用语以三个音节为主，意义具有相对的整体性，结构不如成语那么固定，有时可以嵌入其他成分，如"吃老本——吃惯了老本"。语法结构以述宾关系为主。

惯用语常用比喻或引申的方法表示意义，因此不能简单地从字面上去推断其意义。如"炮筒子"是指"性情急躁或心直口快的人"，"狗腿子"是指"坏人的帮凶"。

(三)歇后语

歇后语是由近似于谜面、谜底两部分组成的带有隐语性质的定型短语。

歇后语结构相对固定，口语色彩浓厚。它一般由两个部分构成，前半截是形象的比喻，像谜面，后半截是解释、说明，像谜底。歇后语前后两部分之间有一定的语音停顿，书面上用逗号或破折号隔开。根据前后部分的关系，歇后语可分为两种：一是喻义性的歇后语，一是谐音性的歇后语。

喻义性的歇后语，前部分是比喻，后部分进行解释、说明，这部分词语的字面意义或者转义就是整个歇后语的意义。如：

老鼠钻风箱——两头受气

擀面杖吹火——一窍不通

肉包子打狗——有去无回

谐音性的歇后语，是利用语言中词的同音、近音现象构成的。前部分说明事物的现象，后部分是解释、描写，其中某个词或语素与另一个词或语素谐音，产生“言在此而意在彼”的双关表达效果。如：

飞机上放鞭炮——响(想)得高

窗户眼里放喇叭——鸣(名)声在外

和尚打伞——无发(法)无天

歇后语生动形象，俏皮风趣，适当运用往往会使语言生动幽默，富于生活情趣。但有些歇后语思想消极、内容庸俗，应该摈弃。

(四)谚语

谚语是在民间流传的通俗简明而又含义深刻的定型语句。谚语内容十分广泛，主要有以下两类。

一是关于自然和农业生产的谚语。如农谚、气象谚，是人们长期观测天气变化和农业生产的经验总结。如：

人误地一时，地误人一年。

雷公先唱歌，有雨也不多。

二是关于社会生活方面的，这类谚语涉及面很广，如学习、卫生、品德等。如：

有理走遍天下，无理寸步难行。

画虎画皮难画骨，知人知面不知心。

谚语是人民群众社会生活经验和认识的总结，因此，在内容方面具有较强的知识性。

第二节　语汇应用状况

一、当代语汇新特点

新时期以来，我国社会生活各个方面都发生了深刻变化，这些变化所引起的语言变化，首先就反映在语汇方面。2015 年 7 月 31 日《报刊文摘》的《段子》专栏刊登了一个“段子”：

> 新时代，放高利贷的改叫 P2P，集资的改叫众筹，算命的改叫分析师，八卦小报改叫自媒体，统计改叫大数据，耳机改叫可穿戴设备，办公室出租改叫孵化器，圈地盖楼改叫科技园区，看场子收保护费的改叫平台战略，搅局的改叫颠覆性创新，借钱给靠谱的叫天使投资，借钱给不靠谱的叫风险投资。

既然称作“段子”，就离不开调侃与讽刺，目的在于博人一笑，难免夸大其词，言过其实，个别的还有张冠李戴之嫌。不过，总体看来，确实在一定程度上反映了当下词语更新、词语演变的速度、强度和广度。事实上，在社会生活中，新词新语真的是层出不穷，举不胜举。从 2006 年开始，国家语言文字工作委员会每年发布一次《中国语言生活状况报告》及相关数据，就年度的语言使用事态发布报告。2015 年 10 月 17 日《中国教育报》：“《中国语言生活状况报告》自 2006 年首次发布至今，已走过近 10 年历程。10 年间，有超过 200 位专家学者作为作者参与报告的研制，提取如微博、中国梦、微信、正能量等新词语共计 5514 个。”从 2016 至 2021 年，这 6 年的新词语分别是 469 条、424 条、242 条、320 条、247 条和 262 条。报告指出，作为社会变化的放大镜和显微镜，新词语凸显了社会生活中“动”的一面，这些词语的变化，也表明互联网已成为公民政治生活中传递民意的不可或缺、最便捷、最有效的渠道。国家语委每年发布语言生活状况报告的目的就是引导社会语言生活向着健康、和谐的方向发展。

汉语语汇的发展变化，呈现出许多新的特点。

（一）新词的大量涌现

新词是随着社会的发展而创造出来的词。社会生活是不断变化发展的，新的事物、现象、观念层出不穷，它们要进入语言，进入交际领域，首先就会需要一个相应的词来称呼，于是新词就应运而生了。

新词不是生造词,"存在未必就合理"。一个词语从无到有,得到人们的普遍认可,广泛地使用开来,在语汇中立稳了脚跟,才可以认为是新词。这样的词语在语言中存在了一定时期,大家都很熟悉了,新鲜的性质消失殆尽,它就退出了新词的范围,转为普通的词语了。

根据构成情况,新词可以分为普通新词和带字母新词两种。

1.普通新词

普通新词就是根据汉语传统的构词规则创造出来反映新事物的词语。这类新词近些年大量涌现。

控　吧　范儿　晒　酷　宅　团　哈　尬　糊　卷　粉丝　考霸
超女　博客　房奴　伪娘　装嫩　笔替　践行　海选　给力
纠结　锁盘　颜霸　抖音　硬核　开撕　神兽　内卷　啃老族
解说门　拜金女　土腐败　获得感　区块链　油腻男　断直连
小确幸　冰墩墩　碳达峰　熊猫烧香　高考移民　精准扶贫
洪荒之力　共享纸巾　影子服务　钢铁直男　私域流量
盲式出轨　豆腐渣工程　大肚子经济　供给侧改革　同居式养老
秩序互联网　自杀式消费　凡尔赛文学　马铃薯主粮化
三去一降一补　乡村振兴战略　显性贫困人口　数字化管理师
无症状感染者　悬空式空中列车　国家教材委员会
诚信建设万里行　朋友圈成功人士　战役语言服务团
中华民族共同体意识　通用数据保护条例

从音节角度来看,这类新词中仍然是双音节占相当数量,但是这种优势呈现一种弱化的趋势,即单音节词和三音节以上的新词数量开始增加。从词性上看,主要是名词、动词和形容词,少有副词、量词、代词、拟声词、叹词和语气词,没有数词、介词、连词和助词。

从构词上看,比较突出的特点就是附加式合成词的大量增加,涌现了一批类词缀。如:

(1)前缀+词根。

多-　多胞胎　多媒体　多面角
云-　云游　云签　云巴　云会　云课　云拜年　云聚会
　　云打卡　云库链　云快闪　云配偶　云霸权　云养妈
软-　软广告　软环境　软科学

准-　准妈妈　准博士　准词缀

伪-　伪娘　伪学术　伪艺术

大-　大巴　大处方　大款

小-　小微　小公募　小独栋　小短假　小粉红　小天城
　　小哥哥　小三创

微-　微店　微暴力　微基建　微菜场　微养老院

(2)词根+后缀。

-族　追星族　炒房族　啃老族　智抠族　独自族　晒跑族
　　潮汐族　月欠族　高考离婚族

-门　艳照门　间谍门　日记门　黑客门　干政门　拿地门
　　爆炸门　大嘴门　尾气门

-客　试客　淘客　群租客　助筹客

-奴　房奴　卡奴　婚奴

-哥　大衣哥　犀利哥　炫舞哥

-党　带路党　晒步党　凿船党

-体　翻船体　官宣体　堆填体　震惊体　凡尔赛体
　　城市智能体

这些构成新词的类词缀,它们的意义虽然有所虚化,但是还有明显的实在意义,是新词词义的重要组成部分。同时,这种添加词缀法构造的新词还可以赋予多种色彩意义,如以“伪”为前缀的词大多表示不真实的或恶意仿照抄袭的事件,带有明显的贬义;以“门”为后缀的词大多表示影响不好的事件,带有贬义;以“族”“客”为后缀的词大多表现了许多具有典型性的各类人,褒义、贬义和中性的皆有。

还有一类新词采用的构词方式是类推,即以原有词的语言框架为基础,通过聚合规则替换其中一个部分,从而形成一个系列的词。这种类推式和附加式构词的区别在于,类推式中表示共同意义的部分其意义比较实在,没有虚化的倾向。

白领——金领、蓝领、灰领、绿领

富二代——官二代、穷二代、星二代、独二代

获得感——自豪感、幸福感、亲切感、新鲜感、动态感、羞辱感、自卑感

高标准——高质量、高规格、高站位、高层次、高水平、高颜值、高风险

一带一路——一照一码、一带一盟、一例一休、一学一做、一盔一带

从使用上看,有些新词本身是语言中旧有的词,随着时代的发展,被人们赋予了新的含义,其原有的含义反而被人们忽略或者忘记了,即通常所说的旧词新用。

囧:本义为"光明"。从2008年开始在中文地区的网络社群间成为一种流行的表情符号,成为网络聊天、论坛、博客中使用最频繁的字之一,它被赋予"郁闷、悲伤、无奈"之义。

槑:本是"梅"的古字。因"槑"字由两个"呆"组成,于是在网络语言里被用来形容人很呆,很傻,很天真。

雷人:本义是云层放电时击倒某人。目前网络上流行的"雷人"有新的含义,是出人意料且令人格外震惊,很无语的意思,有时也引申为因为事物的某些属性而使看到的人产生无限震撼的一种情况。

粉丝:本是一种用绿豆、红薯淀粉等做成的丝状食品。现在作为英语"Fans"的音译,表示"××迷"或者"××追星族"一类的意思。

打包:本指"用纸、布、麻袋、稻草等包装物品""打开包着的东西"或"把未吃完的东西装好带走"。现在在网络中指将几个相关的文件放在一起压缩,便于文件软件在互联网上的传输和用户的使用。

2.带字母新词

带字母新词就是一些带有字母的新造词,这些词不同于完整的字母词,是由外文字母加上汉语语素或拼音字母加上汉字,以及字母加数字构成的新词。如:

AA制　IP地址　BBS文化　PC空间　3G电话　e化

K歌　D版　MP5　T台　大V店　融e联　大IP　C位

电e宝　V大夫　Dink家庭　SOHO族　卡拉OK　K117次

T69次　Z134次　D317次　G2016次　A4腰　5G时代

OK车险　AI医生　4D处方　VR支付　打call　城市GEP

IPP行动

带字母新词使用起来比较方便、快捷、简约、生动,而且很时尚,是信息时代和英语日益国际化的产物。这些词的数量近年来大量增加,使用频次

也不断提高,但是这些词在理解和应用的时候需要有一定的外语水平或专业知识,使用不好还会造成难以理解或歧义,所以流传性受到了限制。

(二)外来词的不断增加

汉语吸收外来词有悠久的历史,近年来随着汉民族同其他民族交往的日益频繁,外来词呈现了不断增加的趋势。外来词在发展趋势上将继续以英语源、名词性、生活科技类的词语为主,字母词、多音节词数目也呈增长的趋势。

汉语对引入的外来词,根据自己本身的语言特点进行了改造,以适应汉语的语义系统。改造的手段通常包括以下几种。

1.音、意兼译

指在选用声音近似的汉字时,有意识地用一些意思比较符合原词的语素。

酷:英文 cool 的汉语译音,本来是“冷”的意思,进入汉语之后,表示“潇洒中带点冷漠”的意思。后来词义进一步扩大,具有了“特立独行、充满个性”的含义,深受青少年青睐,产生了许多以“酷”作为构词语素的词语,如“酷男、酷姐、酷机、酷哥、酷感、酷毙了”等。

秀:英文 show 的汉语译音,主要表示“展示、显示”的意思。进入汉语后可作名词性语素构词:“服装秀、真人秀、相亲秀、脱口秀、QQ秀”等。可作动词使用:“秀衣服、秀时尚、秀车子”等。

控:出自日语“コン”,取 complex(情结)的前头音,指极度喜欢某东西或某事物的人,喜欢的东西或事物要冠在“控”字之前,例如“手机控、电脑控、中国控、民主控、K 歌控”等。

黑客:译自英语 hacker,指非常沉迷于电脑的用户或程序高手,喜欢深入研究电脑或网络的各部分如何运作。有时指喜欢捣乱的编程高手,他们可能侵入别人的电脑。如“电脑黑客”“黑客高手”等。

碎片化:译自 fragmentation,最早见于 20 世纪 80 年代对“后现代主义”的研究文献。在计算机领域,“碎片化”指为了传输规模较大的信息包而将其分散。传入中国后,最初运用于传播学的研究,其概念被界定为“社会阶层的多元裂化,并导致消费者细分、媒介小众化”。互联网和移动传媒的发展加速了社会的“碎片化”,我们已进入了一个“碎片化时代”。如“碎片化时间、碎片化发展、碎片化阅读、碎片化社交、碎片化时代、碎片化运动、碎片化生活、碎片化理财、碎片化学习”等。

2.用汉语现有词形翻译外来词,增加该词的义项

托福:译自英语 TOEFL(The Test of English as a Foreign Language,简称 TOEFL),是由美国教育测验服务社(ETS)举办的英语能力考试,全名为“检定非英语为母语者的英语能力考试”,中文音译为“托福”。

料理:是从日语借来的借形词,日语假名写为“りょうり”。本来汉语中有意义与之相同的“菜肴”一词,但是为了突出“不但提供给客人食品和菜肴,而且展示食物的加工方法”这样的招待客人的方式,所以直接借形过来,与汉语中表示“处理、整理”义的动词“料理”同形。

3.对吸收来的外来词词义进行引申

有相当一部分外来词进入汉语系统后语义会发生变化。

马拉松:译自英语 marathon,原指“全程为 42.195 千米的超长距离赛跑”。后来随着该词的不断使用,衍生出“持续时间很长”的引申义,并由此产生了一些新词,如“马拉松会议、马拉松恋爱、马拉松演讲、马拉松节目”等。

克隆:译自英语 clone,原指“无性繁殖”。融入汉语后,其词义引申为“抄袭、仿制、复制”等。如“克隆空间、克隆战争、克隆音乐”等。

嗨:作为形容词、动词的流行新词“嗨”源自英语 high,表示“(价格、温度、速度、程度、数量、形体、情绪等方面)高的、大的、强的、非常的”。由于广泛流行,频繁使用,新词“嗨”的词义也产生“裂变”,滋生出若干互相关联的新义项,迅速演变为多义词。可以表示“欢乐”“兴奋”“因惊喜而亢奋到极点”“寻找快乐”“竭尽全力地唱、跳”等。如“炫动 SUNNY‘嗨’一夏”“跳起来,唱起来,越来越嗨”“‘拉斯维加斯专场魔术晚会’国庆佳节嗨翻上海”“演员们在台上自嗨”“陪着小朋友一起嗨”“嗨歌时血管膨胀”等。

(三)方言词的大量进入

随着社会的不断发展,文化交流的日趋频繁,方言词越来越多地进入了人们的日常交流,并大量出现在各种报纸杂志以及媒体上。这一趋势呈现了如下特点。

1.北方方言是普通话吸收方言词的主要来源

东北话“忽悠”,本指“能言善谈”,后经喜剧名家赵本山在《卖拐》

《卖车》等小品中推广,“忽悠”一词还指“欺骗、蒙骗”之义,已成为网络流行词语。吸纳普通话里的“忽悠”词义丰富。一是“晃动”貌。出自陶尔夫《伐木者》:“忽悠一下栽了下去,只觉得眼前一片乌黑。”管桦《不要让汽灯灭了》:“大炮咕咚咕咚把这房子震得直忽悠。”二是“胡说”“谣传”“设圈套”“欺骗”之义。如对某人表示怀疑,就可以说:“你别听他忽悠你了。”“我能把正的忽悠斜了,能把蔫的忽悠谑了,能把尖人忽悠嗫了,能把小两口过得挺好,我给他忽悠分别了。今天卖拐,一双好腿我能给他忽悠瘸了!”三是“吹牛、煽动、鼓动”之义。如“这个人可真能忽悠”“那人说话忽忽悠悠,听着就没个边儿”。四是“劝说、鼓动、怂恿”之义。如要做某件事情,考虑到很多人有顾虑可能不愿意做,就可以说“我们去忽悠忽悠他”。五是“戏谑、戏耍、戏弄”之义。如“咱们忽悠忽悠他”。

普通话吸收北方方言的词有很多:

名词:大腕儿、面的、人尖儿、板儿寸、板儿爷、猫儿腻、傻冒、托儿、踩点客、豁子、坤包、草甸子、奔头儿等;

动词:侃、傍、攒、撮、宰、灭、扁、捞、练摊、掉价、掰了、别价、穿帮、困觉、磨不开、动真格、较真、雄起、叫板、跌份、套瓷、不着调等;

形容词:潮、牛、款、铁、憋屈、盖了、紧吧、嘎嘣脆、邪门儿、凶巴巴等;

副词:倍儿、特、且、蛮、溜、忒、敢情、抽冷子、满世界等;

量词:门子、些子等;

代词:俺、谁个、怎的等;

介词:自打、从打、打从等。

2.粤方言词的大量进入

改革开放以来,除了北方方言,粤方言对普通话的影响大大超过了其他方言。

粤语“分分钟”即每一分钟、每时每刻。如香港歌星林子祥演唱的粤语歌曲《分分钟需要你》,歌手莫文蔚发布的流行金曲《阴天》中也有一句广为流传的话“开始总是分分钟都妙不可言”。近年来“分分钟”已经逐渐成为媒体上的常用词,进入普通话词语。如“分分钟都插进广告”“分分钟完成1000多字文章”“分分钟秒做”“分分钟造成车内和发动机进水”“分分钟想跪”等。

再如：

经济类：转型、炒楼、跳槽、薪水、埋单、降幅、斥资、密集型、融资、银根等；

科技类：冷柜、对讲机、电饭煲、微波炉、大哥大、冰柜、雪柜、闭路电视、冷气机、打卡机、气垫船、资料库等；

文化类：靓、选美、派对、综艺、雪藏、爆冷门、主打歌、摆乌龙、片酬、功夫片、海盗版等；

生活类：蛇果、提子、打包、生猛、搞笑、发廊、焗油、花心、牛仔裤、文胸、叉烧、茶楼、大排档、龙虎斗、饼屋、减肥、饱满等；

称谓类：二奶、老公、靓仔、影帝、社工、蛇头、打工仔、外来妹、上班族、追星族、发烧友、偷渡客等。

这些粤方言词有不少来自港澳地区。究其原因，一是使用粤方言的港澳地区具有经济上的优势和传媒的强势。港澳的粤方言词随港澳产品的推广、港澳商人的投资、影视的播放、歌星的登台等传遍全国。二是文化交流的频繁。政府的开放政策使港澳文化在大陆广泛传播，加速了普通话对粤方言词语的吸收。

方言词进入普通话后，其特点表现在：

(1)普通话对方言词的释义表现出一定程度的复杂性。

或者词义等同，如方言词“出血”，比喻“花钱，掏腰包”，普通话在吸收这个词的时候完全使用了其含义，增加了原有“出血”(表示流血)这个词的义项。

或者词义范围大小不等，如方言词“阿公”在方言中一般只使用一个义项，即“祖父”，而在《现代汉语词典》(第7版)中却有三个义项：①丈夫的父亲；②祖父；③尊称老年男子。显然词义范围扩大。再比如方言词“吃瘪”在方言中有三个义项：①理屈词穷，在较量中败下阵来；②受到压抑；③屈服。在《现代汉语词典》(第7版)中却只有两个义项：①受窘、受挫；②被迫屈服，服输。没有收录“受到压抑”这一义项，其表义范围缩小了。

(2)普通话在吸收方言时将其词性一起吸收。

普通话还吸收了一些兼类的方言词，如“瞎掰”，在“不需要锄头你还拿锄头，这不是瞎掰吗?”中是一个形容词，指“徒劳无益，白搭”；在“根本没有这事儿，你别听他瞎掰”中却是动词，指“瞎扯”。二者词性不同，意义上相关联,在方言中使用的时候作兼类词使用,吸收到普通话中后仍然可以这样使用。

(3)普通话吸收的方言儿化词,增强了表现力。

普通话吸收的方言词中,有些书面可儿化可不儿化,而在口语中必须儿化,如“脖领儿、有谱儿、寸劲儿、高挑儿”等;有些方言词书面上不儿化,而在口语中一般儿化,如“坏水(儿)、小样(儿)、溜食(儿)”等。大多数方言儿化词儿化后一个音节,但也有儿化前一个音节的,如“肝儿颤、门儿清、猴儿精”。

有的词在普通话的书面语口头语中都不儿化,而在方言中却是一个儿化词,这个儿化词和普通话表示完全不同的意思。如“转轴”,在普通话中指“能转动的轴”,而方言词“转轴儿”却用来比喻“主意或心眼儿”。再如“小样”在普通话中指“模型,样品”,而方言词“小样儿”却指“觉得对方没有那么大的能耐,带有讽刺或看不起的意思”等。

(四)古语词的使用

当前古语词使用上的特点表现在以下几个方面。

1.对部分古语词的使用从误用到“正解”

一些古语词,开始的时候由于部分人对原义的不理解而造成误用,后来这种“误用”被大多数人接受,渐渐地“误用”的意义就取得了“合法”的地位,成了“正解”。如:“压轴戏”原义指“戏曲的倒数第二个节目”,而现在常用“压轴戏”来指“最后出现的事情,最后一个节目”,已经基本没有问题了。

2.部分古语词的感情色彩发生了变化

有的古语词原来是中性词,现成为贬义词或褒义词,如“赂、贿、祝、祥”等;有的原来是褒义词,现成为贬义词,如“爪牙、风流、一团和气、明哲保身”等。

3.大量古语词进入歌词

当代乐坛近年来流行一种“中国风歌曲”,特点是以中国古典文化为背景,作词和作曲上有明显的古典风格,又混合了很多流行的元素。这类歌曲在用词上较多地运用古语词,再结合鲜明的文学意象,使得整首歌曲弥漫着浓厚的中国古典色彩。古语词在这类歌曲中的使用特点表现在:①以古语词作为歌名,如《青花瓷》《东风破》《兰亭序》等;②大量使用意义较为浅显的古语词,如“韶华、婵娟、挑灯、祭天、盏”等;③偶尔出现意义略显晦涩的古语词,如“同侪、无恙、孑影”等。

(五)专业词语跨领域的使用

专业词语是指各种行业应用的专有词语。某些行业语,在一定的条件下在专门意义之外又获得了一个一般意义,可以跨领域使用,从而成为普通话的一般词语。如:

断层　滑坡　裁定　错位　反弹　包装　升值　割肉　出手

红牌　跳水　出局　低调　变态　板块　眼球　菜单　盲点

旗舰　筹码　教主　擦边球　小儿科　临界点　大手笔　软着陆

专业词语跨领域使用所体现出来的特点有以下几种。

1.旧有词语被赋予新意

有的是给旧有的专业词语赋予了新的一般意义,有的是给旧有的普通词赋予了新的专业词语的意义。

前者如:

发烧:原指体温升高超出正常范围。新义:指对某人某事过分迷恋。

八卦:原指我国古代一套由阴爻和阳爻构成的有象征意义的符号。新义:指某人好管闲事,喜欢打听别人的隐私。

叫板:原指戏剧演员在说白后、起唱前向鼓师暗示自己即将起唱。新义:指向某人发起挑战或寻衅,跟某人较劲。

打太极:原指打太极拳这种体育活动。新义:指互相推诿,不解决问题。

后者如:

防火墙:原指建筑物之间防止火灾蔓延的高墙。新义:一种位于内部网络(如局域网)与外部网络(如因特网)之间的网络安全系统。

漫游:原义是随意游玩。新义:移动电话或寻呼机的一种功能,当用户离开自己注册登记的服务区域而到另一个服务区域后,联网的移动通信系统或寻呼系统仍能为其提供服务。

文件:原指公文、信件等。新义:计算机中,用一个符号名作为代表的,由一些指令、数字、文字或图像合成的有条理的完整的信息集合体。

墙纸:原指粘贴在墙壁上起装饰和保护作用的纸。新义:Windows

视窗操作系统等图形界面操作系统对显示屏背景画面的形象称呼。

2.给专业词语赋予比喻义

随着社会的发展,科学文化知识逐步普及,有些专业词语会产生引申用法,扩大使用范围。

充电:原指把电源接到蓄电池等设备上,使电池重新获得放电能力。现比喻通过补充知识,提高技能等。

包装:原指用专用的纸张、薄膜等包裹上平或把商品装进盒子、瓶子等容器。现比喻对人或事物的形象给予装扮、美化,使更具有吸引力或商业价值。

黑洞:原指一种引力极强的天体。现比喻深不可测、令人恐怖或吞噬一切的事物。

软着陆:原指人造卫星、宇宙飞船等利用一定装置减速后,以很低的速度不受损伤地降落到地球或其他星球表面。现比喻国民经济运行的一种变化状态,即采取一定措施,使经济等重大问题和缓、平稳地得到解决。

3.对专业词语进行构形的改变

包括增字、减字、换字、仿词等。

所谓"增字",是指在原有专业词语的基础上增加一个语素,使之构成一个新词用以描述某一特殊情况。如:"卫星镇"指的是分布在某大型城市周围的小型城镇;"战略关节炎"指的是某战略在应用过程中突然失灵等。

"减字"指删减原来词语的语素。如:"连锁",源于"连锁反应",原指物理学专业术语"链式反应",现用来指一环扣一环像锁链似的,形容连续不断。由"连锁反应"删减而成的"连锁",不仅突破了专业术语的范畴,而且形成了"连锁店""连锁经营"等社会化的词语。

"换字"是指把原有专业词语中的一个语素换成其他的语素而构成新词。如:"线性思维",指的是单一地沿着某种固定模式的思维方式,它是由"线性方程"(数学术语)或"线性规划"(运筹学的一个分支)换字而得。

"仿词"本为一种修辞方式,经常被作为一种重要的造词手段来使用。仿专业词语而造的新词,比如:仿"恋母情结"而造的"恋土情结、原始情结、周末情结、约拿情结"等。

4.用新的专业词语代替旧的专业词语

为了表达更加新颖生动,同一个意义借用了一批新的专业词语代替了原有的专业词语。如:用“断层”代替“青黄不接”,表示“后继的人力财力渐断的现象”;用“板块”代替“部分”;用“负效应”代替“副作用”等。

专业词语进入普通话,大多数都保留了原有的词性和用法,但有些词语随着意义的改变其用法也发生了不同程度的改变。如“启动”原为工业用语,其用法主要是作谓语或带名词性宾语。现产生了“开拓、带动、活跃”等新义后,用法也发生了变化:既可以带名词性宾语(启动市场),也可以带动词性宾语(启动消费),不带宾语时前面可以加状语(正式启动),还可以作定语(启动资金),作主语(启动快),甚至还有“启而不动”的用法等。

(六)熟语的活用

1.成语

成语是古代汉语保留在现代汉语中最精华的部分,具有意义的整体性、结构的凝固性、风格的典雅性等特点。但当前一些成语在使用上的特点值得关注。

(1)部分成语的意义发生了迁移。如“空穴来风”指“有了洞穴才有风进来,比喻消息和传说不是完全没有原因的”,现在的比喻义刚好完全相反,指的是“无中生有,没有原因”。类似的还有“来龙去脉、一唱三叹”等。

(2)仿成语格式的大量出现。当前人们在使用成语时,有时借用某个成语的格式来创造出符合自己表达需要的新词。如仿“望洋兴叹”而造“望书兴叹、望山兴叹、望房兴叹”等的“望 × 兴叹”格式;仿“谈虎色变”而造“谈癌色变、谈钱色变”等的“谈 × 色变”格式;仿“难兄难弟”而造“难姐难妹、难夫难妻”等的“难 × 难 × ”格式;仿“因地制宜”而造“因时制宜、因人制宜”等的“因 × 制宜”格式等。

(3)成语词形的变异。有的成语词形发生了变化,而新出现的词形又产生了新的含义。如:

不瘟不火,原指戏曲不沉闷乏味,也不急促。变异出两个异形词:“不温不火”,意义除了同“不瘟不火”外,还表示不热烈、不红火或不急躁、不发火;“不愠不火”,还表示某人有修养、不动怒。

鹿死谁手,指以追逐野鹿喻争夺政权,表示天下当为何人所得。后亦比喻胜负谁属。“三鹿奶粉事件”造成不少婴幼儿身体出现问题,民众对食品安全事件再度紧张。传统成语的"鹿死谁手"被网友改成"谁死鹿手"以表达对食品安全的无奈以及焦虑,隐约表达的还有个体在无良商家面前的一种脆弱感。

"富可敌国",指私人拥有的财富可与国家的资财相匹敌,形容极为富有。出自《汉书·邓通传》:"邓氏钱布天下,其富如此。"明凌濛初《初刻拍案惊奇》卷十八:"母银越多,丹头越精。若炼得半合许丹头,富可敌国矣。"2020 年 6 月 30 日,我国房地产业巨头恒大集团被爆料有息负债 8355 亿元,涉及银行类金融机构 128 家,非银行类金融机构 121 家,另有大量境内外债券。2022 年 10 月 17 日,网络新闻标题《中国十大房企欠债排名,触目惊心,负可敌国了》,这里的"负可敌国"是"富可敌国"的改造变形,对十大房企进行莫大嘲讽。

(4)准成语的出现。成语虽然大多是古汉语遗留下来的,但是现代社会的一些影响较大的文学作品或者有警醒意义和教育意义的社会事件也逐渐地被人们以成语的形式记录在现代汉语语汇中。如:

豆腐渣工程:源自时任国务院总理的朱镕基 1998 年视察九江长江防护堤时的讲话。"重庆綦江彩虹桥、三峡工程中焦家湾大桥、云南省高速公路部分路段、钱塘江防洪堤,是今年全国闻名的四大'豆腐渣工程'。"现用来比喻各类"施工质量低劣的建筑工程。"

尘埃落定:本是 2000 年第五届茅盾文学奖获奖作品小说《尘埃落定》的书名,后比喻"事情经过许多变化,终于有了结果;或经过一阵混乱后将结果确定下来",意义和使用场合比较固定,具有了成语的性质。

正龙拍虎:2008 年,社会高度关注持续了 400 多天的"野生华南虎照片真假事件",准成语"正龙拍虎"因此诞生。"正龙拍虎"所表达的不只是对周正龙造假行为的批判,更是对一些官员急功近利、好大喜功的丑态的痛恨。现已成为蓄意造假和欺世盗名的代名词,寓意社会公信力的缺失。

踏石留印、抓铁有痕:2013 年 1 月 22 日,在中国共产党第十八届中央纪律检查委员会第二次全体会议上,习近平同志在谈改进工作作风、落实八项规定时强调,要以踏石留印、抓铁有痕的劲头抓下去,善始善终、善作善成……"踏石留印、抓铁有痕",铿锵有力,掷地有声,既表明了中央的决心,又契合民众的期盼,迅速成为“出镜率”很高的热词,其流行规律,和“打虎拍蝇”“撸起袖子加油干”等异曲同工。如:“以抓铁有痕踏石留印的作风抓好安全生产”(标题,《湖南日报》2014 年 1 月 16 日)、“以抓铁有痕的韧劲落实好十九大精神”(标题,《湖南日报》2017 年 11 月 23 日)、“以踏石留印抓铁有痕的劲头抓作风建设”(标题,《光明日报》2019 年 12 月 4 日)、“踏石留印真抓实干 矢志攻坚谱写新篇”(标题,《信阳晚报》2021 年 1 月 6 日)。

2.惯用语

惯用语以三字格为主,以含义简明通俗、生动有趣为主要特征。当前出现了一批新的惯用语。如:

打酱油:语出广州电视台采访一位市民,问他对于艳照门的看法,这位市民说:“关我鸟事,我出来买酱油的。”随后在网络中迅速传播开来,用以指不谈政治,不谈敏感话题,与自己无关,自己什么都不知道。现今“打酱油”一词更多地被用作“路过、飘过”之义。

俯卧撑:源于瓮安“6·28”事件。贵州官方召开新闻发布会通报事件真相时表示:当事人李树芬准备跳河寻死时,其好友刘某正在桥上做俯卧撑。“俯卧撑”一词便在网络上走红,其寓意同“打酱油”。

拍砖头:兴起于网络论坛,最初指在论坛上发帖回帖过程中对跟自己看法不同的帖子予以反击,形成讨论或争论。现用来表示发表不同的意见。

另外,在目前的流行语中还出现了一批惯用格式,凝固成一个框架,其中某个成分可以被替换。如:

①很……,很…… 例:很傻(黄、纯、好),很天真(暴力、暧昧、强大等);

②我的……,我做主 例:我的地盘(钱、未来、空间、游戏等),我做主;

③我喜欢,我…… 例:我喜欢,我选择(推荐、享受、娱乐等);

④拿什么来拯救你我的…… 例:拿什么来拯救你我的爱人(餐桌、股票等);

⑤都是……惹的祸 例:都是月亮(天使、足球、瘦身、缘分、高房价等)惹的祸;

⑥我是……我怕谁　例：我是流氓（黑哨、黑马、警察、女巫等）我怕谁；

⑦将……进行到底　例：将爱情（减肥、环保、打假、反恐、投资等）进行到底；

⑧……也疯狂　例：修女（剩女、上帝、戒指、神犬、八卦炉等）也疯狂；

⑨……永远在路上　例：教学改革（为人民服务、反腐倡廉、作风建设、“赶考”、质量提升）永远在路上；

⑩主要看……　例：主要看气质（品德、威望、胸怀、品位、格局、才气等）。

这种惯用格式还有很多，呈现一种上升的趋势。

（七）缩略词的使用

缩略词是语言中经过压缩和省略的词语，一般也叫简称。缩略词较之原式，音节数目有所减少，但所表达的整体意义却并没有发生变化，符合人们求省求便的心理要求和语言表达的经济性原则，因此使用非常普遍。如“中国人民政治协商会议”缩略为“政协”，“彩色电视机”缩略为“彩电”，“空中小姐”缩略为“空姐”，“攻读博士学位”缩略为“攻博”等。

2020年以来，在抗击新冠肺炎疫情的阻击战中，出现了很多新的缩略词。如：

①上海“一号病人”是这样流调的——流调人员通过病例分析，发现上海疫情发生特征，为决策调整提供依据（标题，《新闻晨报》2020年2月23日）

②发热门诊新增6个隔离留观病房（标题，《北京日报》2020年1月28日）

③“硬核突击队”洗消校园全力保障复课（标题，《江苏金融报道》2020年3月19日）

④火神山，机器人消杀送药（标题，《健康报》2020年2月28日）

⑤贵阳强化医废处置执法检查（标题，《人民日报》2020年2月13日）

⑥披荆斩“疾”疾控人（标题，《海南日报》2020年2月2日）

⑦“头发剪短，控制院感”（标题，《镇江日报》2020年2月9日）

上述例句中“流调”“留观”“洗消”“消杀”“医废”“疾控”“院感”，分别是"流行病学调查""留院观察""洗涤消毒""消毒杀菌(消毒杀虫)""医疗废弃物(医疗废物)""疾病预防控制""医院感染"的缩略,其缩略方式还有明显区别:前五个缩略词都是截取全称中两个词的前一个语素缩略构成;第六个"疾控"的全称为"疾病预防控制",是截取第一个词的第一个语素和第三个词的第一个语素缩略而成,用作名词;第七个"院感"是"医院感染"的缩略,"医院感染"的意义需要强调"感染发生的地点",所以截取前一个词的第二个语素"院"和第二个词的第一个语素构成。"院感"有时候还指"医院感染控制/管理",缩略方式是截取第一个词代替。如:"四一六医院感染科、院感科主任王嘉川除夕凌晨四点跑步赶去会诊"(标题,《家庭与生活报》2020 年 2 月 11 日)。为了与"医院感染"区分,"医院感染控制"有时取第二个词的第一个语素和第三个词的第一个语素,缩略成"感控"。如:"感控先行,赴传染病医院全力援建新冠肺炎重症病区"(标题,《邯郸晚报》2020 年 2 月 10 日)。

当代新缩略词从形式上看与以往不同的是出现了大量的字母缩略词,字母缩略词还可以进一步分为外文字母缩略词和汉语拼音字母缩略词。

1.外文字母缩略词

外文字母缩略词,从文字书写到读音完全是外语的原来形式,多是英语单词或短语的缩写。如:

IT　Information Technology(信息技术)
GRE　Graduate Record Examinations(美国研究生入学标准考试)
WTO　World Trade Organization(世界贸易组织)
MBA　Master of Business Administration(工商管理硕士)
WWW　World Wide Web(环球信息网)
CEO　Chief Executive Officer(首席执行官)
GPS　Global Positioning System(全球卫星定位系统)
SMS　Short Message Service(短信息服务)
RAM　Random-Access Memory(随机存取存储器)

随着我国对外经济文化交流的进一步扩大,我们不但接受了这些来自国外的外文字母词,同时在汉语中也产生了一批外文字母词。如:

CCTV　China Central Television(中国中央电视台)
CBA　China Basketball Association(中国男子篮球职业联赛)

CET College English Test(大学英语等级考试)

CTPC China Television Production Center(中国电视剧制作中心)

SARS Severe Acute Respiratory Syndrome(严重急性呼吸系统综合征,即"传染性非典型肺炎")

SCI Science Citation Index(科学引文索引)

2020年年初,媒体上经常出现一些有关新冠病毒名称以及检测的字母词。如"COVID-19"是WHO(世界卫生组织)确定的新冠肺炎英文名称;"2019-nCoV"是WHO建议使用的新冠病毒英文名称;"RNA"指"核糖核酸";"IgM"(免疫球蛋白M)和"IgG"(免疫球蛋白G),是体内因感染新冠病毒而产生的特异性抗体;"CT"指"与计算机技术相结合的X光机";"ECMO"指"体内膜肺氧合装置",俗称"人工肺",是ICU(重症监护室)里为急危重症患者提供生命支持的体外循环系统;"CDC"泛指"疾病控制和预防中心";"COVAX"是WHO主导的"新冠疫苗全球分配机制",汉语一般写为"全球新冠疫苗计划"或"新冠肺炎疫苗实施计划"。

2.汉语拼音字母缩略词

汉语拼音字母缩略词,从形式上取的是汉语拼音音节的第一个字母,而读音却是英文字母的读音。如:

JJ——姐姐 BC——白痴 GB——国标 BT——变态

FB——腐败 LG——老公 BD——笨蛋 ZT——转帖

LZ——楼主 MS——貌似 WAN——我爱你 GCD——共产党

RMB——人民币 PLMM——漂亮妹妹 PFPF——佩服佩服

这类字母缩略词的来源主要有两个:一个是官方的统一用法,这一类表义比较明确,使用范围比较固定;一个是来自网络,这一类变化较快,表义有不稳定性,同一形式随着使用场合的不同会有不同的含义,这与网络用语的随意性有很大的关系。

另外,在网络中出现的粗俗语言比较容易使用拼音字母缩略语,因为这种表达相对具有含蓄性。如lkd(烂裤裆)、xbl(小白脸、乡巴佬、性伴侣)、wsn(猥琐男)等。网络用语mgj是一句骂人的话,意思和"卧槽""妈蛋""尼玛""妈的"等差不多;也有人说mgj是"没感觉、没规矩"的意思,但网络上指骂人的意思居多。

从内容和使用上看，当代新缩略词具有以下特点：

(1)原来不是缩略词的词被赋予了缩略词的新意义。如：

白骨精：白领、骨干、精英

蛋白质：混蛋、白痴、神经质

贤惠：在家里闲着什么都不会

天才：天生的蠢材

天使：天上的狗屎

不错：你长得丑，不是你的错

讨厌：讨人喜欢，百看不厌

校花：校门口卖豆花的

人类：人渣加败类

特困生：一上课就特别困的学生

小白文：情节幼稚肤浅、文字幼稚、无文采的小说，也指情节干净没有任何出格描写的小说

这些缩略词大都来自网络，语义变化较快，同时也不太稳定。

(2)随着某一社会热点产生一批相关的缩略词。

2005 年随着湖南卫视“超级女声”选秀活动的热播，产生了“超女、PK、玉米(李宇春的歌迷)、盒饭(何洁的粉丝)、荔枝(厉娜的支持者)、炒饭(超级女声的粉丝)”等一大批缩略词。2008 年是股市比较好的“牛年”，产生了许多跟股票、基金相关的缩略语，如“股民、股指、基民”等。2015 十大网络用语出炉，“为国护盘”榜上有名。“为国护盘”又名“为国接盘”。2015 年 5 月、6 月到 7 月初，中国股市放量下跌，酿成股灾，沪深两市市值集体蒸发上万亿。在股市下跌期间，网民倡议“为国护盘”，意思是不要为了个人利益抛售股票，而要为了国家整体利益维护股市的稳定，坚持不抛售股票。后来，网络上催生一批“护盘”“接盘”“神护”等缩略词。新冠肺炎疫情暴发后，有不少的志愿者穿上白色防护服加入防疫工作，因防护服较厚，较宽大，像极了动漫人物“大白”，于是网友们便亲切地将防疫工作人员们称为“大白”。“大白”原是电影《超能陆战队》及动画《大白归来》中登场的虚拟人物，是一个体型胖嘟嘟的充气型智能机器人，因其呆萌的外表和善良的性格获得大家的喜爱，被称为“萌神”“守护性暖男”。“大白”借代防疫工作者，不仅生动展现了他们恪尽职守、默默无闻地保护人民群众的温暖形象，

也将防疫工作者们可爱化了许多。新词新语具有时效性，从某种程度上说，是整个社会和大众力量推动的结果，与人们的认知心理有关，也是社会文化发展的自然选择。这类缩略词的流行性很强，稳定性差。

(3)字母词的灵活运用。外文字母词主要以名词为主，兼有其他词类，活用现象很多。名词作动词。如：

①WTO 后，我们面临的机遇和挑战……

②今天你 QQ 了吗？

例①中"WTO"作动词，表示"加入 WTO"，例②中"QQ"表示"用 QQ 聊天工具聊天"，作动词使用。

名词作形容词。如：

①尤其是最近，同事们的言行越来越 WTO 了，这更让她感觉自己在这么个人才济济的大公司里简直是毫无用处。

②做人不能太 CNN。

例①中"WTO"作形容词，表示"国际化，时髦"，例②中"CNN"作形容词使用，表示"像 CNN 那样(歪曲事实，恶意攻击)"。

形容词作动词。如：

①这单生意 OK 了。

②今晚打算去哪里 HP 啊？

"OK"本是形容词，表示"好"，在例①中作动词，表示"做好，搞定"的含义；"HP"是"Happy"的缩略形式，形容词，表示"高兴"，在例②中作动词，表示"很开心地玩"。

介词作动词。比较典型的是"VS"。"VS"的原形是"versus"，在英语中是介词，表示"相对照、相对立"的意思。"VS"进入汉语，一般情况下都可以翻译成"对"，例如"今晚的球赛是罗马对国际米兰"。但表示两种事物对立的时候，"对"往往无法传达"VS"所包含的"对抗，对立"的意思，如：《体坛周报》的标题——"两门炮 VS 六条枪"就比"两门炮对六条枪"看上去更清楚、更明白。现在国内有些时尚报刊也把"VS"作"遇上"或"与"的意思使用，如"成龙 VS 梅丽尔"，是指"当成龙遇上梅丽尔，两人在一起较量演技"。

单个字母作副词。N 表示程度副词"很、非常"的意思。如：

这次一下来了 N 多人，教室被前所未有地站满了。

在这儿已经等了N久,还是不见她的踪影。

这个小妹妹N漂亮,只见了一次就没法忘掉。

有时还用N指代较多的数量,具有夸张的效果。如:

我已经跟他说过N次了,可他还是老样子。

CALL了他N回,他只回过一次话,真把我气死了。

他给了我N个迟到的理由,可惜没一个能让我信服。

借字母的形来描摹事物。如:

O型腿:指腿的形状长得像字母O。

X型人才:指具有交叉学科专业知识的人。

T型人才:指在横向上知识广博、纵向上专业知识精深的人才。

H型荧光灯:指由两个灯管、一短桥连接,形似H的高效节能光源。

S路:指曲里拐弯的路,喻非正道或艰难复杂的路。

这种形象字母词的使用,能够把比较抽象、复杂的事物或事理形象通俗地表现出来,让人容易理解。

二、语汇应用失范

在语言应用过程中,语汇应按照社会约定俗成的规范来使用,也可以根据表达的需要进行必要的灵活运用,但是不能误用。误用便成为语汇应用过程中的失范现象。

(一)生造词语

生造词语是指个人随意造出的词或者任意改变原有词的形式而造出的词。生造词和新词不同,新词是随着社会的发展需要而创造出来的词,而生造词不是语言表达的需要,是个别人随意乱造的,会给读者的理解造成障碍,也造成语言运用的混乱,是应该努力避免的。生造词主要表现在以下几个方面。

1.为求新而生造

①不疲的跋涉者(标题,《黑龙江日报》2011年1月12日)

②阅读在如的文章,虽然不能说篇篇珠玑,章章精彩,但每一篇都能让人读下去。(《新乡日报》2011年3月4日)

③中国的书法重法,这便带来事情的两面……负面是一大堆手镣

脚铐,博大精深的传统往往将书家的个性与人性囿于其中。(《现代快报》2015 年 11 月 2 日)

④清晨,天刚麻麻亮,……惺眼未睁,就听见天井里那群妈妈们在絮叨……(《京江晚报》2019 年 8 月 10 日)

⑤洋溢着慈父的无限隽爱和对儿女炽热的呵护之情。(《老年生活报》2020 年 6 月 19 日)

例①中“不疲”是生造词,这个意思一般要用“不倦”。例②中“篇篇珠玑”是生造词语,成语只有“字字珠玑”,没有“篇篇珠玑”。例③中“手镣脚铐”是生造词,据《现代汉语规范词典》,“铐”是手铐,“镣”是套在脚腕上的戒具。词语搭配不能错位,因此“手镣脚铐”应该为“手铐脚镣”。例④中“惺眼”是生造词。“惺”常用义有二:一是聪明,二是醒悟、清醒。无论用哪种解释,“惺眼未睁”都难以说通。“惺忪”可用来形容刚睡醒时神志和眼睛还处于模糊不清的状态,例④中情景用“睡眼惺忪”形容恰如其分。例⑤中“隽爱”是生造词,应改为“眷爱”。“隽”原指鸟肉肥美,后比喻深长的意味,汉语中没有“隽爱”之说;“眷”义为亲属,引申为垂爱、关心、怀念等,“眷爱”指垂爱、爱念。

2.词语杂糅而生造

①窃浅见,这切中要害,正是立法的着力点之所在,保护个人信息须从严惩商家泄密做起。(《河南日报》2011 年 1 月 27 日)

②冯小宁认为,对明星的吹崇对电影事业有伤害,对社会尤其是年轻人更有伤害。(《深圳特区报》2011 年 3 月 6 日)

③早在“回忆录四部曲”出版之前,他就已经靠着《碎琉璃》《左心房漩涡》等一系列美文闻名远播。(《报刊文摘》2016 年 7 月 27 日)

④2021 年热播电视剧《觉醒年代》第 27 集中,李大钊说:“我记得仲甫先生曾说过一句话,他说,要二十年不谈政治,他要专心地去搞思想启蒙,当然现在他也认识到,当初说这句话有失偏颇了。”(字幕同步显示)

例①中“窃浅见”为生造的谦辞。要么改成“窃以为”,要么改成“依个人的浅见”。例②中“吹崇”是将“吹捧”“崇拜”杂糅、拼凑出来的。例③中“闻名远播”似是杂糅了“声名远播”和“闻名遐迩”,于理不通。“声名远播”义为名字和事迹都传到了很远的地方,形容名声很大,正符合引文要表达的意思。例④“有失偏颇”即失去了偏颇，语义不通，可改为“失之偏颇”。例中应是杂糅了“有失公允（公正）”和“失之偏颇”两个成语。

3.因谐音而生造

这类生造词语主要出现在网络中，有些网民采用的汉字输入法为拼音输入法，输入过程中会产生一些同音异形词，或者是音近词，为了求快就直接选择出现在第一位的词语来代替正确的那个词。如：

杯具：指悲剧

鸭梨：指压力

果酱：指过奖

奥特曼：指 Outman（原是动漫角色，现指不时尚、落后于潮流的人）

童鞋：指同学

肿么了：指怎么了

有木有：指有没有

小盆友：指小朋友

神马都是浮云：指什么都是浮云

气席：去死

闭俗：害羞

单脚拉屎：英语词 dangerous 的汉字谐音，危险

冻蒜：当选

干色摸：干什么

好麻薯：英语 how much 的汉字谐音，多少钱

4.为求广告效应而生造

这类主要出现在广告中。如：

飞发走丝（某理发店广告）　不当腹婆，当腰精（某瘦腰霜广告）

三锅演义（某火锅店广告）　咳不容缓（某止咳药广告）

默默无蚊（某驱蚊器广告）　随心所浴（某热水器广告）

有口皆杯（酒类广告）　口蜜腹健（蜂蜜广告）

闲妻良母（洗衣机广告）　衣名惊人（服装广告）

衣衣不舍（服装广告）　有被无患（棉被广告）

百衣百顺（电熨斗广告）　一步到胃（胃药广告）

(二)滥用异形词

异形词是指在普通话书面语中并存并用的同音(声、韵、调完全相同)、同义(理性意义、色彩意义和语法意义完全相同)而书写形式不同的词语。异形词给汉语使用带来很多不便。早在2001年和2003年,国家语言文字工作委员会分别发布了《第一批异形词整理表》和《第二批异形词整理表(草案)》,对共计602组异形词的词形进行整理。但目前异形词还是大量存在,主要表现为以下几个方面。

1.为符合人们求新求异的心理而故意使用

当前的各种宣传活动,尤其是商业宣传活动,都极力使用各种手段来博得观众的眼球,使用异形词就是其中的一种。如“巨献”和“钜献”:

①杭州文艺界的“巨献”电视连续剧《东方》开机(标题,易网2009年9月28日)

②明日商之都“年中巨献”强势开场(标题,徽商集团网站2010年6月10日)

③中点·颐和家园景观楼王收官钜献(标题,《南京晨报》2009年4月17日)

④持续高温空调走俏格力“冰爽钜献”火爆启动(标题,中国企业新闻网2010年7月9日)

以“钜献……公司”命名的全国就有很多家。比如“深圳市钜献网络科技有限公司”,成立于2015年,是一家以从事软件和信息技术服务业为主的企业;“浙江钜献影视文化传媒有限公司”,成立于2018年,是一家以从事商务服务业为主的公司。

《康熙字典》中解释“巨”有“大”的含义,又指出“巨”与“钜”为通假字;1955年12月22日,文化部和文字改革委员会联合发布的《第一批异体字整理表》中,把“巨”与“钜”列为异体字;在《现代汉语词典》(第7版)中,也把表示“大,很大”的含义时的“巨”与“钜”处理为异体字。而“巨献”与“钜献”在实际使用中并存并用,同音、同义,所以这两个词应为异形词。类似的异形词还有:“端午—端五、珍馐—珍羞、精华—菁华”等。

2.《第二批异形词整理表(草案)》里的一些推荐词形与《现代汉语词典》(第7版)推荐的词形有出入

《现代汉语词典》里对于异形词的处理,典型格式是区分主副条以表明取舍倾向。主条释义并说明“也作某某(副条)”。主副条首字相同者，副条一般不出条；首字不同者，副条均出条，但不释义，仅说明“同‘某某’(主条)”，取舍倾向比较明显。如：

【掌子】zhǎng · zi 采矿或隧道工程中掘进的工作面。也作礃子。

【礃子】zhǎng · zi 同“掌子”。

作为语言文字工具书，《现代汉语词典》比《异形词整理表》的应用范围更广，二者应该互为参照，尽量一致。但事实上在一些异形词推荐词形上，二者还是有出入的地方，这些不同让人们在使用时不知该如何选用。如：

A	B	C
暗度陈仓	暗渡陈仓	暗度陈仓
比画	比划	比划
故技	故伎	故伎
旋涡	漩涡	漩涡
丫鬟	丫环	丫鬟
一倡百和	一唱百和	一倡百和
约莫	约摸	约摸

注：上面A列为《现代汉语词典》(第7版)推荐词形；B列为《第二批异形词整理表(草案)》推荐词形；C列为人们在日常使用时习惯选用的词形。

(三)滥用方言词语

一些方言词在进入普通话语汇时词形产生了变异。如：

“埋单”一词由来已久，源于广东话。因为广州的饮食业以前有先吃后结账的传统。粤语“埋单”与“买单”中的“埋”与“买”两字，音近义远，这两个词的意思也是大相径庭。

粤语的“埋”字，有多个含义，其中之一有聚合、结算之义，如“埋口”(伤口愈合)、“埋份”(参与一份)、“埋堆”(志趣相投者常相聚一起)等。从前做生意者年终结算，叫“埋年”；至茶楼酒肆，食毕开单结账，便是“埋单”。

而“买单”一词，源于早年广州开埠，穗港异地间商业票据往来，本地付款，异地取货，当下付钱“买”到的其实只是一纸提单。可见“埋单”“买单”两者最早是有根本区别的。作为外地人，辨音会意，“埋单”谐音而成“买单”。

在社会语言生活中，“埋单”一般指在饭馆用餐后结账付款。如：

①我请客，自然我埋单。

②这顿饭由他来埋单。

渐渐地，人们也用“埋单”来泛指付钱。如：

③这个工程是由国家来埋单的。

④你的规划很好，谁来埋单呢？

“埋单”有时还用来表示“承担责任”的意思。如：

⑤这是企业的问题，不能由职工来埋单。

⑥桥梁质量这么差，该由谁来埋单？

“埋单”传入北方后，北方人也把它说成“买单”，报刊上时或见到。工具书上多以“埋单”为主条。但是，从社会使用来说，在人们的口语中，“买单”似乎使用得更多些。在书面上，这两种写法都可以使用。从发展趋势看，“买单”的势头似乎更强些。

另外，“买单”除了表示上述意思外，还是个金融方面的词语，是指金融市场上作为买进凭证的单据。例如：

⑦这是今天股市上最大的一张买单。

作为来自粤语区的方言词“埋单”，最初表示“开单，结账”。进入普通话中又引申出了“承担责任，付出代价”的含义。同时，出现了一个变形词“买单”。当前报刊、荧屏上“买单”和“埋单”的使用混乱而随意，如：

谁为大型演出埋单（标题，《新民晚报》2004 年 3 月 8 日）

修公路要为水土流失买单（标题，《重庆日报》2004 年 3 月 8 日）

研究生发表论文谁买单？（标题，《文汇报》2004 年 2 月 18 日）

谁为这起恶性家政事故“埋单”？（标题，《市场报》2004 年 2 月 10 日）

人情结算与义务承担——以朋友聚餐消费中的“买单”行为为例（标题，《广东社会科学》2014 年第 1 期）

谁来为“0 分”的孩子买单（标题，《人生十六七》2016 年 7 月中旬刊）

尽管《现代汉语词典》（第 7 版）也都收录有“埋单”和“买单”两个词条，且二者未加区别，但我们认为，作为词义、用法完全相同的两个词，完全没有必要采用一组异形词来表示，既然使用的是来自方言的词语，就应该保留它的原词形，取“埋单”而舍“买单”。

忽悠：本为东北方言，义为“蒙骗，欺骗”。这个词因为赵本山《卖拐》系列小品的成功演出而迅速流行开来。网名“廻峰山樵夫”的网友于 2022 年 2 月 13 日发表一篇文章《忽悠》，开头说：“忽悠这个词不知道起源于什么时候。反正前几年很有市场，招商时忽悠，检查时忽悠，借钱时忽悠，总结时忽悠，保险忽悠，个人之间，公事之中，反正忽悠无时无处不在，使用率极高。”足见“忽悠”运用之广泛。但如果使用不当，在意义表达方面就容易出现偏差。如：

他要去西盛倒的确和自己同路，可谁知道在去西盛的路上会不会有他的同伙正等待着实施抢劫？男人的心忽悠得厉害。（转引自胡丽珍、雷冬平《“忽悠”的产生、流行及误用》，《辞书研究》2008 年第 5 期）

就这样，朱二一会儿贬，一会儿激，喷云吐雾一阵猛忽悠。酒足饭饱之后，侯三的脑袋里也装满了发横财的兴奋。（转引自胡丽珍、雷冬平《“忽悠”的产生、流行及误用》，《辞书研究》2008 年第 5 期）

第一个句子把“忽悠”误用作“跳动”的意思，第二个句子把“忽悠”的“吹捧”义误用成“吹嘘”。再如《赵本山忽悠东北文化》（《三联生活周刊》2004 年第 10 期）一文，全文介绍赵本山在传播东北文化中的作用，但是标题却用“忽悠”一词，误用成“传播”义。

（四）滥用外来词语

1.因没有充分理解词语产生的文化背景和文化含义而误用

橄榄枝：来自英语“Olive branch”，含义比较固定，指的是“经历了冲突、对立、对抗后实现的和平的象征”。目前国内媒体流传的“伸出橄榄枝”的用法，有些属于误用。如：

当一个独立出版人选择接下出版社的橄榄枝（标题，《出版人》2022 年第 1 期）

7000 余岗位抛出“求贤橄榄枝”（标题，《青岛晚报》2023 年 2 月 4 日）

这两例对“橄榄枝”的使用显然都忽略了“双方有冲突”这一前提，“伸出橄榄枝”本是“建议讲和、建议和解”的意义，不能随意扩大表示“聘请、邀请”的含义。

2.汉语中本有相对的词语或者用汉语完全可以表达清楚的概念，却生硬使用音译词

欧巴桑：来自日语，指“大嫂、阿姨”，泛指中老年女性。

欧吉桑：来自日语，指“叔叔、大爷”，泛指中老年男性。

正太：来自日语，原指“12岁的短发东方男孩”，现指“长得很漂亮、很可爱的男孩”。

3.汉语表达中夹杂英文单词

这种用法大多出现在口语和网络用语当中，现有蔓延开来的趋势。

Faint，怎么又没有按时到！（Faint表示惊讶，失望，晕）

小case，没有问题。（小事一桩，没有问题）

请copy一下这份paper。（请复印一下这份文件）

文件打好后，请E-mail给我。（请发电子邮件给我）

原来出去Happy的目的就是“不能待在家里，洗洗睡了”。为了这个目的，宁可自己不Happy。

《规划》提出的“黑龙江——中国的COOL省”的旅游形象，有很强的创新性和针对性。（人民网，2003年7月23日）

MG：MY年轻生活的GENE（标题，凤凰网2010年3月3日）

哪款AOC，卖到了VPP？（标题，凤凰网2010年3月3日）

就目前外来词的使用来看，像这种夹杂着英文单词的表达方式，除了显得时髦前卫以外，并没有任何实际意义。

（五）滥用古语词

当前使用古语词有一种很不好的倾向，即一味求新求异，不管妥当与否，群起仿效，造成滥用；或不求甚解，或不分褒贬，或生搬硬套，或断章取义，如“秘笈”，本为“秘籍”，原指珍贵的书籍。随着新武侠小说的传播而流传开来，除了“武功秘笈”以外还出现了“炒股秘笈”“购楼秘笈”等。将“秘笈”等同于“秘诀、方法、技巧”，出现于一些栏目，如《扮靓秘笈》《玩彩秘笈》或标题如《成龙征服好莱坞三大秘笈》（《大河报》2001年8月28日）、《古人写字有何秘芨》（《烟台晚报》2022年6月14日）等，更有甚者出现了“三条秘笈”“四点秘笈”之类的用法，都是值得我们注意和避免的。

再如“染指”，典出《左传·宣公四年》，本义是将手指伸入鼎中沾汤尝味，后比喻分取非分的利益，具有浓厚的贬义色彩。近年来，“染指”一词经常出现在体育比赛和其他场合当中，例如：

虽然上个赛季东部球队染指了总冠军，但从本赛季开打的第一天的表现看，东部球队依然不被看好。（《当代体育》2005 年第 18 期）

分析人士认为，染指北美汽车钢材市场是阿塞洛发动收购战的主要动机。（《中国矿业报》2005 年 11 月 30 日）

上海连锁网吧遭遇瓶颈，外资寻机染指网吧市场。（《国际金融报》2004 年 8 月 2 日）

毫无疑问，火箭队若想染指总冠军，没有姚明是根本不可能的，火箭队的“灵丹妙药”只可能是姚明，问题是该怎样来发挥“药效”，让姚明融入火箭队的战术体系中。（新浪网，2016 年 9 月 8 日）

这名运动员在短道速滑世界杯赛中染指三金，并两破纪录。（《语言文字周报》微信公众号 2019 年 8 月 30 日）

这位影星初次染指歌坛即大获成功，他的专辑上市一个月售出 5 万张。（《语言文字周报》微信公众号 2019 年 8 月 30 日）

这些例句中“染指”的使用明显具有了中性甚至褒义的色彩，显然是由于对该词的典故不甚了解所致，属于误用。

“经典”，原指传统的具有权威性的著作，现主要作形容词使用，指“事物具有典型性而影响较大的”，如“经典影片”。近年来，与“经典”同音的“精典”频频在各种媒体上出现，如“精典案例”“精典台词”“精典回放”“精典片段”等，大有同“经典”抗衡之势。从语义上看，二者的意义并无区别，从语用上看，“精典”基本上都是被当作“经典”来使用的，所以从“经典”到“精典”的变化是病变，“精典”是“经典”的误用。

“逡巡”，意义丰富，可表示“却行、恭顺貌”“退避、退让”“从容、不慌忙”“小心谨慎”“徘徊不进、滞留”“拖延、迁延”“迟疑、犹豫”“顷刻、极短时间”“月晕”等，其常用义指有所顾虑而徘徊或不敢前进。“逡巡”被误用的情况很多，如：

记者随着人流逡巡在家具的海洋里，看了多年家具展的记者还是不断有眼前一亮的感觉。（《羊城晚报》2006 年 3 月 24 日）

“‘破旧旅馆’的卧室、客房、卫生间、走廊都被搭置在摄影棚内。记者趁拍摄间隙走马观花地逡巡了一圈，发现还真像那么回事儿！”

（新浪网，2006 年 3 月 31 日）

穿梭在硅谷低矮的建筑群落中，逡巡在千姿百态的员工工作区中，你能感到的是开阔和清爽。（博客，2017 年 4 月 17 日）

“逡巡”的含义总是与“胆怯、犹豫、徘徊”等词语相关，这三例中都没有这层含义，所以应该改成“巡游、巡视、巡行”等词语。

（六）滥用专业词语

专业词语的滥用表现在任意改动原词语词形和不了解专业词语的原义而误用两个方面。例如“综合征”一词，本是医学词语。目前，医学界已经有统一的意见——用“综合征”来表示“因某些有病的器官相互关联的变化而同时出现的一系列症状”。但是进入普通语汇领域，却出现了“综合症”的用法。如：

冰岛火山灰触发“综合症”（标题，新华网，2010 年 4 月 22 日）

大都市白领的乡愁综合症（标题，凤凰网，2010 年 3 月 19 日）

国庆八天乐，细数我们的“节后综合症”（标题，腾讯女性，2010 年 10 月 13 日）

2022 年 9 月 10 日，我们登录互联网，搜索“综合症”“综合征”字样，发现二者几乎混用。仅以“综合症的表现”为检索对象，出现的标题就有 10 条，其中 8 条使用“综合症”，2 条用“综合征”：

假期综合症的表现

擦腿综合症的表现

鼻后滴漏综合症的表现

综合征的表现不典型

综合征的表现

更年期综合症八大表现

综合症有哪些

干燥综合症 10 大表现

多囊卵巢综合症有什么症状表现

帕金森综合症有什么表现

“综合症”大有蔓延开来之势。但使用专业词语，首先就要尊重原有专业领域对词语的选择，不能够任意篡改，所以应该舍“症”取“征”。《现代汉语词典》（第 7 版）也只收有“综合征”一词，没有收录“综合症”。

“登陆”和“登录”这两个词在计算机网络出现以前使用起来一般不会出错，它们的混用出自网络，“登陆网站/登录网站”“登陆邮箱/登录邮箱”“注册登陆/注册登录”等。如今，这种混用更进一步扩散到其他媒体，如：

没有安装杀毒软件的朋友可以登陆 http://online.rising.com.cn 使用瑞星杀毒软件在线杀毒，或登录 http://www.rising.com.cn 免费下载使用瑞星杀毒软件及个人防火墙 2006 测试版清除病毒。（《人民日报》2005 年 11 月 24 日）

欢迎登陆央视国际网站 WWW.CCTV.COM 参加评选。（2006 年中央电视台春节晚会字幕）

中国移动拜年方式拨打 12530 或登录 WWW.CCTV.COM。（2006 年中央电视台春节晚会字幕）

有材料显示，截至 2014 年 8 月 4 日，CCL 现代汉语语料库中共收录“登陆”词条 5597 例，其中用于“登陆”网络的有 347 例；收录“登录”词条 798 例（排除雷同例句，则只有 626 例），其中用于“登录”网络的有 531 例。虽然从语料使用的相对数量来看，“登录”的用例多于“登陆”，但从语料使用的绝对数量来看，“登陆”的用例也是非常多的。

2022 年 9 月 16 日，我们在“百度”搜索框中输入“登陆”字样，搜索框下就会自动弹出一系列可供选择的词条，主要有“登陆吧”“登陆页”“登陆游戏”“登陆系统”“登陆密码”“登陆界面”“登陆支付宝”“登陆操作中心”“登陆信息门户”“登陆视频大全”“登陆百度图片”“登陆 QQ 邮箱”“登陆新浪微博”“邮箱登陆”“管理登陆”“全员登陆”“网站用户登陆”“163 邮箱登陆”等。同样，在“百度”搜索框中输入“登录”字样，搜索框下也会自动弹出一系列可供选择的词条，主要有“登录吧”“登录网”“登录平台”“登录邮箱”“登录系统”“登录密码”“登录界面”“登录 QQ”“登录验证码”“登录操作中心”“登录支付宝”“登录开心网”“登录百度账号”“登录 360 账号中心”“用户登录”“一键登录”“个人登录”“网页登录”“融合登录”“扫码登录”“短信登录”“微信登录”“手机号登录”“360 账号登录”“学生登录入口”“统一身份证登录”“首页用户登录网”“Wi-Fi 路由器登录”等。更有意思的是，“登陆”和“登录”还出现在同一个词条里，如“邮箱登陆——登录 QQ 邮箱”。二者的混用现象，已走出网络语言本身，渗透到报纸、期刊和电视、电影等各类媒体，令人眼花缭乱，莫衷一是。

理论上讲，“登陆”和“登录”的区别还是明显的：一是产生年代不同。“登陆”最早出现在唐朝，“登录”是个新词，产生于现代。二是词汇意义不同。“陆”是“陆地”，“录”是“录入”；“登陆”之“登”是“向上进入”，“登录”之“登”是“记载、录入”。字面上，“登陆”即“登上陆地”，指人（如作战军队）或物（如台风）由水面登上陆地，“打入”是其比喻义；“登录”是“刊登、登记、抄录”之义，输入用户名和密码，取得计算机网络系统的认可，是引申义。三是构词方式不同。“登陆”是动宾式复合词，“登录”则是连谓式复合词。四是使用范围不同。“登陆”的主体可以是人，也可以是物，而“登录”的主体则一般是人。五是构词能力不同。“登陆”的构词能力更强，如“登陆场”“登陆船”“登陆舱”“登陆器”等。

仅就“登陆/登录”与“网站、网页、邮箱、系统”的组合搭配而言，我们认为应该从这样几个方面来区分它们：“登陆”的语义重点在“登”，即进入，而“登录”的语义重点在“录”，即登记；凡是用“登录”的，一定意味着要求注册用户名和密码，凡是不要求输入用户名和密码的，建议使用“登陆”；在“匿名登 lù”中，只能用“登陆”不能用“登录”。

“个人所得税免征额”这个短语经常被误用作“个人所得税起征点”，如：

个税起征点上调呼声高居民称物价应与个税挂钩（标题，中财网，2011 年 6 月 19 日）

个税起征点：提，还是不提？提多少？（标题，CCTV-新闻《朝闻天下》栏目，2008 年 11 月 25 日）

2021 年最新全国（包括北京/上海/广州/深圳）工资扣税标准

2020 年还有 1 个月就结束了，2021 年即将来至。个人所得税网结合当前政策，对全国工资扣税标准进行如下预测。

一、个税起征点

要讲工资扣税标准，必须首先讲个税起征点。关于个税起征点，现在全国仍然是统一的，都是 5000 元。也就是说：

北京个税起征点是 5000 元，

上海个税起征点是 5000 元，

广州个税起征点是 5000 元，

深圳个税起征点是 5000 元，

杭州个税起征点是5000元，

苏州个税起征点是5000元，

武汉个税起征点是5000元，

…………

也就是说，全国所有城市的个税起征点都是5000元!!! 当然这是相对于国内工资扣税来说的。外籍的个税起征点也是5000元。（人民网，2020年12月17日）

正确的说法是“个人所得税免征额”，2011年4月20日，在十一届全国人大常委会第二十次会议上审议通过的也是将“个人所得税免征额”拟调至3000元。在财政学中，“起征点”与“免征额”有着严格的区别，否则无法区分税法中的一些规定。所谓“起征点”，是征税对象达到征税数额开始征税的界限。征税对象的数额未达到起征点时不征税，一旦达到或超过起征点时，则要就其全部的数额征税，而不是仅对其超过起征点的部分征税。所谓“免征额”是在征税对象总额中免予征税的数额。它是按照一定标准从征税对象总额中预先减除的数额，免征额部分不征税，只对超过免征额部分征税。

（七）滥用熟语

1.滥用成语

成语的误用一般分为对成语原形的误用和对成语意义的误用。

（1）对成语原形的误用是指经常把成语中的某个字形写错，如：

2010年上海世博会中国馆美仑美换的东方之冠。（教育频道网，2009年8月7日）

其中“美仑美换”当为“美轮美奂”。《礼记·檀弓下》说，春秋时晋国大夫赵武建造宫室落成后，人们前去庆贺。大夫张老说：“美哉轮焉，美哉奂焉!”后来用“美轮美奂”形容新屋高大美观，也形容装饰、布置等美好漂亮。“轮”高大义，“奂”是“文采鲜明”。而“仑”是“条理、伦次”义，“换”是“交换”“变换”“兑换”，汉语中不存在“美仑美换”之说。

随着综合国力的日益增强，能够提供给我们科学研究的条件早已不可同日而语，然而，何以像华老这样具有国际影响的大师却依然寥若星辰，这不能不引起我们的深刻的反思。（《人民日报》2010年12月1日）

其中“寥若星辰”当为“寥若晨星”。“寥”是“稀少”,“寥若晨星”即“稀少得好像早晨的星星”。“星辰”包含的星星就多了去了,不见得稀少。

中国目前的福利水平如何?北京师范大学课程组撰写的《2013中国民生发展报告》开宗名义……(《南方都市报》2015年11月9日)

其中,“开宗名义”为“开宗明义”之误。“开宗明义”出自《孝经》,是其第一章的篇名。宋人邢昺对这一篇名进行解释:“开,张也;宗,本也;明,显也;义,理也。言此章开张一经之宗本,显明五孝之义理,故曰开宗明义章也。”后用来指说话、写文章一开始就点明主要意见。“名义”一指做某事时所用的名分、资格,二指表面、形式,与“开宗”是扯不上边的。

在竞争激烈的商业社会,用心做饭需要勇气、需要信仰,但暇以时日,必得丰厚回报。(《黑龙江广播电视报》2016年1月25日)

其中,“暇以时日”为“假以时日”之误。“假”义项较多,其中的一个是“给予”。“天不假日”就是天公不给人以寿命,“假以时日”就是给以时日。“暇”或指从容、悠闲,或指空闲。无论哪个意思,“暇以时日”都不成话。

站在楼兰斑驳的废墟上,我看不到远去的折戢沉沙激烈争战的画面,我的耳际悠悠拂过呼啸的漠风。(《漳州日报》2020年1月13日)

其中,“折戢沉沙”为“折戟沉沙”之误。“戟”是古代的一种兵器,合戈、矛为一体,略似戈,长柄一端有枪尖,旁边附有月牙形的利刃,兼有戈之横击、矛之直刺两种作用,杀伤力强于戈、矛。“折戟沉沙”字面意思为被折断的戟埋没在泥沙里,成了废铜烂铁,用来形容惨重的失败。“戢”本以为收藏兵器,引申出停止战争、止息、收敛、约束等义。“折戢沉沙”说不通。

在教师这行里干的时间越久,与外面的联系也就越少,因而也就愈加的不黯世事,生活、做人都随之纯粹和简单了不少。(《西北信息报》2021年6月25日)

其中,除了“的”应该为“地”外,“不黯世事”为“不谙世事”之误。“谙”本义为知悉、熟记。“不谙世事”也作“不谙世故”,指不懂得人情世故。“黯”本义是深黑色。作形容词用时,义为阴暗、昏暗,引申指心神沮丧的样子。“不黯世事”于理不通。

(2)对成语意义的误用经常是因为对成语本来所表达的含义不够清楚造成的。如:

对于完成这个任务,连长董正山首先想到了他的老部下高志平,

所以这个任务也就当仁不让地落到了九班。(《书刊报》2010 年 7 月 12 日)

“当仁不让”指遇到应该做的事情就积极主动去做,不谦让、不退避、不推诿,所以“当仁不让”的必须是能承担责任的行为主体。这句话应改为“九班当仁不让地接受了这个任务”。

经仔细检查,他们才发现这是一只真的小老虎,它还活着,但因为被注射了安眠药,所以不省人事。(《参考消息》2010 年 8 月 29 日)

“不省人事”的确是指“失去知觉”,但这失去知觉是指人失去知觉,因为“人事”是指“人的意识的对象”。小老虎不是人,所以用“不省人事”虽然不能说完全错误,但还是不甚恰当。

在我看来,母亲虽不会高谈阔论,但她的语言却含菁咀华,她的生活里处处都有哲学。(《亳州晚报》2018 年 3 月 7 日)

“含菁咀华”也作“含英咀华”,出自唐朝韩愈《进学解》:“沈浸醲郁,含英咀华;作为文章,其书满家。”“咀”,义为细嚼,引申有体味之义;“英、菁和华”皆指花朵,引申有精华之义。“含英咀华”就是把花朵含在嘴里慢慢咀嚼,比喻琢磨、体味或领会诗文的精华,其主语应该是人,不能是物。上例引文中作者想表达的意思是,母亲的语言虽然朴素,但是蕴含生活哲理,耐人寻味,主语是物“她的语言”,这便语句不通了。

一家装公司的广告语称:“用了这种壁纸,立刻让您的居室蓬荜生辉。”(《语言文字周报》微信公众号 2019 年 8 月 30 日)

“蓬荜生辉”是谦辞,指宾客来访或题赠可张挂的字画等使宅室增添了光彩,自己深感荣耀。对于他人的行为,不能用谦辞。例中的“蓬荜生辉”应改为“锦上添花”。

武汉二号线宝通寺站进出口安检层有一幅宣传画。画面正中为一狮首人身像,拿着手机在地铁车厢内旁若无人地打电话。身边乘客手捂耳朵,侧目以对,都是满脸嫌弃状。画面右侧为十分醒目的八个大字“不在河东,不必狮吼”,其下还有六个小字:“请勿大声喧哗。”(《咬文嚼字》2021 年第 10 期)

很明显,例中化用了“河东狮吼”。这个化用实为误用,弄巧成拙。“河东狮吼”出自宋苏东坡《寄吴德仁兼简陈季常》。“河东”本是地名,诗中指代陈季常之妻柳真龄。“狮子吼”是佛家用语,代指“如来正声”,比喻佛祖讲经声震寰宇的威严。苏轼用此成语戏言陈季常与妻子都学佛,却没有妻子领悟得精深。后世常用这个成语形容惧内。无论是本义,还是引申义,"河东狮吼"都不是普通意义上的"大声喧哗"的意思。武汉地铁站内的宣传画,将"狮吼"之义解释为"大声喧哗",把原本的丰富内涵全都消解,实在是望文生义。这不仅是对"狮吼"的简单化处理,也容易让观者产生误解。

2.滥用惯用语

滥用惯用语主要表现在任意仿造惯用语方面。2010 年,中国市场上出现了游资炒作和不法经营者恶意操纵价格的现象,部分农产品相继成为炒作的对象,价格一路飙升,后波及其他物资,对百姓生活产生了一定影响。围绕这一事件,出现了一批仿惯用语。如"豆你玩、蒜你狠、糖高宗、姜你军、盐王爷、苹什么、辣翻天、花你钱、棉花掌、药你命、煤超风、油老虎"。从这批词产生的背景来看,确实反映了客观现象,但是从语言文字使用的角度来说,这种任意修改词语形式来表达特殊概念的现象属于生造词的范围,尤其不应该出现在主流媒体的新闻类节目中。而且,事实证明随着国家一系列政策的出台和各项措施的推行,物价平抑后,这些仿惯用语也逐渐淡出了人们的视野。

滥用惯用语也包括惯用语的书写错误现象。如:

熟不知,愈在这种时候,当你熟视无睹时,灾情往往在不经意间发生。(《兰州日报》2019 年 5 月 23 日)

"熟不知"是"殊不知"之误。"殊"作副词,表示竟、竟然。"殊不知",犹言竟不知道、竟没想到。"熟"是食物加热至可吃的程度,也有果实成熟、经过加工处理等义项。"殊"误作"熟"为音近所致。

曹锟视李桂元为望年交的小友及私人医生,喜欢向他询问东洋时政以及在日期间的所见所闻。(《今晚报》2021 年 8 月 23 日)

"望年交"为"忘年交"之误。两个年龄差别很大的人结交成了知心好友,被称为"忘年交"。"望""忘"同音而误用。

(八)缩略词失当

缩略词失当主要表现在滥用汉语缩略词、生造缩略词和滥用字母词三个方面。

1.滥用汉语缩略词

汉语缩略词的使用必须符合表义明确、使用规范的原则,不能任意缩略，否则就会造成表意不清，类似生造词语的现象。

①过年涵盖着中华民族源远文化和优良品德。(《检察日报》2011年2月1日)

②在右玉县曾出土过一件汉代青铜"胡傅温酒樽"，器身周边饰有鸟蝶花草，有一只兔子在草丛中奔跑，形象栩生，美丽灵动。(《山西日报》2011年2月18日)

例①句"源远"不成词，应为"源远流长(的)"，或用"久远的""悠久的"比较合适。例②句"栩生"是将"栩栩如生"临时节缩而成。成语的节缩不是随心所欲的，一般应约定俗成，如"画蛇添足"节缩成"蛇足"，"瓜田李下"节缩成"瓜李"，并不是任何一个成语任意抽取其中两个语素就可以完成成语的"节缩"。

不当的缩略词有时也出现教科书中。人教版高中《历史》(选修1)第八单元讲述日本的明治维新，其中第1课标题为《从锁国走向开国的日本》。该课导言说："当历史进入19世纪……日本的统治者仍然坚持锁国政策。""日本紧锁两百多年的国门被打开了，不得不面向世界。""日本开国以后，欧美国家的廉价工业品大量倾销日本……"这里的"开国"即"打开国门"之义，与"闭关锁国"意思相反。

"开国"本是一个词，含义是"指建立新的国家或政权(在封建时代指建立新的朝代)"。"开"义为建立，如"开国元勋""开国皇帝""开国大典"等，"开国"不含"开放国家"之义。例中的"开国"可改为"开放"。

2.生造缩略词

这类主要来自网络，在论坛或聊天室里，一些年轻人因表达情绪的需要或者是输入错误而使用了一些生造的缩略词。如"表(不要)""酱紫(这样子)""酿子(那样子)""系咪(是不是)""型男(有模特身形的男人)""漫迷(漫画迷)""笨五(奔腾5)""开画(公开放映)""呕像(呕吐的对象)""泡友(泡茶请朋友)""人类(人渣+败类)""摄友(喜欢摄影的网友)""伟哥(伟大的男人)"等。这类生造缩略词使用范围狭窄，一般仅在网络的某个圈子里被固定的人群使用，不会对现代汉语造成冲击。

报刊中也常出现生造缩略词现象。如：

在茅盾的乡土文学作品中，乌镇给了他太多的创作源泉。从茅盾故居斜对面的"林家铺子"到市中的茶馆"访卢阁"，从茅家一路之隔的

“修贞观”到市河边商业街的“汇源当铺”……(《中国国家地理》2002年第2期)

例中把“茅盾故居”简称为“茅家”有失妥帖。茅盾姓沈,名德鸿,字雁冰,他不姓茅,他的故居不应称“茅家”,应称为“沈家”。类似的例子还有:作家鲁迅姓周,他的故居称“周家新台门”;作家巴金姓李,他的故居称“李家院子”。

3.滥用字母词

由于字母词具有经济简洁、“与国际接轨”的优势,当下字母词的使用呈现了一种井喷的状态,随之而来的滥用、误用现象比比皆是。这种现象不仅给普通读者带来了语言上的障碍,而且也造成了汉语书面用词的混乱。

根据世界卫生组织的要求,对病人实施了DOTS策略。(《人民日报》2001年3月1日)

中国联通是国内唯一的全业务电信运营商,拥有目前世界最大的基于IP技术的商用视讯网,基于联通ATM骨干网络承载平台,采用国际领先设备,提供QOS保证及强大的技术支持,覆盖国内300多个城市,通达多个国家和地区。(《光明日报》2003年10月23日)

科士达荣获国产UPS用户首选品牌大奖。(《中国教育报》2003年10月13日)

把“BIBF之桥”打造得更好。(《中华读书报》2003年10月8日)

RNGB电子竞技俱乐部、IG电子竞技俱乐部屡屡上榜,如“RNGB夺冠”“IG永不五杀”“IG冠军”等。[《中国语言生活状况报告(2019)》,商务印书馆2019年]

这些表达虽然用词简洁,但是对于普通阅读者来讲,理解起来还是有困难的。

2020年出版的《中国语言生活状况报告》绿皮书中收录了“awsl”一词,该词是由汉语拼音缩略而成,并不符合汉语构词的原则,但是当年这个词的热度却居高不下。《中国青年报》《经济观察报》《每日经济新闻》《齐鲁晚报》等数十家报刊、网站刊登了关于“awsl”的相关文章,如:

awsl:年度弹幕里的交流“暗号”(标题,《中国青年报》2019年12

月 26 日)

2019 年度弹幕“awsl”衍生出一幕幕小剧场(标题,《中国青年报》2020 年 1 月 10 日)

AWSL 成 B 站年度弹幕词,专家称背后是年轻人的情感共鸣(标题,《经济观察报》企鹅号 2019 年 12 月 5 日)

B 站 1 年发弹幕超 14 亿次　年轻人的“AWSL”你看懂了吗(标题,《每日经济新闻》2019 年 12 月 6 日)

B 站年度弹幕热词出炉 AWSL、逮虾户等上榜(标题,《齐鲁晚报》2019 年 12 月 5 日)

其中不乏一些报刊、网站是为了热度,博人眼球而刊登的该类文章,对于这些词语的使用也是良莠不齐。

另外,对英文词语的谐音缩略也不应提倡,如“I 服了 U(you)”“C U(See you)”“3 K U(Thank you)”“MM sp 这个菜鸟 try 一 try(妹妹支持支持这个菜鸟试一试)”“偶上网 ing(我正在上网)”“人尔大月 sjb A(你有神经病啊)”。这些用例都是根据字母读音同某个单词读音相同或相近缩略而成,应该成为规范的对象。

第三节　语汇规范对策

语汇规范化工作包括两个方面,一是维护词语的既有规范,就是避免用错已有的词语或生造词语;二是对普通话从方言词、古语词或其他语言信息吸收进来的成分进行规范。

一、语汇规范的原则

普通话语汇的规范以北方方言语汇为基础,规范的原则有五个方面。

(一)必要性原则

必要性原则,就是要考虑一个词在普通话语汇中,有无存在的必要。在表达上是不是必不可少的,是否填补了汉语语汇的空白,普通话中是否有与此对等的词语等。比如为适应社会政治、经济和文化发展而产生的新词新语或引进的一些外来词,前者如“众扶、超话、促融、心学、共债、站贫、换锚、电脑、网络、地铁、手机、股票、粉丝、考霸、超女、博客、房奴、伪娘、熊猫烧香、博导、一国两制、减肥、纳米、啃老族、解说门、轻定投、割韭菜、新征程、好差评、双循环、云外交、健康码、复工贷、屏幕经济、全息媒体、估值降维”等；后者如“酷、控、秀、霸凌、饿怒、耐撕、托福、克隆、料理、马拉松、腮红金、胞波卡、社交泡泡、5G”等。这些词语在表达上必不可少，普通话中原来没有，填补了汉语语汇的空白，因此逐渐成为汉语语汇的一部分。

但是也有一些语汇，它们可能是因为某些热点事件而产生，如“土味情话”“盘它”“内卷”“凡尔赛”等词语，这些都是由于一些社会的热点话题的出现，而即时出现的新词语，它们有可能因为话题或现象的热度减退而逐渐淡出人们的视野。这类词语虽然数量比较多，而且在某一段时间内使用频率较高，却在必要性程度上未必很高，所以很可能随着时间的流逝而流失，故必要性原则是新词语的出现和传播必须遵循的原则之一。

（二）普遍性原则

普遍性原则，也称为约定俗成原则，就是在进行现代汉语语汇规范时要尽量选择人们普遍使用的词语。词语的定型过程就是指人民群众对新词语的接受程度和使用程度变化的过程。在此过程中，新词语的意义和内涵得到大众的认可，使用准则也逐步确定下来。这个过程也可以说是在人们普遍接受（即约定俗成）的过程中逐步实现的。

近年来普通话语汇发展比较快，大量基础方言和非基础方言的词涌入普通话，丰富了普通话语汇，但也给普通话语汇带来一些分歧和混乱。在词语运用过程中，往往同一对象会有几种不同的说法，如“蚜虫、蚁虫、密虫、腻虫、油虫、旱虫”等，指的是同一种虫，从普遍性的角度，就应该选择“蚜虫”。

在新词语的规范过程中，首先应该选用大众普遍接受且使用频率较高的词语，不能选用只在小范围内传播或只有少数人理解其内涵的词语，要注意表达上的可接受性。如：“互联网+”这个词，是指利用信息通信技术及互联网平台将互联网与包括传统行业在内的各行业结合起来，这个词开启了词语和符号相结合的新形式，用“+”表示出了融合的概念，生动形象，受到了广大人民群众的接受，后又出现了“文化+”“创客+”“旅游+”“智能+”等，这种以系列形式出现的新词语都是在人们首先接受初次出现的“母词”，而后普遍接受一系列词语的情况下才产生的。

（三）明确性原则

明确性原则，通常所指就是要选择那些意义明确的，容易为人们理解和接受的词语。如不取方言词的"车船"而取"轮船"，不取古语词的"昧爽"而取"拂晓"，不取音译词的"德谟克拉西"而取意译词"民主"等，就是因为后者表义清楚，容易理解。其实，词语规范的明确性应该包括词语的意明、形简两个方面。

意明，即表达的意义要准确、明了、到位，能够在较大的范围内为人们所接受。如："方便面"和"速食面""即食面""快餐面"，都表示食用起来快当、方便的意思，"速食面""即食面""快餐面"这个意思表现得更明显，而"方便面"除了这个意思外，还有携带起来方便的意思，"方便面"意思的表达是最到位的，流行较广。因此，"方便面"一词逐渐取代了其他三个词语。

形简，即在不影响意义的前提下，要采用词形短、书写方便的词。缩略词的出现，就是形简的因素在起作用。如"电脑"和"电子计算机"，前者比后者要流行，就因为前者词形短。另外，书写起来也方便得多。

有时候词语的选定是形、音、义几种因素综合作用的结果。如"电热毯"和"电热褥"都是指"内有电热装置，通电后会发热的褥子。用于取暖，并对某些疾病也有一定的辅助疗效"。从意义上说，"褥子"是睡觉时垫在身体下面的东西，用棉花做成，也有用兽皮等制成的；"毯子"是铺在床上、地上，或挂在墙上的较厚的毛织品、棉织品或棉毛混织品，大多有图案或图画。相比之下，"毯（子）"的用途宽泛于"褥（子）"，说"电热褥"不太恰当。从语音特点看，"电热毯"形成声韵律，较为响亮好听。

（四）高效性原则

高效性原则，就是所选择的语言符号要简洁，尽量用少量的语言符号传递较多的信息。我国社会处于经济高速发展的阶段，经济效益和时间效益成为人们追求的目标，因此人们进行社会交往使用的词汇容量激增，这种情况导致人们更倾向于使用具有载体小、内涵大的词汇。汉语语汇发展过程中明显的双音化倾向就是例证。如"官宣""杠精""套路"等。还有当前大量缩略词的出现，如"IT（Information Technology 信息技术）、GRE（Graduate Record Examinations 美国研究生入学标准考试）、WTO（World Trade Organization 世界贸易组织）、MBA（Master of Business Administration 工商管理硕士）"等，就体现了高效性的原则，经济实用。

“四个伟大”是“伟大斗争、伟大工程、伟大事业、伟大梦想”的合称，“四有”教师是指“有理想信念、有道德情操、有扎实知识、有仁爱之心”的教师，“四个意识”是“政治意识、大局意识、核心意识、看齐意识”的合称。这些简称使用范围广、出现频率高，逐渐定型。另外，“银保监会”（中国银行保险监督管理委员会）、“进博会”（中国国际进口博览会）、“卫健委”（卫生健康委员会）等都是在同样的需求下产生的。

（五）动态性原则

语言文字应用是社会的、全民的，又是动态的、发展的。因此，在考虑语言规范的时候，既要考虑到实践的需要，又要照顾到实践的可能。这就要求语言规范工作要有一点宽容精神，规范标准要有一定的弹性、一定的松弛度。

新词语的产生伴随着社会的发展进步，从产生到定型需要经历一个较长的过程，该过程同样也是动态发展的，而语言文字的规范标准也需要以这种动态性为基石。我们必须顺应语言的发展对其进行规范，尊重语言发展的规律但不能局限于此，在处理新词语规范化问题时要有充分的弹性和灵活性。在考虑新词语的规范化问题时，要充分考虑语言的运用，考虑到新式生活的需要，考虑到人际交往的需要，不能一味地拘泥于语言的规律，词汇系统是开放的，相对于语法、语音来说有着很大的自由度。

二、语汇规范的内容

（一）新词的规范

新词一定能够准确地反映和表达新的事物和概念，符合汉语词语的构成规律，还要得到社会的认可。

新词的规范，除了要遵循语汇规范的基本原则之外，还应注意以下两点：

第一，不盲从。就是不能为求新求异而乱用词语，特别是网络新词，我们应采取一分为二的科学态度，有所分析，有所鉴别，然后有所取舍，该接纳的接纳，须淘汰的淘汰。在这方面，媒体应该采取慎重的态度，为社会用词做出示范。

第二，既雅又俗。“雅”，指的是高雅文明；“俗”，指的是通俗易懂。在吸收新词的过程中，对那些高雅的、通俗的、充满活力的新词，要吸收到普通话语汇中来;而对那些不健康的、晦涩的词语,要坚决摒弃。比如,对那些不健康的、类似江湖黑话的词语,对那些只是迎合少数人低级趣味与情调的词语,如“TMD”(他妈的)、“WBD”(王八蛋)、“P”(屁)、“QS”(去死)等,要坚决制止。

网络新词在一定程度上是当前社会现实的反映,是信息时代的产物。对此我们应采取一分为二的科学态度。随着整个社会文化素质的提高,整个网络文化体系的完善,以及汉语语言文字应用和规范的法制化,那些过于牵强附会的网语词语必然会被淘汰。公众对语言的选择和规约才最终决定了汉语新词的发展方向。

(二)异形词的规范

据不完全统计,现代汉语书面语中的异形词有1000多组。大量异形词的存在,给汉语书面语的使用增加了负担,给汉语教学、新闻出版、辞书编纂和中文信息处理等带来了困难。

整理异形词必须全面考虑、统筹兼顾。既立足于现实,又尊重历史;既充分注意语言的系统性,又承认发展演变中的特殊情况。

异形词的规范和整理需要遵循以下三个原则:

第一,通用性原则。即根据科学的词频统计和社会调查,选取公众目前普遍使用的词形作为推荐词形。如“毕恭毕敬24——必恭必敬0”(数字表示词频,下同),从源头来看,“必恭必敬”出现较早,但此成语在流传过程中意义发生了变化,由“必定恭敬”演变为“十分恭敬”,理据也有了不同。从目前的使用频率看,“毕恭毕敬”通用性强,故以“毕恭毕敬”为推荐词形。

第二,理据性原则。某些异形词目前较少使用,或词频无显著性差异,难以依据通用性原则确定取舍,则从词语发展的理据性角度推荐一种较为合理的词形,以便于理解词义和方便使用。如“规诫1——规戒2”,“戒”“诫”为同源字,在古代二者皆有“告诫”和“警戒”义,因此两词形皆合语源。但现代汉语中“诫”多表“告诫”义,“戒”多表“警戒”义,“规诫”是以言相劝,“诫”的语素义与词义更为吻合,故以“规诫”为推荐词形。

第三,系统性原则。语汇内部有较强的系统性,在整理和规范异形词时要考虑同语素系列词用字的一致性。如“侈靡0——侈糜0|靡费3——糜费3”,根据使用频率,难以确定取舍。但同系列的异形词“奢靡87——奢糜17”,前者占有明显的优势,故整个系列都确定以含“靡”的词形为推荐

词形。

以上三个原则只是异形词取舍的三个主要侧重点，具体到每组词还需要综合考虑决定取舍。为了进一步规范异形词，教育部、国家语委于1999年开始组织异形词整理工作。规范研制组经过两年多的工作，收集研究了1500多组异形词，根据“积极稳妥、循序渐进、区别对待、分批整理”的工作方针，选取了普通话书面语中经常使用、公众的取舍倾向比较明显的338组异形词，作为第一批进行整理，制定了《第一批异形词整理表》，并于2002年3月开始试行。教育部、国家语委下发了《教育部等部门关于在新闻出版、广播影视系统和信息产业、广告业试行〈第一批异形词整理表〉的通知》。该规范根据通用性、理据性、系统性等整理原则，给出了338组异形词的推荐使用词形。同时还对目前社会上流行的一批含有非规范字（即国家早已废止的异体字或已简化的繁体字）的异形词，选取一些影响较大的列为附录，明确废除其非规范词形。

随着《第一批异形词整理表》和《第二批异形词整理表（草案）》这些规范的发布，将逐渐扭转现代汉语书面语词语使用混乱的状况。

（三）方言词的规范

普通话语汇的规范应当以北方方言为基础，不能滥用方言词。

对方言词的规范问题，应该注意以下三点：

第一，充分考虑方言词的影响力。对那些通行地域广，使用人数多，使用频率高的方言词，要吸收到普通话语汇中来。

第二，注重方言词的“品位”和个性特征。被收录的方言词必须是规范度比较高的，在普通话中不可替代的，具有特殊表现力的词。

第三，方言词规范要考虑到整个语言系统，要有全局观点，被认可的方言词必须在词的风格特点、结构特征上与普通话语汇系统相适合，不形成冲突。

对方言词加以规范，并不是绝对不允许使用未被普通话吸收的方言词。在文学作品中，为了刻画人物，描绘环境，适当地在人物对话中使用方言词是完全可以的。方言词用得好，既可以发挥它们的特定的表达效果，又可以为丰富普通话提供可以吸收的素材。但是要防止毫无必要地滥用方言词语，特别是那些流行地区狭窄、构词理据不明确、容易产生误解或歧义的词语。

（四）古语词的规范

古语词的吸收，是丰富普通话语汇的一个重要途径。古语词的规范应该注意以下三点：

第一，要吸收那些在现代交际中确实需要，可以增强语言表现力，或者有特殊表达作用，并且在普通话中没有适当的词来代替的古语词。如在公文函件中使用“兹、事宜、为荷”等。

第二，有些古语词脱离了现代口语基础，意义晦涩费解，这样的古语词已经完全丧失了生命力，不应当吸收到普通话语汇中。如“葳蕤、乖安、弁言、悛、迓”等。

第三，使用古语词一定要适应交际目的、语言环境等的需要，如果不加选择地滥用古语词，就会在语言表达中出现文白夹杂、不伦不类的毛病。如：

①李明却意味深长地笑着，他笑得有故。

②此次暑假回家，见闻甚多，今选择较有意义之事三件，记录于下。

③这次编到提高班，对我来言，亦是一个颇大的考验。

④妈妈和风细雨地批评了妹妹几句，她竟饮泣起来。

以上几例都存在滥用古语词的问题。

目前，大量古语词进入歌词，随着歌曲的传播广为流传。这是需要关注的一个新问题。

（五）外来词的规范

吸收外来词对丰富普通话语汇，增强语言表达能力，具有积极作用。

音译词中选取的汉字本质上只是用来记音的，由于汉语中存在大量的同音字，一方面为外来词音译提供了多种选择，另一方面会造成异形词的存在。如“巧克力/朱古力”“博客/部落格”“里根/列根/雷根”“托拉斯/托辣斯”“黛安娜/戴安娜”“夹克/茄克”“土司/吐司”“桑拿浴/桑那浴”“沙琪玛/萨其马”“因特网/英特网”等。

吸收外来词要注意以下五个原则：

第一，简便性原则。外来词音译时要注意避免使用难认、难写、难记的生僻字，书写尽量从简。如“Suez”，译名用“苏伊士”取代“苏彝士”。

第二，音准性原则。由于不同的语言具有不同的语音系统，译词和本族词在语音方面不一定完全相同。但应适当注意原词语音和所选汉字的声、韵、调特点，尽量做到语音上的一致性，有利于对外来词的接受。

第三，明确性原则。汉字是表意性强的文字，翻译用字要充分考虑其表意性，避免引起误解或混淆。如“AIDS”，开始译为“爱滋病”“爱之病”等，后使用“艾滋病”，表意更明确，也不至于引起误解。

第四，长度适中原则。外来词是汉语语汇中的有机组成部分，应该体现汉语语汇音节结构上的特点。最适合汉语的词长是1—4个音节，所以我们在规范外来词异形形式时就要选取适合该词长范围的音译形式。4个音节以上的音译形式竞争力是不强的，即使是在1—4的词长范围内，3—4个音节也不如1—2个音节的音译形式更受欢迎，如“欧洲/欧罗巴洲（Europe）、卡/卡路里（热量单位，calory）、汉堡/汉堡包（hamburger）”等，前者的语用频率明显高于后者。

第五，音义相谐原则。音译和意译是汉语吸收外来词的两种基本方式，在翻译外来词时，应尽量兼顾音义两个方面。如“可口可乐（CocaCola）”“迷你裙（miniskirt）”“香波（shampoo）”“托福（TOEFL）”等。

（六）熟语的规范

这里主要谈谈成语的规范问题。

第一，不要望文生义。成语的含义不是构成它的单个语素含义的简单叠加组合，有些是通过引申、比喻等方式抽象概括出来的，切不可望文生义。如：

> 在写作中，文不加点，只能使意思变得模糊，并可能使正确的意思变得不正确。

“文不加点”出自汉代祢衡《鹦鹉赋序》：“衡因为赋，笔不停辍，文不加点。”“点”是涂上一点，表示删去的意思。“文不加点”形容才思敏捷，写文章很快，不用涂改就写成。这里作者显然望文生义，将“文不加点”的“点”理解成了“标点”。

第二，注意感情色彩。成语和其他词语一样，也有褒义、中性和贬义之分，含有一定的感情色彩，并随着语言环境的不同而变化。如果对一些成语褒贬不辨，就会使用错误。如：

> 一个人打了草稿，大家来评价和修正，即使后来原稿剩不下多少文字，始作俑者仍然功不可没。

“始作俑者”出自《孟子·梁惠王上》：“仲尼曰：‘始作俑者，其无后乎。'为其象人而用之也。""俑"是古代殉葬用的木制或陶制的俑人。"始作俑者"比喻首先做某件坏事的人,是一个贬义成语。用词不妥。

第三,把握适用对象。有些成语有特定的适用对象,使用时不能张冠李戴。如:

古人中不乏刻苦学习的楷模,悬梁刺股者、秉烛达旦者、闻鸡起舞者,在历史上是汗牛充栋。

"汗牛充栋"出自唐代柳宗元《唐故给事中皇太子侍读陆文通先生墓表》:"其为书,处则充栋宇,出则汗牛马。""汗牛充栋"专门用来形容书籍极多,只能指物不能指人。此处使用不当。

第四,不能生造成语。成语是一种相沿习用的固定短语,不能随便更换语素或拆散结构。如:

有的干部开拓意识不强,工作前怕狼后怕虎,出了问题就躲之夭夭。

成语"逃之夭夭"出自《诗经·周南·桃夭》:"桃之夭夭,灼灼其华。"意思是桃树长得枝叶茂盛,后以"桃"谐音为"逃",是逃跑的诙谐说法。这里的"躲之夭夭"是模仿成语"逃之夭夭"生造的一个短语。

(七)缩略词的规范

第一,缩略词要约定俗成。缩略词应该是大家都能理解的,如果个人随意生造,不仅让人费解,甚至会闹出笑话。如"上海吊车厂"缩略为"上吊";"山西药材公司"缩略为"山药公司";"男式猪皮鞋"缩略为"男猪";"职业技术学院"缩略为"技院"等。

第二,书面上要尽量少用。特别是在严肃、庄重的场合,不论口语还是书面语,都应该使用全称。

思考与练习

一、当代语汇有哪些新特点?

二、有人认为,新词就是新产生的词,在语言中不一定就能留下,所以不需要进行规范。你认为对不对?为什么?

三、有些新词,往往有并列的多种形式,例如"DVD—DVD 盘—DVD 光盘—DVD 碟",你认为应该如何进行规范呢?

四、为什么会产生词的活用情况?词语活用与词语规范的矛盾该如何协调？

五、语汇规范要遵循什么规则？结合实际谈谈你的认识。

六、方言词如果要成为普通话词汇的成员需要具备哪些条件？

七、请结合本章内容的学习，收集新世纪以来产生的成语，并分析它们的构成形式、使用特点和存在的问题。

八、请调查当地标牌广告中词语误用的现象。

九、请调查当地公共标语中词语误用的现象。

十、请调查当地报纸中词语误用现象。

十一、请调查校园流行语中的词语使用不规范现象。

十二、请调查中学生流行语中的词语使用不规范现象。

十三、请调查新闻媒体用语不规范现象。

十四、新词与生造词有什么不同？请举例说明。

十五、随着网络的兴起，汉语中出现了一大批以“—客”为造词模式的新词，请你就这一语言现象进行分析。

十六、下列三组译名应选用什么词为好？为什么？

ice cream	冰淇淋	冰淇凌	冰激凌
show	秀	骚	演出
shampoo	香波	洗发剂	洗发水
microphone	麦	麦克风	扩音器
disco	的士高	迪斯科	的士格
toast	土司	吐司	方包

十七、从语汇规范化的角度，辨识下列各词哪些是规范的对象？为什么？

蚜虫　腻虫　蚁虫　玉米　珍珠粟　苞米　棒子　苞谷　公牛
牤子　洋火　火柴　肥皂　胰子　扯皮　名堂　擘画　悖谬
拥篲　逝世　呼吁　哀悼　厨子　跑堂　老妈子　伙夫　邮差
麦克风　的士格　手杖　青霉素　盘尼西林

十八、指出下列句中使用不当的词语，修改并说明理由。

1.谁知李大婶听了这话，很不悦意。

2.他想商家做生意，是售其货，赚其钱，讲究公平交易。

3.我走进路边的司多店里，买了一包方便面。

4.他演的电影不少,但多数是当男配。

5.下个星期要进行摹拟考试了。

6.阿 sir,这事小 case 啦,交给我负责啦。

7.“沉默是今晚的康桥”,将诗人静思默想的心境推向了极致。

8.穿梭在硅谷低矮的建筑群落中,逡巡在千姿百态的员工工作区中,你能感到的是开阔和清爽。

9.杜清心苦涩地笑了一下,接着便把疏薄的眉毛皱在一起。

10.书中所写,纯属我个人的世界。其中一定有许多不尽人意的地方,就像我演的每一个角色,都有遗憾。还诚望四方恳谅。

11.使用我厂生产的涂料装修您的居室,保您蓬荜生辉。

12.各级领导干部要把民主作为一种价值追求,畅通民意,决不能堵塞民意,形成“言塞湖”。

13.今晚的主持人很不错,能够 hold 住全场。

14.哪位大虾答人告诉我,反恐中的 back up 是什么?

15.对于完成这个任务,连长董正山首先想到了他的老部下高志平,所以这个任务也就当仁不让地落到了九班。

16.电话线是上网的必须品,但在有些东南亚国家,每百人平均只有 20 部电话。

17.学习不单纯是为了取得某个学力,而是为现代化建设学得真正的本领。

18.老公的餐饮服务业能往这样美好的方向发展,贱内与有荣焉!

19.现在一些妹纸的行为真是让人囧到家啊!

20.在我们都觉得鸭梨山大的时候,他的抗压能力真是走召弓虽啊。

21.昨天你送的礼物我很稀饭,3X。

22.你要是 ZT 不注明,青眉会 BS 你,全论坛的人都会 B4 你的。

23.中国排球协会的领导人亲临观战,希望女排姑娘乘胜追击,再接再励,拿下最后一仗。

24.剧团的人也并非外界想当然以为的那样,冬练三伏夏练三九,这里的日子活色生香得很。

25.积是成非也是一种习惯。

第四章 语法及应用规范

语法是语言的组织结构规则。在言语交际中，发话人通过句子表达自己的思想，受话人通过句子了解对方的思想，句子是言语交际的基本单位，也是语法研究的最大单位。句子由词或词组构成，词由语素构成。不管是语素构成词还是词或词组构成句子都要遵循一定的规则，这种规则就是“语法”。

语法规则都是从许多个别的、具体的词的组合和句子的组合中分析抽象出来的，具有极强的抽象性、概括性和隐含性，加之汉语缺乏形态，不同的句子成分没有明显的标志，词类和句法成分的对应关系十分复杂，汉语量词和语气词十分丰富等原因，导致汉语的语法规则虽然有限，但是在语言运用中，也极容易产生不规范的现象，例如实词中数词、量词、代词等的使用不当，虚词的误用、冗余或省缺，句子中的搭配不当、语序不当、句式杂糅或前后矛盾，网络用语中的生造滥用词语、字词随意重叠等，都会在一定程度上影响言语交际的正常进行。

语法的规范相对来说具有一定的复杂性，语法的正误主要取决于社会人群的认可和共识，因此在语法规范的过程中，一定要遵循客观性、动态性、研讨性的原则，综合运用熟悉已有语法规范、跟踪潜语法现象、提高语法规范意识、增强言语交际度等方法和措施，提高语法规范的效果。

第一节 语法基础知识

一、语法和语法学

（一）语法

语法有两个含义：一是指客观存在的语言结构规律，二是指语法学或语法著作。

任何一种语言，其内部结构都是有一定规律的，比如现代汉语的“我、吃、饭”这三个词，共有六种组合，在日常交际中，为什么有的能说，有的则讲不通？这是由语言的内部结构规律决定的。语言的内部结构规律，不管我们承认与否，都是客观存在的，是不以我们的意志为转移的。我们平时所说的语法，就是指语言的结构规律，也可以认为这是一种狭义的语法。

（二）语法学

语法学同语言的结构规律是两个不同的概念。语言的结构规律是同一民族人民群众在长期的语言实践过程中形成的习惯，是约定俗成的东西。语法学则是对语言的结构规律进行研究的科学，是研究者对语言结构规律的主观认识。由于研究者所运用的方法、选择的角度、所占有的材料以及认识水平的高低等方面的不同，对于同一语法事实的认识往往会大不相同。比如关于副词，有的学者认为是实词，有的认为是虚词，而副词的基本语法功能是客观存在的，只是研究者对它的认识有差别而已。这是语法学的分歧，而不是语法本身的分歧。

（三）语法单位

汉语语法有四级单位：语素、词、短语、句子。

语素是语言中最小的音义结合体，是最小的语法单位。

词是语言中最小的能独立运用的语法单位，是比语素高一级的语法单位。词是由语素构成的，由一个语素构成的词叫单纯词；由两个及两个以上语素构成的词叫合成词。

短语是词和词按照一定的结构规则组合成的比词大的语法单位。它是一种造句单位，是句子的建筑材料。

句子是语言中最大的语法单位。它是由词或短语加上语调构成的表达思想感情的基本语言单位。一个句子能表达一个相对完整的意思，句子伴有语调，一句话完了，有一个较大停顿，书面上用句号、问号或叹号来表示。

（四）语序和虚词是现代汉语常用的语法手段

所谓语序，是指词语的排列组合顺序。语序不同，表达的意思也往往不同或相反。试比较：

他们不都参加——他们都不参加

一锅饭吃不了十个人——十个人吃不了一锅饭

小王打了小李——小李打了小王

有时语序不同，意思虽然大体相同或相近，但变成了另外一种结构。试比较：

到北京了(述宾)——北京到了(主谓)

一条金鱼(偏正)——金鱼一条(主谓)

我住在北京(述宾短语作谓语)——我在北京住(连述短语作谓语)

所谓虚词,是指不能单独充当句法成分的词。在汉语中用不用虚词,用什么样的虚词,往往会影响到语句的结构方式和意思的表述。试比较:

爸爸妈妈——爸爸和妈妈——爸爸的妈妈

讨论问题——讨论的问题

他知道了——他知道吗

零突破——零的突破

通过以上几个例子的比较不难发现,语序和虚词是汉语的重要语法手段,在汉语语法中具有至关重要的作用。

二、词的分类

(一)划分词类的标准

给词进行分类,可以采用不同的标准。划分词类的标准应该是词的语法功能。词的语法功能是指词与词的组合能力和充当句法成分的能力。词的组合能力是指哪些词能同哪些词组合,不能同哪些词组合;可以组合的又怎样组合,组合起来表示什么语法关系。充当句法成分的能力,是指词在短语或句子中经常充当什么语法成分,不能充当什么成分。

根据词的语法功能,首先把词分为实词和虚词两大类。实词是能单独充当句法成分的词,虚词是不能单独充当句法成分的词。实词又分为名词、动词、形容词、数词、量词、代词和副词七类;虚词又分为介词、连词、助词、语气词、叹词和拟声词六类。

语法功能与词义有着紧密的联系,但是,词义不是划分词类的标准,而是划分词类的基础。这里所说的词义不是词的具体的含义,而是指词的概念意义、类属意义。如"农民、山、树、牛、北京、互联网"等,这些词的具体含义各不相同,但是,它们都表示人或事物的名称,这个"人或事物的名称"就是我们所说的概念义或类属义。一些语法学家把词义作为划分词类的标准,把具有相同词义的词归为一类。如上边举到的几个词,其共同点是"表示人或事物的名称",据此断定这些词是名词。但是,凭词义来划分词类是行不通的，因为同类概念的词，语法性质不一定相同。如“刚刚”和“刚才”，从词义上看都表示时间，可是它们的词性并不相同，“刚刚”是副词，“刚才”是名词。“刚才”能作定语，能同介词组合成介词短语，“刚刚”就没有这些功能。可见，词义不是划分词类的标准。但是，给词进行语法分类又不能无视词义，词义是词类划分的基础，这是不容置疑的事实。

（二）各类词的主要语法特点

1.名词

名词主要表示人或事物的名称，也表示时间、方位、处所等。如“李白、工人、军长、汽车、品质、历史、现在、将来、河南、上边、前头”等。

名词的主要语法特点：

（1）一般能接受数量短语的修饰，能同介词组合成介词短语。如“一棵树、两个工人、从上海”等。

（2）指人的普通名词后面可以加“们”表示多数。如“朋友们、老师们”。

（3）经常充当主语、宾语、定语。如“枫叶（主语）红了、热爱人民（宾语）、学生（定语）的桌子”。

2.动词

动词主要表示动作行为、心理活动、存现、有无、发展变化、使令趋向等。如“走、吃、想、认为、存在、消失、扩大、缩小、命令、使、来、出去”等。

动词的主要语法特点：

（1）动词可以受一般副词的修饰，组合成状中短语，但是，一般不能受程度副词的修饰。如能说“不出去、已经走了”；不能说“很走、十分走”。

（2）许多动词能带时态助词“着、了、过”等，表示动态。如“说着、走了、看过”。

（3）经常作谓语或谓语中心语，一般可以带宾语，如“小王走了、他买书、这是什么”；少数动词不能带宾语，如“游行、示威、出发、休息”。动词也可以作主语、定语等，如“劳动光荣、休息时间”。

（4）部分动词可以重叠，重叠的格式是 AA 式或 ABAB 式。动词重叠后增加了某种附加意义，表示动作时间短暂或者带有尝试的意思。如“想想、看看、研究研究、考虑考虑”。

3.形容词

形容词主要表示事物的性质、状态。如“好、坏、大、小、勇敢、卑鄙、粗、细、红彤彤、血淋淋”等。

形容词的主要语法特点:

(1)形容词大多数能受程度副词的修饰。如“很愉快、十分干净、最厉害、太认真”。

(2)形容词经常作谓语、定语、状语,不能带宾语。如“教室干净、伟大的中国人、热烈地讨论”。

(3)部分形容词可以重叠,重叠的格式是 AA 式、AABB 式或 A 里 AB 式。形容词重叠后一般表示程度加深,有的还带有喜爱的感情色彩,而 A 里 AB 式的重叠一般则带有贬义。如“大大(的)、干干净净、傻里傻气、马里马虎”。

4.数词

数词是表示数目的词,包括整数、分数、倍数、概数、序数等。如“八十、五分之一、一(倍)、三四(个)、四(楼)”等。

数词的主要语法特点:

(1)经常同量词组合成数量短语(或称量词短语)。如“一本、三个”。

(2)一般情况下不单独充当句法成分,只有在计算数目的句子中才可以充当主语或宾语等成分。如“八是四的两倍”。

(3)倍数只能用于增加,不能用于减少。如可以说“增加了两倍”,不能说“减少了两倍”。

5.量词

量词是表示数量单位的词,包括物量词、动量词和时量词。物量词表示人和事物的单位,如“个、条、双、斤、吨、串”等;动量词表示动作行为的单位,如“次、回、趟、拳(打一拳)”等;时量词表示时间的单位,如“天、日、年、季、周”等。

量词的主要语法特点:

(1)同数词或代词组合成数量短语或量词短语,作定语、补语或宾语。如“三个(定语)人、那棵(定语)树、买两本(宾语)、看一遍(补语)”。需要说明的是数量短语出现在动词后,如果是物量词就作宾语,如果是动量词则作补语。

(2)单音节量词可以重叠,重叠后可以作主语、定语,一般表示“每一”或“许多”的意思。如“本本(主语)精彩、阵阵(定语)狂风”。

6.代词

代词是具有代替、指示作用的词，包括人称代词、指示代词、疑问代词。人称代词代替人或事物的名称，如“你、我、他、它、他们、它们”；指示代词指称或区别人、物或情况，如“这、那、这会儿、那样、那么样”；疑问代词表示疑问，如“谁、什么、哪儿、怎么、怎么样”。

代词的语法特点同所替代的词语的语法特点基本相同。

7.副词

副词是用在动词、形容词前边，表示范围、程度、时间、语气、情态、肯定否定等意义的词。如“只、仅仅、统统、很、十分、更加、已经、正在、难道、到底、亲自、悄悄、必定、不必”等。

副词的主要语法特点是修饰动词或形容词，作状语，不能修饰名词。如“已经走了、很漂亮、十分整洁”可以，而“不桌子、十分道路”就不行。程度副词还能作补语，如“好极了、漂亮得很”。

8.介词

介词是用在名词或名词性词语前边，共同组成介词短语，表示时间、处所、方式、对象、原因、比较等意义的词。如“自从、在、向、对于、因为、比”等。

介词不能单独充当句法成分，只能组合成介词短语才可以充当短语或句子的成分。介词短语经常作状语，有的也可以作定语，如“从现在（状语）开始、对这个事情（定语）的看法”。

9.连词

连词的主要功能是连接词、短语或句子。如“和、跟、同、与、而且、不但、因为、所以”等。连词只有连接作用，没有修饰作用，不能单独充当句法成分。

10.助词

助词是附着在词、短语或句子上边，表示某种附加意义，在造句中起辅助作用的词，包括结构助词、时态助词和其他助词。

结构助词有“的（一般认为是定语的标志）、地（一般认为是状语的标志）、得（一般认为是补语的标志）”。

时态助词有“着、了、过”。

其他助词有“们、初、第、似的、一样”等。

11.语气词

语气词是放在句尾或句中停顿处表示种种语气的词。表示陈述语气，如"的、了、吧、罢了"等；表示疑问语气，如"吗、呢"等；表示祈使语气，如"吧、了、啊"等；表示感叹语气，如"啊"等。普通话基本的语气词有六个，即"的、了、吗、呢、吧、啊"。其他的是因为连读合音而引起变化的结果。

12.叹词

叹词是表示某种感情或呼唤、应答的词，如"啊、哎呀、喂、嗯、哈哈"等。

叹词突出的语法特点是独立性最强，一般不同别的词或短语发生结构关系，经常作感叹语或独词成句。如"哦，我知道了"。

叹词在个别情况下也有充当句法成分的情况，如"他哎呀了一声"（作述语）。

13.拟声词

拟声词是模拟人或事物声音的词，如"咚咚、扑通、哗啦、哗哗"等。

拟声词是一种特殊的虚词。它可以作谓语（炮声隆隆）、状语（哗哗地响）、定语（呼呼的风）；有时也可以独词成句，如"扑通，一个人跳下了水"。

（三）词的兼类与活用

词的兼类是指一个词经常具备两类或两类以上词的语法功能，而且词义上有密切联系，这种情况就是词的兼类，这样的词称为兼类词。如：

我们单位选出了三位代表。　他代表大家发了言。

前一个句子中的"代表"前边有量词短语"三位"的修饰，不能接受副词修饰，也不能带宾语，作宾语的中心成分，这些具备了名词的语法功能，是名词；后一个句子中的"代表"后边带了宾语，具备动词的语法功能，是动词。在这两个句子中，两个"代表"词义上有密切联系，都含有"替代"的意思，因此"代表"是名词和动词的兼类。再如：

中国地大物博，物产十分丰富。　科技知识丰富了我们的头脑。

前一个句子中的"丰富"作谓语的中心成分，受程度副词"十分"的修饰，不能带宾语，具备形容词的语法功能，是形容词；后一个句子的"丰富"作述语，并且带了宾语，具备动词的语法功能，是动词。两个"丰富"在词义上又有密切联系，都有"多"的意思，因此"丰富"是形容词和动词的兼类。

常见的兼类词的情况有以下几种：

兼动词、名词的，如：

代表　领导　决定　工作　编辑

报告　组织　保管　参谋　病　圈

兼名词、形容词的，如：

科学　精神　标准　道德　经济　卫生　保险　困难　左

兼形容词、动词的，如：

丰富　端正　明确　明白　密切　巩固　纯洁　破　忙

构成兼类词的基础是这个词的几种用法在词义上是有密切联系的，否则就不是兼类词。下面两种情况不属于词的兼类：

第一，同形同音词不是词的兼类。同形同音词是指书写形体相同、读音相同、意义上毫无联系的词。例如“白花了三块钱买了三尺白布”。前一个“白”是动词“花”的修饰成分，表示情态，是副词；后一个“白”是名词“布”的修饰成分，表示布的颜色，是形容词。两个“白”虽然字形相同、读音相同，但它们在词汇意义上并没有任何联系，因此不是兼类词，而是同形同音词。再如：

花了三天时间(动词)　买了三朵花(名词)

一把尺子(量词)　把东西拿走(介词)

光说不练(副词)　剃了个光头(形容词)

爱民如子(动词)　如他不来就自己走(连词)

第二，词类活用不是词的兼类。词类活用是指在特定的语言环境中，由于表达的需要，甲类词临时改变自己的“身份”，充当乙类词去使用。词类活用同词的兼类的根本区别在于，词的兼类是词本身具有两类或两类以上的语法功能，而词类活用则是临时的、不确定的。如“吃了么？好了么？老栓，就是运气了你！”(鲁迅《药》)其中“运气”后附有时态助词“了”，又带有宾语“你”，是名词临时活用为动词，不是名词兼动词。这种用法，可以使语言显得活泼，有利于刻画人物形象。

(四)几类易混词的区分

现代汉语有一些不同的词类，它们既有不同的语法功能，又有相近的语法功能，容易混为一谈；即使同一类别的词，下属的小类词，语法特点也不尽相同。

1.动词与形容词

动词和形容词从语法特点上看有许多共同之处，它们最主要的区别：

（1）看能否跟以“很”为代表的程度副词组合。形容词一般可以受程度副词修饰，绝大多数动词则不能。如“很漂亮、十分整齐”，其中的“漂亮、整齐”是形容词；“走、跑、吃”则没有这种组合功能，是动词。

（2）能带宾语的是动词。

2.动词与介词

现代汉语的介词多数从古代汉语的动词意义虚化而来，由于意义虚化的程度不同，至今有些介词还兼有动词和介词两种词性。如“到、在、往”等。它们的主要区别：

（1）动词可以单独回答问题，介词不能单独回答问题。

问：“在不在？” 答：“在。”（“在”就是动词）

他在黑板上写字。 （“在”就是介词）

（2）动词能单独使用，介词不能单独使用，只有同其他成分组合成介词短语后，才可以充当定语、状语等。

3.动词“是”与副词“是”

判断动词“是”，基本用法有三：表示同一关系、表示领属关系、表示存在；副词“是”主要起强调、加强语气的作用，含有“的确、实在”的意思。因此，它们的区别主要看语言环境中的“是”能不能去掉：能够去掉，去掉后基本意思不变，只是语气有所减弱的是副词；不能去掉，或者去掉后改变了原意和结构关系的是动词。如：

这件衣服是漂亮。 这件事情我是不知道的。

这辆车是单位的。 他是我弟弟。

前两个例子的“是”去掉后基本意思不变，只是语气弱化了，是副词；后两个例子的“是”不能去掉，去掉后原意或结构关系有所改变，所以是动词。

4.及物动词和不及物动词

及物动词和不及物动词都是动词的小类，但其语法特点不同。及物动词是能带受事（动作行为的承受者）宾语或关系宾语的动词，如“看、学习、建设、是”等；不及物动词是不能带宾语或能带施事（动作行为的实施者）宾语的动词，如“病、休息、倒闭、坐、站”等。因此，它们的区别首先要看能不能带宾语，其次要看带什么样的宾语。如“门口站着一个人”，“站”代表的动作行为，是宾语“一个人”发出来的，“人”是施事，“站”就是一个不及物动词。

5.形容词与副词

一部分形容词,在意义和功能上与副词比较接近,如:

特别　轻微　突然　必然　偶然　迅速　一致

格外　稍微　忽然　必须　偶尔　迅即　一概

它们的区分:

(1)看能不能用以"很"为代表的程度副词修饰:能受程度副词修饰的是形容词,否则是副词。"特别、轻微、突然、必然、偶然、迅速、一致"等可以受程度副词修饰,是形容词;"格外、稍微、忽然、必须、偶尔、迅即、一概"等不受程度副词修饰,是副词。

(2)形容词可以作谓语、定语,副词不能。如"样式特别、必然的规律"。

6.时间名词与时间副词

表示时间的副词同部分表示时间的名词意义上很接近,语法功能有相同之处。如均能用在动词、形容词前作状语等,不容易区分。但是,它们又是两类不同的词,请看:

过去　将来　从前　现在　刚才　目前　最近　当前　原先　当初　当时　后来　近来

将要　已经　马上　刚刚　立刻　常常　时常　曾经　终于　从来　正在　渐渐　即将

上边的一组是名词,下边的一组是副词。它们的区分:

(1)时间名词前边可以加介词,组成介词短语,如"从现在(开始)、为了将来、在从前";时间副词不能,如不能说"从刚刚、从立刻、在时常"。

(2)时间名词可以作定语,如"原先的情况、刚才的事情、现在的问题";时间副词不能,如不能说"将要的事情、马上的事情、时常的事情"。

三、短语

(一)短语的类别

短语是词与词的组合,有实词与实词的组合,也有实词与虚词的组合。短语可以按内部结构进行分类,也可以按照语法功能进行分类。

1.短语的结构类别

(1)主谓短语。

由主语和谓语两部分构成,主语在前,谓语在后。主语是陈述的对象,

谓语对主语加以陈述和说明。如:

人民至上 旗帜鲜明 天气好 大家吃 今天星期天

虚心使人进步 参加学术会议很重要

(2)述宾短语。

由述语和宾语两部分构成。前边的述语由动词充当,后边的宾语是前边动词动作行为的对象、结果、处所、时间等。如:

找准坐标(对象) 把握大局(对象) 击毙拉登(对象)

修水库(结果) 去北京(处所) 过了两年(时间)

买了三本(数量) 获得第一名(结果) 打算回家(内容)

(3)述补短语。

由述语和补语两部分组成。前一部分的述语由动词或形容词充当,后一部分的补语对述语加以补充说明,补语表示结果、程度、数量、趋向、情态等。如:

听明白(结果) 好极了(程度) 看了三遍(数量)

走下去(趋向) 跑得快(情态) 亮起来(结果)

(4)连述短语。

由两个或两个以上的述语组成。述语由动词或述宾短语、动词性述补短语、状中短语充当。分两种情况:一种情况,述语中的几个动词隐含的主语相同,是一个主体连续的动作行为,这种情况就是有些教材所说的连动式;另一种情况,几个述语隐含的主语不同,述语中的几个动词所代表的动作行为,不是一个主体来完成的,前边述语的宾语是后边述语的主语,这种情况就是有些教材所说的兼语式。这里我们不再区分连动与兼语,统称连述短语。如:

上街买菜 拿钱上书店买书 上山采蘑菇 让他看书

教你学英语 叫他吃饭 请教授来我校作报告

(5)定中短语。

由定语和中心语组成。后边的中心语主要由名词充当,是修饰的对象;前边的定语是对中心语的修饰。定语和中心语可以直接组合,有的在中间加上助词“的”。如:

三本书 一个政党 根本性问题 美丽中国 我的衣服

伟大的事业 新买的书包 你刚才说的很长一段话

(6)状中短语。

由状语和中心语组成。后边的中心语主要由动词、形容词充当,是修饰的对象;前边的状语是对中心语的修饰。状语和中心语可以直接组合,有的也可以在中间加上助词“地”。如:

细致安排　非常干净　勤奋地工作　愉快地接受

高高兴兴走出大学校门

定中短语和状中短语结构上都是前偏后正,是修饰与被修饰的关系,因此,它们可统称为偏正短语。

(7)联合短语。

由两个或两个以上的部分组合而成。几个部分之间有并列、递进、选择等关系。几个部分可以直接组合,也可以用关联词组合,还可以在成分之间用顿号或逗号隔开。如:

工人农民　玲珑奇巧　调查研究　城市和农村　讨论并通过

又黑又瘦　工人、农民、知识分子　调整、巩固、整顿、提高

雄伟、庄严、高雅、气派

联合短语也可以是几个短语的联合,如果是几个述宾短语的联合,从形式上看,同连述短语容易混为一谈,请注意区分。如“走河北闯河南”和“去学校读书”,外在形式似乎相同,但前者是联合短语,后者是连述短语。它们的主要区别,是看前后两个动词所代表的动作行为的发生是否有时间上的先后关系,有先后关系的是连述短语,没有先后关系的是联合短语。

(8)同位短语。

由两个或两个以上的名词性成分组成。几个部分同指一个对象,同表一个事物。如:

我们大家　操盘手柳园　总经理老王　首都北京

改革开放总设计师邓小平

伟大的无产阶级革命家、政治家、杰出的马克思主义者陈云同志

同位短语容易同定中短语、联合短语混淆,应紧扣是否“几个部分同指一个对象,同表一个事物”加以辨别。

(9)方位短语。

由词或短语加方位词组成。如:

桌子上　校门以外　开学之前

改革开放以后　我们大学毕业之后

需要注意的是，一些单个的方位词后边加上“边、面、头”等，合成“上边、下面、下头”之类的词，这些词虽然意义同一般的方位词相近，但是，语法功能差别很大，应看作是普通名词，不是方位词。因此，与它们组合成的短语是定中短语，而不是方位短语。如“桌子上边”“校门外边”中间可以加上助词“的”，是定中短语。方位词组成的方位短语，中间不能加入助词“的”。如“桌子之上”“校门以外”等。

(10)量词短语。

由数词、指示代词或疑问代词同量词组合而成。如：

三个　这个　那个　哪个　三趟　五本　这颗

(11)介词短语。

由介词和名词或名词性短语两部分组成，介词在前，名词或名词性短语在后。如：

从现在　把衣服　被小王　关于这个问题

对于他的发言　比课堂上讲的

(12)“的”字短语。

以助词“的”为标志，“的”字用在其他词语的后边，组成“的”字短语。一般情况下，定中短语中使用了“的”，省去后边的中心语，即构成“的”字短语。如：

我的(书)　吃的(饭)　吃饭的(同学)

伐树的(工人)　干净的(衣服)

“的”字短语在使用的时候大体相当于一个名词。

(13)“所”字短语。

以“所”字为标志，“所”字用在动词的前边，组成“所”字短语。如：

所见　所闻　所创造　所发明　所知道

(14)比况短语。

以比况助词“似的、一般、般、一样”为标志，这些助词用在词或短语的后边，组成比况短语。如：

鲜花般　打雷一样　山崩地裂似的

上述14类短语，只是最基本的结构类型，比较容易掌握和认定。但是，以它们为基础，组合成多层次的短语，情况就要复杂得多，如“吃饭的比干活的多”，总体上看是主谓短语，里边又包含了“的”字短语、介词短语、状中短语，而且几个短语又不在一个平面上，结构复杂层次多，不容易认定。

2.短语的功能类别

短语同词一样，是造句单位，因此，也可以参照词的语法分类标准，给短语进行分类。根据短语充当句法成分的能力，也即根据语法功能，把短语分为名词性短语、动词性短语、形容词性短语三类。

（1）名词性短语。

名词性短语是以名词为主体的短语。主要包括定中短语、由名词组成的联合短语、由名词充当谓语的主谓短语、量词短语、同位短语、“的”字短语、“所”字短语、方位短语。名词性短语的功能同名词大体相当，经常充当主语、宾语和定语等。

作主语：

落后的人觉悟了。（定中短语）

老张和老王都来了。（联合短语）

这个不好。（量词短语）

厂长老张也来了。（同位短语）

穿的不好。（“的”字短语）

所想与你一致。（“所”字短语）

三天以内下了两场大雪。（方位短语）

作宾语：

我买了一本书。（定中短语）

小明去过北京和上海。（联合短语）

我买这个。（量词短语）

我们推荐了老杨同志。（同位短语）

这是吃的。（“的”字短语）

小娟同学在教室里。（方位短语）

作定语：

这是她弟弟的书包。（定中短语）

了解了北京和上海的风土人情。（联合短语）

买了这本书。（量词短语）

穿了老杨同志的裤子。（同位短语）

买来了所用的书。（"所"字短语）

不认识黑板上的字。（方位短语）

名词性短语也可以作谓语，但有一定条件限制。限于说明人的籍贯、容貌、年龄或事物的情况等，多用于口语。如：

小明十八岁了。

鲁迅浙江人。

他大眼睛。

这张桌子三条腿。

名词性的主谓短语，加上语调就是一个句子，所以，一般不再单独作主语、定语或宾语。

（2）动词性短语。

动词性短语是以动词为主体的短语。主要包括述宾短语、连述短语、动词组成的联合短语、动词作中心语的状中短语、动词作中心语的述补短语、动词作谓语的主谓短语。动词性短语的功能同动词大体相当，经常充当谓语、定语，也可以作宾语和主语。

作谓语：

小明去学校了。（述宾短语）

小铁匠背着妻子过河。（连述短语）

王岚不光说还唱。（联合短语）

问题已经解决了。（状中短语）

饭吃光了。（述补短语）

这个问题小王解决了。（主谓短语）

作定语：

去学校的路堵了。（述宾短语）

背着妻子过河的小炉匠累了。（连述短语）

打击报复的手段太卑鄙了。（联合短语）

已经解决的问题就不要再研究了。（状中短语）

他是一个走不快的人。（述补短语）

这是小王喜欢的书。（主谓短语）

作主语：

培养人才是祖国建设的需要。（述宾短语）

让谁看见都不好。（连述短语）

学习、工作、生活都应该关心。（联合短语）

认真学习是提高成绩的关键。（状中短语）

跑快了也不行。（述补短语）

他看小说很认真。（主谓短语）

作宾语：

校长喜欢打篮球。（述宾短语）

上班时间禁止上街买菜。（连述短语）

书记喜欢调查研究。（联合短语）

大家都说学会了。（述补短语）

我们知道张老师讲数学。（主谓短语）

（3）形容词性短语。

形容词性短语是以形容词为主体的短语。主要包括形容词组成的联合短语、形容词作中心语的状中短语、形容词作述语的述补短语、形容词作谓语的主谓短语、比况短语。形容词性短语的功能同形容词大体相当，经常充当谓语、定语等多种成分。

作谓语：

这间教室干净明亮。（联合短语）

衣服很漂亮。（状中短语）

工作环境好极了。（述补短语）

这部小说情节生动。（主谓短语）

作定语：

这是一间干净明亮的教室。（联合短语）

她穿了一件很漂亮的衣服。（状中短语）

这是一个糟透了的提案。（述补短语）

人人都爱看情节生动的小说。（主谓短语）

大礼堂响起了雷鸣般的掌声。（比况短语）

作状语：

我们要干净、彻底、全部地消灭敌人。（联合短语）

他很不痛快地答应了。（状中短语）

另外，形容词性短语也可以作主语、补语等。

（二）短语的层次分析

一个短语由两个词组成，就只有一个层次，一种结构关系（不含多义短语）。一个短语由三个以上的词组成，这些词可能处于同一个平面，有一种结构关系（比如几个词组成的联合短语）；也可能几个词的组合不在一个平面上，存在组合的先后问题，也就可能包含了多个层次，多种结构关系。这种三个以上的词组成的多层次的短语，称作复杂短语。弄清楚了短语的层次结构，对于准确使用词语，正确理解含义，是很有帮助的。

1.层次分析的原则

短语的结构层次，采用直接成分分析法。也就是先从整体上找出组成这个短语的直接成分，确定直接成分之间的结构关系，然后，用同样的方法对各个直接成分再进行切分，层层分析，一直分析到词为止。

短语切分应该遵循的原则是：

（1）切分出来的部分必须是音义结合的语言单位。如短语“一张新｜桌子”的切分就是错误的，因为，“一张新”不是音义结合的语言单位。正确的切分是“一张｜新桌子”。

（2）切分必须符合原意。如短语“我是领导｜派来的”的切分就是错误的，因为，“我是领导”尽管是音义结合的语言单位，但是不符合原意，原意的“我”并不是“领导”。正确的切分是“我｜是领导派来的”。

2.层次分析的步骤

首先，从总体上准确把握短语的意义，在正确理解短语意义的基础上，确定短语的直接成分，然后指明直接成分间的结构关系。其次，切分出来的直接成分如果还是短语，依照上述方法进行再切分，一直从大到小切分到词为止。如：

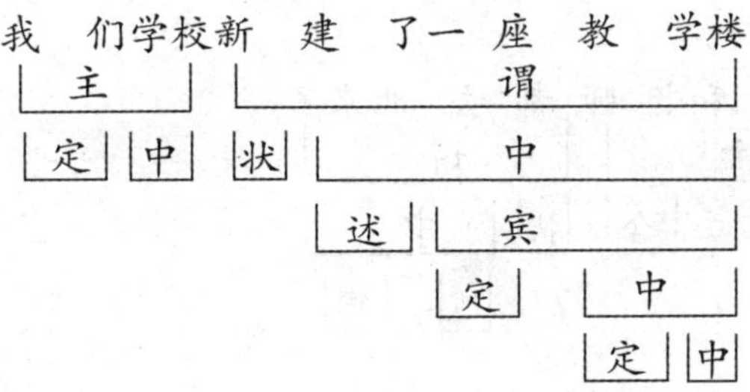

3.层次分析举例

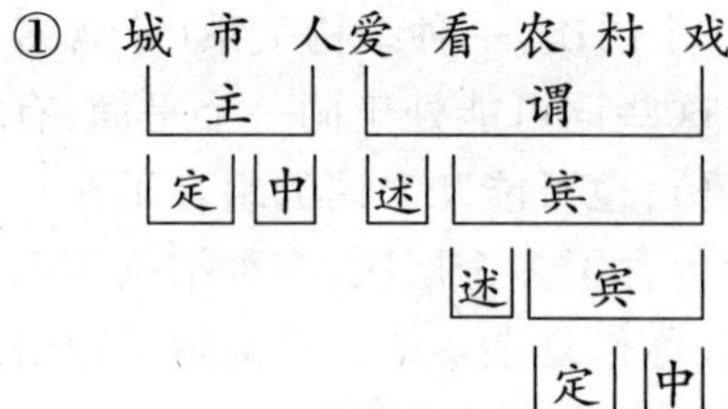

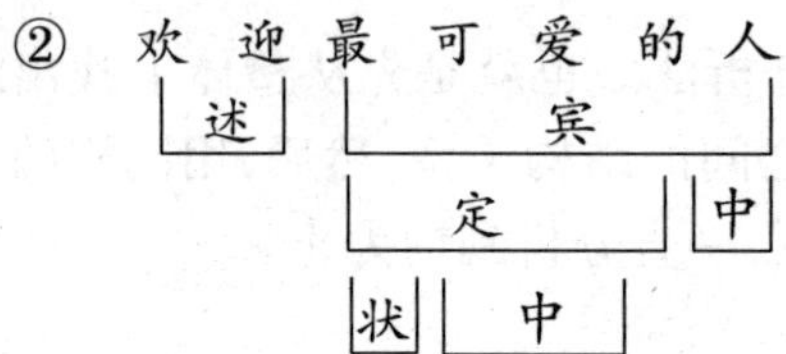

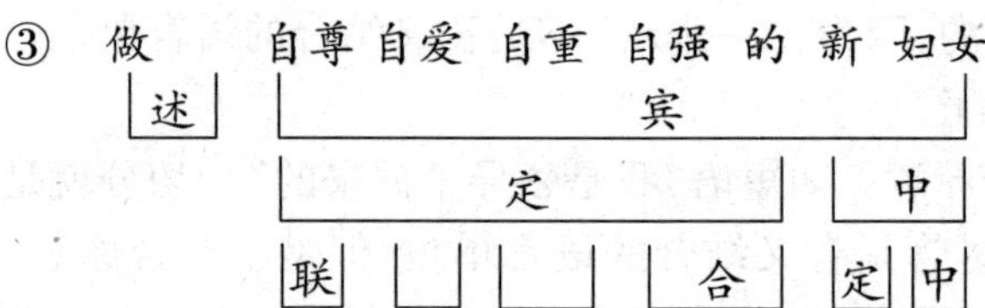

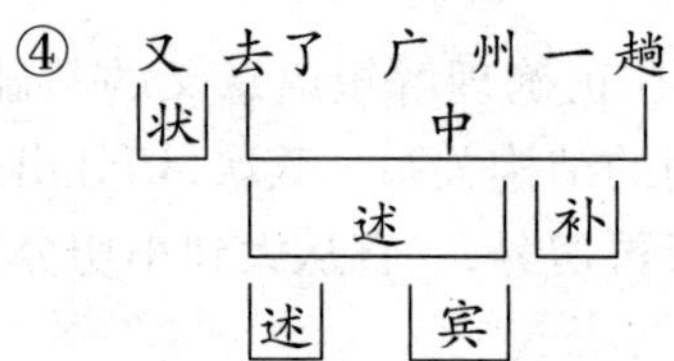

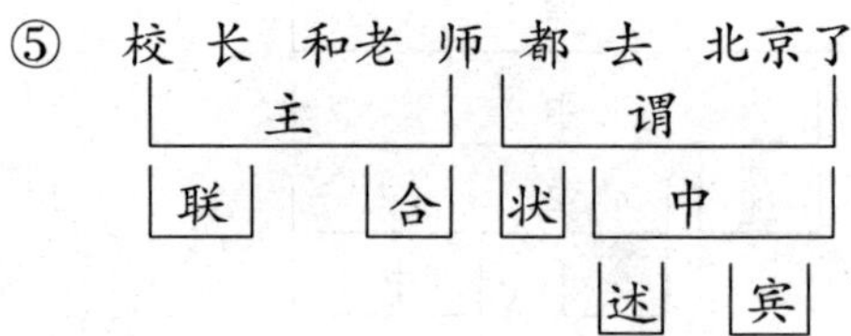

① 城 市 人爱 看 农 村 戏
主
谓
定
中
述
宾
述
宾
定
中

② 欢 迎 最 可 爱 的 人
述
宾
定
中
状
中

③ 做 自尊 自爱 自重 自强 的 新 妇女
述
宾
定
中
联
合
定
中

④ 又 去了 广 州 一 趟
状
中
述
补
述
宾

⑤ 校 长 和老 师 都 去 北京了
主
谓
联
合
状
中
述
宾

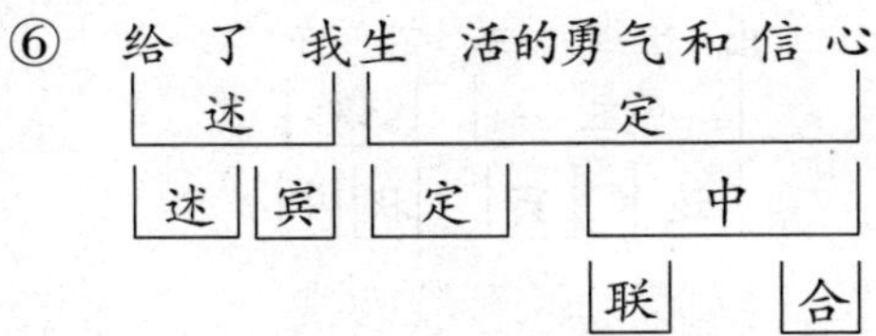

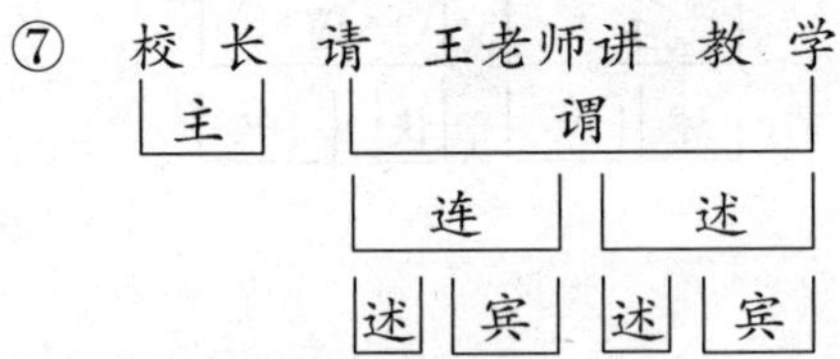

在给短语进行层次分析时，应该注意几点：一是述语前有状语，后有宾语或补语时，首先切分为状中，见例④；二是述语后边有补语和宾语时，补语和宾语谁在后边先切谁，见例④；三是述语带两个宾语时，先把述语同前边的宾语看作一个整体，切掉后一个宾语，见例⑥；四是介词短语、方位短语、量词短语、"的"字短语、"所"字短语可以不再切分。

4.多义短语的层次分析

多义短语是具有两种以上意义的短语。如"商店关门了"，可以表示商店"下班"的意思，也可以表示商店"倒闭"的意思。

短语多义有的是由于多义词引起的，如"关门"；有的是由于结构关系交叉引起的，如"出口商品"，可以是述宾，也可以是定中；有的是由于层次关系的交叉引起的，如"一个学生的建议"，可以是"一个学生"，也可以是"一个建议"。多义词引起的多义，只存在语义上的分歧，没有结构上的不同；结构交叉引起的多义，只有结构关系的不同，没有切分部位的差别；层次关系交叉引起的多义，既有层次的分歧，又有结构的差别（切分部位不同、结构关系不同）。因此，对于后两种情况，在进行层次分析时，应该针对不同意义进行分析。如：

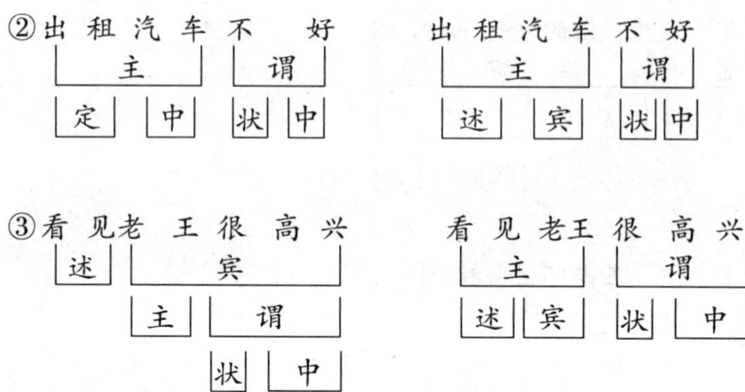

多义短语是失去语言环境限制的产物，所以，孤立来看是多义的，但放到具体的语言环境中，有上下文及言语背景的限制，就只有一种意义。如下班的时候说“小店关门了”，就只有“下班”的意思，没有“倒闭”的意思。如果语言环境不能有效限制短语的多义，从交际的角度来说，就要更换短语中的多义词，或改变短语的结构，消除这种多义现象。

四、句子

句子是由词或短语构成的表达思想感情的基本语言单位。判断一个语言单位是不是句子，不是看这个语言单位内部词或短语的多少，而是看这个语言单位是不是同一定的交际环境发生联系。一个语言单位，如果脱离了交际环境，它就仅仅是静态存在的造句单位；如果置身于特定的交际环境，那它就是句子。是不是置身于特定的交际环境，一看是否同客观现实发生联系，二看是否有语调（书面上用标点符号表示）。如果这个语言单位同客观现实发生了联系，有一定的语调，那它就具备了构成句子的基本条件，就是句子。如“谁”只表示概念，“谁？”表示看到或听到的特定的那个人，并配合有疑问的语气，所以“谁？”就是句子。

（一）句型

句型是句子的结构类型。句子从结构上看首先有单句、复句之分，单句由词或短语组成，复句由分句组成。单句和复句又有各自的下位句型。

1.单句

单句根据内部结构情况，可以分为主谓句和非主谓句。

(1)非主谓句。

非主谓句是由词或非主谓短语构成的,主要有四种类型:

A.名词性非主谓句。由名词或名词性短语构成,如:

同志们!　北京。　大炮!　多好的天气!　二〇二二年秋天。

B.动词性非主谓句。由动词或动词性短语构成,如:

走!　起风了!　禁止抽烟!　请自觉遵守纪律。

有个小伙子叫小明。

C.形容词性非主谓句。由形容词或形容词性短语构成,如:

好!　漂亮!　好极了!　太棒了!

D.叹词非主谓句。由叹词单独构成,如:

啊!　哎呀!　嗯。

非主谓句不等于句子成分的省略,它不能也无须补出什么成分。而句子成分的省略,则可以补出被省略的成分。

(2)主谓句。

主谓句是由主谓短语带上一定的语气形成的,是汉语句子中最为常见的句型。主谓句由主语和谓语两部分构成,根据谓语的性质,又可以分为名词性谓语句、动词性谓语句和形容词性谓语句。关于句型的判断,需要强调的是:定语、状语不影响句型;联合短语充当谓语,要根据联合成分的结构来确定句型。

A.名词性谓语句。

谓语由名词或名词性短语充当,主要起说明作用。如:

今天星期天。　小张二十岁了。

老舍北京人。　白菜两毛钱一斤。

B.动词性谓语句。

谓语由动词或动词性短语充当,主要起叙述作用。动词性谓语句包括动词谓语句、述宾谓语句、述补谓语句、连述谓语句、主谓谓语句。如:

他走了。(动词谓语句)

他去学校了。(述宾谓语句)

老王走东家串西家。(述宾谓语句)

小王走累了。(述补谓语句)

小明去书店买书。(连述谓语句)

校长请我讲汉语。(连述谓语句)

他脑子有病。(主谓谓语句)

动词性谓语句中,有几种易混句型,应加以区分。

第一,连述谓语句同谓语中有介词短语充当状语的其他动词性谓语句的区分。试比较:

a.东西叫他拿走了。　　b.我叫他去学校。

c.他在黑板上写字。　　d.他在家读书。

这四个句子,从外在形式上看似乎很接近,其实不同。b 句和 d 句是连述谓语句,a 句和 c 句分别是述补谓语句和述宾谓语句。认定这几个句型的关键,在于“叫”和“在”的词性认定。认为是动词,那就都是连述谓语句;认为是介词,则是谓语中有介词短语充当状语的其他动词性谓语句。

第二,连述谓语句同主谓短语作宾语的述宾谓语句的区分。连述谓语句的兼语式同主谓短语作宾语的述宾谓语句,在形式上非常接近,容易混同。试比较:

a.他劝老师来。　b.他盼老师来。

c.我们请张老师讲数学。　d.我们知道张老师讲数学。

这四个句子,从外在形式上看似乎都相似,实则不然。a 句和 c 句是连述谓语(兼语式)句,b 句和 d 句是主谓短语作宾语的述宾谓语句。它们的区分方法主要有两点:

一是看第一个动词的情况:带兼语的动词主要是表示使令(使、叫、让、请、派、劝、命令、禁止)、称谓认定(称、叫、评、选、提拔)、存现有无(有、无、没、没有)等意义的动词;带主谓短语作宾语的动词不使用上述几类动词。

二是看谓语中的前后动词动作行为的产生有没有因果关系,或时间上的先后关系:有因果关系或时间上的先后关系,是连述谓语句;没有因果关系或时间上的先后关系的是述宾谓语句。a 句“老师来”是因为“他劝”了,不劝不来,先劝后来,是连述谓语句;b 句“老师来”不是因为“他盼”了,因为老师不见得知道“他盼”自己来,不存在因果或时间上的先后关系,是述宾谓语句;c 句“张老师讲数学”是因为“我们请”了,不请不来,先请后来,是连述谓语句;d 句“张老师讲数学”不是因为“我们知道”,“我们”知道与否,张老师都讲数学,所以是述宾谓语句。

C.形容词性谓语句。

谓语由形容词或形容词性短语充当，主要起描写作用。形容词性谓语句包括形容词谓语句、述补谓语句、主谓谓语句。如：

天气好。（形容词谓语句）

这件衣服美观、大方。（形容词谓语句）

我们的处境困难极了。（述补谓语句）

这部小说情节生动。（主谓谓语句）

2.复句

复句是由两个或两个以上意义上密切联系、结构上互不包含的分句构成的句子。一个复句只有一个句终语调，句末有较大的停顿。

(1)复句的类别。

常见的复句类型有以下几种：

A.并列复句。

几个分句分别说明几件事情、几种情况或同一事物的几个方面。常用的关联词语有“也、又、还、同时、同样、也……也、又……又、既……也、一方面……一方面、有时……有时、一会儿……一会儿、一边……一边、不是……而是、是……不是”等。如：

我们能够去掉不良作风，保持优良作风。

既饱尝过苦，也倍受过甜。

不是人们的意识决定人们的社会存在，而是人们的社会存在决定人们的意识。

B.承接复句。

几个分句按顺序说出连续的动作或连续发生的事件。常用的关联词语有“就、便、才、于是、然后、后来、接着、跟着、一……就、刚……就、起先……后来”等。如：

我悄悄地披了大衫，带了门出去。

她给孩子换了身干净衣服，然后把他送到幼儿园。

C.递进复句。

几个复句的意思层层递进，一般由轻到重，由浅到深，由小到大。常用的关联词语有“不但……而且、不仅……还、不光……还要、不只……而且、不只……也、尚且……何况、而且、并且、何况、况且、甚至、甚至于、反而”等。如：

我们还是有缺点的，而且还有很大的缺点。

应对风险挑战，不仅要稳住农业这一块，还要稳住农村这一头。

好的东西，人们一开始常常不承认它是香花，反而把它们看作毒草。

D.选择复句。

几个复句分别说出几种供选择的事物或情况，或让人任选一种，或已经确定选取一种。常用的关联词语有“或者……或者、是……还是、要么……要么、要不……要不、不是……就是、与其……不如、与其……毋宁、宁可……也不”等。如：

我们去游泳，还是去散步？

宁停三分，不强一秒。

E.转折复句。

后边分句不是顺着前边分句的意思说下去，而是转到相反或相对的方面。常用的关联词语有“但是、但、然而、可是、却、只是、不过、倒、虽然（虽、尽管）……但是（但、可是、却、而）”等。如：

虽然妈妈是千合适万合适，丽丽却不认账。

尽管天气很冷，可是大家却出了一身汗。

F.因果复句。

一个分句说明原因，一个分句指出结果。可以先因后果，也可以先果后因。结果可以是客观存在的，也可以是推导出来的。常用的关联词语有“因为……所以（于是、就）、由于……就（因而、所以）、之所以……是因为、既然（既）……就（便、那么）”等。如：

几房的本家大约搬走了，所以很宁静。

这个军队之所以有力量，是因为参加这个军队的每一个人都有一个明确的宗旨。

她既然爱好音乐，那么就从音乐方面去打动她的心。

G.假设复句。

前一个分句提出一种假设，后一个分句说明这一假设实现后可能产生的结果；或者前一分句假设存在或出现某种情况，后一分句在意念上来一个转折，强调说出一个与假设情况下不相应的结果。常用的关联词语有“如果（假若、倘若、若、要是、要）……就（那么、那、便）、即使（就算、就是、纵然、哪怕)……也(还)、再……也”等。如：

如果你们有不同的见解,有提出商量的问题,就写信寄来。

即使我们的科学技术赶上了世界先进水平,也还要学习人家的长处。

纵然前边是刀山火海,我们也要冲过去。

H.条件复句。

前一个分句提出一种条件,后一个分句说明在这种条件下出现的结果;或者前一个分句先排除各种条件,后一个分句说明在各种条件下都会产生的结果。常用的关联词语有“只要……就、只有……才、除非……才、无论(不管、不论、任凭)……都(总、总是、也)”等。如：

只有你去请,他才来。

国家不论大小、贫富,都应一律平等。

(2)复句和关联词语。

关联词语是起关联作用的词语。有的是连词,如“虽然、但是”等;有的是副词,如“就、才”等。关联词语最主要的作用是把复句中的分句连接起来,并表示分句间的结构关系,因此,关联词语是复句类型的语法标志。同样的句子,用关联词语跟不用关联词语大不一样;用这种关联词语跟用那种关联词语也大不一样。如：

要么看书,要么写字,要么进行体育锻炼。(选择复句)

看书,写字,进行体育锻炼。(并列复句)

你如果知道错了,就应当立即改正。(假设复句)

你既然知道错了,就应当立即改正。(因果复句)

有关联词语的句子不一定都是复句,如“只有社会主义才能救中国。”是单句而不是复句。

使用“不但……而且、一方面……一方面”等关联词语,如果分句的主语相同,关联词语放在主语后。如果分句的主语不同,应放在主语前。如：

他不但学英语,而且还学日语。

不但小王学英语,小张也学英语。

(3)多重复句分析。

从结构上看,只有一个层次的复句叫单重复句,有两个以上层次的复句叫多重复句。多重复句至少要有三个分句,但三个以上分句的复句不一定都是多重复句。这里边有个层次问题,如果一个复句有多个分句构成,但这多个分句处于同一个层面,则只有一个层次,那它仍然是单重复句。如:

承接　承接　承接

它们滑下溪水,|转入大河,|挤上火车,|走上条条征途。

尽管上例有4个分句,但几个分句处于一个平面,都是这个复句的直接组成部分,仍是单重复句。而多重复句的几个分句组合时有先有后,不在一个平面上。

关于多重复句的分析,可以参照复杂短语的分析方法:先总体上把握全句的意思,把构成复句的第一个层次找出来,确定结构关系;然后再依次对各个部分用同样的方法进行分析。如:

并列　选择　并列　假设

如果没有氧,|||光有氢,||或者没有氢,|||光有氧,|都不能生成水。

并列　转折

我们交了学费,||也吃了一些亏,|但是重要的是我们积累了本

递进

领,||而且已经开始取得效果。

并列　假设　并列　假设

想有乔木,||||想看好花,|||一定要有好土,||没有好土,|||便没

因果

有好花,|所以土实在较花木还重要。

(二)句类

句类是按照句子的语气划分出来的句子类别,主要包括陈述句、疑问句、祈使句、感叹句四种。表达语气的主要手段是语调,书面上用句号、问号、叹号来表示,有时也兼用语气词。

1.陈述句

陈述句是说明意见、陈述事实的句子。陈述句有的表示肯定,有的表示否定,有的表示双重否定,如:

这件事情大家都知道。

这件事情大家都不知道。

这件事情大家不会不知道。

陈述句常用的语气词有“了、的、罢了”等,书面上句末用句号。

2.疑问句

疑问句是提出问题的句子。从内容上看有提问和反问两类,如:

那个人是谁?(提问)

我能跟你开玩笑?(反问)

从结构上看,疑问句有是非问、选择问、特指问三类。是非问是把陈述句的语调改为疑问句的语调,要求对方用“是的、不是、有、没有”来回答,语气词可以用“吗”,不用“呢”;选择问是一个疑问句中并列几项内容,或一项内容的正反两个方面,让人选择一项来回答,语气词可以用“呢”,不能用“吗”;特指问是句中用疑问代词表示疑问点,要求回答疑问代词特指的内容,语气词可以用“啊、呢”等,不能用“吗”。如:

你去北京吗?(是非问)

你去北京,还是去上海?(选择问)

他相信不相信呢?(选择问)

谁会唱歌?(特指问)

疑问句最常见的语气词是“吗”和“呢”,书面上句末用问号。

3.祈使句

祈使句是表示请求、要求或命令、禁止、劝阻等意义的句子。如:

请你把笔递给我。

你去给弟兄们逮只鸟儿吧。

禁止抽烟!

你少说一点吧!

祈使句常用的语气词是“吧、啊”等,书面上句末用叹号或句号。

4.感叹句

感叹句是抒发某种强烈感情的句子。如:

多么可爱的秋色啊!

这个人病得不轻啊!

胡说八道!

感叹句最常用的语气词是“啊”,书面上句末用叹号。

(三)句式

句式是句子的特征类别,常见的句式如“是”字句、“把”字句、“被”字句、存现句等。这里主要谈谈“把”字句和“被”字句。

1.“把”字句

“把”字句是将介词“把”组成的介词短语放在动词前作状语的动词性谓语句。如：

狼把小猪咬死了。

我们一定要把海河治好。

你把桌子上的书拿走吧。

这些人从来不把困难放在眼里。

“把”字句大多有一种表示处置的作用。

有些“把”字句，“把”字介引的对象能放到动词的后边，作宾语，如“狼把小猪咬死了”，可以说成“狼咬死了小猪”；有些不能放到动词后边作宾语，如“这些人从来不把困难放在眼里”。

运用“把”字句要有一定的条件：

(1)谓语中的动词必须是及物动词，而且这个动词在意念上能管得住“把”的介引对象。下列动词不能运用于“把”字句：

一是不及物动词。如“刮风了”不能说成“把风刮了”。

二是表示判断、存在之类的动词“是、有、在、值、等于、存在”等。如“小明有一支笔”，不能说成“小明把一支笔有”；“这棵杨树值三百元”，不能说成“这棵杨树把三百元值”。

三是表示趋向的动词“上、下、进、出、到、离开”等。如“小王去北京了”，不能说成“小王把北京去了”；“他离开上海”，不能说成“他把上海离开”。

四是纯粹表示感受的动词“知道、看见、听见、希望、感到”等。如“小明看见日出了”，不能说成“小明把日出看见了”；“他感到了一丝凉意”，不能说成“他把一丝凉意感到了”。

(2)“把”字句谓语中的动词前后总有别的成分，一般不能只用一个光杆动词，尤其不能是单音节光杆动词。常见的几种情况：

一是动词后带时态助词，如“把饭吃了”“你把干粮带着”。

二是动词为重叠式，如“把玻璃擦擦”“把情况说说”。

三是动词后有补语，如“把问题看透了”“把衣服拿走”。

四是动词后有宾语，如“把课本给我”“把这件事的来龙去脉告诉领导”。

五是动词前有状语,如"把敌人彻底消灭"。

(3)"把"字介引的对象必须是定指的。即"把"字后面的受事是确定的、已知的事物,因此,这个受事的前边常常带"这""那"一类的修饰语。比如,我们说"把书拿来"时,这"书"是已经确定的某本书或某些书,不是随随便便的书。有鉴于此,动词带有表示不定指宾语的句子,不能转换成"把"字句。如我们可以说"带上一支笔",不能说"把一支笔带上",然而却可以说"把那支笔带上"。

(4)否定词、助动词必须放在"把"字前边,不能放到动词前边。可以说"我没有把衣服弄脏",不能说"我把衣服没有弄脏";可以说"你应该把饭吃完了",不能说"你把饭应该吃完了"。

2."被"字句

主语是受事,用"被"字引进施事,或者把"被"字放在动词前以表示被动的动词性谓语句,叫"被"字句。如:

敌人被我军消灭了。

米饭被工人们吃光了。

窗户被风吹开了。

阴谋被揭穿了。

构成"被"字句要有一定的条件:

(1)动词必须是表示动作意义的及物动词。如果是非动作动词,比如表示判断、存在、趋向、感受等意义的动词,就不能构成"被"字句。例如"我有一本书",不能转换成"一本书被我有了";"我知道你行",不能转换成"你行被我知道"。

(2)动词一般不能是光杆动词,尤其不能是单音节的光杆动词。有的要带补语,有的另带宾语,有的要带时态助词。如:

①小鸡被老虎吃了。

②这一次老王也被他拖去。

③他被同学们选为班长。

①句带了时态助词"了";②句带了补语"去";③句另带了宾语"班长",这个宾语"班长"和受事主语"他"之间,必定存在某种密切的关系。

只有少数双音节动词后边可以没有其他词语,如"这句话可能被人误解","你的合理建议已经被领导采纳"。

(3)主语表示的受事必须是定指的事物。比如可以说“那块玻璃被他们打碎了”,不能说“一块玻璃被他们打碎了”。

(4)否定副词、时间副词、助动词等要放在“被”字前边,不能放在动词前边。比如“他没有被困难吓倒”,不能说成“他被困难没有吓倒”;“这件事已经被班主任知道了”,不能说成“这件事被班主任已经知道了”。

有时“把”和“被”还可以同时出现在一个句子里,如“小张被玻璃把手划破了”。这类句式的两个受事,往往有领属关系或整体与部分的关系。

第二节　语法应用现状

语言是人类最重要的交际工具,是人类组成社会的条件之一,也是社会成员之间最重要的联系纽带,和社会的发展息息相关。可以说,社会的发展是语言发展的基本条件和强大动力。在语音、语汇、语法三要素中,虽然语法的发展速度最为缓慢,但是,随着社会的发展进步,新事物、新观念层出不穷,人们的思维越来越复杂细致,使语言中出现不少新现象、新用法。从语法角度观察,新的语言现象大都规范科学,具有积极的表达效果;但也有部分用例有失妥当,需要规范引导,以利于语言的健康持续发展。

一、当前出现的新用法

改革开放以来,我国经济快速发展,社会节奏加快,语言也在悄然发生着变化,一些新用法不断涌现,为古老的语言传统增添了新的活力。当前出现的新用法主要有以下几种。

(一)程度副词修饰名词

在传统的汉语语法里,程度副词一般是不能修饰名词的,程度副词与名词不连用,这似乎是一条金科玉律,如通常不说“很树木、最头发、非常土地、特别电灯”等。但是,近年来,程度副词放在名词前面起修饰作用的用法屡见不鲜。如:

①原来食品企业都很“三鹿”。

②他们总带不走北京的韵味——很平凡,很浪漫,很北京!

③发自内心的笑,每个人都可以很阳光。

④你满口之乎者也,很孔子!

⑤非常职业才有非常吕燕。

⑥现在七八十年代出生的人已经很"我"了吧。

⑦老四最福气。过两年他一办退休,老四就能来顶替。

⑧这太概念了。事实是,没有爱情照样可以有孩子!

上面例子中的"三鹿、北京、阳光、孔子、吕燕、我、福气、概念"等都是名词或名词性成分,但都用程度副词"很、非常、最、太"来修饰。再如:

很中国　很学术　很绅士　很生活　很款式　很新潮　很耐性

最本色　最心腹　最中国　最马列　最美味　最母性　最市民

特个性　特青春　特艺术　特权威　特喜剧　特运气　特势利眼

太亚洲　太孔雀　太理性　太恐龙　太郊区　太小儿科

更权威　更风度　更新式　更死党　更虎性　更规律　更近视眼

另外,还有:

非常生活　非常新派　够戏剧性　顶悲剧　好罪恶　真傻瓜

挺哥们儿　这么废物　比较功利主义　那么风采　十分女性

有些儿戏　多么维纳斯　特别傲气　相当绅士　绝对主力队员

从这些例子可以看出,不但有大量的"很+名词",还有"最+名词、特+名词、太+名词、更+名词"等程度副词来修饰名词的现象。这些新用法虽然和传统的语法规则相矛盾,但意义比较明确,人们基本能够接受。

有人认为,受程度副词修饰的名词已经不再是名词,而是转化为形容词。这种用法不但具有描述事物的作用,而且显得很别致,很受人欢迎。我们知道,名词表示的是指称意义。名词所指称的人或事物都具有一定的形状特征,其中有的指称的就是形状。在语言运用中,人们往往从指称意义直接或间接地联想到被指称事物所具备的性状意义,这就为"名"转"形"的理解提供了前提。抽象地说,任何名词都有可能形化,然而由于本身性质的差异及复杂的社会因素的制约,属于开放类的名词真正能够实现转化的毕竟是少数。

(二)名词用如动词

在现在汉语的运用中,名词活用为动词,作谓语、带宾语的现象随处可见。如"朋友都电话我了",其中的"电话"是名词,后带宾语"我",活用为动词。名词用如动词往往表现为名词突破传统的用法,用作动词。如:

①上次才聘上就被"非典"了。

②我“百度”一下。

③才四年，就代沟了?！而更匪夷所思的是，虽然“代沟”了，但新版的《47楼》仍然热销不已。

④我还没对哪个女同志这么好感过。

⑤她说她在伦敦长大，接着在剑桥继续长大。她说她要浪迹伦敦，江湖剑桥。

在这些例子中，“非典、百度、代沟、好感、江湖”等都是名词用作动词，给人的感觉是：不但语言活泼、表述简洁，而且具有一种特别的韵味。

名词用如动词的另一种突破传统的新用法是“名+着”型。在传统语法中，只有动作动态动词或形容词后面才能带“着”，但在今天的语言中，常常见到“名(或不及物动词)+着”的形式。这类用法不仅使语言显得简洁，并且其本身就给人一种持续的动态感。如：

①图像着，游戏着。

②我们都“北大荒”着。

③老太太巷口买馄饨回来，说是碰上了仁杰先生，病假着，脸色很是不好看。

其中的“图像着、游戏着、北大荒着、病假着”就是这种用法。

(三)形容词用如动词

现代汉语中形容词直接作谓语，一般不能带宾语，也较少用于被动结构，但是在口语和网络语言中这种用法却屡见不鲜。如：

①美国五角大楼网站被黑后，被迫关闭。

②要是情况有变，我再短你哦。

③你好我一点啦。

④一种落后感，总是苦恼着他，袭扰着他，迫使他去学习。

⑤晚上大家都要去舞厅潇洒，我就得想方设法躲避。

⑥苏小姐双颊涂的淡胭脂下面忽然晕出红来，像纸上沁的油渍，顷刻布到满脸，腼腆得迷人。

⑦一碗面温暖一个城市。

例①中的“黑”用于被动句中，做动词。“黑”的这种用法原因非常复杂，一方面是受英语的影响，英语中有“hacker”一词，音译为汉语“黑客”，“hack”是动词，本义是“砍伐、毁坏”，借鉴英语的用法，汉语相对应的译音

“黑”有了动词的用法。例②中的“短”是“短信”的简化,“短你”是“给你发短信”的意思。例③中的“好我一点啦”是“对我好一点”的意思。例④“苦恼”、例⑤“潇洒”,这些形容词的动用大有流传开来之势。例⑥是钱锺书《围城》中的用例,“晕”活用为动词,显得简洁、生动而传神。例⑦说的是郑州面馆老板李刚得了骨髓瘤,需要几十万元资金治病,网友发帖呼吁买他的面献爱心。消息一出,立刻得到广大市民响应,纷纷伸出援助之手,充分显示了郑州人民的真情与大爱,“温暖一个城市”,即此举使整个城市充满温暖。

(四)动宾式动词带宾语

一般认为,现代汉语里的多数动宾式动词除少数有特定意义的以外,后边不能带宾语。例如,按照语法规则,我们可以说“与国际接轨、向海外投资、对厂家进行投诉、为天津献策、向中国挑衅”等,但不宜说成“接轨国际、投资海外、投诉厂家、献策天津、挑衅中国”等。但是,近年来,许多动宾式动词带宾语的用法却大量出现,特别是在近年来的报纸上,会经常看到“动宾式动词+宾语”式的新闻标题。如:

①放歌壮乡——团中央全国青联慰问团赴广西侧记

②约会星期天

③立足汉语　放眼世界

④服务奥运　增色北京

例①把“壮乡”放在“放歌”的后面,例②把“星期天”放在“约会”的后面,使宾语更加突出。动宾式动词带宾语这种形式常见的如:

投诉厂家　献策天津　移民美国　出台法规　领先国际

恋战冲绳　抱憾平局　献身环保　寻根中原　享誉世界

续弦“少妇”　造福社会　挑衅中国　解密彩陶　把脉嘉宾

放歌京华　避难印尼　失宠华东　抢滩天交会　观灯和平路

握手大胡同　青睐原始股　添彩大舞台　落户保税区

倾情东亚运　决战马其顿　曝光豆腐渣　入股村公司

叫板白岩松　寻秘大海道　惊艳联合国　竞技铜锣湾

执教国家队　分流下岗职工　捐款希望工程　聚焦反腐前线

质疑《纳米世纪》　挑战南美诸雄　领跑纳米时代

领军朝韩联队　引爆A股牛市　致信中国足协　染指基层政权

聚焦一周新闻　投保机动车保险　出台教育改革新举措

孟琮等编写的《动词用法词典》(上海辞书出版社 1987 年)中收录动宾式动词 40 个,能带宾语的有 28 个:

抱怨　毕业　操心　出版　担心　当心　动员

发愁　放心　复员　负责　关心　害怕　留心

留神　满意　忍心　伤心　贪污　讨厌　提醒

提议　听说　增产　着急　注意　着手　着眼

(五)不及物动词带宾语

所谓"不及物动词"就是不能带受事宾语的动词,如"休息、送行、着想、决战"等。在一般情况下,我们说"老人家休息",不说"休息老人家";说"为老同学送行",不说"送行老同学";说"为下一代着想",不说"着想下一代";说"与敌人决战",不说"决战敌人";等等。但是,在近年言语交际甚至报刊标题中,"不及物动词"带受事宾语的现象时有发生。如:

①我们必须做到产品领先世界。

②解读俄罗斯

③决战韩国队

④基金青睐什么股?

⑤目击票贩撞网翻船。

⑥美国大规模出兵伊拉克意味着什么?

⑦电影明星频频亮相电视台。

(六)动宾结构"AAB"式的"B"为抽象名词

在现代汉语中,动宾结构 AAB 式是比较常见的,如"洗洗脸、刷刷牙"等,其动词后的宾语都是表示具体事物的名词,而今出现了一些以抽象名词作宾语的用法。如:

①那天偶然路过音像店,看到一张 VCD 赫然写着《谈谈情　跳跳舞》。

②食品、药品无小事,我来帮你把把关。

这一用法使得交际语言更加口语化,使表达显得更加轻松、活泼。

(七)新型"名 1+名 2"偏正结构

现代汉语中,有许多名词可以修饰其他名词,构成"名词+名词"偏正结构,如"教师待遇、经济作物、电子产品、会议论文"等。而当今汉语运用中,出现了一种新情况：有一些原来从不用于修饰限定其他名词的名词发生了变化，可以用于修饰限定其他名词了，表示中心语的各种“属性”，其中有的使用频率还相当高，有一定的流行性。如：

①让品质生活披上绿装。什么样的生活才是品质生活？

②何为“申魅”？就是申报“中国魅力城市”。

③“激情周末”上演激情芭蕾。

④福州街头越开越多的精品家饰店、咖啡屋、酒吧，乃至手工艺品专门店，就是福州人情调生活的种种道具。

⑤我们在这份声明中进行了有限的反驳，指出给安徽人抹了黑的，不是良心作家的直面真相，恰恰是某些无良官员的暴行。

⑥幽默的诗句给了我“诗意生活”的启发和灵感，告诉我什么才是诗意的生活，怎样才能诗意地生活。

⑦气质美女最受捧。

其中的“品质生活、魅力城市、激情周末（芭蕾）、情调生活、良心作家、诗意生活、气质美女”等“名词 1+名词 2”的偏正组合就比较新颖特别。类似的形式再如：

品位生活　才气女人　风度男人　风格家具　灵感作家
情调晚餐　志气小孩　爱心超市　规模经济　信用中国
性格教师　问题家庭　消息人士　功能饮料　手法按摩
营养食品　青春校园

在“名词 1+名词 2”特殊偏正组合中，有一些名词充当名词 1 时被其修饰的名词 2 语义范围还相当广泛。如可受“情调”修饰限制的名词就有：

客栈　餐厅　餐桌　餐具　法国餐　大餐　晚餐　饮食　烤串
酒吧　作文　周刊　上海　鼓浪屿　中国　意大利　法兰西
歌词　蜡烛　消费　投资　设计　约会　小店　周末　文学
用品　特色店　爱情　性爱　生活　浪堤　音乐　咖啡　咖啡馆
饰品　钢琴　小提琴　乐器　空间　新年　商业　美容院
家居饰品　家品　社区　背包　内衣　阁楼　装备　女人　女孩
丽人　男人　伴侣　对手　大使　高手　E-mail　party

上述名词既可以指人，也可以指物，还可以指称某些动作行为（如“约会”），甚至还有纯字母词。类似“情调”的还有“情趣、激情、诗意、性格”等。

换一个角度,从被修饰名词的角度看,目前,有一些名词比以前可以受更多其他名词的修饰限定,由此,也使得"名词 1+名词 2"结构的范围进一步扩大。如"中国",以前只有"人民中国、今日中国"等少数形式,而当前见到的就比较多:

雅虎中国　博客中国　友邦中国　汽车中国　商务中国
视觉中国　吉他中国　艺术中国　法律中国　城市中国
法治中国　财富中国　插画中国　数码中国　美食中国
质量中国　景观中国　魅力中国　阳光中国　情调中国

再如"女人"和"城市"作名词 2 的例子:

商品女人　成品女人　钻石女人　动感女人　花样女人
网络女人　水果女人　个性女人　小资女人　咖啡女人
布衣女人　色彩女人

网上城市　数字城市　青年城市　佛教城市　边缘城市
落点城市　图像城市　活力城市　品牌城市　经济城市
环境城市　公园城市　金融城市　宽带城市　生态城市

标题语言中,还有一种"名词 1+名词 2"的格式较为特殊,中间隐含动词而言简意赅。如《广州鲁迅》(朱崇科著,中国社会科学出版社 2014 年),这一著作主要写的是鲁迅在广州时期的教学、创作、所思、所想。如果说成"鲁迅在广州时期的工作和生活",意思明白但不够简练,如果说成"鲁迅在广州",像是书名了,做到言简义丰,但重名较多,已经出版好几本《鲁迅在广州》了。于是中山大学朱崇科教授干脆就把书名定为《广州鲁迅》,新颖别致,耐人寻味。同理,还有"绍兴鲁迅、上海鲁迅"之说。由于这一格式表意独特,现有扩大蔓延之势,出现在非标题语言中。如:

尽管在声势上,"广州鲁迅"似乎无法和身份复杂的"北京鲁迅"以及嬉笑怒骂、革命犀利的"上海鲁迅"相提并论。

(八)状语后置

现代汉语有其正常的语序,主、谓、宾、定、状、补各有其位,状语一般置于谓语中心之前。倒装句属于现代汉语中的变式句,在语言表达方面有着常式句不可替代的作用。当前,在实际交际中,受网络语言的影响,出现了状语后置的新用法。比较典型的是"动词+名词(名词短语)+副词"的格式。如:

①强帖啊,签个名先。

②看看我这篇某年某月某日某一天的"随行日记"先。

③你变天鹅了都。

④这么一会儿就传完了都。

从句法层面来说,上述几例都属于状语后置。上面的状语后置现象在日常口语或方言中也偶有出现。然而值得注意的是,在网络语言中,这样的表达却不是偶尔使用,而成了固化的句型,有一种流行的趋势。这反映了网民追求新奇、追求时尚的特点。

(九)词语的拆用

许多常用词语是不能拆开使用的,但在实际运用中,为了更利于抒发感情,拆用常用词语,也是其新用法之一。如:

①"新冠"就这么没商没量地来了!

②鲁健心不甘情不愿地上了大学。

这两例分别是拆用了"商量"和"心甘情愿"而得来的,这样的表达使语句显得活泼简洁。

(十)多项并列结构作句子成分

①这一年,我抛弃了我厌倦的国有企业的工作,顺便失去了我的婚姻,这一年,我"暂住"在北京,无房无车无户口无编制无档案无爱情。

②一个对我知冷知热知疼知心的男人。

③辛唐米娜虽然说话没心没肺没大没小……

④我曾经被肯定、被赞美、被羡慕、被怀疑、被指责、被嫉妒、被审查、也被误解……

⑤祖母的日子——地上炕上灶上活计,老人小孩鸡猪衣食,以及等待。

⑥我的做人原则坚持是:不看新闻不上网不读报纸不流行!

例①中,用"无房无车无户口无编制无档案无爱情"并列式短语作谓语,更能突出生活的艰辛,看似语气轻巧,实则流露出一种无奈。例②用"知冷知热知疼知心"的并列结构作定语。这样的多项并列短语作句子成分的现象多出现在中青年的作品中,可以说带有年龄特征。

二、语法应用失范

当前我国口头语言和书面语言在语法方面的失范比起语汇方面的要少一些,但也随处可见,应该引起我们的重视。语法应用失范现象主要有以下几种。

(一)词的应用失范

词的应用失范包括实词应用失范和虚词应用失范。

1.实词应用失范

实词运用失范主要有三种情况:

(1)名词、动词、形容词的误用。

主要包括名词误用为动词、名词误用为形容词、动词误用为名词、动词误用为形容词、形容词误用为动词等。如:

①我看到了控制人的高级活动思维的脑细胞,看到了支配肢体的每根神经和营养它们的血管。

②有一次我听到池塘里青蛙叫,就非常兴致地向池塘边跑去。

③水嘴味味道道地告诉改霞:黄堡镇文化站,有解说新婚姻法的连环画片……

④他散布种种捏造,妄图破坏我们的友谊。

⑤虽然他的专业是流体力学,但他对计算机、化学很钻研,所以这方面的成绩也很大。

⑥老一辈科学家身上充沛着可贵的工作热情。

⑦街旁两家小烟酒商店里,还有晕黄的灯光,闪闪动动的人影

⑧这本书,精装本与平装本定价悬殊十元多。

⑨许多失偶老人的心底……朦胧着重新得到伴侣的期待。

⑩南极的企鹅为了适宜当地的自然环境,生着一对奇怪的眼睛。

例①是名词误用为动词,其中的“营养”是名词,被误用为动词了,应改为“供给营养的血管”。例②是名词误用为形容词,其中的“兴致”是名词,不能用副词“非常”修饰,应改为“兴致勃勃”或“很有兴致”之类。例③是名词误用,其中“味道”是名词,不能重叠,也不作状语。可以说成“水嘴很有兴味地告诉改霞……”或者“水嘴有滋有味地告诉改霞……”。例④是动词误用为名词,其中的“捏造”是动词,被误用为名词,与动词“散布”也不能

搭配,应改为“谣言”。例⑤是动词误用为形容词,其中的动词“钻研”不能受程度副词“很”修饰,应改为形容词“努力”。例⑥是形容词误用为动词。形容词“充沛”后不能带宾语,应改为“充满”,去掉“着”。例⑦“闪动”是动词,误按形容词的方式重叠,这里不能重叠。例⑧⑨⑩都是形容词误用为动词。其中的形容词“悬殊”不能带宾语,应改为动词“相差”;“朦胧”也不能带宾语,可改为“朦朦胧胧地滋生”;“适宜”应改为动词“适应”。

(2)数词、量词使用不当。

主要包括数词“二、两”的误用、数目减少表达错误、量词与名词不相配等。

数词“二、两”的用法不完全相同。单独用在度量衡量词前时,除“二两”不能说“两两”外,两者通用;但单独使用在其他量词前就只能用“两”,不能用“二”,如“两个、两条”(在“位”前可以通用)。常见的误用情况如:

①最后,编者有二点忠告:一是本丛书是一套入门书,不能穷尽一切方法。二是读者读本丛书一定要亲自动手解题。

②尤其醒目的是二棵柿子树,树上结满了金黄的柿子,味道特别甜美。

例①中的“二点忠告”应改为“两点忠告”。例②中的“二棵”应改为“两棵”。

“俩、仨”分别是“两个、三个”之义,属于数词和量词的组合,其后不能再用量词,可直接用于名词前。如可以说“俩苹果、仨人”和“咱们俩、兄弟仨”。下面的例子有问题:

③闲谈中,我们了解了发现他的俩个孩子能用耳朵听字的经过。

④我们怀着极大的兴趣,对王强、王帅、王斌仨姐妹这种人体异常进行了实验和观察。

例③应改成“两个孩子”或“俩孩子”;例④应改成“王强、王帅、王斌姐妹仨”。

数目的减少只能说减少或降低百分之几,不能说减少或降低几倍;“提高了多少”和“提高到多少”表达的数量是不同的。下面的例子不对:

⑤电视机的价格一降再降,有的甚至下降了三倍。

⑥王耀堂厂长的表率作用激发了全厂职工的劳动热情,产量一下子提高到百分之二十。

例⑤中的“三倍”不能用于数目的减少，应改为“三分之二”。例⑥中的“百分之二十”指的是净增数，不包括底数，应将“提高到”改为“提高了”或“提高”。

⑦赵家坡建起了一座蓄水近十万多立方米的水库。

⑧他那身汗渍的劳动布单帽和半新的黄布褂子都早已湿透了。

例⑦中的“近”和“多”前后矛盾，应根据实际情况选用一个。例⑧中的量词“身”与名词“帽子、褂子”不能相配，应将“身”改为“顶”，并在“和”之后加上“那件”。

最近，在新闻媒体中，量词“副”与“幅”时常用错。“幅”用于布帛、呢绒、图画、景象等，如“一幅画、一幅动人的情景”。“副”有两种用法：一是用于成双成对或成套的东西，如“一副对联、两副象棋”；二是用于面部表情，如“一副笑脸、一副惊异的神色”。例⑨的“幅”应改为“副”：

⑨客厅中挂着一幅对联：“犬行雪地梅花五，鸡过霜桥竹叶三。”

(3)代词使用不当。

代词使用不当主要有三种情况。

一种是指代不明，如：

①那位瘦瘦的女看守说来也奇怪，她似乎很听这位女人的话，她支使她，不论什么事她差不多都能瞒过其他警卫和看守照着去办。

②小李见老王把他的书撕了，便揪住老王让他赔。

例①中第二个“她”是指“女看守”还是指“这位女人”，不明确，从全句的意思看应是指“这位女人”，应将第二个“她”改为“这位女人”，让“她”专指“女看守”。例②中的第一个“他”指代不明，不知道是“老王”，还是“小李”，或者另外一个人，可改为“自己”。

另一种是他指、自指混用，如：

③因为集中的论文都是有关汉语和壮语的，该书取名《汉壮语调查与研究》。

“该”是他指，例③中根据句意应是自指，改为“本”。

还有一种，就是多用了代词。如：

④要操纵这部语音控制的机器，使用者必须在工作之前，预先把他(她)的声音录制在磁带上，输入机器的记忆库。

例④中的“他”是不定指，可以兼指女性，所以括号与“她”都是多余的，本句中的“他(她)”宜改为“自己”。

2.虚词应用失范

虚词虽然没有实际的词义，不能作句子的成分，但却有语法意义，是表达语法意义的主要手段。虚词虽然数量很少，出现频率却极高。因此，虚词是语言语用中不可忽视的重要部分，运用不当会影响交际。

虚词应用失范主要有以下几种情况：

(1)误用。

所谓虚词误用是指该用甲词而用了乙词。如：

①不料在去年秋天那一阵冷风以来却屡遭不幸。

②此后又召集全校教师会议，用一个晚上的时间专门就我这两周课作了全面具体地分析。

③如果作者的想象越出了实有人物的行动，使事迹过于夸大，反而可能给人一种不真实的感觉。

④3 月 17 日，6 名委员因受贿丑闻被逐出国际奥委会。第二天，世界各大报纸关于这起震惊世界体坛的事件都作了详细的报道。

例①中，介词“在”与“以来”不搭配，应改为“从”。例②中，“分析”是名词性宾语，所以“全面而具体”是定语而不是状语，“地”应改为“的”。例③中，“事迹过于夸大”与“可能给人一种不真实的感觉”之间是一种顺向关系，不是相反关系，因而“反而”应改作“便”或“就”，以表达假设条件关系。例④中，介词“关于”应改为“对”。

(2)多余。

多余属于不该用虚词而用的情况。如：

①只要稿件有所新意，且能自圆其说，本刊即予刊登。

②只要肥胖不超过标准体重的 25%，则死亡率不会上升；只有当体重超过标准体重的 35%~40%，才会提高死亡率。

③尽管现在加德满都河谷地区还是冬季，早晚较凉，然而在中午和暖的阳光下，穿毛衣也不嫌热。

例①中，“有+所+动词”这种格式，动词不能替换成名词，我们可以说“有所提高”“有所准备”，不说“有所人民”“有所文章”。句中的“所”纯属多余，应去掉。例②中，如果标准体重是 100 斤，那么，“体重超过标准体重的 35%~40%”就是 40 斤以上，40 斤以上就会提高死亡率，于理不通。

"的"字多余,应去掉。例③中,"尽管、然而"是一对表示转折关系的关联词语,句中"冬季"和"穿毛衣也不嫌热"二者之间是顺理的,没有转折之意,"尽管""然而"都应该删去。

(3)缺少。

缺少指该用某一虚词的地方却没有使用。如:

①在乔姆斯基之前,对心理学所作的假设,经常影响到语言所作的假设,自从乔姆斯基以来,这个关系在很大程度上被颠倒过来了。

②建工大厦是目前全市已竣工的最高建筑。负责建造大厦的无锡建工二公司施工员杨炳兴介绍说……

③水井坊将站在更高的层次上与大家共同见证中国体育文明成就。

④原来,这里曾经聚集了一些占道经营商贩。

⑤我们到这里是来哈哈一笑,甚至有时候笑得没有任何的回味,这个也是一种追求。

⑥田亮没有让国人失望,他从资格赛、半决赛一直到最后的决赛,始终排在积分榜的首位,最终超过对手20多分的成绩轻松夺魁。

例①中,"语言所作的假设"前缺少介词"对",应添加上。例②中,因为缺少一个"的",人们很容易把结构分析为"负责建造大厦的|无锡建工二公司施工员杨炳兴",只有在"二公司"后加"的",人们才会理解为"负责建造大厦的无锡建工二公司的|施工员杨炳兴"。按照前者分析,负责建造大厦的是一个施工员,这显然不合情理;按照后者分析,负责建造大厦的是建工二公司,这才符合实际,所以这个"的"字不能少。例③中,应在"成就"前加一个"的"字,表示领属关系,表示"成就"前的修饰语是"中国体育文明"。④中应在"商贩"前加"的"字。例⑤中,应在"哈哈一笑"的后面加"的"字,构成"的"字结构,表示强调。例⑥中,"超过对手20多分的成绩"前面缺少介词"以",加上"以"形成介词结构作状语,修饰"夺魁"。

(4)错位。

错位就是虚词放在了不合适的位置。如:

①此人整理今年改卷时遇到的一些有趣的事了。

②张平书记的威信很高,我不但拥护他,而且从前反对过他又被实践证明是反对错了的人也拥护他。

③必然性不仅和偶然性互相依存，而且在一定条件下相互转化。

例①中，虚词“了”的位置应放在“整理”的后面，表示已经实现的动作。例②中的“不但”放错了位置，因为句中的主体是两个，一个是“我”，另一个是“从前反对过他又被实践证明是反对错了的人”，“不但”应该放在“我”的前面。例③中的“不仅”位置错误，因为两个动作“相互依存”和“相互转化”不能是“必然性”一个主体发出，应该是和“偶然性”共同发出的，“不仅”应该放在“偶然性”的后面。

（二）句子应用失范

1.结构失范

句子在结构方面的失范一般表现为搭配不当、成分残缺和多余、语序不当及句式杂糅等四个方面。

（1）搭配不当。

词语与词语的搭配关系是一种互相制约的选择关系。违背这种制约关系往往就会出现搭配不当的问题。搭配不当包括主谓搭配不当、动宾搭配不当及修饰语与中心语的搭配不当。

主谓搭配不当：

①袁枚的晚年仍然精力充沛，笔耕不辍。

②随着改革开放的日益深入，每年到绥芬河市观光旅游的人次逐步攀升。

③今年春节期间，这个市的210辆消防车、3000多名消防员，放弃休假，始终坚守在各自执勤的岗位上。

④国家知识产权局有关负责人认为，国内专利申请的持续快速增长，表明我国公众的专利意识和研究开发水平不断提高。

⑤农民耕种的符合政策规定的自留地是一种正当的劳动。

⑥五月的郑州是繁花似锦、气候宜人的季节。

⑦他的革命精神受到全国人民的爱戴。

例①主语“晚年”与谓语“精力充沛”搭配不当，应该改为：“晚年的袁枚仍然精力充沛，笔耕不辍。”例②中，主语“人次”与谓语动词“攀升”不搭配，应该把“攀升”改为“增加”。例③中，“消防员”可以“放弃休假”，但“消防车”不会“放弃休假”，主语和谓语搭配不当。可以在“消防车”后面加上“严阵以待”。例④中，“我国公众的专利意识和研究开发水平不断提高”

中,“水平”可以“提高”,但“意识”要用“增强”。应该在“专利意识”之后加上“不断增强”。例⑤是表示等同的“是”字句,主语是“自留地”,而后面的谓语是“……劳动”,不搭配。可把“耕种”后面的“的”去掉,形成“耕种……自留地是……劳动”就没有问题了。例⑥主语“郑州”是“地名”,而后面的谓语是“……季节”,不搭配。可把“五月的郑州”改为“郑州的五月”。例⑦的主语“精神”属于抽象事物,而“爱戴”的对象应是人,不能搭配。可把“爱戴”改为“景仰”。

动宾搭配不当:

从语法上说,动词和宾语在意思和语法上都必须能够搭配,否则,就会出现动宾搭配不当的错误。如:

①招收大量的中国留学生可以弥补该语言学校的财政困境。

②在正式机关工作的人到了退休的时候,就能拿到一笔丰厚的退休金,这笔资金完全可以养活自己以后的晚年生活。

③正因为我不怕吃常人所难以忍受的艰难困苦,所以我干什么事都要竭尽全力。

④初一年级的语文教师在新生进校之前,通读了小学语文教材,走访和了解了一些小学的语文教学情况。

⑤近几年我国农村文化艺术取得很大成绩,呈现出一派欣欣向荣的趋势。

⑥香港高校……频频与清华北大等内地龙头高校抢滩优秀尖子生。

例①中,“弥补”的意思是补偿,例如“弥补赤字”“弥补过错”等。“困境”指困难的境地,可以说“摆脱困境”,不能说“弥补困境”。改为“可以使该语言学校的财政摆脱困境”,也可以改为“可以弥补该语言学校的财政短缺”。例②中,“资金”养活的对象应该是人而不是生活。可改为:“这笔资金完全可以负担自己的晚年生活。”例③中的“吃”和后面的“艰难困苦”不搭配,可把后面改为“苦”。例④中,“走访、了解”两个动词共同涉及一个对象——“小学的语文教学情况”,“了解……情况”可以,“走访……情况”不当。可以改为:“走访了一些小学,了解了小学语文教学的情况。”例⑤中,动词谓语“呈现”与宾语中心语“趋势”搭配不当。“呈现”是显出、露出的意思,而“趋势”是指事物发展的方向。另外,以“一派”和“欣欣向荣”充当

“趋势”的定语,也是错误的。根据语意,可把“趋势”换成“景象”。例⑥文章标题是《港校抢滩内地尖子生　赴港热应理性看待》。“抢滩”这一动宾式合成词与“优秀尖子生”不配。“滩”指河、湖、海边水深时淹没、水浅时露出的地方,泛指河、湖、海边比岸低的地方。“抢滩”一是指船只遇险时抢上浅滩,防止沉没;二是指军事上抢占滩头阵地;现则常用于商业,比喻抢占某地市场。无论本义还是比喻义,“抢滩”都是指抢上、抢占某个地方或处所。例⑥说的是香港高校到内地招生,内地学生踊跃赴港求学的事,如果说是“抢”,则应是港校“抢夺”内地优秀学生。

动宾搭配中,常见的误用是动词性部分或宾语部分有联合短语充当时,由于兼顾不周,极易出现部分动宾搭配而其余不搭配的顾此失彼现象。如:

①这些村镇自力更生,艰苦奋斗,克服并改变了自然灾害、落后状况,以及副业生产的问题。

②一提起笔,我就仿佛看见你们的充满朝气的脸、发光的眼睛和响亮的、快乐的声音。

③现在他设计的草图竟被印制成十分粗糙的集邮品甚至是工厂产品上,在《著作权法》已公布多日的今天,他感到自己的权益被严重侵犯。

例①中,“克服、改变”两个动词涉及三个对象:“灾害、状况、问题”。前边两个动词不能同后边的三个对象全部相配。这句话可以分开来说,改为:“……战胜了自然灾害,解决了副业生产的问题,改变了过去的落后状况。”例②中,动词“看见”涉及三个对象:“脸、眼睛、声音”。其中的“声音”是不能看见的。把“和”字改为逗号,其后的文字可以改为:“听到你们响亮的、快乐的声音。”例③中,“印制成”的后边出现了两个列举项,一个是“十分粗糙的集邮品”,另一个是“工厂产品上”。“被印制成工厂产品上”讲不通。这句话应该改为:“现在他设计的草图竟被印制成十分粗糙的集邮品,甚至被印制到工厂产品上。”

修饰语与中心语搭配不当:

包括定语与中心语搭配不当、状语与中心语搭配不当和补语与中心语搭配不当等。如:

①我看见一座座山,一座座山川,一座座山川相连。

②在翻阅中国话剧100周年纪念活动资料时,他萌生了创作一台

寻找中国话剧源头的剧本的意念。

③老工人的神采奕奕的语重心长的教诲，深深地教育了我，提高了我的觉悟。

④今后我们要努力地生活，报效伟大的祖国。

⑤老师笑得那么慈祥，笑得那么耐心。

⑥他们一会儿就把教室打扫得干干净净、整整齐齐。

例①中，“一座座”只能跟“山”搭配，却不能与“川”搭配，属于定语与中心语搭配不当。例②中，“一台”与后面的“剧本”不搭配，属于定语与中心语搭配不当。例③中，“神采奕奕”是形容精神面貌的，用于限定“教诲”不合适，属于定语与中心语搭配不当。例④中，“努力”具有“费力”的特征，而“生活”涵盖较广，既包括“费力”的“工作、学习”等，也包括“不费力”的“休息、娱乐”等，因此状语与中心语不搭配，可把“生活”改为“工作”。例⑤中，谓语“笑”具有“愉快”的特征，而“耐心”具有“忍耐”特征，相互矛盾，应把“耐心”改为“开心”。属于补语与中心语不能搭配。例⑥中，“整整齐齐”是“打扫”的补语，二者不搭配，应在“整整齐齐”前加上“收拾得”。

（2）成分残缺和多余。

如果不符合省略的条件而缺少应有的成分，以致句子结构不完整，表达意思不准确，这叫成分残缺；反过来，由于多了某个成分而使意思不清楚或显得重复，叫成分多余。

成分残缺包括主语残缺、谓语残缺和宾语残缺。

主语残缺最常见的是滥用介词而淹没主语。介词往往跟名词性词语构成介词结构，作状语，修饰、限制谓语。介词滥用常使介词结构淹没主语，这种类型通常误把“句首状语”当主语。如：

①据有关资料证明：家畜的生产力大约10%取决于遗传，40%～50%取决于营养，30%～40%取决于环境。

②据气象部门的监测显示，昨天本市大部分地区有霾，能见度不到500米。

③从这一件平凡的小事中，却说明了一个大问题。

④由于我成为演毛主席的特型演员后，与毛泽东的家人有了很多接触，这对我的表演有极大的帮助。

⑤由于高级公务员长期在政府中担任要职，形成了一个特殊的超

稳定系统，结成了一个盘根错节的人际关系网。

例①、例②中的主语前分别用了介词“据”，与后边的名词性词语“有关资料”“气象部门的监测”构成介词短语，使得句子无主语。这类语病的修改很简单：把主语前面的介词删去即可。例③中“从……中”是介词短语，不能作主语，应去掉“从、中”两字，让“小事”作主语。例④句首用了介词“由于”，整个句子没有了主语，可以把介词“由于”去掉，让“我”成为全句的主语。例⑤因为前面用了“由于”，“高级公务员”就丧失了主语的地位，导致后面的“形成……结成……”没有主语，应把“由于”挪到“高级公务员”之后。

谓语残缺往往是缺少动词或者把名词误当作了动词或形容词。如：

①旧北京城经元明两代的建造经营，在中国历代封建王朝都城设计的基础上，最后完成的杰作。

②我厂生产发电机已经多年经验，畅销全国。

例①缺少动词“是”，造成谓语残缺，应在“旧北京城”后面加上“是”。例②中，缺少谓语动词“有”，同时有句式杂糅之嫌。应在“已经”后加上“有”，在“畅销全国”前加上“产品”。

宾语残缺往往是由于句子过长，写作者没有搞清动词与其后面的内容的关系而造成的。

①在经济快速发展的形势下，我们要关注一些行业战线过长、生产力过剩、造成新资源配置不合理。

②北京奥运会火炬接力的主题是“和谐之旅”，它向世界表达了中国人民对内致力于构建和谐社会，对外努力建设和谐繁荣的美好世界。

③历史上，齐桓公任用管仲为相，改革内政，制定了按土地肥瘠定赋税的轻重、按年成的丰歉定纳粮的多寡。

④由于人工电子抓拍工作刚刚启动，交警本着人性化执法，工作初期重点针对严重交通违法的车辆进行抓拍。

⑤难道驾驶人不知道此类交通违法已经能够被抓拍了吗？

例①的动词“关注”后面虽然很长，但缺少中心语——宾语。应该加上“的问题”。例②中动词“表达”缺少宾语，应该在最后加上“的愿望”。例③中动词“制定”后面缺少宾语，应该在最后加上“等政策”。例④中“本着”一般搭配的都是“原则”或“政策”，应改为“本着人性化执法的原则”。

例⑤中明显缺少宾语,怎么能是“违法”被抓拍呢,应该是违法的行为被抓拍,应在“违法”后添加宾语“行为”。

成分多余,往往表现为有的成分与整个句子的语义重复。如:

①近年骑马爱好者剧增,使得赛马运动发展迅速,相应的一些骑马俱乐部也应运而生。

②他说,这里人才和人力资源十富,能源充裕。

③在港澳市场上瘦肉与肥肉的销售价格悬殊很大,一斤相差十多倍至二十倍。

④初涉文坛,她的第一部处女作就是这样一部意味深长的巨著,不能不令人刮目相看。

⑤中国队获得参加决赛阶段的资格。

⑥成立业余体校两年来的今天,我们共培养专业运动员二十多名。

⑦当时我们正在剧场进行排练新戏。

例①中,“相应的”与“应运而生”语义有重复,应删去“相应的”。例②中的“人力资源”包括“人才”,属于成分多余,词义重复,应删去“人才和”三个字。例③中,“很大”这个补语多余,因为“悬殊”即“相差很大”的意思,应将“很大”删去。例④中,“处女作”即作者的第一部作品,与“第一部”重复,应将“第一部”删去。例⑤中,“参加决赛”意思已经很清楚,“阶段”多余,应删去。例⑥“的今天”多余,应删去。例⑦应去掉“进行”,让“排练”作谓语。

(3)语序不当。

语序是指句子中各个成分的排列次序。语序是汉语的一种重要语法手段,它不但反映语言单位之间的搭配关系,而且反映一定的逻辑事理和语言习惯。忽视这一特点就会造成语序不当的错误。

①世界各地城乡演遍《哈利·波特》。

②青年歌手大赛选手综合素质之所以整体不高,是因为不少歌手忽视文化学习造成的。

③我们顺利地按照老张头画的那张简图找到了住在莫愁新寓的案件目击者。

④篝火晚会上,一阵欢快的舞蹈过后,同学们小声地围坐在篝火旁说话。

⑤中午是小镇最热闹的时候，家家的烟囱都冒出缓缓的炊烟，到处都飘散着饭菜的香味儿。

⑥这里，昔日开阔的湖面大部分已被填平，变成了宅基地，剩下的小部分也在以10%的速度每年递减着，令人心痛。

⑦军营嘹亮的口号声划破了寂静的清晨。

⑧文件对经济领域出现的一些问题，从理论上和政策上作了详细的规定和深刻的说明。

例①合乎汉语句法结构的语序应该是："《哈利·波特》演遍世界各地城乡。"例②应将"整体"放在"综合"的前面。例③中，状语"顺利地"修饰的应当是"找到"，而不是"按照"，应将"顺利地"放在"找到"的前面。例④中，状语"小声地"修饰的应当是"说话"，而不是"围坐"，应将"小声地"放在"说话"的前面。例⑤中，定语"缓缓的"应为状语，修饰"冒出"，改为"家家的烟囱都缓缓地冒出炊烟"。例⑥中，"每年"应放在"10%"前面，改为"以每年10%的速度递减着"。例⑦中的"寂静"应与"清晨"颠倒位置，改为"清晨的寂静"。例⑧中，"从理论上"应该是"说明"，"从政策上"应该是"规定"，可以改为"从理论上和政策上作了深刻的说明和详细的规定"。

（4）句式杂糅。

同一内容，往往采用不同的说法。如果说话、写作时拿不定主意，既想用这种说法，又想用那种说法，结果把两种说法糅到一起，形成两句混杂，就叫句式杂糅。句式杂糅既造成了结构的混乱，又使语言表达模糊不清。如：

①影响今年四川省GDP增长率下降5个百分点。

②对于城市南出口改造应该栽什么样的花草树木，市领导都颇费了一番心思。

③而自信心有时候却能成为左右胜负的关键所在。

④读者普遍认为，应该有关部门加强监管和游泳馆自身加强管理二者双管齐下。

⑤苏通大桥建设的初衷是，接近苏北、苏南的距离，进一步推动江苏省沿江开发战略的实施，具有十分重要的意义。

⑥做过酒店这一行的都知道，在处理客人投诉的时候，关于餐饮的比较头疼，关键的问题，餐饮的客人投诉时一般都未买单。

⑦亚健康状态，往往受到无规律的生活和学生的学习工作压力而

引起。

⑧这次网络培训班的学员,除北大本校人员外,还有来自清华大学等15所高校的教师、学生和科技工作者也参加了学习。

⑨12所香港高校开始接受内地学生2011年入学申请的热潮涌来。

例①的意思是影响了GDP的增长率,使增长率下降了,因此应改为“影响了今年四川省的GDP增长率,使其下降了五个百分点”。例②应改为“对于城市南出口,改造过程中应该栽什么样的花草树木,市领导都颇费了一番心思”。例③应改为“而自信心有时候却能成为左右胜负的关键”。例④逗号后应该改为“有关部门加强管理和游泳馆自身加强管理二者应双管齐下”。例⑤是“苏通大桥建设的初衷是,接近苏北、苏南的距离,进一步推动江苏省沿江开发战略的实施”和“苏通大桥建设对接近苏北、苏南的距离,进一步推动江苏省沿江开发战略的实施,具有十分重要的意义”两个句子的杂糅,应该取其一。例⑥应该改为“做过酒店这一行的人都知道,在处理客人投诉的时候,关于餐饮方面的问题是比较让人头疼的,关键在于,餐饮的客人投诉时一般都未买单”。例⑦“受到”应该改为“由”。例⑧应该去掉“也参加了学习”。例⑨可以改成“12所香港高校开始接受内地学生2011年入学申请,赴港读书热潮涌来”。

2.逻辑错误

语言表达还会因为违反逻辑规则产生错误。常见的错误有以下几种:

(1)主客颠倒。

①个子矮小的刘强同学对于长跑来说,的确是个难点。

②那个时候,所谓的“反潮流”“批判五分加绵羊”的口号提得很响,学校教学秩序引起了混乱状态。

③现在有些学生只注重学习,不注意身体,忽视体育锻炼。这个情况我们应当引起高度重视,要教育学生注意德智体全面发展。

例①主体和客体颠倒,应改为“长跑对于刘强同学来说,的确是个难点”。例②中,“混乱状态”,是由“口号提得很响”引起的,而不是“学校教学秩序”引起的。这里把引起者和引起的结果颠倒了。可以将“引起”改为“出现”,也可以将“引起了”提到“学校”前面,改为“引起了学校教学秩序的混乱”。例③中,“我们”应当是被引起的对象,可以改为“这个情况,应当引起我们高度重视”，也可以改为“这个情况，我们应当予以高度重视”。

(2)列举不当。

①河东大堤上英雄云集，男的、女的、学生、工人、农民，以及戴着红领巾的小学生都来了。

②山歌和民歌是广大劳动人民喜闻乐见的诗歌。

③为了确保这次手术的成功，这家医院已专门成立了由心脏病专家和医务工作者组成的抢救小组，并制定了周密的手术方案。

④我们的报刊、杂志、电视和一切出版物，更有责任做出表率，杜绝用字不规范的现象，增强语言文字的规范意识。

例①中，列举的各项有互相交叉的现象，“男的、女的”当中，可以有“学生、工人、农民”等；“戴着红领巾的小学生”又是“学生”的一部分。其中的“男的、女的”可以去掉；“戴着红领巾的小学生”也可以不说，如果非要说，可以加括号附在“学生”一项后面，并列各项改为：“……工人、农民、学生(包括戴着红领巾的小学生)。”如果要突出男女都有的意思，可改为：“河东大堤上英雄云集，男男女女，工人、农民、学生都来了。”例②中，“山歌”属于“民歌”的一种形式，两者不能并列。可以去掉“山歌”。例③中，“心脏病专家”包含在“医务工作者”之中，因此两者不能并列，可以改为“成立了由心脏病专家等医务工作者组成的抢救小组”。例④中，“报刊”(报纸杂志的总称)与“杂志”不能并列，“电视”和“出版物”不搭配，属于“并列不当”，应改为“我们的报刊、电视等媒体”。

(3)前后矛盾。

①昨天是转会截止日期的最后一天，中国足协又接到25名球员递交的转会申请。

②一场无情的强台风空袭上海，使3000多个花棚内的花卉于一夜之间毁于一旦。

③去年《福布斯》杂志把你排为国内第二首富，你觉得准确吗?

④吴良森捐款八万元自办中学。

⑤今年过节不收礼，收礼只收脑白金。

例①中，“截止日期”只有一天，怎么还会有“最后一天”呢？应改为“昨天是转会的截止日”。例②中，“一夜之间”与“毁于一旦”，一个黑夜，一个白天，相互矛盾。可改为“使3000多个花棚内的花卉于一夜之间全部被毁”。例③中,“第二”和“首富”相互矛盾,如果“你”是“首富”,就去掉“第二”,如果“你”排名第二,就把“首富”改为“富翁”。例④中,“自办中学”怎么又是“捐款”?“捐款”应改为“筹资”。例⑤中,前后分句没有语义联系,前面已经说“过节不收礼”,后面又说“收礼只收脑白金”,自相矛盾。

(4)两面对一面。

①是否具有坚忍不拔的毅力和卓尔不群的智慧,是成为杰出人才的重要条件。

②能否增长知识,很重要的一点是广泛而有效地阅读课外的好作品。

③电子工业能够迅速发展,并广泛渗透到各行各业中去,关键在于能否加速训练并造就一批专门技术人才。

例①中,前半句说的是“是否”两个方面,后半句只说了一个方面,属于两面对一面的错误,应在“是”的后面加上“能否”。例②中,前半句说的是“能否”两个方面,后半句只说了一个方面,应在“是”的后面加上“能否”。例③中,前半句说的是“能够”一个方面,后半句说的是“能否”两个方面,应把前半句的“能够”改为“能否”。

(5)判断失当。

①难道能否认我们的工作是没有成绩的吗?

②有人说他的落选与个人恩怨有关,但他反驳时非常肯定地否认不是与个人恩怨有关。

例①是用双重否定的反问句来表达判断,双重否定等于肯定,加上反问,就等于否定,与实际所要表达的观点恰好相反了,应当把“否认”改为“说”。例②中,“否认”与“不是”两重否定,就说明与“个人恩怨有关”,与他的“反驳”相矛盾,应去掉“不是”。

(6)分类不当。

①地里种着黄瓜、西瓜、茄子、扁豆等蔬菜。

②爸爸昨天给他买了数学、化学、作业本和写作等书籍。

例①中,“蔬菜”这个概念的内涵是“可以做菜吃的草本植物”,而“西瓜”是水果,不能包括在“蔬菜”这个属概念的外延之内。例②中,“作业本”不能包括在“书籍”这个属概念之内。

(三)网络语言应用失范

在当今的信息时代,网络语言的影响越来越大。在年轻网民看来,网络语言不仅是他们表达思想、指称事物的纯语言符号,还是他们抒发个性和引领潮流的手段,是一种群体认同的标志。因此,他们喜欢放弃传统已有的说法,使用或创造出一些新潮、前卫、时髦的词语,摆脱传统语法规范的约束,追求超出正常语法甚至不合逻辑的表达方式,显示他们的独立性和创造性。网络语言中的失范现象主要有以下几种。

1.字词随意重叠

在传统语法中,词语重叠是有特定条件的。但在网络语言中,在传统意义上不能重叠的字词,重叠现象十分普遍。如:

(1)名词随意重叠。现代汉语语法中,名词不能重叠,如"鞋"不能说成"鞋鞋","门"不能说成"门门"。在日常生活中,一般也只有不懂语法的小孩子才惯用叠音词。但在网络交流中,这些所谓的叠音词备受青睐,不论什么名词都想叠加一下。"饭"可以说"饭饭","车"可以说"车车";"东东"意指"东西","厕厕"指"厕所"。例如:"饭饭没有?"这些用法与汉语传统语法规律相悖,因此名词不宜随意重叠。

(2)形容词、量词等随意重叠。如"漂亮"就说成"漂漂","害怕"为"怕怕","照片"为"片片",还有"一般般""一下下""一会会",等等。

(3)一般词语随意重叠。网络语言中拟声词也常常任意重叠,用以渲染情绪。如:"呵呵呵呵""哈哈哈哈",有时要表示强调语意或表示程度深及声音的回响,也将单音节词或句末的音节无限重叠。如:"自信力量大大大——""很很很很好""是我我我我我——""小弟现在有个急急急——的问题,请问应该怎么办办""去一下下"。以上都是通过文字的重叠来强化即时的语气与情感,旨在引起聊天者的共鸣。但任意性较大,音节多少不固定,影响了语言的简洁性,不符合现代汉语的语法规范。

2.名词带宾语或名词当动词用

现代汉语名词不能带宾语,但在网络语言中却经常看到一些名词带宾语的现象。名词直接用作动词、形容词,造成词性误用。如:"我这个人反应很慢,你要耐心我了"("耐心"是名词);"你 E 我"(表示发 E-mail 给我);"刚刚你电我干吗?"(表示打电话)。在现代汉语中,存在名词用作谓语的现象,但名词作谓语且带宾语的现象却不存在。而在网络语言中,名词作谓语、名词作谓语且带宾语的现象则随处可见,如:"昨天我 E-mail 你!"其中的"E-mail"是名词,在此处却被用作了动词,并且带上了宾语"你"。

3.生造滥用语气词

现代汉语"哦、喔、噢"多在句首作叹词,网络用语却常常把它们放在句末作语气词,如"等你哦""这样是会出错的噢""是我喔""你来了哦""这样啦"等。有时为求新奇,网民还故意选用一些生僻少用的字来充当句末语气词,如:"怎么这久才来叻?""这图片好可爱吖!""叻""吖"现代汉语较少使用,也都不是语气词。在口语中还有一种很随意的用法,一些句中的成分可以在句末重复出现,不表达实际的意义,只是加强句子的语气,于是出现一些另类的语气词:动词、代词、副词等都可以。如"我还管不了你了我""这孩子还真不要命了还"。

4."有"做助动词

"有"在现代汉语中是一个纯粹的动词,没有做助动词的功能,在它的后面不能带其他动词,但是我们可以在电视或媒体里听到这样的说法:"你去了吗? 我有去。""你做了吗? 我有做。"这种用法是香港历史文化所造成的比较特殊的现象,受英语的影响,进入粤方言,转而被一些时尚前卫的年轻人使用,但不被大多数人接受。

5.句式语法的杂用

把方言语法、外语语法吸收进来,杂乱使用。

(1)使用方言语法。如"你先走",网络交际中有些人偏偏说成"你走先",模仿粤方言的语法;"我吃了",有些人偏偏说"我有吃",模仿闽、粤等南方方言。方言和普通话语法也存在差异,如果经常使用方言语法,也会影响正常的言语交际。

(2)中英文语法混用。在网络语言中,部分英语后缀被引入形成中英文混用的情况。比如,用英语中表过去式的"-ed"表示结束或完成:"吃ed"表示"吃完了,吃过了";用英语的表正在进行时的词尾"ing"表示动作正在进行或状态正在持续中:"今天要加班,不能来活动了,郁闷 ing(心里很郁闷)","问题终于解决了,得意 ing(得意着呢)"。"正在做作业"说成"做作业 ing","正在吃饭"说成"吃饭 ing","在幸福之中"说成"幸福 ing"。再比如,"JM"是"姐妹"的意思,加上"-s"的"JMs"则表示"姐妹们",运用了英语中表复数的后缀"s"。

(3)奇特怪异的句式。目前,网络语言中还流行着一种奇特的句式:常在句子末尾添加相当于语缀的成分“的说”。如:“偶见到你真高兴的说”,“我不太敢看恐怖片,但心里还有些向往的说”,“但偶还是很喜欢那些老先生的课的说”。在完整的句子后面加上“的说”,不符合现代汉语的语法和习惯。

第三节　语法规范对策

一、语法规范的原则

人们对语法规范化原则的理解和讨论,归纳起来就是理性原则和习性原则。理性原则强调某种说法的出现需有道理有根据,习性原则依据语言的任意性,强调约定俗成甚而积非成是。二者之间的关系还需要深入研究。

语法规范原则问题相当复杂,既涉及语言规范观,更直接涉及对具体语言现象的评价判断。从语言规范观的角度看,语言应在交际中规范,而规范是为了更好地交际。语言是一个动态的、开放的、多层次的、有某种自我调节功能的系统,相应的语言生活也是多样化的、富有弹性的、基本上实现了交际需要的社会现象。语言表达判定正误的基准,从根本上讲,都取决于社会认同,即为社会人群所认可,所共识。要做到符合社会认同的基准,必须遵守客观性、动态性、研讨性原则。

(一)客观性原则

尊重客观事实,不囿于成说,这是客观性原则。正如王力在《汉语语法纲要》的导言中写的:“语法里只有习惯,没有天经地义”,“在语法上无所谓‘理’只有‘事实’”。

比如,不少语法书都认为:复句中,“虽然”和“但(是)”呼应使用,“即使”和“也”呼应使用;“即使”和“但(是)”不能呼应使用。然而,在语言的实际运用中,“即使……但……”格式的用例相当多。

①即使在苏联是百分之百的成功,但是它能够符合中国的实际情况吗?[邓小平《关于政治体制改革问题》(1986年9月—11月)]

②即使在这风雪迷茫的黑夜,工人、工人的妻子和工人的孩子,谁也看不清谁,可是他们一定能感觉到相互间深切的鼓舞和期待。(杜鹏程《夜走灵官峡》)

③即使无人豢养，饿的精瘦，变成野狗了，但还是遇见所有的阔人都驯良，遇见所有的穷人都狂吠的，不过这时它就愈不明白谁是主子了。（鲁迅《“丧家的”“资本家的乏走狗”》）

“即使”表示让步。有让步，就有转折，因此，凡是让步句，都是隐含有转折性的。一般情况下，只说“即使……也……”；有时，为了特定的语用需要，便可说成“即使……但/却……”。所谓特定的语用需要，主要表现在两个方面：其一，通过“但、却”之类的使用，使分句与分句之间本来隐含的转折性凸显出来，引人注意；其二，在分句较多，结构较为复杂时，加上“但、却”之类，不仅可以强调突出转折性，而且可以划清转折的界限，从而加强句法组织的明晰性。总之，我们应该看到并且应该承认使用“即使……但/却……”格式的客观事实，如果囿于成说，把上面所举的例子全都判为病句，就会违反语言运用的客观性原则。

语言现实中，有许多新的有生命力的表达方式，填补了汉语表达的空白。如在广告和网络语中频繁使用的“和谐号”“高铁”“博客”“驴友”“粉丝”等，通过简缩或音译方式构成新词。汉语语法中程度副词不能修饰名词，但人们在言语交际中，经常直接用程度副词修饰表义模糊的某些抽象名词，表示复杂多样的语义，如“××很女人”“××非常生活”“××挺阳光”等，这种特殊的语用价值和交际意义，使“副+名”这种格式逐步被接受。

（二）动态性原则

承认语境变异，不持僵化态度，这是动态性原则。语境变异是指一个形式在不同语境中意义或语用价值有所变化或存在差异。承认语境变异，即承认语境对形式的含义或语用价值具有制约作用。如对“没钱”的理解，不能仅仅理解为“一点钱也没有”，在特定的语境中，实际含义往往是“钱少”或“钱不够”。19 世纪 40 年代，贺敬之和丁毅执笔写作了歌剧《白毛女》，其中喜儿有这样的唱词：“有钱人结亲讲穿戴，我爹没钱不能买。”后来拍成了黑白电影《白毛女》。“文革”期间，拍摄芭蕾舞剧《白毛女》，喜儿的唱词改为：“有钱人结亲讲穿戴，我爹钱少不能买。”唱词修改者把“没钱”改为“钱少”，显然是认为“没钱”在表达上有毛病。其逻辑是：既然没钱，怎么能给喜儿买“二尺红头绳”？难道买红头绳不需要钱？这样简单化的逻辑推论，很容易产生误导。事实上，在语言表述系统中，“没、不、无”等，都可能是“零”，也可能不是“零”。

动态性原则是对客观性原则的补充和深化。语言的发展存在语言形式显一隐一显的情况。刁晏斌在《现代汉语史》中将语言的发展过程描述为：已有规范—突破已有规范(不规范)—中介状态—新的规范。如“酷”是广告、网络中的高频词语,形容人外表英俊潇洒,表情冷峻坚毅,有个性。中国知网上与“酷”相关的语言学研究论文,在2002年还有相当多的语言学者把“酷”的该义界定为不规范的用法。但在2005年出版的《现代汉语词典》(第5版)中明确将之列为“酷”的新义项。网络语中的“给力”,从2010年的世界杯到2011年《人民日报》的标题,使用普遍,2012年出版的《现代汉语词典》(第6版)已经将其收录,承认其规范地位。除此之外,从“冒牌—水货—山寨”的称呼变化,也体现了语言的动态原则。

(三)研讨性原则

通过研讨寻求合理结论,不固执一己之见,这是研讨性原则。其核心就是研究问题,讨论问题,努力避免个人看法的片面性。

以“最”字句来说。有些教师,只要看到学生作文中出现“最……之一”,便判为病句。从客观事实出发,用动态的观点来研究“最”,起码可以明确以下几点：

第一,“最×”有客观性表述和主观性表述的区别。客观性表述,是一种尊重客观事实的、讲求科学性的数字化认定。如：

①一个作家使用多少个词,据统计,用词最多的是英国作家莎士比亚,总数近12000个。

主观性表述的“最×”,是一种来自主观心态的表述,属于情绪性的认定。其准确性的追求,是感情的真实,而不是计量的真实。如：

②她留给琼斯的那封信,至今她倒背如流,那是世界上最绝望的信。

第二,孤立地看语义,“最×”处于极度级层,但是,从程度副词所形成的级度序列看,“最×”级度位次的高低却不能一概而论。一方面,就通常情况而论,“最×”强调达到“极度”,是“程度最高”。因此,有人排列程度副词,顺序为“稍微—比较—相当—很—极—最”。也正因如此,在主观性表述里,为了强调“最”之不可超越,有人采用了“最……不过”或“最……没有”的形式。然而,另一方面,“最×”所强调的“极度”是在某种特定范围内相对而言;其实际度量,有时候可能反而偏于低或偏于少。这受到特定语境的制约。如：

③县中里学历最高的教师，也只是中师毕业。

尽管是“最高”，却也只是中级师范，实际上学历偏低。这里，“最 ×”的级度不及“很 ×”，更别说是“特别 ×”。可知，单线索地排列程度副词，把“最”排在“很”之上，并不科学。

第三，“最 ×”形成一个“最”义级层。“最”义级层的涵量，对于所涵容的事物来说，不仅可以是单个体的，而且可以是多个体的。如：

④一千多年前，岳麓书院的教师中集中了大量海内最高水平的教育家。

⑤中国当代最负盛名的一批作家，如郭沫若、茅盾、巴金、老舍、叶圣陶、冰心、孙犁、萧乾、王蒙等等。

第四，“最”义级层的多个体涵量的逻辑基础，决定了以下两种形式都可以成立。

A.“最……之一”。如：

⑥冰心是五四以来最有影响的儿童文学作家之一。

⑦沙漠是人类最顽强的自然敌人之一。

显然，“最有影响的儿童文学作家”“人类最顽强的自然敌人”都不止一个，而“冰心”和“沙漠”分别是其中的一个。采用这一说法，是为了极力强调所说的人或事物应属“最”级层次。

B.“第二最 ×”。如：

⑧这是北京第二座最大的王府，仅比怡亲王允祥的府邸略小一点……

例⑧等于说：北京最大的王府有多座，其中怡亲王府邸是第一，而这座廉亲王府邸是第二。这类说法，进一步证明了“最 ×”的事物既可以是多个体的，又可以是非第一的。

第五，“最”义级层的多个体涵量的逻辑基础，加上“最 ×”可以是主观性表述，这也就决定了“在我的心目中，宗师是治学和为人都达到了最高境界……的人”这个判断毫无问题。首先，“在我的心目中”表明这是个人的主观看法，不想强加于人；其次，堪称“宗师”的大学者不止一人，当说他们之中哪一位“治学和为人都达到了最高境界”时，绝对没有说他是“天下第一”的意思。

可见,研究工作越深入,问题解决得越透彻。如果说,动态性原则是对客观性原则的补充和深化,那么,研讨性原则便是客观性原则和动态性原则的求证和落实。换言之,只有贯彻研讨性原则,经过充分的验证,才能对问题做出真正符合客观性原则和动态性原则的结论,在判定正误上才能得出符合社会认同基准的结论。

二、语法规范的方法

随着语言使用问题的日益严重,规范工作逐渐成为亟待解决的问题。规范并不意味着一刀切,用硬标准或规定来约束限制语言的发展。纵观历史,语言正是在一次次变异创新中不断发展的。规范应当是一个变化发展的过程,是一种社会行为。语法规范应采取一定的措施和方法,主要有以下几种。

(一)熟悉已有语法规范

已有的语法规范是多少代语言工作者总结和提炼出来的,是语言中组词造句规律的反映,是言语交际应当遵守的主要规范,对言语交际具有直接的指导作用。熟悉已有的语法规范,就可以知道怎么说是对的,怎么说是错的,可以促使人们说话或写作更加规范。这就要求人们要认真学习语法知识,不断掌握和灵活运用语法规范,提高按语法规范说话和写作的能力。

在吸纳现有语法规范成果的时候,我们必须不断学习,追踪前沿。随着人们对语言现象认识的逐步深入,研究方法的不断更新,大量语法规范新成果不断涌现,这些成果需要我们及时学习吸收。比如,下列语言现象都曾受到批评:

①贵宾所到之处,受到群众的热烈欢迎。

②自然是伟大的,人类是伟大的,然而充满了人类崇高精神的人类活动,乃是伟大中尤其伟大者。

③我怀着激动的心情又一次欣赏了刀美兰的独舞晚会。

④我们的家乡在希望的田野上。

⑤书籍是人类进步的阶梯。

⑥请读我唇(书名)

⑦可敬的亚洲的人民和世界的人民都站起来了。

⑧纪念 ××× 诞辰一百周年。

经过多次的讨论与分析，现在一般都认为它们属于规范的用法了。

（二）跟踪潜语法现象

显语法现象，是指目前存在的、被我们看到和听到并使用的语法现象。潜语法现象，是指目前我们没有看到和听到的，但它的确是存在于我们的语法系统中的语法现象。在语法规范的工作中，人们对新出现的语法现象常常持批评态度，认为它是不规范的，而过一段时间后，被批评的语法现象不仅没有消失，反而更加流行，并为大众普遍认同。这时，人们又不得不否定以前的说法，承认这种新的语法现象是规范的，这就给语法规范工作带来许多消极的影响。而潜显理论对于普通话语法规范的实践意义就在于：对潜语法现象的使用情况进行跟踪和作前瞻性的预测，使语法规范转变到规范人们的思维和认知上来。

语言具有类推功能，但语言现实生活中又存在许多不对称现象。比如，有“男教授”也有“女教授”；有“小男人”也有“大男人”；但有“大教授”，有没有“小教授”？有“体育教师、物理教师、语文教师”，有没有“体育学生、物理学生、语文学生”？有“师母”，有没有相对应意义上的“师父”？这些说法目前还都比较生疏。从动态语言观来看，需要我们认真关注。

（三）提高语法规范意识

意识是行为的先导。只有具备了语法规范意识，才能产生自觉规范的行为。要通过广泛宣传教育，让人们认识到语法规范的重要意义，自觉摒弃不合语法规范的行为。特别是当今的网络时代，更需要这种规范意识。青少年网民具有强烈的求新好奇心理，他们喜欢新知识和新事物，对周围事物的发展变化特别敏感，充满创造的活力。这种心理表现在语言上就是他们喜欢用新奇有趣的语言元素来张扬个性，标新立异。再加上网络的虚拟性，没有了现实语境的许多限制，使得交际者心态更放松，顾忌更少，言论的自由度远远超出了常规媒体的开放程度，颠覆传统语法规则的现象时有发生。要维护语言的规范性，就要求网民在极力创新的同时要顾忌语法规范，不能搞得让人不知所云，影响交际效果。

（四）增强言语交际度

言语交际是一种互动的行为，不仅是口头的、书面的互动，也是思维的、心理的互动；不仅有说话和书写的语法规范问题，也有听者和读者的语法感觉问题。所谓交际度，就是交际到位的程度。语言是用来交际的，语言存在于交际中，没有交际就没有语言。交际是语言发展变化的动力和目的，是决定语言现象的根本条件。语法规范是为了使使用某种语言的人们能够更好地交际。从这点来看，交际度应该是衡量语法规范的标准。增强言语交际度，能够使语法规范更好地服务于交际，提高言语交际的效果。

毫无疑问，群众是语言使用的主体，语言和语文工作者则是对语言现象进行研究、归纳和系统化的专业人士。语言和语文工作者当然要做规范和标准化的工作，更重要的是要为新产生的语言现象寻找其产生、存在以及流行无阻的理论依据。相信随着社会的发展，随着语言研究的不断深入，一些新的语言规则会被不断地归纳、概括、挖掘出来，汉语语法理论将会更加丰富和完善。

思考与练习

一、有人认为，语法规范会限制语言的发展。谈谈你对这一问题的看法。

二、语法规范原则是一个系统，存在总原则和具体原则之分。总结一下语法规范原则有哪些。

三、请总结行之有效的语法规范的方法。

四、谈谈新闻媒体语言中的语法新现象。

五、分析网络语言中的重叠现象的正误。

六、分析网络语言中的中英文语法混用现象。

七、改错并说明理由。

1.我感到了功课不好的学生，在严格的老师面前所常有的那种诚惶诚恐的心情。

2.参观者对位于巴黎市中心的公共图书馆留下了深刻的印象。

3.张老师最近又完成了一部大约四十万字左右的书稿。

4.由于果树的生长情况不同，剪枝的方法和时间也应有所不同，应根据实际情况灵活来用。

5.由于一只小狗的惊叫，使得20多人及时逃生。

6.至于戏曲舞台上，那更是丰富多彩，既出现了不少优秀的现代剧目，更创作了不少表现历史题材的作品和整理出了不少杰出的传统剧目。

7.我当时认为组织上既然这么看重我,所以经过考虑后,从 3 月 1 日便到读者来信组工作了。

8.他们做了大量调查工作和分析了各种情况。

9.流行歌曲也有一定社会意义的作品,有些曲子是写得很不错的。

10.假使一个连长丢掉一挺机枪,那不消说是有罪的;然而一个医生对保管员的生命可以这样忽视吗?

11.后半盘李昌镐充分施展其天下一品的官子功夫,而周鹤洋收官则显得有些较弱。

12.不但要使学生具有坚实的基础知识,还要注意培养学生分析问题、解决问题的能力。

13.关于以上两门课程,内容都是相当丰富的,而且都是与实际有帮助的。

14.朋友们送的那幅描绘祖国大好河山的风景画,被我一直挂在书房的墙壁上。

第五章　汉语言文字与汉文化

文化是一个民族的灵魂，它承载着社会团体的人文精神、社会信仰、文化传统、道德观念、时代价值，也深刻影响着人们的认知规律和言语交际方式。一种语言的词语运用、语法特点甚至文字的创造都深深打着民族文化的烙印，通过对某种语言的研究可以深入地认识和了解使用这种语言的民族或国家的文化。同样，要想提高语言表达的准确性和艺术性，也必须熟悉一个民族的文化。汉语作为汉民族的共同语，它记录和反映了汉民族的生活习惯、思维方式、文化心理、道德价值和文化传统，是汉民族文化的一个重要组成部分，也是汉民族文化的主要载体。汉语中词义的解读，称谓语的运用，敬辞、谦辞的体会，人名地名的来源，都反映了中华民族追求吉祥如意、向往自然情趣、崇尚谦逊有礼的文化传统。汉语词类的表象性与语法结构的有序性也反映了汉民族思维的具象性和有序性。甚至修辞的运用也往往体现汉民族求同一、重和谐的思想观念和在言语表达上含蓄、婉转、模糊的内在特征。

第一节　语言文字与文化概说

一、语言和文化的关系

语言和文化的关系十分密切，二者相互依存、相互影响，共同发展。

第一，语言是文化的重要组成部分。文化有广义和狭义之分，广义的文化指人类创造出来的所有物质成果和精神成果的总和。物质文化指物质生产活动及其产品的总和，包括饮食、服饰、建筑、交通、生产工具等；精神文化指思想意识及其活动的成果，具体包括知识、信仰、哲学、科学、宗教、艺术、伦理道德以及价值观念等。狭义的文化只指精神文化。

语言是人类为了满足自身表达和相互之间交际的需要而创造出来的，是人类社会活动的产物和人类特有的社会现象，是人类创造出来的最伟大的成果之一，凝聚了人类对客观世界的认识和感受，具备了文化的所有特征,因此,语言是文化的一个重要组成部分。

第二,语言是文化的重要载体。语言作为人类的思维工具和交际工具,不仅是人类认知世界和维系社会存在和发展的必不可少的一种工具,而且是反映社会生活和社会意识的一面镜子,它反映着文化的产生与演化过程,记载着人类社会文明进步的所有成果。人类社会之所以能不断进步,很重要的一点就在于人类创造的每一种文化都可以靠语言来保存、传播和继承,我们在生活中获得的知识,可以借助语言这个工具传给后人,后人又可以通过语言这个工具了解和掌握前人创造的文化成果。从这个意义上说,语言是文化的载体。

第三,语言和文化关系密切。世界上不同的民族之所以有不同的语言,是因为不同民族的文化造就了不同的语言,每一个民族的语言都是这个民族文化的一面镜子。例如人们通过对某种语言的研究,就可以深入地认识和了解使用这种语言的民族或国家的有关文化,包括政治、经济、历史、文学、民俗、习惯等各个方面。当我们学习一种语言的时候,并不单纯是学习这种语言的语音、文字、词汇及语法系统,而是连同这种语言所代表的文化一起接受过来,如西方人在学习汉语的时候,会连同汉语文化诸如中国的神话传说、历史传统,汉民族的思维方式、风俗习惯、价值观念等全部接受过来。

语言对于文化具有建构、保存和传承的功能,而文化又赋予语言以丰富深厚的内容,是语言发展的重要动力。语言与文化相互影响,相互作用。我们学习一种语言必须了解其文化,只有了解了文化才能更好地理解和使用这种语言,因为世界上任何一种语言都蕴涵着使用这种语言的民族的文化。

二、汉语和汉文化的关系

作为汉民族共同语,汉语是汉民族文化的一个重要组成部分,又是汉民族文化的主要载体,它全面地记录和反映了汉民族的生活习惯、思维方式、文化心理、道德价值和文化传统。

(一)汉语与历史文化有关

在中国五千年的历史长河中,中国社会无时无刻不处于变动之中,汉语作为凝聚着汉民族对客观世界认识和感受的符号系统,忠实地记录着社会的发展变化,成为中国历史和文化的“活化石”。通过汉语,我们可以了解古代社会的政治、经济、风俗人情以及当时人民的心理、价值观念、生活状况，了解中国社会不同历史时期的各种文化形态等。

在中国传统历史文化中，汉民族形成了独具特色的传统哲学观、伦理观和价值观，这些观念不仅深刻影响着中国人的思想、精神和生活，而且对汉语也产生了极为深远的影响。如在语汇方面，相当一部分词语的构成明显受到汉民族传统哲学观、伦理观和价值观的深刻影响。在中国传统哲学观念中，“气、理、道、天”是几个重要概念，受此影响，汉语以“气、理、道、天”为词根形成了大量基本词语，如“天气、地气、寒气、暑气、气虚、脾气、和气、天理、义理、心理、情理、文理、理解、道理、道德、道义、公道、天子、天才、天真、天良、天命”等。再如，汉民族几千年来一直以儒家文化为中心，儒家的“仁、孝、义”等伦理道德观在汉语语汇中也有明显反映，如“仁政、仁爱、仁厚、仁慈、孝道、孝行、孝慈、忠孝、道义、情义、正义、义士、举义、大义”等。汉民族十分注重和谐，这种价值观体现在汉语的形式上，表现为语音形式讲究对仗、平仄和押韵，修辞中讲究对偶和排比等。

（二）汉语与中外文化交流有关

在中国历史上，汉文化还经常与外来文化发生密切的交往，这些文化交往在语言中留下了深深的印记，其中表现最为明显的是汉语中出现了大量来自其他民族语言的借词。借词随着汉语的发展而融入汉语语汇并成为汉语不可缺少的组成部分，是不同民族之间的文化交流和语言相互影响产生的必然结果，也是汉文化与外来文化交流的记录与印证。早在先秦两汉时期，汉民族就与周边少数民族及中亚、西亚诸部族有过密切的文化交流和贸易往来，许多反映中亚、西亚的动植物名称和乐器的借词，如“葡萄、胡椒、石榴、蚕豆、丁香、芦荟、苜蓿、骆驼、鸵鸟、胡羊、琵琶、胡笳”等进入汉语语汇。五四运动前后随着西学渐进和中西文化交流更加广泛和频繁，大量的新事物、新概念由西方传入我国，带来大量的新词，如“民主、科学、政党、教育、文化、哲学、铁路、电话、沙发、吉他、引擎、坦克、巧克力、麦克风、照相机、蒙太奇、高尔夫”等。中华人民共和国成立后，尤其是改革开放以后，中国与世界各国的联系和交往不断扩大和深化，中国文化在影响其他文化的同时，也受到了其他文化的影响，也引进了大量借词。这些词的引进，扩充了汉语的语汇量，提升了汉语的表现力，折射出中外文化交往的痕迹。

(三)汉语与佛教文化有关

佛教起源于印度,进入中国后迅速与中国的传统文化相结合,发展成为中国的民族宗教之一和中国传统文化不可分割的重要组成部分,并渗透到了其他文化领域,对中国的哲学、文学、艺术以及社会心理、民俗风情等都产生了重大影响。

佛教的传入对汉语也产生了重大影响。佛教的传入对汉语的影响,首先表现在它极大地丰富了汉语的语汇。不仅大量反映佛教思想、文化及文物制度的词语进入汉语语汇,如“菩萨、佛、金刚、和尚、僧、魔、尼、塔、袈裟”等,而且很多来源于佛教的词语,在原来意义的基础上又引申产生出新的含义,如“正宗、思议、忏悔、真谛、世界、觉悟、刹那、正当、圆满”等,这些词语渐渐融入汉语的一般用语当中,成为汉语的常用词,已经很难看出它们源于佛教。佛教的传入对汉语的影响还突出地表现在产生了许多成语。据考证,在我们常用的汉语成语中,有三百多条都与佛教文化有关,如“借花献佛、五体投地、清规戒律、聚沙成塔、三生有幸、心猿意马、唯我独尊、皆大欢喜、现身说法、痴人说梦、泥牛入海、功德无量”等。其次,佛教的传入还丰富了汉语的构词法。古代汉语以单音节为主,但在翻译佛经的时候,为了表达的需要,出现了许多双音节词,对推动汉语语汇双音化的发展做出了贡献。另外,佛教文化对汉语语法的影响也比较明显,推动了汉语句法向严密化、实用化的方向发展,如“……是……”的句式逐渐代替了上古的“……者,……也”的判断句式。佛教的传入对汉语音韵学也产生了影响,解决了汉字长期以来读音难的问题。

佛教传入对汉语产生了极大的影响,使得汉语的语汇更加丰富,语言体系更加严整和完善,为汉语由古代汉语向现代汉语的演进做出了的贡献。

(四)汉语与汉民族的传统思维方式有关

汉语反映了汉民族发达的形象思维能力。汉民族总是从形象中寻找事物的审美特征,从形象中领悟事理的内涵,从而孕育了一种直觉感悟的思维特征,而这种直觉的思维特征又具有很强的具象性,往往以一种具体、直接的眼光去分析归纳感性经验。从文字上来说,作为汉语书写符号的汉字是形象思维的结晶,汉字是在图画文字的基础上形成和发展起来的,古汉字带有明显的图画痕迹,虽然汉字形体在历史发展演变中象形的特征逐渐消失,但我们仍可以从大部分字形上依稀窥见汉民族先民初创文字时摹形绘状的生动迹象。在语汇方面,汉语常常用具体的事物表达抽象的概念和内容,如"雀跃、龟缩、鲸吞、蚕食、蜂拥、鼠窜、狐疑、巾帼、须眉、汗颜、干戈、矛盾、续弦"等。汉语语素在构词时也经常用具体的形象表达抽象的内容,如"吃亏、吃香、打趣、打听、救火、救场"等。在诗歌创作方面,汉语习惯于通过对具体事物的描写创造出情景交融、融情于景的意象,如李白的《黄鹤楼送孟浩然之广陵》:

故人西辞黄鹤楼,烟花三月下扬州。

孤帆远影碧空尽,唯见长江天际流。

这首诗通过几个具体的事物"黄鹤楼、烟花、孤帆、长江",把诗人对友人的深厚情谊和分别时的离情别绪,充分表达出来,诗中句句写景,但句句又是抒情,景中含情,情景交融,耐人寻味。

汉语反映了汉民族整体性思维的特点。汉民族擅长以一种直接领悟的方式从整体上去把握对象,对对象的表达以一种整体的、综合的、概括的方式进行表述,呈现出明显的整体理解的思维方式。汉语经常用具体并列的词语指称某类事物的整体概括意义,用"锅碗瓢盆"指厨具,用"吹拉弹唱"指音乐活动,用"酸甜苦辣"指各种味道,用"南腔北调"指各种方言等。汉民族整体思维方式表现在汉语结构上则是"以意统形",注重语言所指称的抽象意义或本体意义,强调通过时间顺序和事理排列表达内容,从而直接快速地获得整体感觉和总体把握。

(五)汉语与汉民族的文化心态有关

汉民族是一个宗族认同感比较强的民族。中国人的姓名具有自己的传统和特点:姓名由姓氏和名字两部分构成,姓氏凝聚着宗族观念,体现了自古以来中国人的同族同姓血缘亲属关系;名字中也带有浓厚的宗族观念,主要体现在同一宗族不同辈分的人的名字中,往往使用一个表示辈分的汉字来区别辈分,以体现一个宗族的连续性和尊卑有序性。地名也带有浓厚的传统民族心理特征,具有明显的宗族心态,许多同姓宗族居住在同一个区域,地名往往以宗族的姓氏加上通名构成,如"张家港、石家庄、王家屯、韩店、王庄"等。亲属称谓是人类社会语言文化的一种普遍现象,中国社会的亲属关系具有连续性、稳定性和很强的内聚力,以男性为中心构成错综复杂、数量庞大的亲属称谓系统,各种亲属称谓具有区分辈分、等级和地位的作用。

中国人认为名字会预示一个人的人生命运,因此名字往往寄托了人们美好的愿望和企求,反映人们的道德精神取向、审美意识等。中国人的名字往往都带有美好的含义,例如有的名字包含着出生时的地点、时间或自然现象,如“京、晨、冬、雪”等;有的名字寄托了某种美德的期盼,如“仁、义、礼、智、信”等;有的名字则暗喻健康、长寿、幸福,如“健、寿、松、福”等。在审美意识上,男性取名往往使用具有阳刚之气的词,女性取名往往使用具有阴柔美一类的词,体现了汉民族对男性、女性特点的不同审美观。许多地名不仅反映了地貌特征、历史文化,还寄托着人们热爱和平生活的美好愿望,如经常使用“太平、永平、永和、寿、吉、昌、福”加上行政区域通名等作为地名。

受传统儒家道德的影响,汉民族形成了“卑己尊人”的传统心理,在言语交际中往往自我贬抑,抬高对方。这种传统的自谦心理,年深久远,已成为一种民族文化心理定势,表现在语言中就产生了很多表示尊敬和谦恭的词语。

社会体制的更迭带来观念的变化,由此也会改变人们的词语使用习惯,造成词义的发展变化,也体现了汉民族的文化心理价值取向。中华人民共和国成立后强调人人平等,职业不分高低、地位不分贵贱,中华人民共和国成立前一些具有明显身份歧视的词语被新词语代替,如旧时称职业的戏曲演员为“戏子”,称饭店、酒馆、客店中接待顾客的服务人员为“店小二、伙计”等,这些名词均含有职业歧视的意思,中华人民共和国成立后这些词分别被一些中性词“演员、服务员”等代替。这些词语的变化反映出来的不仅仅是社会关系的变迁,更是社会风尚、人们道德观念以及对语言认知心理的变迁。

三、语言文字应用中的文化制约

文化蕴含在语言的各个层面,了解语言的文化内涵有利于我们正确理解和使用语言,同时文化又贯穿于整个言语交际过程中,文化不仅决定了词语在一种语言中的具体含义,而且也影响了语言表达的方式和具体含义,人们的言语交际要受到存在于语言之外的文化的制约,因此在语言应用中必须注意语言的文化含义,以取得最佳的交际效果。

(一)文化制约着词语的具体含义

汉语语汇中大量的词语除了具有自身所代表的概念意义之外,还蕴含着丰富的文化含义，在词语的运用过程中，必须结合具体的语言环境和词语所承载的文化含义才能做到正确运用，提高词语的表达效果。

历史文化制约词语的具体含义。社会文化历史的发展是语言发展的外部大环境，不同历史时代文化的积淀、延续和发展毫无例外地表现在语言中，制约着词语的具体含义。历史文化对词语含义的影响一方面体现了变化性，即历史文化的发展变化导致一些词语的文化含义发生变化；另一方面又体现了稳定性，即一些词语的文化含义在历史形成之时就凝固下来，不随历史文化的发展变化而变化。词语的文化含义随着社会历史文化的发展变迁而变化的例子如社会称谓语“小姐”一词的含义变化。“小姐”一词在古代是富贵官宦之家未嫁少女的专称和尊称，五四运动前后，由于封建等级意识衰微，“小姐”一词由专称和尊称回归平民化，泛指一般的年轻女子，中华人民共和国成立后，特别是在“文革”期间，“小姐”一词被抹上了浓厚的政治色彩，成为无产阶级对立面的剥削阶级女性的贬称。改革开放初期，“小姐”一词又恢复了之前的“尊贵”身份，成为对年轻女性的普遍称谓，甚至在《国家公务员手册》中，“小姐”还被列为公务员的指定礼貌用语。近些年来，“小姐”一词几乎演化成为“应召女郎、妓女”的代名词，现代女性一般不喜欢使用这一称谓。

词语的文化含义凝固下来，不随社会历史文化的发展变化而变化的现象在成语上表现得最为突出。汉语成语是传统文化的积淀，其中很大一部分是从古代经典或著作、历史故事中提炼出来并沿袭使用至今，其意义没有发生变化，如“不刊之论”源于汉代扬雄《答刘歆书》：“是悬诸日月不刊之书也。”意思是“正确的、不可修改的言论”。在现代语言的使用中，有的就从字面上臆测为“不能刊载的言论”而造成误用。再如“炙手可热”源自唐代大诗人杜甫的《丽人行》：“炙手可热势绝伦。”本义形容权势大，气焰盛，使人不敢接近，含有贬义色彩，但有些人由于不理解其文化含义经常用“炙手可热”形容受欢迎的人或热门的事物，完全背离了该词的本义。

民族文化制约词语的具体含义。世界上各个民族都有自己独特的文化，不同的文化历史背景、审美心理形成了不同民族之间文化的明显差异，这种差异突出地表现在词语的含义中。如“蝙蝠”的形象在中国文化和西方文化中完全不同，在汉语中，尽管“蝙蝠”的外形并不讨人喜欢，但因为“蝠”与“福”同音，经常出现在绘画艺术和春节的年画、门画里面，寓意幸福吉祥;而西方人对蝙蝠没有好感,认为它是一种邪恶的动物,总是与罪恶和黑暗势力联系在一起。再如,在汉语中"猫头鹰"被认为是不吉的征兆,中国人不喜欢它,认为碰上它或听到它的叫声就要倒霉;而在英语中,"猫头鹰"则是智慧的象征,用来形容聪明、机敏、严肃等。

地域文化制约词语的具体含义。不同地方的文化带有明显的地域色彩,如"二哥"是汉语中一个普通称谓语,既可以指具有血缘关系的年龄比自己大、在家族中排行第二的男性,也可以用于泛指社会上比自己年龄大的男性,作为一般称谓语使用,但在山东阳谷话中"二哥"这个称谓是带有明显的敬称的含义,遇见比自己年龄大的男士一般尊称为"二哥",而不称"大哥",这是因为《水浒传》和《金瓶梅》故事的发生地在山东,"二哥"作为表敬称谓语是源于对武松的崇拜。

(二)文化制约着言语交际的方式

不同民族的言语交际方式受到不同民族文化的明显制约,在言语交际过程中必须了解对方的文化背景,使用对方可以接受的言语交际方式,才能保证言语交际的顺利进行。

比如在寒暄、问候语的表达上,中国人经常使用"吃了吗?""你去哪儿?""你干什么去?""工作忙吗?"等;而西方人则完全不同,他们或者使用简单的"Hi"或"Hello"打招呼,或者以不涉及个人生活的公共话题来问候。寒暄和问候语的不同反映了中西方文化的心理差异,中国传统文化认为这样的问候语显示了对对方的关心,是一种友好的表现;而西方人则认为中国人的问候语是对个人权益和隐私的不尊重。如果一个中国人面对一个不了解中国文化的西方人,见面使用中国式的问候、寒暄语与其进行交际,就会使对方感到诧异甚至反感。

一个对汉语的文化内涵缺少了解的外国人,在交际中很可能会闹出笑话。如:

> 在一次中国人的婚礼上,一位外国朋友前来祝贺,他对新郎说:"祝贺你,新娘子真漂亮!"中国朋友谦虚地说:"哪里,哪里!"外国朋友听了这话,以为新郎没听明白,自己赞美得不够具体,于是就说:"眼睛漂亮,鼻子漂亮,嘴巴漂亮,牙齿漂亮,脸蛋漂亮,衣服漂亮,裙子漂亮,鞋子漂亮……全身上下都漂亮!"引得全场顿时哄堂大笑。

从隐含性的角度看,汉语的文化义可能寄居在某一个词里,这里的"哪里”就是汉文化对褒奖的一种婉转的推辞。

只有在充分了解文化背景的基础上，才能避免因文化差异而产生的交际障碍或误解，才能使交际有效地进行。

第二节　语汇与汉文化

汉语作为汉民族共同创造和使用的一种语言，在其产生、发展和变革的过程中深深地带上了汉民族文化的烙印，其语音、文字、语汇、语法、修辞都蕴含着丰富的民族文化信息。其中，语汇中汉文化的积淀最为丰厚和明显。

每一种语言中都有相当数量的词语，不仅具有理性意义，而且具有本民族丰富的文化内涵。汉民族历史悠久、文化积淀深厚，汉语中的一部分词语，就包含着深厚的汉民族历史文化底蕴。要理解其特有的含义，就必须对该民族文化有一定的了解。如对中国传统文化缺乏了解的人，就无法正确理解汉语中由等级制度派生出来的带有等级色彩的词语所表示的意义；对汉语称谓文化缺乏了解的人，就不会明白在日常交际中，人们为什么会用亲属称谓称一个与自己毫无血缘关系的人。汉语中这些词语的意义及用法，只有在汉民族特有的文化背景下才能解释清楚。

一、汉文化在语汇中的反映

汉文化在语汇中的反映，具体表现在以下两个方面。

（一）直接反映了汉民族特有的文化

汉语中有一部分词语，它们记录了汉民族独特的物质文化和精神文化。

有的词语表现了中国的物质文化，如“中医、中药、筷子、饺子、长城、龙门、旗袍、中山装、唢呐、花轿、月饼、元宵”等。

有的词语则表现了汉民族独特的风俗习惯，如“春节、守岁、作揖、祈雨、踏青”等。

有的词语反映了中国的传统文化，像表现儒家文化的“仁义、礼乐、忠信、孝悌、修身、齐家、慎独、温良恭俭让”等；表现道家文化的“自然、无为、齐物、逍遥、小国寡民、随遇而安”等；表现中国佛教文化的“因缘、报应、顿悟、觉醒、面壁、圆寂、三生有幸、七级浮屠”等。

有的词语反映了汉民族的伦理观念。汉民族由于长期受封建伦理观念的影响,形成了根深蒂固的尊卑分明、贵贱有序的观念。这种观念在汉语的词序结构上有突出反映。一些双音节并列式合成词的语素排列往往是尊者在前,卑者在后;长者在前,幼者在后;男性在前,女性在后;褒义的在前,贬义的在后;重要的在前,次要的在后;等等。例如:反映社会人际关系的合成词"君臣、臣民、官兵"等;反映亲属关系的合成词"父母、公婆、婆媳、夫妻、父女、母子、叔侄、叔嫂、兄妹、兄弟、姐妹、祖孙、儿孙"等。再如古代妇女在社会及家庭中地位低下,因此,古代妇女常自称"奴家、贱妾、卑妾"等。

有的词语反映了汉民族的和谐价值观。如在人际关系方面要和谐,有"和好、和乐、和畅、和为贵、和睦相处"等;在待人接物方面要和谐,有"和气、和悦、和顺、和蔼、和善、和婉、谦和、和颜悦色"等;不同民族、不同国家或集团要克服分歧,和谐相处,有"和谈、和解、和平、和议、劝和、言和"等;韵律和自然要和谐,有"和声、和弦、和煦、和风细雨、风和日丽"等。

(二)深层凝聚着丰富的汉文化意蕴

汉语中还有一部分词,它们不仅具有固定的、独立于语境的基本意义,同时还具有在特定社会文化背景下所获得的反映一个民族风俗习惯、文化背景、宗教信仰和思维方式等诸多文化因素的隐含义。由于它们所蕴含的文化意义高度浓缩在构词成分当中,仅仅从构词理据上很难看出其与文化意义的联系;而当它们出现在特定的语境中的时候,它们的这种文化意义就会凸现出来。汉语中的这部分词语,其文化意义形成的背景比较复杂,具体来说,有以下几个主要的方面:

第一,源于汉民族独特的认知方式。对人类共同生活的世界,各民族有着大致相同的认识,但由于不同的民族对客观世界感知的角度不同,认知视点、思维方式也不尽相同,因此,客观世界中存在的一些事物,会在不同民族的心里产生不同的联想,形成不同的文化意义。以"龙"为例,"龙"在中国文化中被视为吉祥的动物,具有无比伟大的力量,象征着神圣、尊贵、吉祥。中国人常把自己称为"龙的传人",汉语里带"龙"字的词语也大都表示美好的事物,如"藏龙卧虎、攀龙附凤、望子成龙"等。而"龙"在汉语里的这种特殊的文化含义,在西方文化中是没有的。再如数字词。西方人认为单数吉利,而中国传统文化则崇尚双数,如表现美好事物的"好事成双、双喜临门、六六大顺、十全十美"等,都表现出汉民族对双数的偏爱。汉语中的一些表示动植物名称的词语、颜色词语的文化含义的形成,无不与汉民族独特的认知方式和价值观念有关。

第二，源于中国古代的神话传说和寓言故事。中国古代的神话传说，是中国传统文化的瑰宝，对我国后世文学的发展具有深远的影响。不仅如此，这些用奇丽的幻想编织的故事，也是语汇文化意义形成的一个方面。如“月老”，又称“月下老人”，指媒人。传说唐人韦固月夜经过宋城，遇见一个老人在月下翻查书本，身边有一个布袋。韦固问老人看的什么书，老人说是天下人的婚姻簿；问袋中是何物，说是红绳子，专系“夫妻之足”，后世即称媒人为“月老”。另外“月”的别称如“玉兔、广寒、蟾宫、桂轮”等的文化意义，无不与后羿射日、嫦娥奔月、吴刚伐桂、玉兔捣药等神话故事有关。现代汉语中很多成语，就源于古代的神话传说，如“开天辟地、南柯一梦、夸父逐日、八仙过海、精卫填海、叶公好龙、井底之蛙、涸辙之鲋”等。

第三，源于中国古代诗歌中的意象。中国是一个诗的国度，上下几千年，名篇佳作浩如烟海。古典诗歌有一个很突出的特征，就是擅长运用意象来抒情达意，这些意象经反复使用，就形成了固定的文化意义，比如“长亭”一词在古代诗词中就经常出现：“何处是归程？长亭更短亭。”“寒蝉凄切，对长亭晚。”久而久之，“长亭”一词的“陆上的送别之所”这项意义就产生了。再如“青梅竹马”出自李白的《长干行》：“郎骑竹马来，绕床弄青梅。同居长干里，两小无嫌猜。”后来用“青梅竹马”形容男女小的时候天真无邪，也指幼小时就相识的伴侣。由诗歌中意象形成的具有文化意义的词语还有很多，如“蛾眉、春蚕、梅、兰、竹、菊”等，其联想意义都具有深厚的民族文化色彩。

词语文化意义形成的背景比较复杂，此外还有如源于社会环境和生活习俗的，源于中国宗教文化的，源于人名的泛化的，等等。像“阿Q、红娘、诸葛亮”等词语的文化含义都是由人名泛化形成的。

因此，只有了解了这些背景知识，才能更好地运用汉语。如：

天上乌飞兔走，人间古往今来。昔年歌管变荒台，转眼是非兴败。(《警世通言》)

其中的“乌飞兔走”不好理解，只有知道了中国古代传说太阳里有“金乌”，月亮中有“玉兔”，后人因以指代日、月，才能明白这句话的意思是形容光阴迅速流逝的。

今日才得文章济，我如今脱白换绿，挂紫穿绯。(《金凤钗》第一折)

其中的“白、绿、紫、绯”是以服饰之色,来表示地位的改变和官位的高升。只有了解了古代的服饰制度,才能懂得这句唱词中的含义。

以上两例中几个词语的文化含义都已经成为这些词语的一种相对固定的意义。

二、称谓语

称谓是人类社会中体现特定的人在特定的人际关系中的身份角色的称呼,它反映着一定社会文化或特定语言环境中人与人之间的关系。汉民族的称谓语系统极为复杂,从中表现出汉民族文化的深层内涵,包括宗法观念、等级观念、官本位观念、男尊女卑观念等。汉语称谓按是否表示亲属关系可分为亲属称谓和社会称谓两类。

(一)亲属称谓语

亲属称谓语是指具有血缘关系或者婚姻关系的人们之间的称呼。

中国传统的亲属制度分为宗亲、外亲、妻亲三类。

宗亲是指同一祖宗的后代,在血统上包括同一祖宗所生出的一切男性亲属及其配偶,以及本宗所出的女子。历代宗亲直系范围以九族为限,上至高祖,下至玄孙,即从自身上数四辈,下数四辈,加上自己共九辈(高祖父、曾祖父、祖父、父亲、本人、儿子、孙子、曾孙、玄孙)。

外亲指与女系血缘有关系的亲属。中国古代宗族以男性血统为中心,重男轻女,孩子跟随父姓,所以女性血统被认为是外亲。外亲分两种:一是嫁到本宗的女子娘家的亲属,如祖母、母亲、儿媳的亲属等;二是本宗女子嫁出后其夫家的亲属,如姑母、姐妹、女儿的亲属等。如:外祖父、外祖母,舅父、姨母,表兄弟、表姐妹,外甥、外甥女,外孙、外孙女等。

妻亲专指妻方亲属,主要包括岳父母、妻的兄弟姊妹等。

在上面的亲属关系中,各种不同的亲属关系都有与之相对应的称谓,众多的亲属称谓构成了一个庞大而复杂的系统。

汉语亲属称谓具有很强的稳固性,有些称谓语历经千百年不变,至今仍在使用;而有一部分称谓语随着历史的发展发生了变化,有些甚至消失了。汉语亲属称谓语具有以下主要文化特征:

第一,体现家庭伦理观念。亲属称谓系统庞大而复杂,长幼有序,亲疏分明。反映了汉民族重秩序、重亲情的家庭伦理观念。

第二，反映男性中心的血缘关系。亲属称谓系统以男性为中心，以血缘关系为纽带，表现出明显的重男轻女色彩和封建伦理等级观念。如大于父亲的男性称“伯父”，小于父亲的男性称“叔父”，而大于或小于母亲的男性都称“舅父”；女性嫁出去就成了外人等。

（二）社会称谓语

1.职业称谓语

职业称谓语是指根据称谓对象的职业、职称和职务而使用的称谓。

职业类称谓语：这类称谓语是以被称谓者所从事的职业为称呼，如“老师、医生、作家、编辑、记者、画家、警察、律师、会计”等。这些称谓语有的具有双重功能，既是一种职业，又可用于面称，如“老师、医生”；而有些称谓语不能用于面称，只好借用其他行业的称谓语，如“作家、编辑、演员”等常常被称为“老师”。

职称类称谓语：这类称谓语是以被称谓者的职称为称呼，如“教授、讲师、工程师、研究员、会计师、馆员”等。职称标志着某人在某项专业领域所达到的科研水平和学术水平，可以形成一个由高到低的系列。

职务类称谓语：这类称谓语是以被称谓者所担任的职务为称呼，如“主席、总理、部长、省长、市长、区长、书记、院长、校长、主任、司令、将军、参谋、厂长、经理”等。职务类称谓语，大多数可以形成一个职位由高到低的系列，大都可以区分正、副职。此类称谓语一般是下级称呼上级或平级之间互称。

汉语职业称谓语在使用上的特点：

第一，职务类称谓语使用普遍。即使是那些级别较低的官职也可以用来作为称谓语，诸如科长、股长、班长、队长、组长之类。如果一个人既有职务称谓又有职称称谓，一般称其官职。

第二，突出社会地位。用于称呼人职称、职业的称谓语多是那些级别较高的、受到社会普遍尊重的职业，如教授、大夫等，那些地位较低、不受重视的职业、职称一般不用作面称，如营业员、实验员、技术员、助教等。

第三，尽量就高。明明知道对方是教辅人员，却称之为“老师”；明明是护士，却称之为“大夫”；明明是副市长、副教授，却要免去“副”字；对于经商的人，不管对方是什么职务，径直称呼为“老板、经理”。

这些特点，一方面表现了说话人对称呼对象社会地位和身份的肯定和尊重;另一方面也体现了中国人的官本位思想,是权势关系、等级观念的产物。

2.通用称谓语

通用称谓语是指应用范围广、不拘泥于特定对象的称谓语,一般适用于社交场合。现代汉语常用的通用称谓语包括以下两类:

第一,由专用称谓泛化形成的通用称谓语。这类通用称谓语受诸多社会因素的影响和制约,并且随着时代的发展而变化,呈现出动态性的特征,如“老师、先生、同志、师傅、小姐、太太”等。这些称谓语在当代社会交际中还在不断变化,例如“老师”称谓原本只用于教育领域,近些年除了教育界之外,文艺界、新闻界、出版界、医学界等领域也在广泛使用。年轻人或者资历浅的人称呼年长者或者资历深的人为“老师”,同时还出现了在非同一领域甚至陌生人之间打招呼也称对方为“老师”的现象,有进一步泛化的趋势。“老师”这一称谓具有尊人抑己、拉近交际双方距离的作用,这是它成为通用称谓语的重要原因。可见,社会环境、人们的价值观念对通用称谓语使用的深刻影响。

第二,由亲属称谓泛化形成的通用称谓语。这类通用称谓语多数是由亲属称谓语泛化生成的,即在原来亲属称谓语的基础上增加“大、老、阿”等词缀构成,用以称呼彼此之间没有亲属关系的人,具有尊敬和礼貌的意义。常见的如“叔叔、阿姨、大爷、大伯、大妈、大哥、大姐、老兄、老弟”等。这类通用称谓语在使用时还可以在前面加上姓,如“王叔叔、李阿姨、杨大伯”等。在人际交往中运用泛化亲属称谓语能够向对方表示敬意,显得更亲近,也更容易交流。

3.姓名称谓语

姓名称谓语是以称谓对象的姓名作为称谓的称呼,具有指称的专一性和稳固性的特点。汉族人的姓名组成看似简单,但是姓名称谓的变化有很多种,每一种变化形式都有与其相适应的场合,都可以显示出交际双方的身份地位以及亲疏远近的关系。

姓名称谓语的构成主要有以下六种:

一是姓氏加名字。如“黄阳、王慕德”等。指名道姓地称呼对方,一般用于正式场合,显得很严肃,或者是关系比较疏远的交际双方。

二是姓前加上“老、小、大”。如“老李、小乔、大刘”等。这种称呼一般用于上级对下级、同级或者朋友之间,有表示亲近的意思。

三是称名不称姓。如果是双音节的,一般用于家庭中父母称呼子女,哥哥、姐姐称呼弟弟、妹妹,比较亲近的朋友互相称呼,如“国新、惠玲、朝阳”等;如果是单音节的,一般多用于恋人之间,如“伟、萍、梅、英”等。

四是只称姓氏,一般限于复姓。如“上官、欧阳、诸葛”等。

五是单名重叠。如“楚楚、彬彬、兰兰”等,多用于长辈称呼孩童。

六是单音节名字加前缀或后缀。加前缀的如“小蕾、阿花”等;加后缀的如“平儿、金子”等。

姓名称谓语还可以跟其他称谓语构成复合形式,主要有以下三种情况:

一是姓氏或姓名加职业称谓。如“毛主席、周总理、钱教授、王部长、张书记、王维宾博士、王立群老师”等。

二是姓氏或名字加泛亲属称谓。如“李爷爷、王奶奶、王叔叔,小平爷爷、建军伯伯、慧霞阿姨”等。

三是名字加通用称谓。如“雷锋同志、逸夫先生、徽茵女士”等。

受传统伦理观念和权势关系的影响,长辈对晚辈、上级对下级可以直呼其名或者只称名不称姓,晚辈对长辈、下级对上级则不能如此称呼。姓名称谓语的使用呈现不对称特征。

称谓语在交际中运用十分广泛,要注意各种称谓语的构成与使用方式,根据不同的对象和场合,正确地选用恰当的称谓语。

三、敬辞和谦辞

中国自古以来就是礼仪之邦,“贵人而贱己”是“礼”的核心,是中国传统文化的重要组成部分。反映在人际交往中,就是对自己要用贬抑性词语表示自谦,对别人则用褒扬性词语以示敬重,这样,汉语中就形成了大量的谦敬词语。

(一)敬辞

敬辞,是对交际对象表示尊敬的词语。可分三种情况:

第一种情况:直接用表敬称的代词,一般是单音节词,常用的有“子、公、君”等,相当于“您”。这类敬辞多具有文言色彩,现代汉语中已经不多见。

第二种情况:用名词来代替代词称呼对方,这种词都是双音节词,常用的有“先生、足下、陛下、阁下、将军、公子”等，这些词也相当于“您”。今天大部分已经不使用了。

第三种情况：敬义语素+实义语素构成敬辞。如表敬义的语素“尊”用在名词前后表示对别人姓氏、姓名、年龄、亲属、书信、著作等的尊称，可以构成“尊姓、尊名、尊寿、令尊、尊翁、尊函、尊著”等敬辞。这类常用表敬意的语素还有“令、贵、高、惠、垂、赐、贤、华”等。

（二）谦辞

谦辞，指在交际中用来表示谦虚的词语。分为以下三种情况：

第一种情况：对人自称己名。以自谦的方式表示对对方的尊敬。

第二种情况：以不德之人自谦。以自己才疏学浅、愚昧无知表示谦敬。如“不才、不肖、鄙人、小生”等。

第三种情况：谦义语素+实义语素构成谦辞。如用表示谦义的语素“愚”可以构成“愚兄、愚弟、愚见、愚意”等谦辞。常用的谦义语素有“愚、贱、敝、家、舍、小、拙、鄙”等。

在日常交际中，一些客套用语也常常使用敬辞和谦辞，如“久仰、久违、欠安、指教、包涵、劳驾、借光、请问、拜托、拜访、拜读、光临、寒舍、恭候、芳龄、斧正”等。汉语的敬辞和谦辞反映出中国传统文化尊人卑己、恭谦礼让的特点，同时，又折射出中国古代社会严格的等级制度。经过上千年的交际运用，这些词语在今天已经成为人际交往中不可缺少的用语，运用恰当，可以使话语更显得体，有助于弥合人际关系，因此要认识理解这些词语的运用特点，弄清楚敬辞和谦辞的区别，以便正确使用。例如“家父”属于谦辞，用于对他人称呼自己的父亲，“令尊”属于敬辞，称呼受话人的父亲，“恭候”属于谦辞，用于说话人自己。这些词语如果用反了，就会闹出笑话来。

四、象征词语

这里所说的象征词语，是指汉语中那些不仅具有固定的、独立于语境之外的基本意义，同时还具有某种象征意义的词语。

（一）具有象征意义的动物词

动物在汉民族人民的生活中有着极其重要的地位。从远古时代的图腾，到十二生肖，动物世界与民族文化生活结下了不解之缘。在我们的语汇中，就有不少表示动物的词语衍生出了丰富的象征意义。

龙:是古代传说中的神异动物,它集多种动物之精华于一身,能腾云驾雾,兴风布雨,上天入地,有无上的自由和权威,因而成为最高统治者的代称。后来引申为高贵、珍异、祥瑞的象征。含有“龙”的词语多为褒义。如“人中之龙、望子成龙”等。

凤:也称凤凰。古代传说中的百鸟之王,羽毛美丽,雄的叫凤,雌的叫凰。在中国人的心中,凤凰是灵物,像龙一样,象征着王权,如“凤辇”指帝王所乘之车,“凤驾”指帝王的车驾。另外,凤也象征着祥瑞,如“龙凤呈祥、龙吟凤鸣”等。古时还将“凤凰”分开分别象征男性和女性。

麟:俗称“麒麟”,古代传说中的瑞兽。与龙、凤等传说中的动物一样,都属于上古时代的灵兽,被人们誉为圣兽之王,且是神仙的坐骑。古人视之为祥瑞,如人们常用“喜诞麟儿”恭喜他人生儿子。

龟:俗称“乌龟”,是人们熟悉的爬行动物。龟在古人眼里也被当作神物,是“四灵”之中唯一的实有动物,地位与龙、凤、麟三种虚拟的神化动物等同。乌龟本身具有耐力强、能负重、长寿等特点,因此,龟具有“贵重、神秘、奇异、长寿”等象征意义。后来,“龟”的文化含义发生了变化,成了“低贱、卑劣、丑恶”的象征,如用“乌龟”指妻子淫荡不贞的丈夫,用“龟孙子”贬损别人等。由褒义变为贬义,这是动物象征意义极端变化的一个例子。

马:马具有吃苦耐劳、勇敢忠诚、通人性等特点,是古时交通、作战等必不可少的得力助手。因此,马具有“能力、圣贤、人才、有作为”等象征意义,由“马”衍生出的词语很多具有褒义色彩,如“千里马、马到成功、老马识途、万马奔腾、一马当先”等。

牛:牛有多种象征意义。因牛力大无比,脾气倔强,即用“牛力气、牛脾气”来表现人的气力和执拗的性格;宰牛用的刀比较大,所以“牛刀”就成为“大材器、大本领”的代名词,形成了“割鸡焉用牛刀、牛刀小试”这些形象的文化词语;牛是从事劳役、供人驱使的动物,“老黄牛”用以指代吃苦耐劳、踏实肯干的人。近年来,“牛”又具有“兴旺、神气、有派头、很棒”等意义,如“牛市、牛气”。

鸳鸯:古人认为鸳鸯雌雄未曾相离,人得其一,另一则会相思而死,因此常用“鸳鸯”象征忠贞的爱情和恩爱夫妻。如“乱点鸳鸯谱”指强行做主,胡乱将男女配为夫妻。

虎:老虎,性凶猛,力气大,捕食鸟兽,有时伤人。因此“虎”有勇猛、凶险的象征义,如用“虎视眈眈”比喻强国欺凌弱小,急于吞并其土地的凶猛之态。

豺狼:豺狼具有凶狠、残忍、贪婪、没良心等象征义。汉语中有“豺狼当道”等贬义词。

狐狸:性狡猾多疑,昼伏夜出,吃野鼠、鸟类、家禽等,所以“狐狸”具有狡猾、多疑等象征义。如“狐疑”,指怀疑;“狐假虎威”,比喻依仗别人的权势来欺压人;“狐朋狗友”,比喻勾结在一起的坏人。

具有象征意义的动物词还有“鼠、猪、鸿雁、喜鹊、乌鸦、鹤、狮、鹏、比翼鸟、蛇”等。

(二)具有象征意义的植物词

千百年来,人们在运用语言的过程中,根据花草树木的自然习性进行联想,使一些表示植物的词语也具有了象征意义,这是汉民族文化在植物词语中的体现。

柳:象征意义较多。因“柳”“留”同音,古人有“折柳赠别”的习俗,因此柳有“惜别”的意义;又因外形细柔,故有赞美女子的联想义,如“柳腰、柳眉”;柳条摇摆不定,且任人攀折,又产生了风尘女子的联想,如“寻花问柳、墙花路柳”。

松:具有不畏严寒、四季常青的特点,故汉语中常用来象征不畏艰险、坚贞不屈的情操信念;因松柏生命力极强,又具有了“长寿”的意义,如有“松鹤延年”之类的祝贺词。

竹:竹子,因其冬夏常青、中空有节、挺拔坚硬等特性,所以常被人们用来象征正直、孤高、坚贞、有节操、有骨气等高尚品格。

梅:落叶乔木,冬末春初开花,耐严寒。古人多以梅花象征高雅纯洁、坚贞清丽等品性。

莲:又名“荷、芙蓉、芙蕖”等。“莲”“怜”谐音,古诗文中常用来表示“爱怜”之义。周敦颐的《爱莲说》赋予了莲花一个极为重要的象征义——“出污泥而不染”。

菊:因其在秋末冬初时开花,具有凌霜耐寒、清香飘逸等特性,所以人们常用“菊”象征坚毅、清雅、淡泊等品格。

兰:由于其多生长于空谷山岩,风姿潇洒飘逸,其花淡雅幽香,因此人们常以“兰”象征高雅、纯洁的品格。

具有象征意义的植物词还有不少，如"红豆"象征情侣相思或爱情，"连理枝、并蒂莲"象征恩爱夫妻等。

（三）具有象征意义的自然词

汉语中有一部分表现自然现象的词语，也同样蕴含象征意义，具有明显的民族文化特征。

春：在古代，春天是男女欢会的季节，"春"就有了"男女情欲"的含义，如"怀春、春心、春事"等。春天是美好的季节，汉语中有关"春"的词语，都具有"美好、兴旺、生命力"的意思，如称人生最美好的青少年时代为"青春"；称父母的恩惠为"春晖"；人的处境顺利、理想目标实现时，常以"春风得意"或"满面春风"来形容；好的教育给人以鼓舞和感化被喻作"春风化雨"；医生治愈病人被赞为"妙手回春"等。

秋：万物成熟的季节，也是万物凋零、肃杀的冬天即将来临的前奏，使人更多地联想起衰老和悲哀，因此"秋"在汉语中被赋予了"别离、思乡、怀旧、失意"等意义，如"秋思、秋声、秋怀"等。

风月：原指风和月，隐喻男女欢爱。古代小说中常用它象征男女爱情故事或男女风流韵事。

雨露：原指雨和露，因为草木、禾稼的成长离不开阳光和雨露，所以"雨露"一词又被赋予"恩惠"的意义，如"在党的阳光雨露下成长"。

风雨：本指风和雨，常用它象征艰难困苦，如人们常说"经风雨见世面"。

风云：本指风和云，常用它象征战争或变幻动荡的政治局势，如"甲午风云"。

风霜：本指寒风和冰霜，常用它象征生活中的艰难坎坷，如"饱经风霜"。

（四）具有象征意义的颜色词

颜色是自然界的一种客观存在。汉语中的颜色词除了表示大自然的绚丽色彩外，还具有丰富的象征意义。

颜色词象征意义的形成，一是与汉民族的发展历史和人们的认知有关，二是与严格的封建等级制度有关。如统治阶级出于"定名位、别尊卑"的需要，为各种颜色涂上了尊卑贵贱的不同色彩，并逐渐建立起一套封建制度下的尚色制度。这种色彩观念经过历朝历代的积淀，在词语中形成了特定的文化意义。如果不了解汉民族独特的色彩观念,就很难正确理解汉语中的“黄榜、白丁、红人、绿帽子、黑五类”等词语的意义。

红色:红色的理性义是“像鲜血的颜色”。红色是汉民族的基本崇尚色,在汉语中,凡是带“红”字的词语大多是褒义词。红色象征着尊贵,如达官贵人的住宅是“朱门”,穿的衣服是“朱衣”,坐的车子称“朱轩”。红色象征着吉祥、喜庆、兴旺,如把结婚称作“红喜”;传统婚礼上要用红喜字、顶红盖头;过新年要贴红对联、挂红灯笼、发红包等。一些与“红”有关的词语如“红榜、开门红、满堂红”等,无不具有“吉祥、喜庆”的意思。红色还象征美丽、漂亮,如“红颜、红袖”都借指美貌女子等。红色也象征顺利、成功,如“走红”指人的境遇很好,“红人”指人得到上司宠信,“分红”指分到合伙经营的利润等。近代常用红色来象征革命和进步,如“红军、红区、红色政权、红色资本家、又红又专”等。红色还象征忠诚、耿直,如传统戏曲中用红色脸谱象征忠义、耿介的品性等。

白色:在中国传统文化中,白色与红色相反,是汉民族文化习俗中所避忌的不吉之色。白色象征死亡、凶兆,如亲人死后办丧事称为“白事”,家属要穿白色孝服,要设白色灵堂,出殡时要打白幡。白色象征卑微、低贱,如“白士”指清寒贫苦的读书人;“白丁”指没有功名的人。白色也象征失败、愚蠢、无利可得,如在战争中失败的一方总是打着“白旗”表示投降,称智力低下的人为“白痴”等。白色还象征奸邪、阴险,如“唱白脸、白脸奸雄”等。现代汉语中新产生的“白”的象征意义,一是纯洁、清白、洁白,如“白衣天使、白衣战士”;二是象征反动、落后、衰败、腐朽,如“白区、白军、白色恐怖、白色政权”等。

黑色:在中国文化里是一种庄重而严肃的色调,它象征严肃、正义,如民间传说中的“黑脸”包公,传统京剧中的黑色脸谱等。“黑”又象征黑暗、邪恶、反动,如把帮会、流氓、盗匪等所使用的暗语称为“黑话”,把阴险狠毒的人称为“黑心肠”,不可告人的丑恶内情称为“黑幕”,反动集团的成员称为“黑帮、黑手”等。“黑”又表示犯罪、违法,如“黑道、黑手、黑店、黑市、黑钱”等。

黄色:在中国很早就被列为最尊贵的颜色之一。黄色象征中央皇权、国家社稷,并逐渐发展成了帝王世家的专用色,产生了一大批象征皇权的词语,如“黄袍、黄榜、黄敕”等。“黄”还象征“吉祥”,如旧时人们把宜于办大事的日子称为“黄道吉日”。在现代汉语中，“黄色”产生了贬义的联想，象征腐化堕落，特指色情，如“黄色小说、黄色录像、扫黄打黑”等。

五、地名

地名是人们在社会中给地理实体、行政区域或居民点所起的名称。它除了表示城市、农村、河流、山脉、道路、街巷等地理位置外，还蕴含着命名时代的地理、社会、历史、政治、民族和语言的大量信息。汉语中的地名，是中国社会历史文化信息的承载体，与汉民族的文化特征有着千丝万缕的联系。

（一）地名反映我国古代历史

第一，反映古代的历史事件。汉民族具有悠久的历史，在漫长的社会发展过程中，曾发生过大大小小的历史事件，有些重要事件会在地名中得到反映。如河南地处中原，是中华民族的发祥地和聚居地之一，战略位置重要，自古为兵家必争之地，发生过的历史事件不胜枚举，有一些就成了城镇命名的依据。如修武县和偃师市的命名都与历史上的武王伐纣有关，前者取“武王伐纣、修兵演武于此”之义，后者取武王伐纣，于此“息偃戎师”之义。登封市原名嵩阳县，因唐代武则天“登嵩山，封中岳”而更名。另外如获嘉县、镇平县、遂平县、西平县等名称，无不与一些大大小小的历史事件有关。

第二，反映古政区、古城邑。在我国历史上，出现过大封诸侯的局面，河南是当时重要的封区，今天有些地名便是由原来的封国而来的。相传舜封长子商于虞，此为古虞国，即今天的虞城县。禹初封于禹，即今天的禹州市。另外如宋（今商丘市）、卫（今淇县）、陈（今淮阳县）、蔡（今上蔡县）、郑（今郑州市）、黄（今潢川县）、杞（今杞县）等，这些古封国，后来都成为重要的城邑，地名还带有古封国的痕迹。再如“邑、丘、县、都、里”等是西周时代井田制的村社组织单位，这些字都成了后世常见的地名用字，有的一直保留至今，如河南的鹿邑、夏邑、封丘、沈丘等。

第三，反映古代社会经济活动。许多地名反映了古代社会经济活动的情况。如北京地名中带“马”和“羊”的甚多，这在一定程度上反映了元代北京畜牧业繁荣发展的情况。我国矿冶业历史悠久，这在许多地名中也有反映，如陕西的铜川、宁夏的银川、江西的银坑、湖南桂阳的绿紫坳等。清末民初温州是万商云集之地，以行业命名的街道如“打铁巷、打银巷、皮坊巷、汤圆巷”等，反映出当时温州商业繁荣的情形。

第四，反映古代军事活动。地名中的“屯、卫、关、营、堡”等都是古代北方军队的驻地或军队的防御工事，不少地名都以此作为通名，如“皇姑屯、威海卫、山海关、汾州营、十里堡”等。在北京，以“营”为名的地方很多，如“高丽营、四川营胡同、五道营胡同”等。天津也有不少以“营门”命名的地方，如“大营门、小营门、南营门、北营门、西营门、营门东”等。在贺兰山下，与古代屯兵有关的带“堡”的地名也很多。这些地名都与古代军事防御设施及军事活动有关。

第五，反映先民迁徙情况。汉民族历史上曾有过大规模的迁徙，这在地名中也有反映。如西晋末年，中原人为避战乱，大批南迁，他们怀念故乡，就用故乡的名字给新的居住地命名，于是在魏晋南北朝时期就出现了一些州郡的地名南北相同的现象，有些地名沿用至今，说明当时南迁的北方居民数量之多。再如东北在历史上曾经是满族的原居地，用满语命名的地方不少，如“吉林、哈尔滨、齐齐哈尔、松花江”的名字都源于满语。

（二）地名反映人们的社会文化心态

第一，地名反映宗族观念。汉民族是一个重宗族、重血缘的民族，这在地名中也同样得到反映。在宗法社会，有亲属关系的人往往聚居在一起、繁衍生息，日久便形成了一个庞大的宗族群体，为了标明自己宗族的特征，他们往往以姓氏作地名，形成了许多具有宗族标志的地名。如“杨庄、王庄、薛店、李桥、韩村、陈寨、侯寨、陈家沟、李家湾”等。虽说随着时代的更迭、居民的迁徙，聚居在一起的人不一定都是同姓，但这种作为宗族标志的地名却依然存在，充分显示出汉民族重宗族、重血缘的传统观念。

第二，地名表达人们的美好愿望。古代社会，人们惧怕战乱、动荡，把安居乐业、长治久安当作美好的愿望，这种心态在地名中也表现出来。有的地名，表现了人们的忧愁和烦恼，如“莫愁湖、鬼见愁、鬼门关”等；而更多的地名，则表现了人们的美好希冀和祝愿，如“永安、永和、永宁、平安、太平、寿昌、寿宁、吉安、吉昌、吉祥、福昌、福安、仁旺、兴宁、大兴”等。北京市的“天安门、地安门、左安门、右安门、广安门、西安门、永定门、安定门、和平门”等，把祈望长治久安的心理表现得更为淋漓尽致。

第三，地名反映地理人文观念。古人最初多依山傍水而居，许多城镇村落是在水边山边建立起来的。在给这些地方命名的时候，体现了汉民族传统思想中的阴阳观念。以地理位置而言，古人以山为中心，称山之南为阳，山之北为阴;以水为中心,以水之南为阴,水之北为阳。汉语中的不少地名就反映了古人的这一观念。如"沁阳(沁河之北)、江阴(长江之南)、衡阳(衡山之南)、华阴(华山之北)"等。

(三)地名反映历史上的人物和事件

有些地名是因纪念历史上的人物、事件或思想等而得名的。广东省中山市为纪念中国民主革命先行者孙中山而得名;河南的博爱县是1927年冯玉祥主豫时划地置县,依据孙中山先生倡导的"自由、平等、博爱"命名;河南南阳市的卧龙区因诸葛亮曾"躬耕于南阳"而得名;郑州二七区因纪念1923年2月7日京汉铁路工人大罢工而更名;吉林省的靖宇县,黑龙江省的尚志市,陕西省的志丹县、子长县,山西省的左权县,北京市的张自忠路、佟麟阁路、赵登禹路,则是为纪念革命烈士而命名的。这些地名,都有着特定的历史内涵。

(四)地名反映地理环境、地形地貌

我国地域辽阔,地形地貌各异,许多地名的命名与其独特的环境和地形有关。以省名为例,"河南省"以大部分地区在黄河之南而得名,因其为古"豫州"之地,简称"豫",又因豫州居九州之中心,又称"中州、中原"。山东、山西两省以分别在太行山之东和太行山之西而得名;湖北、湖南两省以分别在洞庭湖之北和洞庭湖之南而得名。市、县的命名也是这样。以河南为例,全省以河川命名的约占县市总数的1/4,这与纵横境内的黄河、淮河、卫河等河流有着密切的关系,如济源、潢川、濮阳、漯河、汝阳、洛阳、沁阳等;而河南西部、西北部和南部多山地丘陵,以山命名的地方很多,如确山、鲁山、光山、罗山等。豫西村镇的名称也是这样,以"山、沟、峪、坪、坡、岭、岗、盘、凹"等命名的较多。

近年来,房地产业迅猛发展,开发商为了在激烈的市场竞争中立于不败之地,纷纷在楼盘的命名上煞费苦心,使得新建住宅楼盘的命名已不再是简单地起个名字,而成了集人文、社会、心理和楼市营销手段为一体的综合应用语言艺术,同样体现了汉民族的审美心理和情趣。

住宅楼盘名称的文化内涵体现在以下几个方面:

第一,采撷古词雅语,营造典雅文化氛围。采撷古词雅语来给住宅楼盘命名,可以营造一种典雅的文化氛围。因此"阁、苑、轩、庭、居"等就常常出现在楼盘的名称中,如"怡景苑、惠文·鸣翠苑、裕华文苑、锦绣华庭、金桂·天然居、城市雅居”等,给人一种古朴典雅的感觉。有些楼盘名还用诗词典故来装点,如“雅居一方”让人想起《诗经·蒹葭》“蒹葭苍苍,白露为霜。所谓伊人,在水一方”的诗句;“惠文·鸣翠苑”让人想起杜甫的《绝句四首》之一“两个黄鹂鸣翠柳,一行白鹭上青天”的名句;“风雅颂·文化家园”,更是把《诗经》“风、雅、颂”直接嵌进了楼名。这些楼盘名无不洋溢着浓浓的文化气息。

第二,向往绿色环境,追求自然情趣。为了满足都市人回归自然,向往绿色的愿望,房地产商们在注重楼盘的外部自然环境建设之外,还在命名上大做文章。如常用寓意美好的植物来命名,“玉兰雅庭、兰亭雅苑、花都莲郡、建业新天地·桂园、绿城·百合公寓、华瑞·紫玉苑、紫荆阳光地带”等;有的用山水、森林、湖泊等来命名,如“建业森林半岛、青藤苑、康城·棕榈泉、思念·果岭山水、黄河美邸、湖·左岸、水岸鑫城、绿岛港湾”等。

第三,崇尚儒家思想,追求文化品位。“仁”“义”是儒家用来指导人们道德行为的最高准则,在楼盘的命名中均有体现。如“洪德居、得道居、文德居、聚义楼、仁义阁、聚贤阁、集贤居、德怡居”等。儒家的“和谐”思想是中国传统文化的主要精神,不少楼盘名称就体现了这一点,如“和晖花园、祥和园、敦和花园、荣和苑、信和庭、和顺阁、美和居、广和园、怡和居、和润花园”等,表现了中国人以“和”为美的文化追求。

第四,追求如意吉祥,祈祷福寿安康。如意吉祥,福寿安康,是中华民族千古不变的追求。在楼盘命名中也得到了充分的体现:

有表现对幸福美好生活的向往的,如“祈福新村、丰乐花苑、可乐公寓、如意世家、开祥苑小区、天福苑小区、发祥小区、快乐 e 家”等;“龙、凤凰”是古代人们观念中的吉祥动物,认为它们能带来丰年、福禄、长寿等,因此不少楼盘就以此来命名,如“聚龙城、大河龙城、龙祥苑、龙泊圣地、龙源新城、天伦凤凰小区”等,都表现了人们追求“平安、健康、幸福、长寿”等的朴素愿望。

有表现对财富的追求与向往的。以郑州市为例,据统计,近几年来申报的 200 多个楼盘名称中,带“金”字的就有几十个,如“金碧华居、长城·金色领地、金色港湾、品阁·淘金行、金源第一城、金色嘉园、金淮花园、金领时代、豪阁金苑、金成阳光世纪”等;有的还用三金合体的“鑫”字来命名,如“鑫福园、鑫河园、鑫禧园、水岸鑫城、鑫苑·国际城市花园、永威·鑫城、鸿鑫公寓”等。

求吉思想还表现在对住宅方位的选择上。在汉族人的观念中,坐北向南的朝向为“天地定位”,为尊位吉位;“东”是太阳升起的地方,故以“东”为吉,这是古代人的方位、风水观。在楼盘命名中,商家往往借此来命名,如“中南·海知音、东方金典·帝王三期、东方名都、鑫诚·东方梦园、东郡蓝湾、中孚紫东苑、郑东老街、绿地郑东新苑”等。以“南”以“东”取名,反映了人们对住宅的求吉心理和风水、方位观。

总之,楼盘名称深深地打上了汉民族文化的烙印,值得我们关注和研究。

汉文化对汉语语汇的影响是多方面的,此外,如汉语中的人名、数字、熟语以及表现民俗、饮食、服饰等方面的词语,以及历史上汉民族文学作品中的一些词语,无不蕴涵着丰富的民族文化信息,也是我们研究汉语语汇与汉文化关系的重要内容。

第三节　语音、文字、语法、修辞与汉文化

一、汉文化在语音中的反映

汉文化在语音中的反映,主要表现在以下几个方面。

(一)谐音现象的普遍存在

所谓谐音,就是利用某一个词的音,联想到与它发音相同或相近的另外一个词,从而采用这个词的意义。

谐音作为一种语言现象,普遍存在于各种语言之中,而汉语中的谐音现象尤其普遍,这与中华民族的文化传统和民族心理相关。中国文化是一种含蓄而不直露的文化。“含蓄雅洁”向来为中国文化所崇尚,有些不便直说的话语或事物,就会转换表达方式,用一种含蓄、委婉的形式说出来。这就是汉民族之所以对“谐音”情有独钟的原因之一。

1.谐音在人生礼仪中的表现

中华民族素有“礼仪之邦”之称,其民俗文化丰富多彩,而作为一种语言表达形式的谐音,被普遍运用于人生礼仪之中。

婚姻嫁娶。在中国传统婚俗中,河南的一些地方,姑娘出嫁陪送的“被子”要七月做,以图“齐备”,或者“十月”做,以图“十全十美”。长辈往往要

在新人的床上放上桂圆、核桃、大枣、栗子、花生，谐音“早（大枣）生（花生）贵（桂圆）子（栗子）”；同时取桂圆与核桃的“圆”和“核”音，祝愿夫妻美满、团团圆圆、百年好合。新娘下轿以后，不能马上进屋，要迈过一个火盆，希望将来的日子“红红火火”。拜天地时供桌上的大斗用麸子和食盐填满，并燃上香放上艾，取意“有福有缘、夫妻相爱”。婚礼上新娘要发喜糖，寓意“喜庆、甜蜜”；亲戚朋友去向新娘“讨喜糖”，谐音“讨喜”，希望能沾到新人的喜气。

寿日诞辰。在给老人祝寿的时候，要吃寿糕和寿面，谐音“长寿”，希望老人长命百岁；也有的在寿糕上把“寿”字写成圆形的篆书，五只蝙蝠围绕四周，称“五福（蝠）捧寿”；还有的在室内挂猫、蝴蝶与富贵花的图画，祝愿寿星“耄（猫）耋（蝶）富贵”。

生育风俗。旧时人们在生儿育女方面有许多风俗。婴儿生下三天时，产妇的家人要举行仪式，准备好用胭脂染红的桂圆、荔枝、花生、栗子等物品，取“连生贵子、早立子、连中三元”的谐音，以图吉利。办满月时亲友们送的长命锁，正反两面有“长命百岁、长命富贵”等字样及吉祥图案，另外还有送小升、小斗、小印的，小升的意思是“步步高升”，小斗的意思是“日进斗金”，小印的意思是祝愿小孩长大后能掌大印。

2.谐音在节庆活动中的表现

春节作为中华民族最重要的传统节日，洋溢着喜庆与吉祥，而其中包含着许多的谐音文化：年三十家家户户都要“倒”贴“福”字，以求“福到”；传统年画中通常会有鲤鱼拥莲花、蝙蝠从天降、喜鹊登梅枝等，寓意分别为“连（莲）年有余（鱼）、福从天降、喜上眉梢”；除夕夜包饺子，有的人家要悄悄包进栗子、花生、青钱、糖，凡吃到的人则“利于生子、长生不老、钱财不断、生活甜蜜”；吃过饺子，家家户户要守夜，俗称“熬守”，谐音“熬寿”，据说谁熬的时间最长，谁的寿命就最长；大年初一要吃年糕，谐音“年高”，表示“年年高升，一年比一年好”的意思。

3.谐音在日常生活中的表现

中华民族是一个“治本于农”的民族，避凶趋吉是社会成员的普遍心理。在日常生活中，谐音最为常见的是忌讳和吉利话，前者力避同音以避凶，后者力求同音以求吉，形成汉民族特有的谐音文化。夫妻不能分吃一个梨，因为“分梨”谐音“分离”；送礼从来不送伞、钟，避讳其谐音“离散”和

“送终”;吃饭时,一般不要问别人“你还要饭吗?”“你吃不吃醋?”等,因为“要饭”“吃醋”都会使人产生不好的联想,有的地方干脆把“醋”字改叫“忌讳”,问:“你要忌讳吗?”看病人要送苹果,“苹”谐音“平”,表达平安之义;过年时,人们认为打碎器皿不吉利,如果小孩子打碎了一个杯子,大人马上就会说:“岁岁(碎碎)平安!”一旦失火,便说“火烧旺运”等。

近年来,人们对数字的谐音特别在意。数字中的“4”与“死”音近,因此带“4”的电话号码和汽车牌照号码无人问津;而“6、8、9”的寓意分别是“发(8)财、长久(9)、六六(66)大顺”的意思,在选择车牌和电话号码时,这些数字就身价倍增。据2012年3月9日大河网和《大河报》的消息,在河南某市首次公开拍卖小型汽车车牌号的现场,豫RG9999就以82万高价竞拍成交,成为人们关注的热点。

4.谐音在广告中的表现

当今社会,广告无所不在。广告商为了使其更具创意和竞争力,在广告语的设计方面煞费苦心,谐音就是一种常用的手法。如:

长途电话的广告语——中国电信,千里音缘一线牵。

用“姻”的谐音“音”,很好地把长途电话的特点、功能表现出来了。

汇源鲜橙的广告语——真“橙”爱你每一天。

运用谐音双关,在强调其产品是原汁原味的“真橙”的同时,又体现了“真诚”的态度,很容易给消费者留下美好的印象。

清嘴含片的广告语——想知道“亲嘴”的味道吗?

利用谐音寄意,独具匠心。

上海航天冰箱广告语——航天冰箱,停电24小时,依旧冷若冰霜。

“冷若冰霜”原是形容人的态度冷淡,不易接近,在这里巧妙地加以利用,表现出冰箱的制冷效果好,风趣幽默。

牙刷广告语——一毛不拔。

“一毛不拔”出自《孟子》:“杨子取为我,拔一毛而利天下,不为也。”比喻人非常吝啬,用在此处指出牙刷非常耐用,连一根毛也不会掉。

联想电脑广告语——人类失去联想,世界将会怎样?

“联想”一词与品牌名称不仅同音同形相谐,其意义亦保持一致,此广告语很轻易使人想到:在高科技的今天,人类失去联想电脑,世界将会怎样?

太平洋保险公司的广告语——平日注入一滴水,难时拥有太平洋。

“太平洋”三个字作为保险公司的名称被巧妙地嵌入广告语中，但并不生硬，因为前面有“一滴水”与之衬托，于是“一滴水”和“太平洋”都被赋予了比喻意义——很少的一点保险费用和巨大的赔偿回报。

这些广告由于运用了谐音，显得含蓄而有创意。当然，谐音在广告中的过度运用会造成语言的不规范，应该引起我们的重视。

5.谐音在文学作品中的表现

文学作品中的谐音现象非常普遍，诗词歌赋、戏剧小说、楹联谜语、相声小品等，都与谐音有着不解之缘。

天下伤心处，劳劳送客亭。

春风知别苦，不遣柳条青。（李白《劳劳亭》）

留却一枝河畔柳，明朝犹有远行人。（许浑《重别》）

古典诗词常以“柳”入文，因为“柳”和“留”相谐，以“柳”暗示惜别情怀。

杨柳青青江水平，闻郎江上踏歌声。

东边日出西边雨，道是无晴却有晴。（刘禹锡《竹枝词》）

“晴”一方面表晴雨的“晴”；另一方面指感情的“情”。

春蚕到死丝方尽，蜡炬成灰泪始干。（李商隐《无题》）

“丝”与“思”谐音，全句意思是，自己对于对方的思念，如同春蚕吐丝，到死方休。

低头弄莲子，莲子青如水，置莲怀袖中，莲心彻底红。（南朝民歌《西洲曲》）

“莲子”谐音“怜子”，“莲心”谐音“怜心”，表达了一个女子对自己所爱的男子的爱恋和思念之情。

大众文化中，谐音更是屡见不鲜。许多经典的百听不厌的相声、小品片段都是凭借谐音来抖包袱的。如赵本山小品《说事儿》：

黑土：你飘吧，你说不上哪天风大，把你这块云彩飘走了！

白云：怎么的，你黑土有能耐也飘呀！

黑土：我飘起来是沙尘暴！

“白云”与“黑土”在各自谐音的基础上把表层义与主旨义都表现了出来，让观众忍俊不禁。

6.谐音在地名、人名中的表现

中国人在起名字方面十分重视，认为一个好的名字，会给人带来好运，所以谐音也常被用在人名和地名中,以寄托美好的愿望。

(1)谐音在地名中的表现:

地名的取名最初是一种自发的行为,尤其是那些小街细巷,取名随意、朴实。但是,随着社会的发展和人们审美情趣的提高,这种地名日渐显得俗陋、粗鄙,于是这种地名常被更改。

改地名的具体方法有多种,其中通过谐音进行变更是最常见的一种改名方式。如:

A.同音替代。

猪市口—珠市口　烟袋胡同—燕代胡同　顶银胡同—鼎银胡同

羊毛胡同—扬茅胡同　干水桥—甘水桥

B.声韵相同、调不同。

鸡鸭市—集雅士　大脚胡同—达教胡同

小脚胡同—晓教胡同　轿子胡同—教子胡同

烧酒胡同—韶九胡同　棚匠胡同—朋奖胡同

C.声韵相似。

母猪胡同—梅竹胡同　猪尾巴大院—智义伯大院

猪巴巴胡同—珠八宝胡同　马尾胡同—慕义胡同

牛蹄胡同—留题胡同　牛血胡同—留学路

粪厂大院—奋张大院　裤裆胡同—库藏胡同

(2)谐音在人名中的表现:

《红楼梦》是"一姓一名皆具精意",其中的谐音命名很有深意。如:

甄士隐——真事隐(将真事隐去)

贾雨村——假语存(用假语村言敷衍出一段故事来,即所谓"满纸荒唐言,一把辛酸泪")

贾政——假正经(道貌岸然的假正经)

贾琏——假廉(不知廉耻,假廉洁)

秦钟——情种(沉溺于情中,最后为情而死)

冯渊——逢冤

在现实生活中,许多名字也利用了谐音手法来表达美好的意义。如:

杨光——阳光　杨帆——扬帆　程彭——程鹏　韩笑——含笑

武岳——五岳　潘峰——攀峰　高健——高见　程刚——成钢

李响——理想　郝蕴琦——好运气　于得水——鱼得水

这些同音不同形的字，使人们一听到名字，就自然而然地与语言中有意义的词音联系起来，使名字的内容更加丰富。

利用谐音起名，考虑不周就会形成不雅或欠妥的姓名：

于刚（鱼缸）　纪丹（鸡蛋）　毛崇（毛虫）　尤炳（油饼）

侯岩（喉炎）　魏妍（胃炎）　费延（肺炎）　史刚（屎缸）

范彤（饭桶）　施昌吉（是娼妓）　孙奇概（孙乞丐）

胡丽清（狐狸精）　朱易群（猪一群）　杨宜知（羊一只）

萧春珠（小蠢猪）　毕云高（避孕膏）

7.谐音在诙谐语和歇后语中的表现

诙谐语中的谐音，大都具有讽刺色彩。如“气管炎”和“床头柜”，就是“妻管严”和“床头跪”的谐音，用来讽喻那些妻子管得很严、很怕妻子的人。

歇后语是汉民族在生活实践中创造的一种特殊语言形式，具有鲜明的民族特色和浓郁的生活气息，幽默风趣，耐人寻味，为广大群众所喜闻乐见。

歇后语分为喻义性和谐音性两类。

谐音性歇后语就是借助音同或音近的联系产生言在此而意在彼的双关表达效果。如：

飞机上放鞭炮——想（响）得高

电线杆上绑鸡毛——好大胆（掸）子

外甥打灯笼——照旧（舅）

孔夫子搬家——净是输（书）

小葱拌豆腐——一清（青）二白

马背上打掌子——离题（蹄）太远

钉鞋不用锥子——真（针）好

（二）词语的双音节化特征明显

任何一个民族都有自己的审美意识和文化传统。词语的双音节化特征明显，充分体现了汉民族尚偶对称的审美意识和崇尚简约、讲究实用的文化传统。

1.双音节词占多数

从词的构成来看，现代汉语双音节词占绝对优势。据有关方面统计，现代汉语中双音节词约占85%。如：

河南/广播/电视/大学/是/借助/远程/教学/手段/进行/学习/的/大学。

只有“是”“的”是单音节词,其他都是双音节词。

单音节词在使用上往往要受到限制,如:

①问:贵姓?答:姓王。(一般不回答“王”)

问:贵姓?答:闾丘。(一般不回答“姓闾丘”)

②问:哪里人?答:温县。(带上类名)

问:哪里人?答:沁阳。(不带类名)

为了实现词语的双音节化,常常把单音节词扩充成双音节词,或者多音节词缩减为双音节词。

(1)单音节词扩充为双音节词,如:

师——老师 友——朋友 民——人民 石——石头

但——但是 鼻——鼻子 耳——耳朵 春——春天

信——守信、诚信 知——知道

(2)三个音节以上的词或短语紧缩为双音节词,如:

落花生——花生 豆沙包——豆包 牛奶粉——奶粉

豆腐乳——腐乳 照相机——相机 人民警察——民警

空气调节器——空调 归国华侨——归侨 科学技术——科技

彩色照片——彩照 欣赏和分析——赏析

广播电视大学——电大 集中出售图书的场所——书市

早晨做买卖的市场——早市

(3)外来词也具有双音化倾向。外来词受汉语双音化倾向的影响,也有双音化的趋势。如:

德谟克拉西——民主 烟士披里纯——灵感

赛因斯——科学 德律风——电话

音译词双音节的不必带上类名,单音节的往往带上类名:

的士——卡车(带上类名) 纽约——费城(带上类名)

印尼——泰国(带上类名)

2.双音节节奏倾向明显

大多数成语的四个音节在节奏上是两两相对的形式,其结构关系和语音停顿一致,如:

轻歌｜曼舞　心安｜理得　异曲｜同工

推心｜置腹　饱经｜风霜

也有一些在意义上不能看作两个双音词结合的成语，由于受双音节节奏倾向的影响，在读的时候，还是可以不顾意义，在中间停顿。如：

一衣带｜水　青｜出于蓝　爱｜不释手　木｜已成舟（按语法、语义切分）

一衣｜带水　青出｜于蓝　爱不｜释手　木已｜成舟（按读音切分）

语法结构关系和语音停顿不一致的情况在一般句子里也是存在的。例如：

他｜把手机｜忘在｜公交车上了。（按语法切分）

他把｜手机｜忘在｜公交｜车上了。（按读音停顿）

由此可见，双音节化确是现代汉语主要的节奏倾向。

（三）平仄和押韵的具体运用

追求均衡与和谐也是汉民族审美意识中一个不变的原则，汉语中整齐对称的音节结构、和谐优美的节奏韵律，都反映了汉民族和谐对称的审美情趣。

古典诗词讲究语言的韵律美，汉字的押韵和平仄是构成这种韵律的重要因素。

1.讲究平仄

平仄是语言运用中声调上的概念。“平”指古四声中的“平声字”（包括阴平、阳平），“仄”指古四声中的“上声、去声和入声字”（普通话已没有入声字）。

（1）四字格的成语讲究平仄协调。

平平仄仄：前功尽弃/餐风饮露/单枪匹马/来龙去脉/铜墙铁壁/偷工减料

仄仄平平：视死如归/异想天开/画饼充饥/问道于盲/断简残编/痛改前非

（2）古代诗词讲究平仄交错。

朱雀桥边野草花，（平仄平平仄仄平）

乌衣巷口夕阳斜。（平平仄仄仄平平）

旧时王谢堂前燕，（仄平平仄平平仄）

飞入寻常百姓家。（平仄平平仄仄平）（刘禹锡《乌衣巷》）

（3）现代散文也比较注意平仄相谐。

主要表现在两方面：一是不同句子的末尾要注意平仄相对，一般是前仄后平；二是同一句子中要注意平仄变化。

一张白纸，没有负担，好写最新最美的文字，好画最新最美的画图。（毛泽东《介绍一个合作社》）

上句的“白纸”是平仄，下句“负担”是仄平；上句“文字”是平仄，下句的“画图”是仄平。为了追求平仄协调，把“图画”改为“画图”。

2.讲究押韵

押韵是指诗歌或戏剧、曲艺唱词中的每句或间句末尾，用上韵母相同或相近的字。由于押韵的字放在句子末尾，所以又把押韵的字叫“韵脚”。

押韵是汉语诗歌的基本要素之一。我国的古典诗歌中，从《诗经》到后代的诗词可谓“无韵不成诗”。“五四”以后的新诗虽然有一些无韵的自由体诗，但大都还是押韵的，只不过用韵较宽，不像古代那么严格。

床前明月光（guang），

疑是地上霜（shuang）。

举头望明月，

低头思故乡（xiang）。（李白《静夜思》）

诗中一、二、四句末尾“光、霜、乡”的韵母（uang，iang）相同或相近。

散文、小说等文学作品也比较注意押韵。

我们以我们的祖国有这样的英雄而骄傲，我们以生在这个英雄的国度而自豪！

“傲、豪”押韵，响亮动听。

除了诗歌、散文外，一些谚语、俗语、民谣及儿歌，也很讲究押韵，如：

若要富，多修路；若要发，多种瓜。

天上下雨地下流，小两口打架不记仇，白天吃的一锅饭，晚上枕的一个枕头。

二、汉文化在汉字中的反映

汉字是汉民族为了交流思想，传递和保存信息而创造出来的书写汉语的符号系统。它的发生、发展和演变都受到了汉民族文化的影响和制约，反映了汉民族丰富的文化信息。

(一)汉字记载着汉民族古代的祭祀文化

上古时期，由于社会生产力低下，先民们对客观物质世界不甚了解，出于避祸求福的心理，他们对自然神、先祖有着狂热的崇拜，各种祭祀活动十分活跃，且这种习俗一直延续至今。如春祭、夏祭、冬祭、天祭、地祭、祖祭、除灾祭、祈福祭等。上古时期先民的祭拜情况，从一些汉字的形体分析中可窥见一二。

示：《说文解字》："示，天垂象，见吉凶，所以示人也。""示"，古文写作"𠕁"，三条直线为日、月、星三种光线的象征符号。学者们从对"示"的考察认识到，远古初民的信神，最早是对自然神的崇拜信仰，"示"是远古初民信仰自然神的"活化石"符号。所以凡与"示"有关的古字多与神事有联系。如"神、祉、禋、祇、祖、祢、禘、祝、祷、社"等。

祭：甲骨文作"[illegible]"。据考察，左边是一块鲜肉，好像还滴着鲜血，右边是一只手。意思是用手拿鲜肉举行祭祀之礼。到了金文，下面加"示"字，作"[illegible]"，表示祀神。

祝：金文作"[illegible]"。金文的"祝"字，左边"示"表示神灵，右边"兄"像一个面朝左边跪着的人，在神灵前祈祷、求福。"祭祀必祝之"，这是古人祭祀之礼。

俎：据考察，"俎"的形状是古代祭祀时放祭品的器物。金文和小篆分别作"[illegible]""[illegible]"，这是把肉形物移于祭祀器旁边。

豆：甲骨文作"[illegible]"。"豆"是古代的食器，也用于祭祀时盛供品，考古发现其是古代最常见的一种祭器。

由这些文字形体可以看出上古的祭品、祭祀之风等，说明古人对祭祀神灵的重视。

(二)汉字记载着汉民族古代的商品文化

远古社会人们如何进行贸易，我们已经无法知晓，但从古文字中可以得到一些信息。如：

表示贸易活动——贩、贸、购、买、卖

表示借贷活动——贷、贳、赊

表示抵押——赔、质、赘

表示送礼——贽、赞、赂、赠

表示向上纳税和向下赏赐——贡、赋、赏、赐、赉

这些字说明当时的贸易活动已经十分普遍，不仅有买卖双方直接的贸易活动，还有因资金短缺而出现的借贷、抵押活动等。

"贝"是贝壳，中国古代曾经将贝壳当作交易的媒介物，到秦以后才废贝行钱，这种古代的货币制度在文字的形体上被保存了下来。现代表示财富的字大都仍是从"贝"，如"财、货、贡、贫、赈、费、赠、贪、贷、贿赂"等都属贝部。

（三）汉字记载着汉民族上古的兵器文化

考古发现，上古时期就有了兵器，但出土文物不多，我们可以根据汉字的构形来了解当时兵器的外形。如：

王：甲骨文作"[illegible]"，金文作"[illegible]"，帝王的"王"像一把斧头形状，所以其本义是斧形的武器。斧头是征伐之器、镇压之器，也是狩猎之器，所以谁掌握了这种武器，谁就掌握了掌管天下的至高无上的权力，所以，帝王的"王"可能由此引申而来。

戈：甲骨文作"[illegible]"，金文作"[illegible]"，其上部是带钩的锋利的刀，下部是戈的长柄，也像武器的样子。

戊：从"戈"，从"丿"。"丿"指"不"，"戈"与"丿"联合起来表示"不动之戈"。"戊"的本义是一种武器，金文的写法像一把大斧，斧刃朝左，弯月形。

殳：甲骨文为"[illegible]"，上部是一支弯柄的武器，下部是一只手，表示手拿武器的意思。"殳"的用途是防守，用于抵御、撞击。因此许多由"殳"组成的会意字常含有与打、杀、击相关的意义，如"殴""役"等。

（四）汉字结构反映了汉民族中庸和谐的文化心理

中庸是中华民族优秀传统文化的核心内涵，在中庸思想的影响下，以和为贵、追求和谐成了汉民族一种传统的思维心理。这种文化心理也反映在汉字的结构中。如：

中："中"字从造字形体上就体现了中国文化的特点，其上下左右对称的结构既体现了中庸观念的四平八稳的特征，也体现出中国人的传统审美观点。

人："人"字的结构，是一撇一捺，代表人和人相互支撑，团结友爱，

你中有我,我中有你,缺一不可。

武:"武",一"止"一"戈"组成,"戈"表示战争,"止戈"表现了汉民族"止息战乱"的理念。在先民的观念中,"武"就是用来止息战乱,而不是用来侵略、欺凌、挑起战乱的。汉民族爱好和平的文化理念从这个字的构形可以看出来。

忍:"忍"字从构造上看是上"刀"下"心",心头插着一把刀。许多中国人喜欢把"忍"字奉为人生的座右铭,其中就蕴涵着深刻的人生哲学:一是"好汉不吃眼前亏",退一步海阔天空;二是"和为贵",这体现了中华民族顾全大局、追求和谐的优秀品质;三是"小不忍则乱大谋",即着眼长远,不以小失大。所以"忍"的含义符合中国文化的特点——避免冲突,保持人与人之间的和谐相处。

另外,很多汉字在构形上及书写上都表现出均衡对称的特点。无论是独体字还是合体字,不管是古文字还是隶变以后的汉字,其平衡对称特性无处不在。

(五)汉字反映了儒家文化中男尊女卑的价值观

儒家文化中男尊女卑的价值观,也反映在某些汉字的形体结构上。如:

女:甲骨文中的"女"字,其字形就像两臂背缚、双脚跪地的人形,从这个字形可看出古代妇女在家庭中地位的低下。一些以"女"字旁作意符的形声字,大多含有贬义,如"妓、娼、嫖、奸、姘"等;而某些表现不健康、不正当心理和行为的汉字,如"嫉、妒、妖、婪、妄、嫌"等,也都用"女"作意符,突出地反映了古代社会男尊女卑的价值观念。

妇:《说文解字》:"妇,服也,从女侍帚,洒扫也。"在古籍中"负""妇"属于同音假借,而"负"有背负重任、承担繁重劳动之义,可见古代妇女是服侍男人的奴隶,如牛马负重物。

(六)汉字体现了古代人对客观事物的认识

我们还可以从汉字的构造中窥见古人对客观事物的认识。如:

心:"心"是个象形字,字形像心脏器官的形状,本义指心脏。先人认为,心是思维的器官,"心之官则思,思则得之,不思则不得也"(《孟子·告子上》)。鉴于这种认识,就出现了一批从心旁(或心的变形)的表示思想、感情、意念的汉字,如"思、想、忘、忠、恕、怨、愁、忆、恼、悦、惮、愠、恭、慕"等。

龙："龙"是个象形字，在甲骨文和金文中有好几种写法。"龙"是传说中的神异动物，身长而弯曲，既能登天飞翔，又能潜渊游水，还能兴风唤雨。古人把它与"麟、凤、龟"并称为"四灵"，即四种神异动物。几千年来，龙的图腾文化遗风一直延续不断，中华民族以"龙"为神圣，并发展成为汉民族的象征。

美："美"，《说文解字》释为"羊大则美"。有学者认为，羊大之所以为"美"，是因为"美"字表现了中国古代人的审美观念：一是对于羊的肥胖姿态的感受；二是对于羊肉肥厚多油的感受；三是羊毛羊皮给人的舒适感；四是羊具有交换价值，从而产生一种喜悦感。也有些甲骨学家认为，"美"字并不是一个大羊头，而是一个头上戴着羽毛装饰品正在跳舞的人。从这个意义出发，说明了中国人最早的审美感起源于对音乐、舞蹈、绘画的美的感受。

三、汉文化在语法中的反映

语法是组词造句的结构规则，也是使用同一种语言的全体成员要共同遵守的语言规则，因此，语法也往往带上本民族文化的印记。

（一）汉语的意合现象与汉民族的整体性思维有关

汉民族传统思维的基本特征是注重整体性，汉语的意合结构与此有关。

意合现象指汉语的语法关系不是靠形态来表现，而是依赖语义的配搭、语用的因素来反映词语的组合关系，了解句子的意思。汉语的意合现象反映了汉语语法结构的趋简性与兼容性，体现了汉民族整体性的思维特点。

汉语中很多语言单位的含义需要通过意合法去领悟。

1.词或短语中的意合现象

支配式合成词或短语的超常组合就需要依赖语义的配搭，从整体上去意会。

(1)处所宾语类。

如"跑江湖、报幕、谢幕、吃食堂"。"跑江湖"指旧时以卖艺、算卦、相面、卖药等为职业，来往各地谋求生活；"谢幕"指演员演完精彩节目后，观众报以热烈的掌声，演员为了表达对观众的谢意，幕又拉开，演员站在幕前向观众致谢。

(2)原因宾语类。

如“养病、赔罪、偷懒、走亲戚、笑他大花脸、救火”。“养病”不是把病养起来,而是因病休养;“笑他大花脸”“他大花脸”不是笑的对象,而是笑的原因。

(3)目的宾语类。

如“打扫卫生、考研究生”。“打扫卫生”,是通过打扫使环境卫生;“考研究生”是通过考试取得研究生学习资格。

(4)工具宾语类。

如“吃父母、抽烟斗、跳伞、打针、哭鼻子、洗热水、写毛笔”。“吃父母”是靠父母的工资来吃饭或维持生活;“跳伞”是靠降落伞的浮力慢慢跳下来。

(5)方式宾语类。

如“唱高调、跑单帮、打游击、吃小灶”。“唱高调”是发表似乎高明但脱离实际的论调,说得很好听而不实际去做;“跑单帮”指以经商为职业的个人往来各地贩卖货物牟取利润。

(6)借代宾语类。

如“闯红灯、戴绿帽、抽中华、开宝马、喝乌龙”。“闯红灯”指机动车或行人在信号控制的交叉路口和路段上违反红灯禁止通行的规定,越过停止线并继续前行的行为;比喻超越现有的规则办事。从字面上看“红灯”是不能闯的,但人们根据共有的生活经验和语境提示,便会意会“闯红灯”所包含的全部内容。

(7)施事宾语类。

如“看医生、晒太阳、来客人、坐两千人”。其中的“医生、太阳、客人、两千人”是动作行为的施事者,而不是受事者。

以上所举各例,虽然大多只有两个词组合而成,但却包含比较丰富的内容,显示了汉语经济简约的表达习惯,其意义也是约定俗成的结果,即意合的结果。

2.句子中的意合现象

汉语的句子成分或者分句间的组合,是通过内在的联系组合起来的,语法关系有时要由读者自己去体会。如:

> 类人猿,类猿人,原人,古人,今人,未来的人……如果生物真会进

化，人性就不能永久不变。（鲁迅《文学和出汗》）

这个句子没有一个连词，完全靠意合法把人类进化的历史发展过程概括出来，很容易使读者理解。

在口语中，意合的句子更为普遍。如：

我不说不痛快。

你爱讲不讲。

这是两个紧缩复句，正常的应该是“我如果不说，就不痛快。”“你如果想讲就讲，如果不想讲就不讲。”尽管缺少某些成分，但不影响信息的交流。

古典诗词中，不用或少用虚词也是突出意象的重要手段。如：

枯藤老树昏鸦，小桥流水人家，古道西风瘦马。夕阳西下，断肠人在天涯。（马致远《天净沙·秋思》）

表面看来，这首小令只是用实词堆砌在一起，但读者很容易领会它表达的内容。语意凝练，意象超远，融合成一幅整体性的画面，耐人寻味。这种效果需要读者从整体上去意会，才能感受它的浑然天成之美。

（二）汉语语序的形成与汉民族的有序思维定式有关

我国古代社会十分重视人际关系的有序性。君君臣臣父父子子，尊卑有序、内外有别。不论在社会上还是家庭中，君臣或者父子的地位差别都是不可超越的有序排列。汉民族的有序思维定式与此有关。

在汉语中，语序是一种重要的语法手段。不同的语言单位在构成高一级的语言单位的时候，其排列有相对固定的次序。

1.语素和语素构成词，在排列上有固定的顺序

如：君臣、官兵、男女、夫妻、长幼、老少、兄妹、父子、母女、宾主、主仆、妻妾。

以上这些词语素排列的先后顺序，是由中国传统的尊卑观念决定的。

2.词和词构成短语和句子要按照一定的顺序

（1）主谓结构——主语在前，谓语在后。如：

动车开了

电脑修好了

（2）述宾结构——述语在前，宾语在后。如：

建设中原经济区

修地铁

(3)述补结构——述语在前,补语在后。如:

打扫得很干净

漂亮极了

(4)修饰语和中心语结构——修饰语在前,中心语在后。如:

美丽的郑东新区

努力地工作

(5)双宾结构——述语在前,两个宾语在后。如:

送人玫瑰

称她购物狂

3.分句和分句构成复句要按照一定的顺序

(1)连贯复句——几个分句按时间、空间或逻辑的顺序排列。如:

湖水滋润着湖边的青草,青草喂胖了羊群,羊奶哺育着少女的后代子孙。

(2)递进复句——后面的分句比前面的分句意思进了一层,非重点分句在前,重点分句在后。如:

科研所不仅为家乡培育良种,还承担了国家重点科研项目。

(3)因果复句——一个分句说出事情的原因,一个分句说出事情的结果。原因在前,结果在后。如:

由于各拱相连,所以这种桥叫联拱石桥。

(4)转折复句——前一个分句说出一个意思,后一分句转到相反或部分相反的意思上去。转折的前提情况在前,转折的中心在后。如:

尽管你能说会道,我却丝毫也不动摇。

(5)假设条件——前一分句提出一种假设条件,正句说出在这个假设条件下产生的结果。假设条件句在前,结果句在后。如:

如果你在网上购物,就有可能买到假货。

当然,汉语的这些语序也不是不可变化的,在实际运用中,通常会有一些变化,但它是有条件的。

(三)汉语词类的表象性与汉民族的具象思维有关

具象思维是汉民族传统思维方法之一。所谓“具象”,是指具体形象的思维,就是通过对外界事物的反复观察和体悟对事物做出判断,然后将其概括、提炼成意象。汉语的一些词语就是具象思维的产物,具有表象性的特点。

1.一些具体名词和短语具有表象性

汉语中使用最多的词类是名词，其中一些复合名词或名词性短语在反映客观对象方面具有表象性。

①描写式——映山红、高射炮、水墨画、财迷。

②比喻式——蜂窝煤、鸡冠花、樱桃嘴、喇叭裤、龙须面、狮子头、鸭舌帽、铁拳、龙头企业、豆腐渣工程。

③借代式——黑哨、菜篮子、红马甲、绿色食品、白衣天使。

④夸张式——千里马、千里眼、飞毛腿、袖珍企业。

⑤比拟式——透明度、精神污染、三栖明星。

以上这些都是通过修辞手法构成的，形象生动、通俗易懂。

2.ABB式形容词大都具有表象性

现代汉语中有一些形容词是由词根加上叠音后缀构成的，即ABB式形容词。ABB式形容词是现代汉语语汇中极富描写性质的词语，意义凝练，表现力强，能生动形象地描述出客观事物的面貌，具有表象性。

①由名词加上叠音后缀构成——文绉绉、水汪汪、雾沉沉、金灿灿、汗淋淋。

②由动词加上叠音后缀构成——笑嘻嘻、颤悠悠、闹哄哄。

③由形容词加上叠音后缀构成——香喷喷、亮晶晶、湿漉漉、绿油油、慢腾腾、静悄悄、乱纷纷、白茫茫、甜津津。

其中由形容词加上叠音后缀构成的词占大多数。

3.汉语中的借用量词大都具有表象性

现代汉语中不少由名词、动词和形容词借用过来的量词大都表意具体。

(1)借用名词的。

头(一头白发)　脸(一脸笑容)　口(一口饭)　腔(一腔热血)
车(一车煤)　桌(一桌菜)　屋(一屋子人)　台(一台节目)
碗(一碗饭)　桶(一桶水)　池(一池荷花)　地(一地鸡毛)
湖(一湖春水)　脚(踢一脚)　针(扎一针)　眼(看两眼)
笔(画一笔)　枪(开两枪)　刀(切三刀)

(2)借用动词的。

挑(一挑水)　捆(一捆柴)　担(三担水)　发(两发炮弹)

挂（三挂鞭炮） 抹（一抹斜阳） 看（看了一看） 摸（摸了一摸）

（3）借用形容词的。

弯（一弯新月） 方（一方院落） 曲（一曲清流）

巧妙地使用借用量词，可以大大增加语言的表现力。如：

一钩残月向西流，对此不抛眼泪也无由。（毛泽东《虞美人·枕上》）

借名词“钩”为量词，使句子传神地产生“残月如钩”的修辞效果。

一弯新月升起了，我们借助淡淡的月光，在忽明忽暗的梨树林里走着。（彭荆风《驿路梨花》）

借形容词“弯”为量词，形象地表现出“新月”的形状，惟妙惟肖。

我想到李白、杜甫在那遥远的年代，以一叶扁舟，搏浪急进，那该是多么雄伟的搏斗，那会激发诗人多少瑰丽的诗意啊！（刘白羽《长江三日》）

借名词“叶”为量词，“一叶扁舟”勾勒了一幅轻舟如浮叶搏浪漂流的明快画面。

汉语中丰富的借用量词具有多方面的修辞功能。根据特定的表述内容和表达环境的需要，选用合适的借用量词，会使语言可视、可感、可触，收到意想不到的效果。

四、汉文化在修辞中的反映

修辞指的是对语言的修饰和调整。汉语修辞作为人们在交际活动中产生的言语现象，也必定要受到民族文化的影响和制约。汉文化在修辞中的反映表现在词语的锤炼、句式的选择和修辞格的运用等方面。下面重点介绍辞格运用中的汉文化色彩。修辞格是人们在长期的言语交际过程中，为提高语言表达效果而形成的具有特定的构成方式和相应的表达效果的格式。修辞格负载了许多汉文化信息，折射出汉民族传统的思维方式和文化观念。

（一）比喻的民族文化性

比喻就是打比方，用浅显、具体、生动的事物来描绘抽象的、难以理解的事物，引发读者的联想和想象，给人以鲜明深刻的印象。比喻的民族文化性表现在以下两个方面。

1.比喻辞格的大量运用

作为具象思维的产物，比喻是汉语中运用最为广泛而且取得极佳效果的一种修辞方式。从《诗经》《楚辞》到汉赋、唐诗、宋词、元杂剧、明清小说，以及现代文体的各类文章，都运用了大量的各种各样的比喻，几乎到了不比不说话的程度。如：

江南有丹橘，经冬犹绿林。
岂伊地气暖，自有岁寒心。
可以荐嘉客，奈何阻重深。
运命惟所遇，循环不可寻。
徒言树桃李，此木岂无阴？［张九龄《感遇十二首》（其七）］

通篇用比，抒发怀美才而不得用世之意。

小时候
乡愁是一枚小小的邮票
我在这头
母亲在那头

长大后
乡愁是一张窄窄的船票
我在这头
新娘在那头

后来啊
乡愁是一方矮矮的坟墓
我在外头
母亲在里头

而现在
乡愁是一湾浅浅的海峡
我在这头
大陆在那头（余光中《乡愁》）

“乡愁”是一种摸不着、闻不到、看不见的情思，作者巧妙地运用比喻手法，把它比作“邮票、船票、坟墓、海峡”，来渲染“我”对“母亲、新娘、大陆”的思念之情、不舍之意，强烈地抒发了思乡的情绪，表现了台湾同胞思念祖国、渴望祖国统一的心情。

2.比喻中喻体的民族特色

各民族语言中都有许多生动的比喻，但是，因为自然条件、社会文化背景、历史以及风俗习惯等的不同，比喻各具民族特色。同样是比喻勇敢，有的民族爱用“马”来作比，而有的民族爱用“鹰”来作比；同样是比喻热烈的爱情，有的民族爱用“花”来作比，有的民族爱用“火”来作比，而有的民族却爱用“浓烈的酒”来作比。这反映了比喻有不同的民族审美意识。汉语比喻中喻体的民族特色主要表现在：

(1)用“梅兰竹菊”比喻情操、信念、人格。

在中国传统文化中，“梅兰竹菊”被称为“四君子”，千百年来以其清雅淡泊的形象为世人所钟爱，以至于已脱离或拓展了原有的意义，成为一种人格品性的文化象征。历代以“梅兰竹菊”为题材的诗词层出不穷，深受广大诗词爱好者的喜爱。以“梅”作比：

驿外断桥边，寂寞开无主。已是黄昏独自愁，更著风和雨。　无意苦争春，一任群芳妒。零落成泥碾作尘，只有香如故。(陆游《卜算子·咏梅》)

诗人就像那株梅花一样，不想去争艳夺宠，任凭百花妒忌与排斥，即使粉身碎骨，也不改变坚定的信念和坚贞不屈的品格。

以“兰”作比：

兰若生春夏，芊蔚何青青！
幽独空林色，朱蕤冒紫茎。
迟迟白日晚，袅袅秋风生。
岁华尽摇落，芳意竟何成！[陈子昂《感遇三十八首》(其二)]

以香兰杜若自喻，托物感怀，寄托了个人怀才不遇的身世之感。

以“竹”作比：

“竹”具有冬夏常青、中空有节、挺拔坚硬等特性，常被古人用来比喻正直、孤高、有节操等。

咬定青山不放松，立根原在破岩中。
千磨万击还坚劲，任尔东西南北风。(郑燮《竹石》)

以竹喻人,写作者那种正直倔强的性格,决不向任何邪恶势力低头的高傲风骨。

以"菊"作比:

花开不并百花丛,独立疏篱趣无穷。

宁可枝头抱香死,何曾吹落北风中。(郑思肖《画菊》)

以菊花自比,表示自己坚守高尚节操,宁死不肯向元朝投降的决心。

(2)用"松、柏"比喻坚贞、坚强。

"松柏"也是中国传统文化精神的载体。松柏四季常青,寒冬腊月,冰封雪飘,依然傲然挺立,因此,在汉语中,以"松柏"作比时,常常与坚贞、高洁的情操信念等联系在一起。

岁寒,然后知松柏之后凋也。(《论语·子罕》)

以松树和柏树之最后凋谢,来比喻人只有经过严酷考验,才能识别其品质。

我爹爹像松柏意志坚强,

顶天立地是英勇的共产党,

我跟你前进决不彷徨。(样板戏《红灯记》)

李铁梅把爹爹比作意志坚强的松柏。

(3)用花比喻女性的容貌和纯洁的心灵。

汉民族自古以来对花情有独钟,在许多文学作品中,特别是古诗词中随处可见到用花作比的例子。

用桃花作比:桃花颜色艳丽,给人以热烈奔放、清新亮丽之感。自古以来,不少骚人墨客,往往借桃花来比喻少女美丽的容貌。

去年今日此门中,人面桃花相映红。

人面不知何处去,桃花依旧笑春风。(崔护《题都城南庄》)

写诗人寻春遇艳的惊喜和重寻不遇的惆怅。用桃花来比喻城南女子艳若桃花,光彩照人的美貌。

用荷花作比:荷花冰清玉洁,出淤泥而不染,千百年来,一直为文人墨客所喜欢。荷花历来象征着美好与高洁。

荷叶罗裙一色裁,芙蓉向脸两边开。

乱入池中看不见,闻歌始觉有人来。[王昌龄《采莲曲二首》(其二)]

这里写的是采莲少女,第一句把女子的罗裙比作荷叶,第二句说少女的脸庞如同出水的荷花。通过两个比喻,使采莲少女融入田田荷叶之中,人花难辨。

用牡丹花作比:牡丹花,因娇艳多姿,雍容大方,在我国被誉为"国花""花中之王"。李白在长安供奉翰林时,一日,唐玄宗和杨贵妃在宫中观牡丹花,李白奉诏作了《清平调词三首》:

云想衣裳花想容,春风拂槛露华浓。
若非群玉山头见,会向瑶台月下逢。

一枝红艳露凝香,云雨巫山枉断肠。
借问汉宫谁得似?可怜飞燕倚新妆。

名花倾国两相欢,长得君王带笑看。
解释春风无限恨,沉香亭北倚阑干。

诗中把杨贵妃与花融为一体,以花喻人,以人喻花。

(二)对偶的民族文化性

求同一、重和谐的思想观念是儒家思想的核心,这种价值观反映在辞格上,则形成了具有鲜明民族特征的对偶、排比、回环、顶真等修辞格。这些修辞格对语言形式美的追求散发着汉文化特有的气息。

对偶:连用一对字数相等,结构相同,意义相类、相反、相连的语句,使表达均衡对称的一种修辞格。中国人特别偏好对偶,凡事喜欢成双成对,说到"才子"必想到"佳人",说到"青山"必想到"绿水"。这是一种特有的尚偶民族情结。

根据上下句的结构方式,可以把对偶分为严对和宽对。

严对:要求相对应的两个部分字数相等、词性相同、结构相同、平仄相对、不重复用字。

青山横北郭,白水绕东城。(李白《送友人》)

两句字数相等、词性和结构相同:"白水"与"青山"、"东城"与"北郭"都是名词性短语相对,"白"与"青"是颜色词相对,"东"与"北"是方位词相对。平仄相对:上句是平平平仄仄,下句是仄仄仄平平。

宽对:只要求字数相等,结构基本相同等,其他条件不很严格。

山色越来越矜持,秋色越来越透明。(张晓风《常常,我想起那座

山》）

上下句字面上不避重复，平仄也不讲究。

根据语义构成方式，可以把对偶分为正对、反对和串对。

正对：指上下联意义上相近，互为补充。从两个角度、两个侧面说明同一事理，表示相似、相关的关系，以并列关系的复句为表现形式。

风声、雨声、读书声，声声入耳；

家事、国事、天下事，事事关心。（顾宪成《题东林书院对联》）

上联描绘自然界的风雨声和读书声交织在一起的情景，下联说读书人要关心政治。

反对：上下联意义相反相对，互相映照，以突出事物的本质。

战士军前半死生，

美人帐下犹歌舞！（高适《燕歌行》）

战士们在阵前浴血奋战，而将官们却在“美人帐下”尽情享乐，二者形成鲜明对比，尖锐地揭露了军中苦乐不均现象。

串对：上下联意义相承，表示连贯、递进、因果、条件等关系。也叫“流水对”。

野火烧不尽，春风吹又生。（白居易《赋得古原草送别》）

上联表原因，下联表结果。

（三）双关的民族文化性

中国素有“礼仪之邦”的美称，汉民族在人际交往中力求措辞有度，不偏不倚，适度得体，在言语表达上表现为含蓄、婉转、模糊。双关辞格正是这种表达方式的体现。

双关是利用语音或语义条件，有意使语句同时关顾表、里两种意思，言在此而意在彼。如：

自是寻春去校迟，不须惆怅怨芳时。

狂风落尽深红色，绿叶成阴子满枝。（杜牧《叹花》）

全诗围绕“叹”字着笔，表面上是说自己寻春赏花去迟了，以至于春尽花谢，错失了美好的时机，只看到了暮春景象。其实诗人真正要表达的深层含意是，都怪自己来晚了，如今自己钟爱的女子已嫁做他人妇，子女满堂，自己再惆怅怨嗟也毫无用处，流露出一种无可奈何、懊恼至极的情绪。

语义双关：利用词语或句子的多义性形成的双关。

人们都睡觉了,连我的女人和孩子。(鲁迅《为了忘却的记念》)

这里的“睡觉”除了一般意义上的睡觉,还有更深一层的含义,即人们精神上思想上的麻木,对国事和国人的漠不关心。

谐音双关:利用声音相同或相近形成的双关。

我失骄杨君失柳,杨柳轻飏直上重霄九。(毛泽东《蝶恋花·答李淑一》)

这里的“杨柳”,表面指自然界的“杨柳”“杨花柳絮”,实际上指杨开慧、柳直荀二位烈士。

始欲识郎时,两心望如一。

理丝入残机,何悟不成匹?[南朝乐府民歌《子夜歌》(其七)]

“丝”与“思”同音,“匹”字面意思是布匹之“匹”,但又与匹配之“匹”双关。这两句诗表面上是在讲织布,实际上暗指与男子的相思相配,含蓄巧妙,情韵悠长。

汉语中蕴涵着大量的汉文化信息,只有全面掌握这些信息,才能更好地运用语言。

思考与练习

一、简要谈谈汉语和汉文化之间的关系。

二、你认为当前称谓词减少,有的甚至消失了吗?为什么?

三、人们在使用职业称谓语时为什么会就高不就低?举例说明。

四、请搜集当地的地名或楼盘名,并对其文化含义进行分析。

五、分析下列词语在汉语中的文化含义

黑　红　踏青　鸿雁　东风　青天　松树　乌鸦　吃醋

鸳鸯　狐狸　红豆　乌纱帽　林黛玉　猫头鹰　千里马

六、什么是谐音?为什么汉语中的谐音现象特别普遍?

七、举例说明汉字如何反映儒家文化中男尊女卑的价值观。

八、什么是意合现象?举例说明。

九、汉语词类的表象性表现在哪些方面?

十、分析题。

1.不少方言词很有特色,与普通话在语音、语义上的差异也比较明显。比如“喝汤”,在河南话里主要是“吃晚饭”的意思,特别是在农村一些地方，不管吃的什么饭，即使是山珍海味，也一律称为“喝汤”。傍晚时分，亲友邻居见面打招呼，不是问“吃了没有?”而是问：“喝汤了没有?”家长喊孩子回家吃饭，常常这样喊：“黑娃，快回来喝汤了!”请分析河南人为什么把晚饭称为“喝汤”?

2.不同民族的称谓语反映出各自不同的文化内涵。请分析下面案例，说明外国人为什么不理解孔繁森“不说我太太而说你嫂子”这件事。

“为啥孔繁森不说我太太而说你嫂子”

一次，几个外国留学生在一起讨论看电影《孔繁森》的感想。

学生甲：“你们都看了吗？有什么感想?”

学生乙：“我就不明白，孔繁森总是对他的司机和秘书说‘你嫂子’——你嫂子在电话里哭了没有？你嫂子在拉萨不会有事吧？……这里的‘你嫂子’指的是谁？是什么意思?”

学生甲：“‘你嫂子’的意思就是‘我老婆’。同样的道理，孔繁森的妻子如果对别人说‘你大哥’，她的意思就是‘我丈夫’。它表明了谈话者之间的亲近关系，也就是兄弟姐妹的关系。当然这种兄弟之间并没有血缘关系。”

学生丙：“没有血缘关系，不就成了梁山好汉吗?《水浒传》里有一百零八个好汉，他们都是兄弟。就像《三国演义》里面的刘、关、张一样，不能同年同月同日生，但愿同年同月同日死。”

学生甲：“这可能是孔繁森先生的个人习惯。”

学生乙：“为什么孔繁森说‘你嫂子’就意味着他老婆？假如听话的人也有嫂子，不是会发生误会吗?”

学生丙：“我认为这里面有一种不平等——他可以随便叫别人，可是人家都得叫他孔市长、孔书记。”

学生丁：（早有准备，翻开笔记本）“根据我的统计，在这部影片中，人们叫孔市长十九次，叫孔书记八十二次。”

第六章　言语交际

语言是人类交际和思维的工具,交际功能是语言的基本功能。正是基于语言的交际功能,人们才能够在社会中彼此分享各种经验和感知,更好地分工协作。与其他某些具有一定社会性的动物群体相比较,人类语言的交际功能极其卓越,无论多么丰富的信息,都可以借助一定的语言形式传递给他人。

从古至今,人类知识的积累,社会文明的进步,首先得益于语言的交际功能。交际要遵循一定的原则,讲究一定的方法技巧,也追求一定的表达效果。人类的言语交际过程十分复杂,但交际主体、交际环境和话语是一个完整交际过程中不可或缺的三个基本要素。交际主体的言语行为应遵循诚信原则、角色原则、合作原则和礼貌原则,同时要适应甚至利用或改善交际语境,交际主体所呈现的话语也应该符合规范原则和审美原则。

在具体的交际过程,还要根据交际类型、交际场合的不同,有意识地选择恰当的方式、运用合适的技巧,取得满意的表达效果,实现最终的交际目的。

第一节　言语交际概说

一、言语交际的概念及特点

言语交际是人类特有的一种社会行为。言语交际的社会性源于人类社会实践对于人际交往的特殊要求与理解。列宁曾说"语言是人类最重要的交际工具",这一科学论断有助于我们对言语交际这一社会行为的理解与认识。

我们知道,人与人总是处在一定社会关系的网络之中,无论是处于哪种关系、扮演何种角色,在与他人的直接接触中都离不开社会交际。正是由于在劳动生产的过程中出于相互交往、协调关系、交流信息的需要,人类才创造了语言。社会交际既是语言生产的苗床,也是语言发展的动力。

在人类长期进化的过程中,在人类不断地认识世界、改造世界、创造和传承人类文明成果的过程中,语言被人们用来当作交际和思维的工具,当作文化传承的工具。

语言和言语是两个既有联系又互相区别的概念。语言是一种特殊的社会现象,是人类最重要的交际工具,同时也是思维的工具,是音义结合的符号系统。言语是人们在交际中所说的话的总和,包括“所说出来的话”和“说话这种行为”。换句话说,语言一经使用就叫言语。

语言和言语的关系,是交际工具与工具在交际中的运用的关系,是抽象与具体、一般与个别、共性与个性的关系。

我们把这种至少在两个人之间进行的,以人际交往为目的的言语活动称为“言语交际”。

言语交际最早的基本形式是口头交际,这种交际只能在同一时空条件下进行。人类创造了文字以后,便出现了可以跨越时空的书面交际。随着科技的发展,近些年又利用电路交际(如广播、电视、电话、传真)、网络交际等,这是口语交际和书面交际的进一步发展。

无论是口语交际还是书面交际,都是人们对语言具体运用的一种行为和行为过程,是人类特有的维系自身生存和发展的一种社会行为。

言语交际主要具有三个方面的特点。一是现场性。言语交际总是在一定的交际场合与交际情景中进行的。交际活动的参与者无论是在时间上还是在空间上都是不能分离的。现场的环境因素,都会影响交际主体言语行为方式的采用和话语形式的选择。二是综合性。言语交际的进行受到主观因素与客观因素、语言因素与非语言因素等综合因素的制约。交际主体的生理、社会和文化因素及自身素养,尤其是对言语艺术和技巧的把握与运用,都对交际活动的效果起着至关重要的作用。三是及时性。运用语言进行交际的过程是瞬息间的事情。言语交际一旦开始,就要求交际主体及时进入角色,根据交际需求,很好地把握交际环境,采取恰当有效的言语行为方式,给对方以积极且及时的言语反应,来达到一定的交际目的。

二、言语交际的过程

中央电视台《交流》栏目有句广告语:“沟通与理解从交流开始。”言语交际过程便是一个信息的传输、接受、反馈的双向交流过程。交际活动的参与者之间的相互沟通与理解都需要通过这个交流过程来实现。在言语交际活动中,参与者的一言一行、一颦一笑、一举一动,都将自觉或不自觉地向对方发出某种信息;与此同时,每个人都会根据自己的观察,“听话听声,锣鼓听音”,按照自己的理解,揣度对方的行为意图,体验现场气氛,采取自己特有的言语行为,以回应对方。

例如,冯小刚电影《一九四二》中有这样一段对话:

问:河南到底死了多少人?

答:政府统计,一千零六十二人。

问:实际呢?

答:大约三百万人!

言语交际过程是一个说话者和听话者双方互动的过程,这一过程包含着复杂的心理和社会因素。为了达到预定的交际目的,说话人必须根据话语信息的输出和反馈情况控制好自己的言语行为,一旦发现偏离目的,就得加以调节,重新组合话语形式,以保证交际任务的完成。上例中的对话就是这样。

出现于交际中的话语,是信息传递的物质载体,它通过对语言符号系统的自由组合来充当信息传递的代码。整个言语交际过程,也就是一个话语的“编码—发码—传递—受码—解码”的“言语沟通”过程。

“编码”是指表达的一方根据所要表达的思想内容、想要达到的行为目的选择词语、组成话语;“发码”是指表达的一方将话语通过发音器官说出或用书写工具写出;“传递”是指信息从表达的一方向接受的一方传送;“受码”是指接受的一方用听觉或视觉器官接受对方发出的信息代码;“解码”是指接受的一方根据特定交际场合对接收到的信息代码进行分解与合成,将话语形式还原为话语内容。

在这个过程中,“编码”和“解码”是两个重要的环节,如果其中一个环节出了问题,就会导致交际的失败。

比如,贾宝玉想和林黛玉秘密约会,但没有直接说:“林妹妹,我想与你约会。”而是换了一种说法:“好妹妹,今晚的月亮真圆呀!”这句话是信息传递的代码,林姑娘接收到这个信息,会有两种理解:一种是按照这句话的字面意义来理解,这样“解码”就出现了偏差。另一种选择是,根据她对宝玉的了解以及彼此的关系，不拘泥于字面意义，理解出宝玉的真正意图，回答他说："休跟我套近乎，和你的宝姐姐一块儿赏月去吧！"这样黛玉的理解就与宝玉问话的意图吻合了，"解码"正确，信息传递没有受到影响。

由此可以看出，言语交际不是简单的一加一等于二的过程，而是个很奇妙的过程，在这个过程中有很多的因素会影响到交际的效果。因此，在言语交际过程中，交际的参与者要根据与交际活动关系密切的诸多主观与客观因素，准确地进行"编码"和"解码"，做到语码和信息内容的统一，这是保证交际顺利进行的前提。

三、言语交际的要素

交际主体、交际环境和话语是任何言语交际活动都不可或缺的三个基本要素。

交际主体就是交际活动的参与者，是交际活动中的主体因素。我们先来欣赏一下赵本山、宋丹丹、崔永元合演的小品《昨天 今天 明天》：

崔永元：大叔大妈呀，稍微稍微有一点紧张啊。嗯，大叔大妈呀，是第一次到电视台的演播室吧！

赵本山：第一次。

宋丹丹：嗯，是。

崔永元：刚来这个演播室啊，都会有一点紧张。你看有这么多摄像机，这么多观众，一会咱们谈着谈着就能放松，好吗？啊，咱们先来个自我介绍。

赵本山：咋介绍？

崔永元：按您家里的习惯。

宋丹丹：那我先说呗。

崔永元：好。

宋丹丹：我叫白云。

赵本山：我叫黑土。

宋丹丹：我七十一。

赵本山：我七十五。

宋丹丹：我属鸡。

赵本山：我属虎。

宋丹丹:这是我老公。

赵本山:这是我老母——(乐队奏乐)

赵本山:我老伴儿。

宋丹丹:差辈儿了。

崔永元:请坐请坐。大叔大妈呀,太紧张了,别紧张啊。我跟您说,这个谈话节目啊,它有话题,咱一谈话题呢它就不紧张了。

这段小品中的所有参与者,黑土大叔、白云大妈、主持人小崔,他们都是交际主体,是交际活动中的主体因素。言语交际便是这种至少在两个人之间进行的、以人际交往和言语沟通为目的的言语活动。凡是参与言语交际活动的人,无论是表达方还是接受方,都是交际主体。

交际环境就是言语交际活动的具体环境,即语境,它在言语交际中具有限制和补充作用。"到什么庙烧什么香""到什么山上唱什么歌""到什么时候说什么话"之类的俗语,说的就是讲话要分场合、说话要看时机。请看:

主人要宴请四个朋友吃饭。餐桌上摆满了美味佳肴。乙、丙、丁先后到达,到吃饭的时间了,还是不见甲的影子。主人自言自语地说:"该来的怎么还不来?"乙一听老大地不高兴,冲主人说:"噢,那我是不该来的!"说完站起身走了。主人想拦也没拦住,懊恼地说:"你们看,不该走的又走了!"丙一听也急了:"啊,他是不该走的,该走的是我!"一甩袖子也走了。丁见这情形就来劝导主人:"老兄,今后说话可得小心,不然要得罪人的。"主人连忙点头说:"你说得很对,可我不是说他俩的啊!"丁一听更加生气,说:"不是说他俩,那就是说我的啦!"一跺脚也走了。

例子中主人"该来的怎么还不来""不该走的又走了""我不是说他俩的啊"三句话在特定的语境中产生的言外之意,已完全不同于主人想要表达的意思,从而使客人产生了误解,导致了尴尬的局面。

因此,在进行言语交际的时候,一定要考虑语境因素的影响。

话语是进行言语交际的物质载体。换句话说,话语是一次交际行为而产生的语言,它可以是口头的,也可以是书面的;它可以是只言片语,也可以是长篇大论;它可以是独白,也可以是对话。

我们以史铁生的小说《我的遥远的清平湾》为例,加深对言语交际三个基本要素的认识。

《我的遥远的清平湾》用平实而浪漫的笔法描绘了一幅令人憧憬的插队生活的画卷，并从清平湾这片古老而贫瘠的土地中，发掘出了整个民族生存的底蕴。其中有这样的描述：

和我一起拦牛的老汉姓白。陕北话里，"白"发"破"的音，我们都管他叫"破老汉"。也许还因为他穷吧，英语中的"poor"就是"穷"的意思。或者还因为别的：那几颗零零碎碎的牙，那几根稀稀拉拉的胡子。尤其是他的嗓子——他爱唱，可嗓子像破锣。傍晚赶着牛回村的时候，最后一缕阳光照在崖畔上，红的。破老汉用镢把挑起一捆柴，扛着，一路走一路唱："崖畔上开花崖畔上红，受苦人（受苦人，即庄稼人的意思。陕北方言）过得好光景……"声音拉得很长，虽不洪亮，但颤巍巍的，悠扬。

在小说结尾，有一段我与白老汉小孙女"留小儿"的对话：

十年过去了。前年留小儿来了趟北京，她真的自个儿攒够了盘缠！她说这两年农村的生活好多了，能吃饱，一年还能吃好多回肉。她说，黑肉真的还是比白肉好吃些（黑肉：瘦肉或精肉。白肉：肥肉）。

"清平河水还流吗？"我糊里巴涂地这样问。

"流哩嘛！"留小儿"咯咯"地笑。

"我那头红犍牛还活着吗？"

"在哩！老下了。"

我想象不出我那头浑身是劲儿的红犍牛老了会是什么样，大概跟老黑牛差不多吧，既专横又慈爱……

留小儿给他爷爷买了把新二胡。自己想买台缝纫机可没买到。

"你爷爷还爱唱吗？"

"一天价瞎唱。"

"还唱《走西口》吗？"

"唱。"

"《揽工调》呢？"

"什么都唱。"

"不是愁了才唱吗？"

"咦？！谁说？"

关于民歌产生的原因,还是请音乐家和美学家们去研究吧。我只是常常记起牛群在土地上舔食那些渗出的盐的情景,于是就又想起破老汉那悠悠的山歌:“崖畔上开花崖畔上红,受苦人过得好光景……”如今,“好光景”已不仅仅是“受苦人”的一种盼望了。老汉唱的本也不是崖畔上那一缕残阳的红光,而是长在崖畔上的一种野花,叫山丹丹,红的,年年开。

哦,我的白老汉,我的牛群,我的遥远的清平湾……

这段对话便是交际主体“我”与“留小儿”沟通的中介,之所以二人都能感知对方话语所传之情和所达之意,是因为他们的交谈有其特定的语境在发挥限制和解释作用。

总之,交际主体、交际环境和话语是任何一个完整、持续的言语交际过程都不可或缺的三个有着互为密切关系的基本要素。三者之间既相互制约又相互补充,彼此需要相互协调与相互适应。因此,交际主体要注意提高自身素养,认识和把握语境因素,在现实的言语交际实践中,提高自己的交际能力和言语水平。

第二节　言语交际主体规则

一、交际主体的概念

如果说人们的言语交际活动是一个双向的,既包括使用语言进行表达也包括使用语言进行理解的行为过程,那么,交际活动的参与者之间的关系则是一个动态的互为主体与客体的关系。即:

表达→理解

A1.参与者 1→话语← 参与者 2

理解←表达

语境

话语

A2.主体(参与者 1)→客体(参与者 2)

语境

话语

A3.客体(参与者1)←主体(参与者2)

语境

从自我的角度看,本人是交际主体,他人则是“我”的交际对象;而在对方看来,“我”却是对方的交际对象。即:

B1.交际主体(自我)→话语→交际对象(他人)

B2.交际对象(自我)←话语←交际主体(他人)

站在表达者的角度上看,接受者便是交际对象,是需要表达者去认识和适应的客体;站在接受者的角度上看,表达者则成了交际对象,是需要接受者去认识和适应的客体。即:

C1.交际主体(表达者)→话语→交际对象(接受者)

C2.交际对象(表达者)←话语←交际主体(接受者)

然而,用实践论的观点讲,交际活动的参与者都是交际主体,是交际活动中的主体因素,是从事言语交际活动的实践主体。即:

D.交际主体1(参与者1)→话语←交际主体2(参与者2)

作为实践主体,交际主体是一个具有自主性、独立性、主观性和能动性等特征的个体化的社会复合体,是交际活动中唯一积极主动的因素;这一主体因素的角色地位和自身素养对交际活动的效果尤其具有影响力。

二、交际主体的角色

当人们参与言语交际活动时,人与人之间的关系必然成为特定的角色关系。交际主体的角色,就是交际活动的参与者在具体的交际活动过程中所充当的具有特定地位和身份意味的那个形象。

我们先来探讨一下何谓“角色”。“角色”原本是一个戏剧术语,是指演员所扮演的人物。“人生如戏,戏如人生。”于是,人们便从戏剧舞台用语中借“角色”这个概念来作隐喻。莎士比亚在一首诗中写道:“世界是一个大舞台,众生只是这台上的演员。有上场就有谢幕,人的一生上演着不同角色。”我们看到,社会中的人与舞台上的演员之间有着惊人的相似之处。“舞台小社会,社会大舞台。”我们可以从角色的观点来看待社会中的人。社会心理学家乔纳森·特纳认为:“角色概念显示了社会与个体之间的联结点,这种联结包括那些占据不同地位、承担相应义务并运用角色扮演能力去适应不同类型期望的个体。”因而，我们可以从社会关系和交际关系两个方面来分析出交际主体的社会角色与交际角色的异同。

（一）社会角色

社会角色这一概念是由个体在社会关系中的位置所决定的，体现出个体拥有相应权利和义务的地位与身份等。

随着交际环境的变化，作为个体存在的你、我、他在家庭和家庭以外所扮演的角色必然发生变化，人与人之间的角色关系也会随之发生变化。“这种关系不仅受到社会情境的制约，而且随社会情境的变化而变化。”如一个人在家庭关系中，对于父亲来说，他是儿子；对于姐姐来说，他是弟弟；而对于弟弟来说，他又变成了哥哥。考上大学，步入大学校园，他所扮演的角色及其角色关系都随之发生了变化，由中学生变成了大学生。大学四年，除了同学关系、师生关系这两种主要和普遍的角色关系外，同乡关系是同学间源于乡土观念而形成的地缘关系，恋爱关系是异性同学交往中的一种特殊而敏感的人际关系，校外关系则因能让其获得更多的实践机会而成为大学生人际关系中第五大类角色关系。同样道理，在不同的社交场合，需要个体去扮演不同的交际角色，其一言一行、一举一动都可能触及具体的角色关系。主体角色的多元性正是源于社会网络的复杂性，因为在这个复杂的社会网络中存在着复杂的人际关系。这当中既有家庭关系，也有工作关系；既有亲戚关系、朋友关系、恋人关系，也有师生关系、同学关系；既有血缘关系、亲缘关系、情缘关系，也有地缘关系、业缘关系；既有政治关系、经济关系、法律关系，也有民族关系、外事关系。这种复杂的多层次、多方位、多类型、动态的人际关系，构成了复杂的社会网络。可以说，在现实生活中，几乎每个人都处在这种网络式的人际关系之中而无法逃离。人生需要每个人去扮演许许多多不同的角色。

社会角色可以按照不同的标准加以分类。

1.经常性角色与依赖性角色

这两类角色是依据角色对特定个人或情境的依赖程度而划分的。如性别、年龄、籍贯、民族、阶级、职业、职务、教育、修养、性格等，是不依赖于特定的个人或情境而在一定时间内固定拥有的经常性角色；丈夫、妻子、朋友、同事、上级、下级、主人、客人、顾客、观众等，则是依赖于特定的个人或情境而拥有的依赖性角色。

2.活跃性角色与潜隐性角色

这两类角色是根据角色对其身份特征的表现程度而划分的。在特定的交际活动中,不是说个体所拥有的众多的身份特征都能产生影响。在每一具体时刻每个人只能扮演一种角色,这种正在扮演着的角色便成为活跃性角色,而该个体扮演的其他角色此时则成为潜隐性角色暂时不表现出来。

3.先赋性角色与获得性角色

这两类角色是依据角色的取得是否经过自身努力而划分的。如世袭的身份地位、天生的性格特征、由亲子关系决定的亲子角色等,是不经过自身努力而由先天因素或社会制度决定的先赋性角色;通过考试而成为大学生或大学生村官等,则是经过自身努力进入某一社会位置而取得的获得性角色。

由于我们对社会角色的类型划分采用的是多重标准,彼此之间避免不了会有交叉,它们只是一种相对的关系,而不可能是完全一一对应的关系。其中,活跃性角色与潜隐性角色之间也是可以互相转化的。

(二)交际角色

交际角色这一概念是由主体与其交际对象之间的相互关系决定的,体现出主体在进行具体的言语交际活动时作为活跃性角色而表现出的直接的、即时的、强烈的某一方面身份特征。

交际角色是社会角色的一部分。因为社会角色体现了个体社会地位的多元性,包括了其在现实社会中能够扮演的所有角色,所以,交际角色与社会角色之间不是一种并列关系,而是一种从属关系。当个体处于一定的社会位置,扮演一定的交际角色,社会的各个方面或交际对象便对其有了相应的“角色期望”;如果对这些过多的期望难以一一应对,便会产生“角色冲突”。

1.角色期望

一个人在与其交际对象之间所处的角色位置形成其角色地位,而相应的权利与义务则是其所拥有的角色条件。相对来说,社会的各个方面及其特定的交际对象就会对他所扮演的这个角色提出相应的期望和要求。在言语交际学理论上称这些期望和要求为“角色期望”。

角色期望来自不同的社会方面,因而便有不同的层次区别:

(1)来自交际对象的期望。在交际主体与特定的交际对象之间的联系和互动中，交际对象会使交际主体的某一种角色在言语交际活动中成为活跃性角色，并根据这一活跃性角色对交际主体产生角色期望，对其言语行为提出相应的期待。

（2）来自周围“观众”的期望。交际主体的言行不仅会受交际对象的影响，还会受到现场“观众”的影响；他不仅要对交际对象察言观色，考虑来自交际对象的期望，也要顾及周围人群以及他所属群体的评价，应付在场“观众”对其交际形象的期望。

（3）来自社会的期望。每个人在社会关系的位置决定了他的社会角色，而要扮演好自己的社会角色，他就必须使自己扮演的角色符合社会的期望。一个人当他站在舞台中央，作为参赛选手，对其临场表现及其获奖感言，无论是主持人还是评委，无论是现场观众还是电视机前的观众，无论是亲友团成员还是社会其他人群，都有相应的期待和评价。而评委的点评和打分，也同样需要考虑来自社会各个方面的期望。

《浙江青年报》有一则报道，有位海军战士利用节日陪家人到普陀山游览，遇一外宾要买他头上戴的水兵帽。价格从 50 元涨到 500 元人民币，他始终坚持不卖。这位名叫陈文博的战士说：“你即使搬座金山来，也买不走我的水兵帽。中国水兵帽代表的是中国人民军队的尊严和神圣，是决不能当作商品随意买卖的！”目睹这一感人情景的中国游客，纷纷为其行为鼓掌。这说明陈文博坚定地保持着中国军人的尊严和高贵品格，使自己扮演的角色符合党和人民对他的期望。

2.角色期望内化

每个人都生活在一定的、实实在在的社会现实中间。要想融入社会、适应社会、成为一个合格的社会成员，就需要把周围人对自己的角色期望内化到自己的思想中去，作为自己的行动指南。

在社会心理学家看来，人的成长过程，即“社会化”的过程，便是一个不断地学习扮演某种角色的过程。孩提时代角色扮演的经历使一个人逐步融入社会、适应社会，成为一个社会的人。从言语交际学的角度看，这个适应社会的过程，很大程度上就是一个角色期望内化的过程。角色期望内化的程度越高，个体满足角色期望的可能性就越大。

3.角色共视

角色共视是指在对于特定的角色期望的看法上，交际活动的参与者之间彼此有着相同的认知和理解。也可以说,角色共视形成的前提条件是角色期望内化。如前所述,角色期望内化的程度越高,个体满足角色期望的可能性就越大。那么,交际活动的参与者之间形成角色共视的可能性也就越大,合作更加默契,互动更加顺畅。否则,将无法保证交际活动的成功进行。

4.角色冲突

造成角色冲突的根源在于,个体在应付相应的角色期望时发生困难,与交际对象之间无法达成角色共视。交际主体的角色冲突,最主要的是其活跃性角色与潜隐性角色之间的冲突,常常表现为角色扮演上的顾此失彼。

这种角色间的冲突,通常是因为个体扮演的角色过多而无法满足相应的角色期望。尤其是当这些角色期望彼此矛盾时,若处理不当、彼此不能兼顾,就会造成更大的角色间冲突。例如,一个职业女性,处于“生(孩)”与“升(职)”“上(得厅堂)”与“下(得厨房)”的两难选择境地时,由于时间、精力等诸方面原因,顾此失彼,“鱼与熊掌不可兼得”,便会产生角色间冲突。

《几时回家》的作者、援疆工作者罗军说:“援疆近两年了,每次回家探视,亲人们都问几时回家,留下此诗,继续援疆工作。”

我亲爱的妈妈
你问我几时能回家
望着你的白发我无言以答
因为在那天边的毡房里
也坐着一位满头白发的阿妈

我亲爱的宝贝
你问我几时能回家
抱着你的身子我无言以答
因为在那天边的草原上
也跑着一群和你一样可爱的娃娃

我亲爱的妻子
你问我几时能回家
盯着你的双眸我无言以答

因为在那天边的田野上
也生活着千万个维吾尔人家

我亲爱的祖国啊
我知道我几时能回家
当你松开了紧皱的眉头
当你睡梦中不再挂泪花
我会悄悄地对你说
我要回家了,我的祖国
只有你的强大才能撑起我温暖的家(《大河报》2012 年 9 月 7 日)

忠孝不能两全,对于亲人"几时能回家"的询问"无言以答",同样让罗军处于角色间冲突之中。

交际主体角色扮演上的顾此失彼,有时是因为交际主体有意无意地扮演了能抬高其身份、炫耀其地位的社会角色而造成的;有时是因为交际主体一时疏忽,"说者无意,听者有心",无意之中违背了角色期望而造成的;有时则是因为交际主体交际能力和交流技巧的欠缺而造成的。因而在具体的言语交际活动中,交际主体要对哪些角色应是潜隐性角色、哪个角色才是活跃性角色做到心中有数,摆正自己的位置,把握住自己的角色,并以这一作为主导因素的交际角色去规范、制约自己的言语行为。

5.角色冲突的消除

一般情况下,交际主体的角色冲突,源于交际主体对于自己的交际角色与相应的角色期望的疏忽,交际角色与其他潜隐性角色之间的关系产生了错位。要想消除角色冲突,就应从调整角色间的关系入手,扮演好唯一的交际角色,尽量淡化和回避那些不适当的潜隐性角色,以免偏离或违背交际对象的角色期望,使双方达成角色共视,保证言语交际的顺利进行。

但在某些时候,来自不同方面的角色期望使得交际主体不得不扮演多重交际角色,而造成交际主体的角色冲突。在这样的情况下,选定其中的一个角色作为自己的交际角色,按照这种角色去实施自己的交际意图,不失为一种妥善的处理方式。如没有更好的消除冲突的办法,只好权衡利弊、主动转移话题,或者停止谈话,或者退出交际,中断当前的言语交际活动。

三、主体规则

交际主体是言语交际活动中话语的建构者,其交际角色的选择是言语交际活动中话语建构的基础,选择适切的交际角色是其建构得体的话语的必要条件。在交际过程中,交际主体的言语行为须遵守如下原则和规则。

(一)诚信原则

诚信原则是言语交际的一条首要规则。在古代汉语中,诚、信二字可以互训:“信,诚也。”“诚,信也。”“信”字的初义,即“以言语取信于人”。《左传·襄公二十七年》:“志以发言,言以出信,信以立志。”先秦时期仍然保留“言以出信”这一人际交往的原初字义。孔子说:“人而无信,不知其可也。”他把“信”看作是做人的基本要求。他还说:“自古皆有死,民无信不立。”强调“信”对人之重要性甚于生死。在现代日常用语中,虽然“诚信”二字常常连用、混用,但却有着不同的意义:“诚”为诚实,“信”为信用。一个指向过去和现在,“诚有此事”,是说言语表达符合事实;一个指向未来,“言而有信”,是说要有诺必践、信守承诺,决不可“轻诺寡信”,“誓言”成“失言”,失信于人。

作为交际主体,交际活动的参与者都希望从对方的话语里获取真实可靠的信息和满意的信息量,而遵守诚信原则有助于很好地完成交际任务。因为“诚”是“信”的前提,而“信”是“诚”的心理保证;唯有“诚”,才能信,才能美,才能打动人心。

56岁的老陈,平时靠蹬三轮车拉客为生。一天上午,遇见一个小伙跳河自杀,他先后三次跳入发臭的河水中拼命救人。轻生小伙开始并不愿意接受老陈的救助,老陈就对小伙子说:“你就看在我这把年纪的分儿上,上岸吧。”小伙子终于被这真诚的话语打动,系上绳子跟老陈上了岸。

诚信原则可以分为诚实准则与信用准则。

1.诚实准则

首先,诚实准则要求交际主体在说话时能够如实地反映客观事实。

其次,诚实准则要求交际主体在说话时能够真诚地表达主观情感。

2.信用准则

首先,信用准则要求交际主体必须有诚意。

其次，信用准则要求交际主体能够信守诺言。

我们举一个生活中的事例：

小侄：姑姑，把遥控器给我。

姑姑：不准换台！

小侄：我不换台。

姑姑：不换台要什么遥控器？

小侄：我看上面的数字。

姑姑：等我吃完饭，还把遥控器还给我。

小侄：好吧。

姑姑：该把遥控器还给我了吧？

小侄：好电视大家一起看。

姑姑：说话算话，把遥控器还给我！

小侄：不能换台！

姑姑：你把手洗一洗，我就把节目给你换回去。

小侄：我洗过手了，你把节目换回去吧！

姑姑：你把今天在幼儿园学的东西给姑姑表演一下，我就把节目换回去。

小侄：说话算话，等我表演完了就把节目换回去。

姑姑：说话算话，你表演吧。

即便是日常生活小事，在家庭成员之间也同样需要遵守诚信原则。试想一下，如果侄儿表演完了姑姑还不把节目换回去，那么姑姑就会失信于侄儿。

（二）角色原则

交际活动的参与者之间的角色关系制约着交际主体的言语行为。也就是说，交际主体的言语行为要与相应的角色关系、角色特点相协调。虽然在交际过程中自己所扮演的角色与真正的自我之间存在距离，但无论是充当表达者还是充当接受者，唯有很好地遵守角色原则，才能顺利地完成交际任务。

一位市领导参加某企业捐资建设社区幼儿园的仪式，他注意到站在露天、冒雨参加仪式的群众在不断地跺脚、搓手取暖。当主持人请他做总结发言时，他的第一句话就是："非常的不巧，天下着雨。如果这个雨下大了呢，我就不讲了；如果雨一直这么下，我就尽可能把我的话用最短的时间说完，乡亲们说，中不中啊？！”此言一出，便赢得一阵热烈的掌声，因为这话与相应的角色关系、角色特点相协调，既让人感觉符合领导身份，又让人感觉亲切随和。

在特定的言语交际活动中，交际主体要想实现自己的交际意图，必须“名正言顺”，具备相应的角色条件。与此同时，交际主体不仅要“顺应”和“同化”现实社会对其个人语言风格的期望和要求，还要充分彰显与其社会角色相符、具有自己特点的个性化语言风格。因而，我们又可以从角色原则中划分出角色条件准则与角色风格准则。

1.角色条件准则

首先，角色条件准则要求交际主体的言语行为能够符合其特定的角色条件。交际主体的言语行为会因其角色条件的不同而发挥不同的作用和功效。

其次，角色条件准则要求交际主体只有具备相应的角色资格，才能成功实施特定的言语行为。如果交际主体的角色资格不足为信，将会造成交际障碍。

角色是交际主体在言语交际中首先识别与被识别的第一要素。在言语交际中，角色关系是言语交际的基础，没有角色关系便没有言语交际。角色空泛、资格不足为信，言语行为就发挥不了应有的作用。例如，只有大会主席才有资格宣布“大会正式开始”，其他与会人员则没有资格说大会什么时候开始；你可以随时邀请你的朋友到你家里来玩，但你却不能随便邀请你的朋友到你的邻居家去玩儿；请另一个公司的老板到公司来访问，最好还是以公司老板的名义发出邀请，而一名普通职员则没有资格发出这样的邀请。有这样一个故事：

一个马戏团正在演出，后台突然失火了。身穿灯笼裤、头戴圆锥高帽的小丑气喘吁吁跑到前台，大声喊道：“观众朋友们，后台失火了！快跑……”他话音未了，观众便哄然大笑起来。他更急了，用力吼道：“别笑了！快跑吧……”这时场内的笑声反而更大了。

为什么演员说的实话没有人相信呢？原因即在于其角色资格不足为信造成交际障碍，观众把他的实话当成了剧情中的笑话，真戏假戏一时难辨。同样一句话，因说话人的角色条件及说话场合的不同，其效果便会大不相同。所以，说话者的言语行为必须符合特定的角色条件。

2.角色风格准则

首先，角色风格准则要求交际主体能够符合自己所扮演的社会角色。

其次，角色风格准则要求交际主体能够具有个性化的语言风格。

在言语交际中，当社会角色与交际角色重合时，交际主体应该接受角色的双重制约，而以社会角色为主；当这两种角色发生错位、矛盾时，则应服从交际角色的要求，而淡化其社会角色。从央视《百家讲坛》栏目走出的“学术超女”于丹、“学术超男”王立群、易中天、纪连海的语言风格，既与其社会角色相符，又具有自己鲜明的个性化特点，受到大家的欢迎。

（三）合作原则

交际活动参与者之间的合作对完成交际任务、达到交际目的产生重大的影响。有效的合作有助于推动交际活动、达到交际目的，反之则会使信息的传递受到影响，甚至使交际中断。因此，在交际过程中，交际主体必须很好地遵守合作原则。

在陈翔鹤的小说《陶渊明写〈挽歌〉》中，陶渊明给家人讲了一个笑话：

> 据说，有个寒门素士去找一位有名的和尚谈道。那和尚爱理不理的，待他非常傲慢。碰巧一个大官儿到庙里来了，而那个老和尚接待他时，却亦步亦趋非常谦恭。等到官儿走了之后，这士子便责问他，为什么接待客人竟会有两种不同的面孔？老和尚就用禅语来回答说，“接是不接，不接是接！”这个士子听了实在不胜其愤，于是就在他秃头上狠狠揍了几巴掌，说，“打是不打，不打是打！”打过后便飘然而去了。

老和尚咎由自取、挨了巴掌，拿“接是不接，不接是接”的不合作态度换来了“打是不打，不打是打”的结果。

美国语言哲学家格赖斯认为人们在言语交际中应该遵守的合作原则包括“数量”“质量”“关联”“方式”四个准则。

1.数量准则

数量准则要求交际主体在言语交际过程中所说的话语的信息量应该是适量的，它体现了话语内容的适度性和经济性原则。

首先，数量准则要求交际主体所说的话语应包含交谈目的所需要的信息。

其次，数量准则要求交际主体所说的话语不应该包含超出需要的信息。

在言语交际过程中，说话者为对方提供的信息量应适中，既不宜过多，也不宜过少。若是违反了数量准则，就会给人以答非所问的印象，或者给人以说话啰唆的感觉。例如，学习委员接到通知，老师有重要任务要出差，下一周的课需要调时间和地点，于是，他向全班同学发送了这样一条短信："下星期的'言语交际'课，不在星期二上了，也不在305教室上了。"这条短信不仅让老师不满意，也让同学们很不满意，因为它违反了数量准则，没有提供同学们所需要的信息，对调课问题造成了混乱。

在实际的言语交际活动中，存在着种种违反数量准则的现象，如：

老师：谁知道李伟家在哪儿住？

学生甲：老师，我去过，可我没记住那个小区的名字。

学生乙：我知道，他家住建业新城8号楼1806室。是复式的，楼上还有平台，还有花园。

按照"数量准则"的要求，回答老师问题只要回答李伟"住哪里"就可以了，但是，学生甲的回答并没有告诉老师这个问题，信息量不足，不符合"数量准则"的要求；学生乙的回答不仅告诉了老师李伟家的住址，而且说出了李伟家住房的大概情况，回答得过于详尽，多出了一些信息，同样也违反了"数量准则"的要求。

信息不足或者信息过量的情况，在实际的交流中，都会造成一些负面的影响。

2.质量准则

质量准则要求交际主体在言语交际过程中所说的话语的内容应该是真实的，它体现了话语内容的真实性和准确性原则。

首先，质量准则要求交际主体不要说自知虚假的话。

其次，质量准则要求交际主体不要说证据不足的话。

在通常情况下，交际者之间会保持一种默契，不会说自知是虚假和缺乏足够证据的话，以确保言语交际的顺利进行。例如，一位同学问学习委员："言语交际课为什么不上了？"学习委员明明知道调课原因，却回答说："我不知道。"这里，学习委员就违反了质量准则，在与同学的言语交际中持不合作态度。

某些电视的鉴宝类栏目诚信度之所以受到怀疑，是因为观众认为鉴定专家违背了质量准则，说了缺乏足够证据、忽悠人的话，有虚夸不实之嫌，不能令人信服。

再如，杨义、杨进明表演的相声《办学》：

杨义：打上广告就招生，这广告词写得好啊，“包教包会包分配，两年毕业”。

杨进明：啊？学个修自行车两年毕业？

杨义：毕业了。

杨进明：这也太慢了。

杨义：有快的啊。

杨进明：什么快呀？

杨义：修理摩托车的。

杨进明：摩托车！

杨义：广告词也这么写，包教包会包分配，一年毕业。

杨进明：这可够快的。

杨义：还有快的。

杨进明：还有快的？

杨义：修理汽车的。

杨进明：修汽车？

杨义：广告词也这么写，包教包会包分配，半年毕业。

杨进明：学修汽车半年就毕业了?!

杨义：毕业了。

杨进明：这可太快了。

杨义：还有快的。

杨进明：还有快的？

杨义：修理飞机的。

杨进明：修飞机呀？

杨义：广告词也这么写，包教包会包分配，一个月毕业。

这是某位校长在介绍他所办的学校的专业时打出的广告。从自行车、摩托车、汽车到飞机的维修，这是一个从简单到复杂的过程。但是他夸下海口，说从简单到复杂的维修时间越来越短，甚至修飞机只要一个月，还包教包会包分配，这明显违反了合作原则中的质量准则。通过两位演员夸张的表演，增加了反讽的力度，达到了预期的喜剧效果。

3.关联准则

关联准则要求交际主体在言语交际过程中所说的话语与对方提出的话题应该是有关联的,它体现了交际的目的性和需求性原则。

首先,关联准则要求交际主体所说的话语能够切合题旨。

其次,关联准则要求交际主体所说的话语能够有助于交际目的的实现。

在言语交际过程中,说出的话语要与话题有关联,要切合题旨,若违反关联准则常常会造成某一话题的中断。但是,当人们不愿意谈论某一话题时,却常常有意违反这一准则。例如,一位下属问其领导:“听说咱局里的领导要调整了?”领导说:“最近大家都挺忙!”很明显,领导不愿意谈论这个话题,因此故意违反关联准则,说一些与此话题完全无关的话。

冯巩、金玉婷表演的相声剧《暖冬》,讲的是男主人公的前女友因为金融风暴而回国、又想与他和好的故事。其中有一段对话:

金玉婷:阿巩。

冯巩:阿巩?啊,百家姓就没姓阿的。

金玉婷:巩哥!

冯巩:巩哥?巩大爷都不理哟。

金玉婷:巩巩。

冯巩:巩巩,还公公呢?离太监就不远了。

关联准则要求所说的话要和话题相关联,而男主人公明显违反了这一准则,女友不论怎么叫他,他都假装没听见。女友叫的全是昵称,很亲切,但是他却故意把话题岔开,引发了很多笑点。

4.方式准则

方式准则要求交际主体在言语交际过程中所说的话语应该是清楚明白、简洁扼要的,它体现了表达方式的策略性和功效性原则。

首先,方式准则要求交际主体说话能够清楚明白,避免语义晦涩和产生歧义。

其次,方式准则要求交际主体说话能够简明扼要,有秩序、有条理。

在言语交际过程中,表达要清楚明白、井井有条,若违反方式准则会影响言语交际的效果,甚至会造成误解。如:

一位年轻的厂长借新产品投产之机召开了一个招待会,以加强宣传,扩大影响。被邀请的有各界来宾和新闻记者。人到齐了,即将步入会场时，厂长彬彬有礼地说："来宾们新闻记者请先入场。"大家面面相觑，谁也没有移动脚步。

因为这位厂长的话有歧义，大家不知道他究竟是请哪些人先入场。

在言语交际中，说话人应该用简明扼要的话语来进行有效的表达，一般不要采用长篇大论的方式来表述。如：

学生家长问孩子的班主任："我们的孩子最近学习情况如何？"班主任说："你的孩子属于中下等水平，有很多毛病，我们学校是重点，教学质量高，老师要求严。你千万不要骂他，更不要打他。我在上电大，这个学期要考五门课。你们也要学点儿童心理学，帮助孩子克服缺点，改正错误……"

没等老师说完，家长早已不耐烦了，因为班主任违反了方式准则，啰啰唆唆说了一大堆家长并不想听的话。

上述合作原则的各条准则都不是孤立的，而是相互影响、交互作用、不可分割的。共同遵守这些准则是言语交际能够顺利进行并取得良好交际效果的重要条件。

（四）礼貌原则

在交际活动中，交际主体还应遵守礼貌原则。礼貌原则既是对合作原则的一种必要补充，也是规范交际主体言语行为的一条重要规则。

有这样一个事例：

一架飞机刚起飞，一位乘客请空姐给他倒一杯水吃药，空姐很有礼貌地告诉乘客，为了保证安全，等飞机平稳后就给他送水来。

十五分钟后，飞机早已进入平稳飞行状态。空姐突然意识到：由于太忙，她忘记给那位乘客倒水了。她来到客舱，看见那位乘客已经非常生气了，她小心翼翼地把水送到那位乘客眼前，微笑着说："先生，实在对不起，由于我的疏忽，延误了您吃药的时间，我感到非常抱歉。"乘客抬起左手，指着手表说道："怎么回事，有你这样服务的吗？你看看，都过了多久了？"空姐手里端着水，心里感到很委屈，但是无论她怎么解释，这位挑剔的乘客都不肯原谅她的疏忽。

接下来的飞行途中，为了弥补自己的过失，每次去客舱给乘客服务时，空姐都会特意走到那位乘客面前，面带微笑，礼貌地询问他是否需要水或者别的什么帮助，然而，那位乘客余怒未消，并不理会空姐。

临到目的地前，那位乘客要求空姐把留言本给他送过去，显然，他要投诉这名空姐，此时空姐心里很委屈，但是仍然不失职业道德，显得非常有礼貌，而且面带微笑地说道："先生，请允许我再次向您表示真诚的歉意，无论您提出什么意见，我都会欣然接受您的批评！"那位乘客什么都没说，他接过留言本，开始在本子上写了起来。

等到飞机安全降落，所有乘客陆续离开后，空姐本以为这下完了，没想到，等她打开留言本，却惊奇地发现本子上写下的并不是投诉信，而是一封热情洋溢的表扬信："在整个过程中，你表现出的真诚，特别是你的十二次微笑打动了我，下次如果有机会，我还将乘坐你们这趟航班。"

在这个例子中，空姐在"出师不利"的情况下，遵从礼貌准则，用真诚的服务和得体的语言表达最终赢得了乘客的满意。

英国学者利奇认为人们在言语交际中应遵守的"礼貌原则"包含如下六条准则。

1.得体准则

得体准则要求交际主体在言语交际中要减少表达有损于他人的观点。

首先，得体准则要求交际主体能够尽量少让别人受损。

其次，得体准则要求交际主体能够尽量多使别人获益。

在言语交际中，交际主体需要根据角色关系，针对特定的话题、对象和场合，有的放矢地选择适宜、得体的礼貌语言和礼貌方式，恰如其分地把握礼貌的分寸，以取得自己所希望获得的交际效果。

据说，美国总统罗斯福在一次与朋友们谈论海军建设前景、谈得正有兴致的时候，有位朋友乘机向他询问关于美国新建潜艇基地的情况。罗斯福不好当面拒绝，就问他的朋友："你能保密吗?"朋友说："能。"罗斯福笑了，说："我也能。"话到这里不说了，朋友只好停住不再追问。罗斯福的回答方式就是非常得体的，既拒绝了对方又不致让对方难堪。

2.慷慨准则

慷慨准则要求交际主体在言语交际中要减少表达有利于自己的观点。

首先，慷慨准则要求交际主体能够尽量少使自己获益。

其次，慷慨准则要求交际主体能够尽量多让自己受损。

在言语交际中，使用带有"商量""请求"口吻的委婉语，通过减少表达有损于他人、有利于自己的表达方法,既可以使说话者显得温文有礼、语气婉转客气,也可以使对方有充分的回旋余地,能够很好地体现慷慨准则。

3.赞誉准则

赞誉准则要求交际主体在言语交际中要减少表达对他人的贬损。

首先,赞誉准则要求交际主体能够尽量少贬低别人。

其次,赞誉准则要求交际主体能够尽量多赞誉别人。

被赞扬是每个人的期望。因此,在言语交际中,应该以赞扬他人为主,多使用体现赞扬准则的委婉语,对维护双方的友好关系可以起到润滑作用。

4.谦逊准则

谦逊准则要求交际主体在言语交际中要减少对自己的赞扬。

首先,谦逊准则要求交际主体能够尽量少赞誉自己。

其次,谦逊准则要求交际主体能够尽量多贬低自己。

《红楼梦》中的刘姥姥三进荣国府,都能较好地把握自己的角色定位,态度谦卑,闲谈对答中故意扬彼抑己,将自谦之辞和奉承之意自然融入其中,从而密切了交际双方的关系,保证了交际目的的顺利实现。

作为英国首相,要是让丘吉尔给大家谈一谈他一生中的成就,可以说随口就是,但是,据说在一次聚会上,有人问他:"您一生最辉煌的成就是什么?"他淡淡一笑,说:"我觉得一生中最为辉煌的成就,是我毅然说服我的妻子嫁给我。"这表现了丘吉尔高超的语言艺术,以调侃的语言转移了话题,回避了自己不想说的话题,避免了居功自傲的嫌疑,表现出他谦虚的品质。

5.一致准则

一致准则要求交际主体在言语交际中要减少自己与别人在观点上的不一致。

首先,一致准则要求交际主体能够尽量减少交际双方的分歧。

其次,一致准则要求交际主体能够尽量增加交际双方的一致。

有一位男子到朋友家拜访,这家有一个两个多月的胖儿子。这位先生很热情地对孩子的父母赞美说:"好健康的小家伙,真可爱,将来肯定有出息,恭喜你们。"可是主人并未露出高兴的表情,反而显得很失望。朋友告诉他:"其实,我一直想要个女孩。"听了这话,客人知道自己的称赞并未说到主人的心坎上。不过,他马上又对主人说:"没关系，等小孩长大了，娶个漂亮孝顺的媳妇，你们不就等于有了一位可爱的女儿吗?”主人的脸上顿时又有了笑意。

这位男子根据交流对象的心意，适时调整谈话内容，避免了尴尬，增加了双方的一致性，为接下来的交流创造了一个和谐舒心的环境。

6.同情准则

同情准则要求交际主体在言语交际中要减少自己与别人在情感上的对立。

首先，同情准则要求交际主体能够尽量减少交际双方的反感。

其次，同情准则要求交际主体能够尽量增加交际双方的同情。

1972 年 2 月 21 日，尼克松访华。周恩来与他见面时言简意赅地说：“你的手伸过世界最辽阔的海洋来和我握手——25 年没有交往了啊!”在欢迎宴会上，周恩来在祝酒词中说：“由于大家都知道的原因，两国人民之间的来往中断了二十多年。现在，经过中美双方的共同努力，友好来往的大门终于打开了。”

周恩来坦荡真诚的话语，出于礼貌，含蓄、婉转地而非直接、正面地指出中断来往、没有联系的原因，很好地运用了同情准则，增强了双方的相互理解，减少了双方的反感与敌意。

中国是礼仪之邦，古代讲“仁、义、礼、智、信”，现在说“文明礼貌”。“礼”应该以尊重为支撑，它的背后应该是真诚、善意、宽容和理解。礼貌原则要求人们在言语交际中，出于礼貌的需要，尽可能地迁就对方，顾全对方的脸面，尽量多地给对方一些尊重、理解、赞许和同情，避免使对方陷入尴尬窘迫的境地，使对方希望得到他人承认的心理需要得到满足，这样才有利于获得对方的好感，取得理想的交际效果。

第三节　言语交际语境规则

言语交际是人们使用语言进行交际的行为，言语交际能力决不单单是一个人的说话技巧问题，在其背后，蕴涵着大量的、不被普通人关注的东西。语境就是其中之一。

一、语境及其构成

（一）语境的含义

任何一种言语交际活动都是在一定的环境中进行的。交际环境简称语境，即交际主体进行言语交际活动的环境。

"语境"是众多学科共同关注的问题。哲学、逻辑学、人类学、语言学、心理学都很注意语境的研究和探索。语言学界对语境的研究更为活跃。国外语言学界的语境研究较早，我国语言学界也早已注意到了的语境问题。杜预在《春秋左传集解序》中说："春秋虽以一字为褒贬，然皆须数句以成言。"这里的"数句"，就是"一字"的语言环境；没有数句的语言环境，是不能"以一字为褒贬"的。刘勰在《文心雕龙》中，也从字、句、篇、章的相互统一关系来说明某一个语言形式在语境中所起的作用及影响："人之立言，因字而生句，积句而为章，积章而成篇。""篇之彪炳，章无疵也；章之明靡，句无玷也；句之清英，字不妄也。"由此可以看出，我国传统的语文学已经注意到了语境和言语之间存在着不可分割的关系。20 世纪 30 年代，陈望道在《修辞学发凡》中提出了"六何说"，即何故、何事、何人、何地、何时、何如，"六何"是构成语境的基本要素。自陈望道之后，我国语言学界对语境的研究更为广泛深入。

（二）语境的构成

对于语境的构成要素，目前有多种说法。有的分为情景语境和文化语境，有的分为主观语境和客观语境，有的分为语内语境和语外语境，还有的分为语言性语境和非语言性语境。

这里，我们把语境的构成要素分为上下文语境、情景语境和背景语境三种。

1.上下文语境

上下文语境，指词语句段的前言后语。在言语交际中，词、短语、句子、段落等在语流中出现时，它前面或后面出现的其他语言单位都是该单位的上下文语境。

词和短语的多义是以同一个语音形式表示多种不同意义的常见现象，一个多义词在具体话语中的含义要受到语境的制约，脱离了特定的语境，往往无法确定它们的意义。

汉语中的“赶”,在《现代汉语词典》(第7版)中有8个不同的义项,如果没有语境的帮助,单说一个“赶”字,便难以判断究竟是8个义项中的哪个义项,只有在特定的语境中,才能正确判断出它的意思,例如:

①我们要学先进,赶先进。

②他正在赶苍蝇。

③他在百忙之中赶写了这篇文章。

其中,例①中的“赶”与“先进(人)”搭配,是“追”的意思;例②中的“赶”与“苍蝇”搭配,是“驱逐”的意思;例③中的“赶”与“文章”搭配,是“加快行动,使不误时间”的意思。

“饭碗”是个多义词,在下面两例中有不同的含义:

①姐姐在我的饭碗里加了两滴香油。

②2012年9月13日,家得宝关闭在华7家门店,郑州店员工为此丢了饭碗。

例①中的“饭碗”指的是盛饭的碗,例②中的“饭碗”比喻职业。两个句子中“饭碗”的不同含义就是由它前后的语境决定的。

再如短语“学习文件”在下面几个例子中有不同的含义:

①把电视关上,我们要学习文件。

②大家注意,下午要拿学习文件来。

从语境可以看出,例①中的“学习文件”是指从事的某项活动;例②中的“学习文件”,则是要拿的东西,而不是进行的活动。

上下文语境又可以分为语音语境、语义语境和语法语境。

语音语境,指的是能引起某个音或某些音发生变化的前后音及其他相关因素。

如一则揭露公款吃喝玩乐的顺口溜:

打麻将一宿两宿不睡,逛舞厅三步四步都会,喝烧酒五瓶六瓶不醉,吃宴席七桌八桌不退。

顺口溜的特点就是押韵。这首顺口溜第一句“打麻将一宿两宿不睡”用的是ei韵,这就为下文定下了一个语音环境,以下每句都要用ei韵。

有时为了适应语音环境,还要把一些词语做特殊处理,如:

我失骄杨君失柳,杨柳轻飏直上重霄九。问讯吴刚何所有,吴刚捧出桂花酒。(毛泽东《蝶恋花·答李淑一》)

第二句为了与第一句的“柳”和第三四句的“有”“酒”押韵，把“九重霄”改为“重霄九”，用“九”作韵脚。这是为适应语音环境而做的变通。

在口语交际中，我们经常可以遇到这样的事：两个在外地工作的河南人在一起交谈，如果一方使用了河南话，另一方也会改用河南话。这也是为了适应语音语境的缘故。

语义语境包括的内容较多，有概念意义、文化意义、色彩意义、联想意义等。

上下文的语义语境主要表现为搭配问题，也就是词语可以在怎样的语境中出现的问题。比如，我们可以说“打扫房间”，因为“打扫”可以在“……房间”这样的语境中出现；而“打扫语言”就讲不通，因为“打扫”不能够出现在“……语言”这样的语境中。

语义语境在句与句的搭配上也是这样，如：

清明时节雨纷纷，路上行人欲断魂。

借问酒家何处有？牧童遥指杏花村。（杜牧《清明》）

“清明时节雨纷纷”是“路上行人欲断魂”的语境，路上行人为什么欲断魂？结合前一句就可以理解了。“借问酒家何处有？牧童遥指杏花村。”一问一答，问是答的语境。

一个牧师给人举行婚礼按新娘的漂亮程度收费。一次一对新人举行婚礼时，新郎给了牧师一美元，牧师看了看新娘说：“找你五角钱。”

这里的“找你五角钱”，单独看没什么特别的含义，但联系前文可以得知，牧师含蓄地指出了新娘不漂亮。

如果不注意语义语境就有可能会出错。如“广州雪花大如席”这句话之所以不正确，就是因为它所选择的词语与它所处的语义语境不一致。

语法语境是由词语和句式的搭配关系形成的。可以从词语和句子两方面看。

从词语上看，每个词语都有自己的分布范围，只有处在自己特定的位置上才有意义，才能被理解。例如，我们可以说“很干净”，但不能说“很绿化”，因为“很”是副词，不能出现在动词“绿化”的前面。

从句子上看，每个句子都有自己的组合规则，符合这个规则，句子才可以被人接受和理解。如“在广袤的草原上，几个牧民赶着羊群在吃草”这个句子就不符合语法语境的要求。从句法结构来看，“牧民”是句子的主语，是吃草的发出者，不符合原意，应该改为“在广袤的草原上，有几个牧民在赶着羊群，羊群正在吃草”。

上下文语境可以使词语、句子等的意义单一化、具体化。如果上下文语境不足以限定某个语言单位的单一的具体的意义就可能产生歧义。例如：“我们的老师老了。”不知道指的是老师年纪大了，还是去世了。但如果是“祥林嫂老了”，熟悉鲁迅《祝福》的人都知道这里的“老”是死的意思，因为从《祝福》提供的语境看，“老”只能是“死”的意思。

2.情景语境

情景语境指交际主体进行言语交际活动时的具体情景。包括交际的时间、地点、场合、对象等。

(1)交际的时间、地点。

言语交际离不开特定的时间和地点。

时间因素，指的是交际活动进行的具体时间，它既可以包括自然界里的时间，也可以指说话的时机。时间因素对言语交际具有一定的制约作用。同样一句话，不同的时间说出来，意思就不一样。比如“今天是教师节”，如果是1985年9月10日说出，指的是我国第1个教师节，如果是1994年9月10日说出，指的是第10个教师节，如果是2011年9月10日说出，指的是第27个教师节。

善于交际的人，往往能够巧妙地利用时间因素组织自己的话语形式，求得理想的交际效果。例如：

> 9月是金黄色的季节。北京秋高气爽，阳光灿烂……党的十二大在北京这个黄金季节闭幕了。我们党的新的黄金时代来临了。

这里借助季节特点，使表达生动形象。

地点因素也很重要。交际场景中说话人必须考虑到地点因素对语言使用的影响，如我国的大部分地方说到一个人胆小怕事，总爱说一句“树叶掉下来也怕砸破头”，一听就知道是夸张的说法。但如果在海南，一片椰子树叶就重一二十斤，掉下来砸破头是必然的，这句话就没有夸张意思了。又如，我们常常会用“花岗岩脑袋”来比喻思想顽固，是因为花岗岩质地坚硬，难被酸碱或风化作用侵蚀，但是如果在坦桑尼亚，这个比喻就不成立，因为那里的花岗岩不坚固，见到水就化掉了。这是地点语境的问题。

(2)交际的场合。

言语交际总是在一定的场合下进行的。交际的时间地点、人物气氛加在一起，就构成了交际的场合。说话的场合可以分为公开场合和私下场合、正式场合和非正式场合、严肃庄重的场合和轻松随便的场合、喜庆欢乐场合和悲哀忧伤的场合。谈论什么话题，采用何种说法，语气是轻是重，语意是曲是直，这些都需根据特定的场合来定。

某个电视台举办外语类优秀考生节目，主持人事先设计的问题中有一条是："你的父母是否具有辅导你学习英语的能力？"但是节目开始时，发现考生的父母都坐在台下，主持人觉得原来准备的问题显得不够礼貌。根据交际场合，把原来的问题改为："你们一家是不是经常在一起讨论英语方面的问题？"面对这个问题，学生的父母马上热情地给以回答，使访谈达到了预期的目的。

相反，说话如果不注意场合，很可能会出意外。如：

某法院审理一起案件，被告对作案时间交代不清楚，为了核实，审判长决定让被告之妻到庭做证，由于过分着急，他脱口而出："把他老婆带上来！"法庭上顿时哗然，严肃的气氛被冲淡。

这句话之所以不得体，主要是交际场合的缘故。在这样的场合，审判长应当使用法庭用语："传证人某某到庭！"这里审判长混用了法庭用语和日常生活用语，可见词语的选择是受场合制约的。

(3)交际的对象。

这里的"交际对象"是与交际主体相对应的概念，指的是言语交际中的信息接收者，是言语交际中信息传递的目标。

交际对象包括两个方面，一是交际对象的情况，如身份、年龄、职业、文化程度、社会经历等；二是与自己的关系，是长辈、平辈还是晚辈，是上级还是下级，是熟人还是初交，是朋友还是一般关系等，这些因素制约着交谈时的言语风格和内容。

言语材料能否满足交际对象的要求，直接影响交际的效果。如：

有一位初出茅庐的记者去采访一位中年女科学家，而他对这位被采访者却一无所知。记者问女科学家："请问你毕业于哪所大学？"女科学家答："对不起，我没上过大学，我搞科研靠自学，我认为这样也能成才。"记者一愣，然后说："你又成功地完成了一个科研项目，请问，你的新课题是什么？"女科学家皱了皱眉头说："看来您并不了解我的工作,我一直致力于这个项目的科学研究,目前只是有了新的突破,但远远没有成功,所以谈不上有什么新课题。”记者一听很尴尬,企图转换话题以缓和气氛,于是问:“您的孩子在哪儿上学?”女科学家说:“我早已决定把毕生精力贡献给自己的事业,因此我独身至今,请原谅,我的工作很忙,恕不奉陪了。”

正是由于记者不了解交谈对象的实际情况,没有根据交谈对象的实际去选择话语,结果交谈不仅产生不了共鸣,反而处处碰壁,使采访不欢而散。

关注交际对象应该注意以下几个方面:

要关注交际对象的语言习惯。我国幅员辽阔,方言众多。一方面,为了更好地实现不同地域、不同民族之间人与人的正常交流,我们必须积极推广普通话。但另一方面,方言在一定的范围内还是可以使用的,因此,我们在与不同的交际对象交谈时,如果能够照顾对方的语言习惯,会使对方觉得亲切,会使得交谈进行起来比较顺利。我们常看到一些名人演讲或者歌星演出前会先说上一两句当地的方言,一下子就拉近了与听众的距离。

要关注交际对象的性别年龄。交际对象的性别年龄也是言语交际中不可忽视的重要因素。同样是年龄问题,问老年人,应该说:“老人家您今年高寿?”问孩子,可以随便一些:“孩子,多大啦?”问年轻女性,可以是:“芳龄多少?”问中年女性,则可以问得比实际年龄小一些。鲁迅先生曾讲过一个笑话:

一天,一个十一二岁的小孩独自在家,有位陌生人来访,一进门就问小孩:“令尊令堂在家吗?”孩子听不懂“令尊令堂”的意思,瞪着眼睛呆想了半天,才说:“我吃过许多糖,可没吃过令堂(糖)。”

这个笑话是讥笑那个客人说话不看对象,没有考虑到小孩的接受和理解能力。

要关注交际对象的文化程度。文化程度不同,对语言的识别能力和理解水平也不一样。因此对文化程度不同的人,言语交际的内容和方式也要有所不同。如:

一个秀才在睡梦中,脚被蝎子蜇着,剧烈疼痛,急忙喊醒老伴,说:“吾之贤妻,速燃烛台!视汝夫吾其为毒虫所噬乎?”老伴听不懂他在说什么。秀才疼痛难忍,大叫道:“老婆子,快点灯!看看我是不是被蝎子蜇着了!”他老伴马上明白了他的话。

这个故事说明要针对交际对象的文化水平，选择让其能够理解的语言表达形式，才能取得好的交际效果。

要考虑交际双方之间的尊卑亲疏关系。把握与交谈对象的尊卑亲疏关系，是交谈得体、和谐的必要前提。例如，师长与晚辈交谈，要显得庄重，带上关心爱抚的感情色彩；晚辈与师长交谈，态度要谦恭、语言要谦虚，显示出对师长的尊重；同辈、亲朋好友交谈，言辞则应亲切、自然、随便。有位老先生做学术报告，他在开场白中说：

先让我这个老猴耍一耍，然后你们中猴、小猴耍。我老猴肯定耍不过你们中猴、小猴，不过总得带个头吧！

代表们听了这位老先生的话觉得很有意思，报以热烈的掌声。报告人年龄大，又是学会会长，资格老，与到会的代表都很熟悉，他把自己比作老猴，把别人比作中猴、小猴，虽不尽恰当，却很风趣。如果一位脱颖而出的年轻人也这样说："我是个小猴，先让我耍一耍，然后你们中猴、老猴耍。"听话人一定会反感的。

以上事例说明，在言语交际中，只有准确把握交际对象的实际情况和交际双方的特定关系，选择合适的话语才能获得良好的交际效果。

3.背景语境

言语交际总是在一定的背景下进行的。背景语境指交际的大背景，包括时代、社会、民族、文化等方面。背景语境对人们使用语言具有很大的影响作用。背景语境主要包括：

(1)时代背景。

言语交际是在特定的时代背景下进行的，时代是构成言语交际的大背景之一。如"文化大革命"时期，语言运用受当时社会政治的影响，形成了一种特定时代的产物——"文革"语体。在那时的报刊文章中，充满了"大字报、大辩论、批判、斗争、革命、造反"之类火药味极浓的词语，夹杂不少"放屁、砸烂狗头"之类的粗话、脏话。句式上，由于批判多，号召多，从而使得陈述句的使用频率下降，祈使句、感叹句的使用频率上升。如此等等，反映了时代政治对人们运用语言的影响。

每个时代的语言或多或少都带有本时代的印记，特别是语汇部分。如"同志"一词，本义为志同道合的人。中华人民共和国成立以后，"同志"的使用范围迅速扩大，变成中国人际交往最常用的一个称谓：开始时用来表示是同一革命队伍中的人，继而又泛化为一般的人际称呼。从解放初期到70年代中期，“同志”是汉语社会通用称谓语中使用频率最高、应用最广泛的称谓，几乎所有的人都可以互称“同志”，朋友之间、邻里之间、上下级之间、陌生人之间等。既可以在“同志”前面加上姓使用，也可以在官职或者职业后面加上“同志”，如市长同志、院长同志、售货员同志、邮递员同志等。“文化大革命”中“同志”使用范围略有缩小，只有人民内部方可称“同志”。当今社会，“同志”一词在正式场合还经常使用，而口语中使用已不太多。

时代不同，选用的语言材料和表达方式也就不同。如：

一枝枝的烟筒都开着了朵黑色的牡丹呀！

哦哦，二十世纪底名花！

近代文明底严母呀！（郭沫若《笔立山头展望》）

这首诗写于20世纪20年代，当时，面对贫穷落后的中国，诗人向往工业的繁荣和发达，在这里他饱蘸激情，歌颂喷吐浓烟的烟囱，把它比作“黑色的牡丹”“二十世纪底名花”“近代文明底严母”，收到了很好的艺术效果。社会发展到了今天，随着经济的飞速发展，环境污染已经成为现代社会面临的重大问题之一，如果再去歌颂冒着浓烟的烟囱，那就偏离了时代精神。

（2）社会背景。

社会政治制度是社会环境的构成因素之一，对言语交际有重要的制约作用。孔子就曾经说过：

“邦有道，危言危行；邦无道，危行言逊。”（《论语·宪问》）

这段话的意思就是说话要考虑一定的社会政治背景：在国家有道时，说话行事都应该正直；在国家无道时，行事还应正直，但说话就应该注意方式和分寸了。

下面举一个反面的例子：

清朝初年大兴文字狱，很多人对此很不满。有个秀才读书时，书页被风翻动了，他信口吟道：“清风不识字，何必乱翻书。”这个秀才因而被杀了头。

这两句从自然环境来看是相适应的，但从政治环境看，却触犯了清朝的禁忌，因此引来杀头之祸。

当然，并不是说在险恶的政治环境中，就完全不能发表自己的看法，而是要巧妙。

再如封建宗法制度给语言带来的影响表现在很多方面，就称谓来看，下等官吏对上等官吏自称“小人”，老百姓对官衙的人自称“小民”，男子可以称自己的配偶为“贱内、拙荆”，官宦之家的女人对丈夫往往自称“奴婢”，嫔妃对帝王自称“贱妾”等。这些称谓，都是在封建宗法制度这样的社会背景下形成的。

(3)民族背景。

世界上有许多民族，不同民族都有自己的文化传统、风俗习惯，这些都会给不同民族的言语交际带来深刻的影响。例如，中华民族是一个尚谦让、讲礼貌的民族，把“谦以待人，虚以接物”作为为人处世的信条。体现在言语交际中，人们是以礼貌、谦虚为原则，比如，即使自己的书法非常漂亮，当受到别人的赞赏时，也会谦虚地说：“写得不好，你过奖了！”即使别人的书法非常一般，也会夸奖：“写得不错！”明明对对方的行为感到不满，但嘴上却说：“这没什么。”表现出几分的大度和宽容。与中国人的崇尚谦让不同，西方人实事求是，自信坦率。如果一位英国学生受到老师的赞赏：“你的字写得真漂亮！”或者一位美国雇员受到雇主的表扬：“你工作很出色！”他们一定会高兴地回答：“谢谢！”毫不客气地领受老师的赞赏和顾主的表扬。同是表达爱情，莎士比亚作品中的罗密欧与朱丽叶语言直率，而《西厢记》中张生和崔莺莺就比较含蓄。

再如隐私问题。谈隐私是西方人最大的禁忌。他们认为年龄、财产、收入、婚姻、恋爱、家庭、宗教等都属于隐私的范畴。而这些对大部分中国人来说不算什么，所以西方人到了中国，对中国人问他“今年多大了？”“你去哪儿啊？”“昨天都干了些什么啊？”“月收入多少啊？”等问题感到很奇怪。

二、语境的制约作用

语境对言语交际有着多方面的制约作用。

(一)上下文语境的制约作用

词语是语言最基本的构成材料，词语的使用要受到上下文语境的制约。有的词单独看没问题，但联系上下文语境就讲不通了。

2004年8月27日，中国运动员刘翔在雅典奥运会上夺得男子110米栏的金牌，同日，中央电视台播出了一台庆祝这一胜利的专题节目，节目中一位特邀嘉宾说：“刘翔是我们中国人的骄傲，也是所有亚洲同胞的骄傲!"

"同胞"的意思是指同一个国家或同一个民族的人,这里和"亚洲"连在一起显然用得不正确。

言语交际中话语的组合也要受到上下文语境的制约。从承上组合的情况看,一定的下文总是一定上文的延伸。下文的组合要达到理想的表达效果,就必须解决好与上文的承接问题。否则便会上下脱节,甚至上下矛盾。

> 西安的石子像座山,那连绵的唐墓又像起伏的山脉,周围用石城围着。啊,天苍苍,野茫茫,风吹草低见唐墓!

这段话的最后一句,孤立地看没有问题,但和上文连贯起来就站不住脚了:既然唐墓"又像起伏的山脉",那么遮住唐墓的草不就成了参天大树?这是讲不通的。

反之,有些句子孤立来看虽然在语法上通不过,或在事理上显得荒唐,但在一定的上文的关联下,却成了妙语佳句。如:

> 鲁迅先生说过:"我吃的是草,挤出来的是奶。"我受过先生的教诲,我吃过他的"奶"。我要永生永世向鲁迅精神学习。(草明《我吃过他的"奶"——纪念鲁迅诞辰一百周年》)

"我吃过他的'奶'"简直不成话!但由于承接上文的语义关联,却能真切表达作者不忘鲁迅先生教诲和哺育之恩的感激之情。

> 相传清代画家金农晚年在扬州卖画时应主人邀请和几位朋友在一起饮酒赋诗。席间,有人提议玩诗句助兴,主人要求每人都说出一两句古代诗词,其中须含"飞红"二字,说错或说不出都要受罚。轮至一位年轻的盐商,苦思一阵之后,胡乱吟出一句:"柳絮飞来片片红。"满座哗然,柳絮怎么会片片红呢?令其饮酒。金农却淡淡一笑,说这句引得极好,此乃元人诗中的一句,全诗为:"廿四桥边廿四风,凭栏犹忆旧江东。夕阳返照桃花渡,柳絮飞来片片红。"大伙听罢拍手叫绝,那位盐商该罚的酒也自然免除了。

由于上文提供的语境,才使看似荒谬的下文取得了出人意料的贴切效果。

(二)情景语境的制约作用

情景语境是语境的重要构成要素之一,同样一句话,情景不同,对这句话的理解就不相同。如:

严寒的冬季，甲、乙两人同在一个房间内。甲说：“今天的天气可真冷啊！”这句话在不同的情景语境下含义各不相同：

情景语境①：门窗关闭，房间内很暖和。

情景语境②：窗户开着。

情景语境③：甲准备出门。

情景语境④：乙准备出门。

在语境①中，甲的这句话可能仅仅是一句自言自语；在语境②中，甲的这句话可以理解为是一种请求，希望乙能把窗户关上；在语境③中，甲对外面的气温感到畏惧；在语境④中，甲的话可能是对乙的提醒，希望他多穿衣服，或者考虑是不是别出去了等。

时间因素对语言表达有明显的制约作用。有些话在某一时间里说是得体的，但换一个语境就可能是不适宜的了。如过春节时大家见面就说：“节日快乐！恭喜发财！”而在清明节时，说这样的话就非常不合适。这是语境中的时间因素对话语得体性的制约。

有个职员到办公室找领导谈自己的工资待遇问题，他提了一大堆理由，不等他说完，领导一句“我知道了，回头研究研究再说”便把他打发了。

除了别的原因之外，很重要的一点是他找领导的时间不对，领导忙碌了一天，该下班了，归心似箭，哪还有耐心听他提要求呢？

地点因素对语言表达有制约作用。1983 年 5 月，《北京晚报》刊登过一篇文章《标语的位置》，指出作者到八宝山参加追悼会，在火葬场入口处见到一句标语：“经济搞上去，人口降下来。”标语内容本身没有错，问题在于它出现的地点极不恰当，难免会引起人们的误解。

交际场合对语言表达也有制约作用。交际场景中说话人必须考虑到交际场合对语言使用的影响。如：

一位地方领导去参加一次国际会议，受到外国友人很隆重地接待。宴会上，这位人士开始的一番讲话受到东道主的称赞：“先生的口才真好，你可以当外交官。”这位人士说了一句很不协调的话：“你这话很对，我是应该做外交官的，而我没做，这是我国外交部的一个失误。”

这句话使在座的外国友人和当地政府人员很尴尬：不鼓掌吧，失礼于这位远道而来的客人；鼓掌吧，是对我国外交部的一种嘲讽。这段幽默如果是在非正式场合，朋友之间未尝不可，还可以显示说话者的口才，但在这种庄重严肃的场合，就不仅是失态，而且还显得有些不知深浅了。

同样是请人喝酒，场合不同，使用的言辞就不同。下面是某县领导在当地风情旅游节欢迎宴会上的祝酒词：

尊敬的各位领导、各位来宾：

宝地迎宾至，佳节送客来。在这个喜庆的时刻，我们非常荣幸地请来了各位领导和各位嘉宾，你们的光临，为这个盛大的节日增添了喜庆和欢乐。在此，我代表县委、县政府以及全县31万人民对大家的到来表示热烈的欢迎和诚挚的谢意！

…………

为了迎接各位的到来，使大家共同度过这个美好的时刻，我提议：

为××美好、繁荣的明天，为××悠久、古老的文明，

为今天的盛会，干杯！

而下面是一段日常生活中酒席上的人物对话：

甲起身劝酒："你怎么不喝呀？"

乙："对不起，我不会喝酒。"

甲："哪有男子汉不会喝酒的，不行！我跟你干一杯，不喝酒算什么男人！"

乙端起酒杯，喝了一口。甲不依不饶："男人不喝酒，交不到好朋友。感情深一口闷，感情浅舔一舔。来，一起干！"

上面两段文字记录的都是酒席上的话语，差异极其明显，但从各自的交际场合来看，又都是得体的，如果将二者对换，把正式酒宴上的话语放到日常酒桌上去，把日常酒桌上的话语放到正式酒宴上去，话语的语体风格就会与交际场合的氛围严重冲突，表达必然不得体。

交际对象对言语的选择也有制约作用。交际对象对语言运用的制约表现在它规定了言语的表达方式。这一点，我们的古人早就注意到了，例如《论语·乡党》中就有这样的记载：

孔子于乡党，恂恂如也，似不能言者。其在宗庙朝廷，便便言，唯谨尔。朝，与下大夫言，侃侃如也；与上大夫言，訚訚如也。君在，踧踖如也，与与如也。

再如，同样是问年龄，就有以下多种问法：

①您今年高寿？

②请问贵庚多少？

③芳龄多少？

④您今年多大？

⑤你几岁了？

应该采取哪种问法，要受到交际对象年龄的制约。例①适于问高龄长者；例②书面色彩浓，适于庄重的场合；例③适于问年轻女性；例④适用对象较广泛；例⑤适于问小孩。

（三）背景语境的制约作用

背景语境会直接或者间接地对人们的言语交际活动起着制约作用。

社会的发展变化会影响人们对词义的理解，言语交际中应该注意词语在特定社会背景下产生的特殊含义。例如“小姐”这个词具有多重含义，在各个历史时期褒贬色彩不同，其意义的变化反映了社会生活及人们观念的变迁，因此，在使用“小姐”一词时，一定要注意不同时代赋予其的不同含义，如果现在随便用它称呼年轻女性，很可能引起对方的强烈不满。

《国语·晋语九》有一个故事：

晋国大夫范献子到鲁国访问，到具山、敖山旅游。发现鲁国人从不说这两座山的名字，只说山在某个地方。范献子问：“这不是具山、敖山吗？”鲁人回答说：“这是先君鲁献公、鲁武公的名讳。”范献子回国后深有感触地说：“一个人不努力学习实在不行。我到鲁国去说了他们两个名讳，有失礼仪，闹了大笑话，就是因为没有学习。”

这里范献子就是因为没能了解鲁国的历史文化背景，才犯了禁忌。

《战国策·宋卫策》讲了这样一个故事：

一个卫国人迎娶新娘。新娘一上车就问道：“驾车的马是谁家的？”车夫说：“是借来的。”新娘对仆人说：“打两旁的马，不要打中间的。”车到了新郎家门口，新娘刚被扶下车，又对陪嫁的人说：“赶快回去，把炉灶的火熄灭，不然会失火的。”新娘走进房间，看到石臼，又说：“把它搬到窗台下边，不要妨碍别人走路。”夫家的人都觉得她十分可笑。

单独来看，新娘说的这三句话都没错，为什么会被夫家的人嘲笑呢？除了她说话的时间不恰当外，更主要的是她违背了封建社会“三从四德”对妇女的要求。“四德”中对妇女的德、言、容、技都有明确的规定。其中的“妇言”要求妇女要说话得体,认为妇女不必伶牙俐齿、能言善辩,而应沉静寡言,“言不贵多而贵当”。清代唐彪《妇女必读书》中说:“妇人贤不贤,全在声音高低、语言多寡中分:声低言寡者贤,声高言多者不贤也。”

民族习惯和文化传统对言语的表达和理解具有制约作用。如果不考虑民族习惯和文化传统因素,有时非但达不到预期的交际目的,甚至还会引来麻烦。

据有关资料记载,北洋名将徐树铮在段祺瑞执政时去法国游历。在巴黎的一家大饭店宴请法国政府官员和地方名流。徐树铮在宴会上祝酒,说:“今晚所备饭菜菲薄、粗劣,不堪招待各位贵宾,真对不起……”他本意是用中国式的谦逊之语表示恭敬和客气,不料惹恼了饭店经理。经理认为,自己非常重视这次宴会,亲自制作名菜佳肴,却遭到徐树铮当众诋毁,败坏了他的名誉,决定提起公诉。尽管中国方一再解释,还是不依不饶。后来几经交涉和磋商,对方迫使徐树铮在报纸上公开道歉,事情才算了结。

徐树铮的祝酒词体现了中华民族谦逊、礼貌、恭敬的民族特点,反而惹出了麻烦,可见民族习俗对言语交际的制约作用。

三、积极地对待语境

语境不仅仅起制约作用,还有积极的交际参与作用。交际者要善于主动把握语境因素,努力适应语境,巧妙利用语境,积极改善语境,充分运用语境手段进行交际,更好地为表情达意服务。

(一)努力适应语境

适应语境,就是要按照语境的要求开展交际活动,做到语言形式和语境达到和谐统一。

CCTV-10 科教频道的《百家讲坛》被誉为中国电视界的一个奇迹。它被评为央视十大优秀栏目之一,并造就了易中天、王立群、于丹、阎崇年等一大批学术明星。这个成功有着方方面面的原因,其中一个很重要的原因就与他们的言语风格能够适应受众的品位有着很大的关系。

要适应语境,还可以利用话语和语境的各种关系,把要表达的内容隐藏在字里行间,达到“山重水复疑无路,柳暗花明又一村”的奇境。如:

> 1974年，梁实秋与小他近30岁的港台明星韩菁清一见钟情，相见恨晚，很快步入婚姻殿堂。新婚之夜，梁实秋因高度近视，不小心头碰到了墙上，韩菁清连忙把他抱起，梁实秋就笑称她是“举人”（把他举起），而韩菁清则笑他是“进士”（近视）、“状元”（撞垣，即“撞墙”），言毕，二人笑得前仰后合。

这段对话，妙就妙在二人说话都能顺应新婚之夜的情景来表情达意：梁实秋由眼前的把他举起这个动作联想到科举时代的“举人”这个名词；而韩菁清则巧用现实情景，把近视称作“进士”、把撞垣称作“状元”，使话语妙趣横生。

> 爱因斯坦的相对论是一门高深的学问。初创时全世界的人包括科学家，也很少有人懂得它。有一次，一群青年学生请求爱因斯坦解释什么是相对论。爱因斯坦回答说：“当你和一位漂亮的姑娘在一起的时候，一小时的时光就像一分钟那么快；而当你坐在一只火炉上的时候，一分钟就像一小时那么久，这就是相对论。”

由于爱因斯坦面对的不是专业的物理学家，而是青年学生，如果通过严密的逻辑推理和精确的数学公式来做解释，学生就会一头雾水。爱因斯坦针对学生的角色特征，把心理时间和物理时间进行类比做出解释，虽然不够严密，但生动幽默，比较好地回答了学生的提问。

（二）巧妙利用语境

了解了语境对语言运用的制约作用，我们不仅可以积极地去适应语境，而且还可以巧妙地利用语境中的有利因素来辅助交际，取得更好的交际效果。

巧妙利用语境，可以利用上下文来表情达意。

我们常说字不离词，词不离句，句不离篇。有时候巧妙利用上下文，会取得出其不意的效果。如修辞格中的仿拟拈连等都是下文对上文的一种利用。

> 有些天天喊大众化的人，连三句老百姓的话都讲不出来，可见他就没有下过决心跟老百姓学，实在他的意思仍是小众化。[毛泽东《反对党八股》（1942年2月8日）]

利用前面的“大众化”仿造出“小众化”，风趣地批评了那些口头上天天喊大众化，实际上脱离群众，不向群众学习的人。

清晨，枯草上凝着霜花，一位老大娘肩着竹耙，从古道上走来了。她搂起茅草，搂起豆茬，搂起少吃缺穿的日子。（王兆军《沙净天》）

"搂起少吃缺穿的日子"单独来看讲不通，但正因为顺应了上文的"搂起茅草，搂起豆茬"，就非常好地写出了农民终日辛劳但一直未能摆脱贫困日子的窘境。

巧妙利用语境，可以利用时间因素进行表达。如：

1984 年秋天，中英关于香港谈判的问题进入了达成协议的关键时期。第 22 轮会谈的第一天，在钓鱼台国宾馆，中方代表周南以谈家常的方式对英方代表伊文思表明自己的意愿和期望："现在已经是秋天了，我记得大使先生是春天前来的，那么已经历了三个季节了：春天、夏天、秋天——秋天是收获的季节。"

这句话巧妙地利用了语境中的时间因素，含蓄婉转地表达了我方的诚恳态度和殷切希望，使话语言简意丰，情味深长。

巧妙利用语境，可以利用地点因素进行表达。

在我要结束我的讲话的时候，我祝中国和尼泊尔的友谊像连接着我们两国的喜马拉雅山那样巍然永存。（周恩来《在加德满都市民欢迎大会上的讲话》）

周总理的讲话借助地貌特征，使表达生动形象，情谊深长。

巧妙利用语境，可以利用交际对象明显错误的看法和观点来回答对方，如：

19 世纪末，有一位叫伦琴的科学家发现了 X 射线。有一天，他收到一封信，来信者说他的胸腔内有一颗子弹，需要用 X 射线来治疗。他请科学家寄一些 X 射线和一份使用说明书给他。科学家幽默地回复道："请把您的胸腔寄来吧！"

X 射线是不可能邮寄的，邮寄 X 射线就如同邮寄人的胸腔一样荒谬。科学家正是利用对方的错误说法来巧妙作答，不仅使对方的荒谬显现出来，而且产生了幽默的效果。

（三）积极改善语境

作为言语交际的主体，在交际中对语境也有一定的调理作用。比起利用语境来说，改善语境则是一种更为积极的对待语境的态度。

改善语境有两层含义，一是对不适合交际的语境加以改造，二是积极创造有利于交际的条件,让语境有助于交际活动的正常进行。

例如,现在提倡干部交流,但普遍存在这样的现象:异地交流任职的干部大多不带家属,没有做好长期工作的打算。对这样的干部,当地群众多有怨言。有位到异地任职的县委书记就比较了解干部群众的这种心理,在第一次与干部群众见面会上发表的即席讲话,开头是这样说的:

> 我的原籍在长沙,且读书、工作多年,那里是我的第一故乡。从昨天到县里起,我就是县里的公民了(听众鼓掌)。现在,不但我是县里的公民,我爱人、小孩的户籍关系也一同转来了。应该说,她们也是大家中的一员了(听众鼓掌)。我到这里来工作,这里就是我的第二故乡,是我的家了。是家,只有首先安家,才能当好家,把家乡建设好,让家乡的父老乡亲过上好日子(听众热烈鼓掌)。我相信,只要我们各级干部与人民群众同甘共苦,齐心奋斗,就一定能够战胜各种困难,把自己的家乡建设好!(听众长时间热烈鼓掌)。

这位书记的即席讲话,既没有长篇大论,也没有具体的施政纲领,而是主动把自己摆到了本县公民的位置上,质朴无华,亲切感人,一下子缩短了官与民之间的感情距离,给大家留下了良好的印象。

与外国人交谈,因文化背景不同会造成一定的障碍,这就需要交际者对造成障碍的语境进行改善。如:

> 1954年周总理出席日内瓦国际会议,为了向外国人宣传中国人的爱好和平,决定对外国记者举行招待会,放映越剧艺术片《梁山伯与祝英台》。工作人员担心外国人看不懂,特意准备了一份长达16页的说明书。周总理看后批评这是“不看对象,对牛弹琴”。同时提出,只要在电影开始前加上一句“请您欣赏一部彩色歌剧——中国的《罗密欧与朱丽叶》”就可以了。果然一句话奏效,片子放完后,赢得了外国人的高度赞赏。

把越剧变为歌剧,一字之改,效果大为不同。这是周总理匠心独具的具体体现。

总之,语境内容非常复杂,对言语交际的制约和影响表现在很多方面,所以,在言语交际中,我们必须努力地适应语境、巧妙地利用语境、主动地改善和创设语境,唯其如此,才能收到最佳的言语交际效果。

第四节　言语交际话语规则

一、话语的意义

话语是言语交际活动中唯一的信息载体，它既是主体从事交际活动的工具，也是主体言语交际活动的结果。言语交际活动以语言运用为基本手段，因而言语交际过程实际上也就是一个对语言运用的手段和方式多角度予以考虑、多层面加以选择的过程。在一次具体的言语交际活动中，活动参与者和交际情景是相对固定的，即主体和语境是两个常数，而话语则是三要素中唯一的变数。话语形式的组织、运用，话语分寸的把握，对交际效果具有至关重要的作用。

言语交际三要素决定着话语意义的不同类型，因而我们可以从层次类型的角度来理解话语的意义。第一种层次类型，从“字面意义”来理解，即从组成话语的语言符号中运用语义推理来分析、推导话语所具有的“语言意义”；第二种层次类型，从“情景意义”来理解，即联系话语表达的上下文，运用语境推理来分析、推导话语所具有的“语境意义”；第三种层次类型，从“交际意图”来理解，即斟酌话语隐含的主观意图，运用语用推理来分析、推导话语所具有的“语用意义”。我们之所以要从这三种层次类型逐级去理解话语的意义，是因为采用这种方法比从定义上去理解和把握话语的意义容易很多，它能让我们对话语的意义获得逐渐深入和具体的认识。

(一)语言意义的特点

在言语交际活动中，话语通过对语言符号系统的自由组合来充当信息传递的代码和媒介，其意义即可从组成话语的语言符号中获得。也就是说，话语的语言意义就是一般所谓的“字面意义”。像“芝加哥的建筑颇具多样性，但审美品格又非常统一”这句话，按照话语中词语的意义及词语间的语法关系，我们大家都能理解这句话说的是什么意思。

通常情况下，根据话语本身表达的语义，我们可以推导出话语的字面意义。

从言语交际的角度看，话语的语言意义具有概括性和模糊性的特点。语言意义的概括性，是说有些话的语言意义即使是十分清楚的，可是离开一定的交际主体和语境，便无法理解它的具体含义。而语言意义的模糊性，是说有些话语的语言意义虽然十分清楚，但离开一定的交际主体和语境，同样无法确定它隐含的寓意。如“今天这种场合，有些话我不便说”这句话，如果不清楚说这句话的时间、地点，就无法知道“今天”究竟指的是哪一天，“这种场合”究竟是一个什么场合。又如“我想上洗手间”这句话，可以被不同的人用来实现不同的目的。小学生向老师说这句话，是为了让老师允许他到洗手间方便；游客向导游或司机说这句话，是想让车子停靠到有洗手间的地方；而离开这些特定的交际主体和语境，这句话便会隐含别的寓意，它的意思或许是说“我太紧张了”。同一个成语“好事多磨”，同一个俗语“跳进黄河也洗不清”，不同的人在不同的场合使用时因交际目的的不同可以赋予它不同的含义。因而在言语交际中，有时需要把概括性的意义转换成具有针对性的意义，把模糊性的意义转换成具体性的意义。

（二）语境意义的特点

在言语交际活动中，交际双方若能注意把握话语之外的客观情景因素，对话语意义的理解将会更加明确和具体。

通常情况下，包含有“指示词语”的话语只有在特定语境中才能具体、明确地理解它的意思。例如，“今天中午，不吃那个，冻掉这个”这句话，因语境具体，我们便明确了“今天”“那个”“这个”分别指的是“冬至”“饺子”和“耳朵”。

另外，包含有抽象词语的话语也只有在特定语境中才能显示出具体的明确的意思。例如，“一不留神就下了”这句话，我们只有明确它出现的具体语境，依靠语境的支持才能明确“下了”的具体所指。因为在不同的语境，它可以有“（天）下雨”“（动物）下崽”“（行情）下跌”“（病人）下床”“（领导）下台”等不同的意义。如果脱离了上下文，脱离了特定的语境，“下了”的意思便无法确定。

这就是说，从言语交际的角度看，话语的语境意义具有依附性和具体性的特点。语境意义的依附性，是说同一话语的语境意义因语境的不同而不同；而语境意义的具体性，是说那些包含有指示词语和抽象词语的话语，其语境意义因语境的具体明确而更为具体明确。

（三）语用意义的特点

在言语交际活动中，交际主体的言语行为通常受制于其交际意图。话语的语用意义就是一般所谓的“交际意图”。如“反了你”这句话，考虑到它出自何人之口,我们就会明白这个人在这里说这句话是什么意思(有何用意)。

通常情况下,根据话语所出现的特定语境和主体规则,我们可以推导出话语的语用意义,明确其言外之意,但是,人们对其交际意图常会采用间接言语行为间接地予以表达,这样,间接言语行为就会在话语意义的理解上给交际对象带来一定的困难。

从言语交际的角度看,话语的语用意义具有依附性和不对称性的特点。语用意义的依附性,是指同一话语的语用意义因交际主体的不同而不同;话语的语用意义依附于交际主体,离开一定的交际主体便只有语言意义而没有语用意义。语用意义的不对称性,是指话语的语用意义与语言意义之间并不是一对一的关系,不同的话语常常可以用来实现同一个交际意图,同样的话语也可以被不同的人用来实现不同的交际意图。

二、话语规则

与交际主体言语行为相关的话语规则,体现了其言语形式在言语交际中的作用机制,构成语言的形式与内容、结构与功能的对立统一,控制话语的语用解释。话语规则最基本的要求是首先要遵守规范原则,进而要求遵守审美原则。

(一)规范原则

话语的规范,首先指的是语言符号系统的应用规范,即遵守国家有关普通话和汉字应用的规范和标准;在此基础上,还要遵守一定的话语组织和运用规范。

1.语言规范准则

在语音、词语、语法和书写等方面,语言规范准则要求交际主体能够遵守语言文字规范,自觉维护祖国语言文字的纯洁性。因为在日常言语交际中,我们所需要的是一种高度发展的语言,我们所需要的是一个统一的、普及的、无论在它的书面形式或是口头形式上都具有明确的规范的汉民族共同语。应尽量避免出现读错、用错、写错的情况,避免使用那些不规范的省略语、生造词语或网络语言,谨防出现语言不规范的毛病。

据 2005 年 4 月 22 日《解放日报》介绍,《咬文嚼字》编辑部为庆祝创刊十周年,向社会献出了一份花费十年心血完成的厚礼:《当代汉语出版物中最常见的100个别字》。表中所列100个别字,都是高频别字,其差错率甚至占到某些出版物别字量的50%以上,具有极大的易混性。其中差错率最高的10个字是(括号中是正字):松驰(弛)、穿(川)流不息、渡(度)假村、一幅(副)对联、既(即)使、挖墙角(脚)、再接再励(厉)、谈笑风声(生)、渲(宣)泄、九洲(州)。这100个常见别字,大致可分为五种情况:一是读音相同相近,如"食不果腹"误为"食不裹腹";二是字形相似,如"气概"误为"气慨";三是意义混淆,如"凑合"误为"凑和";四是不明典故,如"墨守成规"误为"默守成规",不知道"墨"指战国时的"墨翟";五是无视语文法规,如"重叠"误为"重迭"。

有"语林啄木鸟""语文生活监测站"之称的《咬文嚼字》时刻关注社会语文状况。自2007年起,在重点追踪、专家审读和来稿统计的基础上,该刊逐年向社会公布上年度中国出现频率最高、覆盖面最广的十大语文差错。2010年中国出现频率最高、覆盖面最广的十大常犯语文差错是:"美轮美奂"错写成"美仑美奂","黄浦江"错写成"黄埔江",混淆"截止"和"截至",没有"囊括"用"囊括",不应"侧目"却"侧目",误把"晝"字当作"書","精粹"误为"精萃",误认为"忽如一夜春风来,千树万树梨花开"是写梨花的,汉字表示年份时用"0"代替"〇",把"无时无刻"当成"每时每刻"等。

由此看来,语言规范理应成为言语交际的一项基本准则。

2.话语规范准则

首先,话语规范准则要求交际主体所说的话语在逻辑上要具有连贯性,语义贯通,话题集中。

其次,话语规范准则要求交际主体所说的话语在表意上要简洁明了,语义清楚明白,表述力避冗赘。如:

> 什么叫工作,工作就是斗争。那些地方有困难、有问题,需要我们去解决。我们是为着解决困难去工作、去斗争的。越是困难的地方越是要去,这才是好同志。[毛泽东《关于重庆谈判》(1945年10月17日)]

这段话意义明确,结构完整,表述简洁,话题集中,前后话语具有连贯性,对"什么叫工作""怎样才是好同志"讲解得清清楚楚,非常明了。

单口相声《啰唆》,讽刺某些领导同志废话连篇,车轱辘话来回说,明知道自己有这么个总是改不掉的老毛病,可还要啰唆狡辩:

借此会议机会，就大家批评我讲话啰唆，向大家说一说，我承认我讲话啰里啰唆，废话连篇，而不是我故意啰唆，而是工作千头万绪啰唆，我也不愿啰唆，可我因事牵连又不得不啰唆，就是我这么啰唆，有的工作至今还没啰唆出头来，大家说说，我不多啰唆啰唆行吗？

大家知道，我们乡三四百名乡、村、屯干部，他们的政治水平、思想水平、领导水平、工作水平、技术水平、理解水平、记忆水平等，各不相同，相差悬殊，距离不小，水平高的领会就快，水平低的领会就慢。怎么办？对水平高的应该少讲，对水平低的就该短话长说，少说的多说，不多说也得多说。况且，说的时候又不能分开说，所以，领会快的同志认为我啰唆，领会慢的同志认为我不啰唆。

但是，大家的意见，我虚心接受，铭刻心里。同时向大家保证，今后开会，决不啰唆。但该啰唆的还得啰唆。

这样讲话怎不让人心烦意乱？怎会受到群众欢迎？

（二）审美原则

话语的审美，不仅体现在内容美上，也体现在形式美上；它不仅使话语成为审美的对象，而且还能增强言语交际的效果。

1.含蓄准则

含蓄是内容美的一项重要法则。含蓄的话语，不仅能让交际主体的表述避免浅白直露而富有美感，并且，婉转的方式更容易让对方接受。因此，它被称作言语交际中的“软化艺术”。在表达强烈的感情、批评或指责别人的过失时，应遵守含蓄准则。

在春秋战国时期曾发生过这么两则小故事。

故事1：

齐景公纵情饮酒多日，还没有停下来的意思。大臣弦章谏诤道：“您喝酒，已经七天七夜了，我请求您不要再喝下去了！不然的话，宁愿让您把我处死！”

齐景公对入朝拜见他的晏子说：“弦章劝我不要饮酒，不然，宁愿让我处死他。我如果依了他，岂不让人说，国君让大臣挟制了；不依从他呢，我又不忍心治他重罪。”

晏子立刻说道：“弦章太走运了，他遇到了圣明的国君！他若是遇到夏桀、商纣那样的暴君，早就没命了！”

听了晏子的话，齐景公便再也不通宵达旦地豪饮了。

故事2：

一天，魏文侯问群臣："我是个什么样的君主?"众臣答道："仁君。"唯独大臣任座表示异议："您得中山后，不是把这块新得来的土地封给您的弟弟，而是封给了自己的儿子，这怎么能说是仁君呢?"魏文侯听了十分生气。任座见状便离座而去。

魏文侯接着问翟璜。翟璜答道："我认为您是仁君。"

"你为什么这样认为?"

"我听说，君主仁厚，大臣就耿直。刚才任座说话那样坦率，从这一点上看，我就认为您是一位仁君。"

魏文侯听了又羞又喜，赶忙让翟璜把任座请了回来，并亲自下堂迎接，把任座待为上宾。

同样是批评国君，晏子和翟璜的话语让国君听了心服口服，不像弦章和任座那样说话锋芒毕露，让人下不了台。委婉含蓄，巧谏妙夸，留下一些东西让对方去意会，既让对方有面子，又让对方接受你的意见、认同你的观点，何乐而不为呢?

含蓄是言语交际的润滑剂，其常用的表达方式有以下三种：

(1)言此意彼，弦外有音。有时，言于此而意在彼的含蓄话语常常留下一些弦外之音让对方去意会和琢磨，会更有助于实现交际目的。

1984年9月，苏联外长葛罗米柯访美时，对美国总统里根夫人南希开玩笑地说："请贵夫人每天晚上都对里根总统说悄悄话——和平。"言外之意里根头脑不冷静，往往做出有损于世界和平的事。对此，南希回敬说："我一定那样做，同时希望你的身边也能常常吹出这样的枕边风。"葛罗米柯听后，心领神会地讪讪一笑。在轻松愉快的谈笑之中，交际双方都深深领悟了彼此话语的弦外之音。

有时，语义模糊的含蓄话语可以巧妙地适应某些特殊的表达需要，代替在特定语境中不便直言的话语。

1962年，中国在自己的领空击落美国高空侦察机，在记者招待会上，记者突然问外交部长陈毅："请问，中国是用什么武器打下U-2型高空侦察机的?"这个问题涉及国家机密，但对于记者的提问又不能不答，于是陈毅说："我们是用竹竿把它捅下来的呀!"

这里陈毅巧妙地运用含蓄的话语，机智地回答了记者的提问，既保持了交际之礼，更保住了国家机密。

(2)避实就虚，巧避话锋。有时，避实就虚的含蓄话语能够巧妙运用曲折转移的方式避开话锋、绕开话题的焦点，并表达自己的语意。

在纽约国际笔会第48届年会上，有人问中国代表陆文夫："陆先生，您对性文学怎么看？"陆文夫回答："西方朋友接受一盒礼品时，往往当着别人的面就打开来看，而中国人恰恰相反，一般都要等客人离开以后才打开盒子。"

"性文学"这个问题很尖锐，不好回答。陆文夫却用曲折转移方式，巧妙地避开了话锋，回答得既得体又贴切，通过一个生动形象的比喻，含蓄婉转地表达了自己的观点。

(3)言简意丰，余味无穷。有时，运用双关手法委婉地表情达意，内涵丰富，耐人寻味。

1796年，拿破仑被任命为意大利方面军的总司令。在整顿这支从装备到纪律一塌糊涂的部队时，身材矮小的拿破仑仰头看着个子很高的奥热罗说："将军，你的个子高出我一头，但假如你不听我指挥的话，我就会马上消除这个差别。"

此话一语双关，言简意深，不仅传达出了拿破仑的能力和魄力，而且充分体现了拿破仑整顿这支军队的决心；既震动了对方，又震动了整个部队，树立了拿破仑完美的形象，为他顺利整顿部队奠定了坚实的基础。

2.幽默准则

幽默是内容美的另一项重要法则。幽默是运用令人轻松愉悦的语言表达形式传递信息的方法。幽默的话语，能化解尴尬，避免冷场，平添情趣。在力图改善语境、考虑对方感受时，要遵守幽默规则，善于去发现那些令人愉悦的东西，以外谐内庄、让人愉悦的言语表达方式来活跃现场气氛，改善角色关系。可以说，幽默是人类面对共同的生活困境而创造出的一种文明。

在陈毅元帅留下的许多传世佳话中有这么一则故事：

1964年4月，第二次亚非会议筹备会在印尼首都雅加达举行。陈毅元帅与印尼总统苏加诺一见面，就发现双方在第二次亚非会议开会的时间地点上意见不一致。苏加诺的意思是开会地点仍在印尼万隆，时间就定在当年；陈毅的想法是第一次亚非会议已在万隆开过了，第二次会议应选在非洲国家开。

为了不失和气，陈毅这样说服苏加诺："非洲的独立国家有40个之多，总统阁下如果主张在非洲国家开，就是支持了非洲的斗争，这样你就站得高、看得远，顾全大局，表现了政治家的风度，证明了你没有什么私利打算，你去发言就响亮。"

苏加诺听后，觉得有道理，虽然点头称是却仍坚持"当年开"。

陈毅发现问题有了转机，于是用商量的语气说："你是总统，我是元帅，我给你当个参谋长，你要不要呢？"

苏加诺自然无法回绝，只有称是。

"好，既然你要我这个参谋长，就听听我的意见。我认为最好在明年开。为什么？因为……"

苏加诺感慨地对陈毅说："我与其他国家领导人谈话，从未像与你谈话这样轻松。"

最后，双方自然就会议时间地点问题大体达成了一致意见，从而为筹备会的顺利召开打下了良好基础。

这则故事，陈毅用诙谐幽默的语言婉转地说服对方，使对方觉得是自己的顾问在为其出谋划策，既照顾了苏加诺的情面，又让他欣然接受了建议。

幽默常用的表达方式有以下两种：

(1)亦庄亦谐，平添情趣。幽默的人常常能发现生活中有情趣的东西，运用幽默手法，话语诙谐而不失之无聊，滑稽可笑中含有一定的意味。

有一次，一个大腹便便的资本家在街头巧遇萧伯纳，便取笑萧伯纳说："一见到你，我就知道世界上正在闹饥荒。"萧伯纳是有名的瘦子。他听了这话之后，笑着说："一见到你，我却找到了世界上正在闹饥荒的原因。"

萧伯纳运用幽默对资本家的话语巧妙地予以了回击。

再来看一条短信：

我问过烦恼了，它根本不爱你，还说永远不理你，让我转告你不要自作多情！还有，健康让我带封情书给你，它暗恋你好久了，并且一生不变。

这条短信将抽象的概念"烦恼"和"健康"拟人化，在违反常规的搞笑言语中传递了对亲朋好友的祝福——没有烦恼，永远健康！

(2)巧用讽喻,绵里藏针。幽默的人说话会很有分寸,在批评、指责、劝诫或拒绝他人时,能够巧用讽喻,寓说理于微笑之中,幽默中含有针砭。

据《世说新语》记载:后汉末年的孔融十岁时,曾跟着父亲到身居要职的李膺家做客,当时登门拜访者均是社会名流。面对李膺的询问,孔融对答如流,不卑不亢,博得众宾客的称赞。但有一位名叫陈韪的大夫不以为然,讥讽道:"小时候聪明,长大了未必也聪明。"孔融立刻问:"我想先生小时候一定是聪明绝顶吧?"陈韪弄了个大红脸,半天没说话。

孔融受到轻蔑既没有感情冲动,急于为自己辩解,也没有用激烈的言辞直接指责对方的不善,而是机智地以问作答,利用对方的讲话逻辑来回击对方,绵里藏针,反制其人。

钱锺书先生是一位幽默大师,在小说《围城》中,处处是比喻,处处有幽默:

西洋赶驴子的人,每逢驴子不肯走,鞭子没有用,就把一串胡萝卜挂在驴子眼睛之前、唇吻之上。这笨驴子以为走前一步,萝卜就能到嘴,于是一步再一步继续向前,嘴愈要咬,脚愈会赶,不知不觉中又走了一站。那时候它是否吃得到这串萝卜,得看驴夫的高兴。一切机关里,上司驾驭下属,全用这种技巧;譬如高松年就允许鸿渐到下学年升他为教授。

这里用赶驴人、驴子和胡萝卜的相互关系比喻现实中机关里上司驾驭下属的技巧。巧妙运用幽默手法,颇具讽刺意味地批评了这种现象。

3.均衡准则

均衡是形式美的一项重要法则。均衡的话语,能让表达以整齐对称的形式创造美感,让接受者更好地理解话语的意义。在有可能的情况下,言语表达都应遵守均衡准则,句子之间在字数上尽量保持均衡,或在句式上尽量保持均衡。例如:

央视春晚小品《装修》台词:

巩汉林:(捧油漆桶)哎哟!鸡年大吉我买了新房,买了新房我装修忙。装修的程序都一样,家家户户先砸墙!

央视春晚小品《吉祥三保》台词:

保安:我的工作不一般,为业主的安全来把关,要问我是哪一个,顶天立地一保安！

保姆：洗衣做饭不怕苦，家里家外俺做主，要问俺是哪一个，如花似玉小保姆！

央视春晚小品《你摊上事了》台词：

保安：生在小山村，城市来打拼。身穿保安服，把门献青春。

以上三个例子的句子之间在字数上比例均衡，听起来整齐匀称，富有美感。

形式均衡的句子除了在诗歌、唱词、小品中大量运用外，在讲话稿和日常交际中也经常使用，例如第十八届中央政治局常委 2012 年 11 月 15 日与中外记者见面，中共中央总书记习近平发表讲话，最后讲道：

责任重于泰山，事业任重道远。我们一定要始终与人民心心相印、与人民同甘共苦、与人民团结奋斗，夙夜在公，勤勉工作，努力向历史、向人民交一份合格的答卷。

记者朋友们，中国需要更多地了解世界，世界也需要更多地了解中国。希望你们今后要继续为增进中国与世界各国的相互了解作出努力和贡献，谢谢大家！

这段话运用了几对结构均衡的句子，字字铿锵有力，句句语重心长。表现了新一届领导集体务实、谦逊、敢于担当、勇于负责的决心和信心。

第五节　言语交际具体方法

言语交际是一门艺术。当前，社会主义市场经济的发展繁荣，极大地促进了人际交往，言语交际能力越来越显示出它的重要性。具有较强的言语交际能力，是每个人心中的梦想，是现代人生存和参与社会竞争的基本能力。

人们的言语交际都是在一定的交际目的下进行的，但是并不是所有的言语行为都能够顺利地实现预期目的，在生活中我们常常会看到交际行为与交际目的背道而驰的现象。有很多人说话由于不注意方式和技巧，往往会导致不好的结果：或者得罪了朋友，或者失去了生意，或者求职面试通不过，或者夫妻反目，或者女朋友离自己而去。如：

一次，一个知名教授到某单位讲学，该单位派了两位同志到机场迎接。出于礼貌,教授拿出自己的名片送给两人。没想到其中的一位说:“教授,您还有名片!”教授微有不悦之色。另一位接过话去:“教授,他的意思是说,像您这样知名的教授哪儿用得着名片哪!”“哪里!哪里!”教授的脸色云开雾散。

姑且不去探究第一位对教授名片的真实想法,就算他的意思的确是“知名教授不需要名片(不是不配有名片)”,但他的表达明显有问题,至少容易造成误解。而第二位的说法显然要得体得多,更重要的是他的话对第一位给听者造成的不快予以弥补和挽回。由此可见,在言语交际活动中如何用言语进行表达是非常重要的。

现在许多用人单位在招聘毕业生时,都要进行严格的考核,其中一个重要环节就是面试,许多面试都会对求职者的言语表达能力进行测试,因为这是最能显示一个人综合素质的方面,也是一个最容易被量化测评的指标。你的成绩再好,各方面再优秀,在面试时如果缺乏一定的言语应变能力,甚至结结巴巴、词不达意,用人单位对你的评价就会大打折扣。当然,单纯地以言语表达能力衡量人才是不科学的,但我们必须正视的一个现实是:现代社会人际交流的扩大化使得言语表达能力日益被看重,认为只要自己有内涵就不需要有多高的言语表达能力的看法是绝对错误的。因此,我们说良好的言语交际能力是一个现代人必须具备的基本素质。

一、独白类言语交际的方法和技巧

(一)自我介绍

在日常生活、交际、工作中,自我介绍必不可少。自我介绍得如何,直接关系到别人对你第一印象的好坏,影响到以后交往的顺利与否,甚至会影响到成功应聘的概率,所以说自我介绍非常重要。

1.日常交际中的自我介绍

日常交际中的自我介绍一般包括介绍自己的姓名和基本情况,要注意以下几个方面:

(1)巧报姓名,便于记忆。一个人的姓名,往往具有一定的寓意,或反映时代特色,或寄寓双亲的殷切厚望等。介绍自己的名字时,如果对“姓”和“名”能巧妙地加以解释,就能加深别人对你的印象。汉字具有丰富的文化积淀,巧解姓名可以反映一个人的知识水平和性格修养,也可以体现一个人的口才。

①联想法。如：

> 1945年，重庆谈判期间，文艺界的名流邀请毛泽东做了一次演讲。演讲后，有人问毛泽东："假如谈判失败，国共全面开战，毛先生有没有信心战胜蒋先生？"毛泽东睿智地回答："国共两党的矛盾是代表着两种不同利益的矛盾。至于我和蒋先生嘛……蒋先生的'蒋'字是将军的'将'字头上加一棵草，他不过是一个'草头将军'而已。我的毛字不是毛手毛脚的'毛'字，而是一个反手。"毛泽东用联想法解释"蒋"和"毛"，不仅体现了他作为大政治家的气魄，也表现出他乐观主义的性格。

②释义法。也就是解释自己名字的由来。例如，一个叫潘望的主持人是这样自我介绍的：

> 我叫潘望，早在孩提时代，我那只有小学文化的军人爸爸和我那教小学的妈妈就轮番地叮嘱我："望儿，你可是咱们家的希望啊！"为了不辱使命，肩负着双亲的重托，我脚踏实地、一步一个脚印地走来，直到今天，走到这个国家级的最高赛场。但愿老师们能给我这只盼望飞翔的鸟儿插上奋飞的翅膀。

有位青年叫王晨阳，他这样解释自己的姓名：

> 我叫王晨阳，我妈妈生我之前已连下了半个多月的雨，刚生完我，护士小姐打开窗帘，阳光普照，妈妈抬腕看看表，正好早7点整，为我取名王晨阳。

③讲清同音字。汉语中同音字比较多，自我介绍姓名时，有必要讲清楚是哪个字。如在首届郑州市青年形象大使比赛时一位参赛选手的自我介绍：

> 大家好！认识我，还是先从我的名字开始吧。我叫张翼帆。比翼双飞的"翼"，一帆风顺的"帆"。当然我的名字并不仅仅意味着一帆风顺，它更预示着一叶生命之舟在生活的海洋里张开羽翼，扬起风帆，劈波斩浪，勇往直前，去迎接大海的挑战。

这样的介绍不但不会因同音字使对方发生误解，还可以加深印象。

(2)简繁得当，自谦自信。一般说来，如果交际的场合自己不是主角，自我介绍宜简约，只要介绍姓名和工作单位即可；而在另一些场合，自己的角色比较重要，则可以介绍得细致一点。自我介绍既要自谦也要自信，分寸把握得当。

自谦就是忌自我标榜，以免给人造成自吹自擂的不良印象。例如下面的自我介绍给人造成的印象就很可能是负面的：

> 大家好！我叫×××，是××大学的教授、博士生导师，××市作家协会会长，××省作家协会常务理事。我长期从事文学创作，发表作品多部。并出版多部学术专著，在学术界产生广泛影响。另外，我还被××大学聘为兼职教授。

这种自我炫耀、自我标榜的介绍，多人听了都会感到不舒服。当然，自我介绍也不能给人造成缺乏自信的印象。下面是一次主持人大赛中一位选手的自我介绍：

> 观众朋友和评委老师大家好，我是来自江西南昌的×××。两年前刚刚毕业的我凭着对播音的热爱和年轻的无畏，独自一人背着书包远离故乡在江西南昌闯出了自己的事业。两年的播音工作使我变得更加沉稳，也让我学到了更多的东西，但是却让我失去了刚毕业时候的激情与梦想，所以我今天来到这里不但是为了向大家学习，也是为了能够找回那个敢为梦想而奋力拼搏的自我！请大家关注我，我相信自己有实力得到这个机会！

这个介绍比较全面，并且显得既自信，又不乏谦虚与诚恳，给听众留下比较深刻的印象。

(3)风趣幽默，生动形象。在自我介绍时，语言生动幽默，能给听众留下深刻的印象，同时也比较容易得到人们的好感与认同，产生与之接近的愿望。例如，著名演员赵丽蓉在第4届东京国际电影节上获得最佳女主角奖，在新闻发布会上，她是这样介绍自己的：

> 我是唱戏曲的，退休后赶上改革开放，才“触电”拍电影电视，没想到还冲出亚洲，走向世界。老了老了，到外国得了这么个大奖。范进八十中举，我才六十一岁，比他年轻多了，可有一样，我不会乐疯的。

这个介绍幽默风趣，虽然谈到自己获得的荣誉，但并不会让人产生自鸣得意的感觉。

台湾著名艺人凌峰在中央电视台举办的春节联欢会上是这样介绍自己的：

在下凌峰……我是以长得难看出名。……中国五千年来的沧桑和苦难都写在我的脸上。

话音刚落,台下掌声欢笑声响成一片。凌峰的自我介绍之所以产生这样好的效果,是因为他抓住自己形象的特征,并加以夸大,而且把自己的形象和中国历史联系在一起,增添了出人意料、风趣幽默的效果。

一些高明的主持人常常使用幽默的方法来介绍自己,既可以幽默对方,也可以幽默自己。如央视主持人崔永元在电台主持节目时曾这样介绍自己:

我姓崔,叫崔永元。"永"是永远的"永","元"是元帅的"元"。这两天我收到观众来信,崔永帅收,瞬间出了一身冷汗。

这样的一个名字介绍就能让听众在轻松的笑声中留下深刻的印象。

又如,某教师很矮,他对学生介绍自己时这样说:

我一无所长,身不由己,但民主意识很好,与同学平起平坐,绝不会高高在上。小心我会借你的漂亮小衣服来穿!

几句幽默的开场白,便使课堂气氛轻松起来,缩短了师生间的心理距离。

从某种意义上说,自我介绍是进行社会交往的一把钥匙。只有实事求是,恰如其分地介绍自己,才能给人以诚恳坦率、可以交往的印象。

2.求职面试中的自我介绍

职场面试中的自我介绍比生活中的自我介绍显得正式,而且有相对固定的内容和要求。面试中常常碰到这样的情况,面试一开始,面试官给你一句话:说说你自己吧!这问题看似简单,实则不好回答,怎么说?说什么?应该注意什么?

第一,要有开场问候。开场问候很重要,是给面试考官的第一印象,它有可能决定整个面试的基调。开始应该面带微笑,称呼一声"老师好!",但不要谄媚。话不要多,但要音量适中,语速自然;要彬彬有礼,大方得体,不过分殷勤,也不过于拘谨。

第二,要把握要点和时间。面试中自我介绍的时间一般为2~3分钟,要把握以下几个要点:要突出个人的优点和特长,并简要举例增强可信度;要展示个性,使个人形象鲜明,可以适当引用老师、同学、同事的言论、评论来支持自己的描述;坚持以事实说话,不可夸张,少用虚词、感叹词之类;要符合常规和逻辑，内容和层次应合理、有序地展开，使自己的优势很自然地逐步显露，不要一上来就急于罗列自己的优点。

第三，面试中应该避免的几种情况。

(1)尽量少用“我”字。如“我叫某某，毕业于某校某系，我的特长是……我的爱好是……”《福布斯》杂志上曾登过一篇《良好人际关系的一剂药方》的文章，其中有几点值得借鉴：语言中最重要的5个字是“我以你为荣!”，语言中最重要的4个字是“您怎么看?”，语言中最重要的3个字是“麻烦您!”，语言中最重要的两个字是“谢谢!”，语言中最重要的1个字是“你!”，语言中最次要的一个字是“我”。如果连续三句都用“我”做开头，面试官会认为你是一个自私自利、自以为是的人。最好的办法是，把“我”字开头，变为“您”字开头，“您想了解我的个人爱好，还是与工作有关的问题?”“您的意思是?”等等。

(2)切忌夸夸其谈、自吹自擂。许多面试者一开始就迫不及待地将自己的“光辉历史”一一列出，洋洋洒洒。这不是明智的做法，要把最想说的话留在后面说，尽量给人一种诚实谦虚的印象，使面试官对你刮目相看；或者将之换作一个话题，引起面试官兴趣，来主动问你。国外有这样一个案例：

面试官问：“干过推销吗?”

应聘者答(实话实说)：“没有!”

面试官问：“那么，现在请回答几个有关销售的问题。推销员的目的是什么?”

应聘者答(不假思索)：“让消费者了解产品，从而心甘情愿地掏腰包。”

面试官问：“你打算对推销对象怎样开始谈话?”

应聘者答：“今天天气真好，或者你的气色真不错。”

面试官问(不动声色)：“你有什么办法把打字机推销给农场主?”

应聘者答(稍稍思索，不紧不慢)：“对不起，先生，我没办法把这种产品推销给农场主，因为他们根本就不需要。”

面试官高兴地从椅子上站起来，拍拍他的肩膀，兴奋地说：“年轻人，你通过了，我想你会出类拔萃!”

对于测试的最后一个问题，有的应聘者总是胡乱编造一些办法，但实际上行不通,因为谁愿意买自己根本不需要的东西呢?这位应聘者认识到了这一点,据实回答,所以被录取了。

(3)切忌过于自负,授人以柄。你可以谈你对应考单位或职务的认识了解,说明你选择这个单位或职务的强烈愿望。原先有工作单位的应试者应解释清楚自己放弃原来的工作而做出新的职业选择的原因。你还可以谈如果你被录取,你将怎样尽职尽责地工作,并不断根据需要完善和发展自己。如果你将自己描述为不食人间烟火、不计较个人利益的"圣人",考官们就会对你的求职动机大打折扣。有这样一个案例:

一家公司招聘职员,面试主考官问:"10减1的答案是多少?"

一些应试者神神秘秘地说:"你想让它等于几,它就等于几。"

还有的人说:"10减1等于9,就是消费;10减1等于12,那是经营;10减1等于15,那是贸易;10减1等于20,那是金融;10减1等于100,那就是贿赂。"

在这些应试者中,只有一个人欲言又止地说等于9。主考官问他为什么,这位应试者说:"我怕照实说,会显得自己很愚蠢,智商低。"然后,他又小声地补充了一句:"对获得一份好工作来说,诚实可能是这个世界上最有用的武器。"

这个诚实的人最后被录用了。

(4)切忌答非所问,言不及义。与你的职业经历无关的事情尽量不要提,比如你为自己赢得了爱情,或者你是如何善待宠物等。你可以简单地介绍一下你的学历、工作经历等个人情况。这部分的陈述务必简明扼要、抓住要点。例如介绍学历,一般只需谈本专科以上的学历;如果工作单位多,选几个有代表性的或者你认为重要的介绍,但这些内容一定要和面试及应考职位有关系。叙述的线索要清晰,如果结构混乱、内容过长,会给考官们留下杂乱无章、个性不清晰的印象,并且让考官倦怠,削弱对你的兴趣和注意力。特别要注意说的内容应与个人简历、报名材料上的相一致,千万不要有出入。在介绍这些内容时,应避免书面语言的严整与拘束,要使用灵活的口头语进行组织。个人基本情况的介绍没有对或错的问题,但如果因此而大意就不妥了。

在日本,一些大公司在招聘人才进行面试时,专门就说话能力规定了若干不予录用的条文。其中有:"应聘者声若蚊子者,不予录用;说话没有抑扬顿挫者，不予录用；交谈时，不得要领者，不予录用；交谈时，不能干脆利落地回答问题者，不予录用；说话无生气者，不予录用；说话颠三倒四、不知所云者，不予录用……”日本大公司的这些规定也反映了这样一个事实：说话与事业的关系至为密切，它是胜任工作最重要的条件之一。

（二）介绍他人

在社交场合，往往有为不相识者彼此引见一下的情况，这便是为他人作介绍。好的介绍可以使人们在第一次见面的时候便很快融入交谈之中，而且能减少第一次见面的陌生感或尴尬。

1.介绍他人的目的

介绍他人是让两人有机会彼此认识（也有可能让大家认识这个人，比如会议上介绍参会人员）。你的任务就是阐明被介绍人的基本信息并说明他们和你的关系。

2.介绍他人的顺序

通常你的领导或老板要比你的朋友的地位更高，你的上司的同事比你的下级的同事地位高。其他的顺序是：先把你的顾客介绍给你的同事或下属，先把你的新朋友介绍给你的老朋友。在社交介绍中，一般先把男同志介绍给女同志，但这不适用于地位比较高的女同志。

3.介绍他人的方法

在正式场合，用以下语句：“让我介绍一下吧。”“我来介绍一下。”“你们见过吗?”介绍地位比较高的人，要加上头衔，比如“总经理”“教授”“博士”等。有时还要说明你和这个人的关系，例如“让我介绍一下我的同学×××博士”。

有的场合介绍可以风趣幽默一点。既有重点又灵活多变的介绍方式会产生意想不到的效果。如：“去年的高校田径运动会上，有一位身材小巧的女孩获得了女子跳远的第一名，为我们学校赢得了荣誉，这位女孩此时正坐在我们中间，她就是谢佳妮，欢迎佳妮!”这样言简意赅的介绍能生动勾勒出被介绍者独特的形象，令人过“耳”不忘。另外，从被介绍者的姓名中挖掘出深意，既能消除双方紧张、矜持的心理，又能让被介绍人的姓名给人留下深刻的印象。如：“她叫爱思，这位姑娘确实人如其名，平时就爱读书，爱思考，写出来的文章也很有灵气!”“这位小伙子姓高，名士品，他跟高士其先生可没有任何亲戚关系哦!”根据姓名的谐音或者字面意思加以引申，只要言之成理,表达得当,就能产生良好的效果。

4.介绍他人的内容

由于场合和对象的不同,介绍时的内容也应有所不同。

(1)简要式介绍。适用于一般场合,内容只有双方姓名一项,甚至只提到双方姓氏为止。接下来,就由被介绍者见机行事。例如:“我来介绍一下,这位是张教授,你们认识一下吧。”

(2)标准式介绍。适用于正式场合,内容以双方的姓名、单位、职务等为主。例如:“我来引见一下。这位是天时音像公司公关部马菲小姐,这位是五彩云文化传播有限公司总经理林大力先生。”

(3)强调式介绍。其内容除姓名外,往往还会刻意强调一下其中一位被介绍者与介绍者之间的特殊关系,以便引起对方的重视。例如:“这位是我的女儿刘晓,请杨总多多关照!”

(4)引见式介绍。引见式介绍适用于普通的场合,介绍者所要做的是将被介绍者双方引到一起即可。例如,在一次联谊会上,主人可以这样说:“大家以前都是校友,但有的不在一个年级,请大家相互认识一下吧。”

(5)推荐式介绍。推荐式介绍适用于比较正规的场合,介绍者是经过精心准备的,目的是将某人举荐给某人或众人,介绍时通常会对前者的优点加以重点介绍。如:“这位是肖飞先生,他是一位出色的外观设计人才,对企业管理很有研究,还是经济学博士。杜总,你们细谈吧!”“这位是国家开放大学文法学院专家胡吉成教授,胡教授是全国电大开放教育网上教学检查及精品课程评审专家,具有丰富的网上教学经验。他主持的课程以网上教学资源丰富、论坛师生交互活跃、手段灵活多样而著称。”

5.介绍他人的注意事项

(1)介绍他人要避免使用“应该、必须”这样的字眼。如不能说“你必须见谁谁”“你们应该互相认识”,或者“你们一定有很多话可说”“你们肯定能谈得来”,这样显得咄咄逼人、专横跋扈和不礼貌。当其中一方明确表示非常不想见另一个人的时候,要尊重他的意愿,不要强行介绍。

(2)如果你忘了某人的名字,不要编造。坦率地承认这个人的名字你一时“想不起来了”,这是诚恳和谦虚的表现。

(3)介绍他人一定要注意文化、社会和地区差异。介绍时尤其不要提及离婚、丧葬、失业、生病等话题。

(三)说感想、谈体会

感想,是由接触外界事物引起的思想反应,必须是经过思考后的有感而发;体会,即体验领会,是从亲身经历的人和事中产生的体悟和领会。

说感想、谈体会一定要有思想,只有表达思想,我们的讲话才有意义。思想怎么体现?一定要提炼成观点,变成语录式的一句话来醒目地表达。就像金矿石,不提炼,永远是矿石,提炼了,才变成金子。观点怎样让人记住呢?这就要求你把观点压缩成词句,最好变成关键词或关键句,短小精悍、画龙点睛,切忌啰嗦冗长、套话连篇。常见的方法有以下几种。

1.关键词提炼法

关键词提炼法,是把感想和体会概括成几个关键词,由关键词的解释、举例生发开去,进行具体阐述。如桂林市知名播音员、主持人山谷先生做了一次朗诵技巧讲座后,主持人做了如下的即席感言:

> 我跟同学们一样洗耳恭听了山谷先生的讲座,在听的过程中有四个词语不断地涌现在我的脑海中,它们是"自豪""感谢""羡慕""希望"。
>
> 先说"自豪",没想到山谷先生竟是我们中文系的系友,同学们的师兄,而且竟是我的老乡,我为我们中文系有山谷先生这么优秀的系友而自豪,我为有山谷先生这么出色的老乡而自豪!
>
> 接着说"感谢",感谢山谷先生在百忙中抽空来为我们讲学,带给我们这么多鲜活的信息和实用的朗诵技巧;感谢同学们,尤其是那些一直站在走廊里的同学们,自始至终认真听讲,积极参与互动环节。
>
> 再说"羡慕",我听过许多讲座,但没有听到过这样精彩的朗诵指导,我羡慕同学们好福气。
>
> 最后说"希望",希望如山谷先生自己所说,今天的讲座只是一个开始,今后还会有第二次,第三次,第四次……

这个例子抓住了"自豪、感谢、羡慕、希望"这四个关键词语,带动整个讲话,把对演讲者的高度评价、对广大听众听讲热情的肯定、对今后举行学术讲座的希望都讲到了。这种讲法突出重点、纲举目张,也容易给听众留下深刻印象,但这种方法需要有高度的提炼观点的能力。

2.关键句提炼法

在《时尚先生》举办的首届"中国时尚先生"评选活动中,白岩松获得了首届“中国时尚先生”奖。白岩松的获奖感言一说完，台下顿时掌声如潮，笑声一片：

我今天有三句话：非常感谢，《时尚杂志》把时尚先生的奖项颁给我，是一个非常有幽默感的举动，就像我不会游泳却坐在游泳池旁边，不过非常感谢《时尚杂志》让我第一次和时尚沾边了。第二句话，“先生”是在我心中非常伟大值得尊敬的词，我配不上，但有一点我配得上，我的确是男的，而且目前没打算改变性别。最后要说的是时尚，有人说时尚是一种追逐，我说偶尔坚守也是时尚；有人说时尚是色彩，我说留一点时间辨别黑白也很重要。感谢《时尚杂志》，感谢主持人！

在获得“时尚先生”后，白岩松把获奖感受提炼为三句话，新奇幽默，妙趣横生，让人忍俊不禁，引起了台下热烈的反响。

有一次，杨澜在被问到一个人怎样才能成功时，她的回答是：

我常常被问及成功的秘诀，其实不外有三：第一，自信和他信；第二，遇到不公平的事有正确心态；第三，先为别人创造、建立良好的人际氛围。当今即使一个科学家要出成果，也不可能一个人全面包办，在个体劳动越来越不重要的今天，合作尤其可贵。当然，每个人成功的关键都不一样，如果你是胆怯的人，成功的关键是勇气，如果你是一个爱冒险的人，成功的关键可能是广纳博言，我始终认为，面对过去我们要问问为什么，而面对未来，我们则应问问为什么不？

杨澜把成功的秘诀概括为三句话，用的就是关键句提炼法。

一位老师观赏了学生的“风采之星大赛”后，谈了自己的感想：

感谢大家给我这次发言机会。看到同学们开展的课外活动这么丰富多彩，我感到“出乎意料，合乎情理”。同学们的才艺之精彩，出乎我的意料之外；但细细思量，想到我们新世纪的青年一代，应该是如此朝气勃勃、多才多艺的，又觉得尽在情理之中了！

讲话者用一句“出乎意料，合乎情理”概括自己的感受，把当时的实际情况和自己的感受如实地表述出来。

3.数字归纳法

用数字归纳观点是常用的方法。邓小平同志善于用数字高度概括，如“一个中心，两个基本点”“两手抓，两手都要硬”。用数字和中心词把感想和体会的内容概括起来，如毛泽东说的“三要三不要”，河南省委原书记卢展工概括的“四有”河南人(包容宽厚河南人,忍辱负重河南人,自尊自强河南人,能拼会赢河南人)。再比如常用“三个好”“四个突出”“一个惊喜,两点反思,三个坚持”之类。这种讲法提纲撮要,好记好说,是常用的一种方法。如对一次辩论赛的感受:

对这次辩论赛,我自己的感受是两句话:两个新突破,一种好形式。第一个突破是,突破了往届各讲各的、交锋不激烈的老一套,开始了真正的短兵相接、唇枪舌剑,辩出了水平、辩出了智慧……第二个突破是,突破了往届只注意引经据典、脱离实际的老一套,开始贴近我们大学生的生活,辩出了思想、辩出了风格……我认为,辩论赛是一种好形式,大学生自我教育、展示风采、锻炼口才的好形式……

4.言志抒情法

古人有“诗言志”之说,言志抒情能更好地表达自己的感想和体会。20世纪80年代有副对联:“风声雨声不吱声,了此一生;国家大事不问事,平安无事。”当时胡耀邦将以上两句改为“风声雷声悲叹声,枉此一生;险事难事天下事,争当勇士”,一针见血地指出不求上进、不问时事、明哲保身的人将一事无成,激励广大青年应关心国家大事,争当各行各业的先锋。胡耀邦同志参观武侯祠,看见大殿两旁有这样一副对联:“心在朝廷,原无论先主后主;名高天下,何必辨襄阳南阳。”胡耀邦同志当即灵机一动,把它改为“心在人民,原无论大事小事;利归天下,何必争多得少得”。表明了国家干部比诸葛亮的思想境界更高一筹,为了国家不论大事小事,为了集体不争多得少得。

有一位大学老师看了本系的元旦文艺晚会后,这样谈感想:

今晚的每一个音符都跳跃着欢乐,每一张笑脸都洋溢着激情,每一次掌声都传达着共鸣,每一声喝彩都饱含着深情,每一个节目都凝聚着演员的汗水,每一个创意都编织着新年的梦想。在这美妙的夜晚,大家欢聚一堂,尽情舞蹈,放声歌唱。再过一个多小时,新年的钟声就要敲响,让我们共同祝福,祝福我们祖国更加繁荣富强,祝福我们学校继往开来再创辉煌,祝福我们老师生活幸福美满,祝福我们同学前程阳光灿烂!

没有感情的语言就等于人没有生命。用文采飞扬的语言畅抒胸中激情,宛如一首煽情的散文诗。这种方法适用于喜庆活动和文娱活动,可以鼓起大家的热情，营造同喜共乐的氛围。

5.个性展示法

万科董事长王石在接受媒体专访时，就万科“捐款门”、企业家与理想主义等问题，向公众阐述了自己的观点。以下为王石部分观点：

> “我当然有妥协，但是我有底线。社会的本身就是妥协，理想主义和妥协不矛盾。创业的初期，一些人被迫做一些不愿意做的事情，并不等于他的人格不高；但是我要说的是，往往这种被迫最后成为一种自愿，成为一种情不自禁；这种被迫发生后，再想成为理想主义者很难。”
>
> “‘捐款门’之后，一家媒体问我：你准不准备向网民道歉？我认为自己没有错，但我觉得道歉不违反原则，因为道歉其实是换一个角度看这个事情，当然和危机公关有关系，成功不成功，让别人去判断。”
>
> “我的性格属于比较刚烈的，我宁可事业无成，宁可出国当二等公民，也不愿意委曲求全，不愿意为了财富失去人格，这个是非常明确的。举个例子，有次为了一项业务，某位领导出面干涉，是进口商安排的。吃饭的时候我才知道是这样的安排，当时站起来扭头就走，拂袖而去。当然现在不会了，不让别人难堪，现在我是知道了。那时候我四十二三岁。”

王石的话不仅说出了自己的观点，而且展示了自己的个性，给人留下深刻的印象。

6.形象比喻法

辽宁特级教师魏书生在给学生谈到人要学会改变自己时说：

> 幼时觉得极高的滑梯，现在看上去几步就能到顶，幼时觉得很高的假山，现在几步就能跃上去；幼时觉得很宽的街道，现在看上去竟是挺窄的里弄……所以会产生认识上的差异，是因为我们长大了，眼界高了，是因为我们自己改变了。
>
> 改变了自己，昨天的远路会变近，昨天难办的事今天会极为顺手，昨天的对手可能变为助手，昨天的惆怅会转化为喜悦……
>
> 改变了自己，你会觉得世界更可爱，水比昨天清，花比昨天艳，天空比昨天蓝。

魏老师的话，谁听了都会受到激励和鼓舞。恰当地运用形象语言，往往会收到事半功倍的效果。

二、交往类言语交际的方法和技巧

(一)交谈

交谈是以两个人或几个人之间的谈话为基本形式,进行面对面的学习讨论、沟通信息、交流思想感情、谈心聊天的言语活动。它以对话为基本形态,包括交谈主体、交谈客体、交谈内容三个方面。

交谈是一门艺术。在日常工作或生活中,尽管人人都会交谈,然而效果却大不一样。所谓“酒逢知己千杯少,话不投机半句多”“良言一句三冬暖,恶语伤人六月寒”,说明了交谈的优劣直接决定着交谈的效果。“听君一席话,胜读十年书”,说明交谈的双方都想通过交谈,获得知识、拓宽视野、增长见识、提高水平。因此,交谈的一般原则是:言之有礼,言之有序,言之有物,言之有趣,言之有理。

1.交谈时如何寒暄

问候和寒暄是交谈的催化剂,能够在彼此之间架起一座桥梁,满足人们的亲和心理,营造一种有利于交谈的氛围,以便找到共同的话题,进行深入的交谈。

寒暄应该注意以下两点:

第一,应有主动热情、诚实友善的态度。当你被介绍给他人之后,应当跟对方寒暄。若只向他点点头,或是只握一下手,通常会被理解为不想与之深谈,不愿与之结交。碰上熟人,也应当寒暄一两句。如果视若不见,一言不发,难免显得妄自尊大。跟初次见面的人寒暄,最常用的说法是:“你好!”“很高兴能认识您。”“见到您非常荣幸!”比较文雅一些的,可以说“久仰!”,或者说“幸会!”等。

第二,要适可而止、因势利导。恰当适度的寒暄有益于打开谈话的局面,但切忌没完没了,时间过长。善于交谈的人能从寒暄中找到契机,因势利导,言归正传。寒暄语应当删繁就简,不要过于程式化,像写八股文。例如,两人初次见面,一个说:“久闻大名,如雷贯耳,今日得见,三生有幸!”另一个则道:“岂敢,岂敢!”搞得像演古装戏一样,就大可不必。寒暄语既不能敷衍了事般地打哈哈,也不可戏弄对方。“来了?”“瞧你那德行!”“喂,您又长膘了!”,这类寒暄应禁用。

2.如何选择话题

话题是交谈能够持续进行的基础。话题应达到的标准是:至少有一方熟悉,能谈;大家感兴趣,爱谈;有展开讨论的余地,好谈。与熟人交谈,可以开门见山地直接引出各种话题;与人初次相识,则应认真考虑如何选择话题,尤其是面对内向的人要“没话找话”。在交谈中,处于弱势的一方常常是寻找话题的责任者。例如,求人办事,求人者需要认真挑选交谈的话题;谈生意,希望合作的一方则有选择交谈话题的义务;情侣之间的交谈,往往会听到男人喋喋不休的话语。选择话题的方法主要有:

(1)寻找“共鸣”法。人们初次见面往往会问“你是哪个学校毕业的?”“你在哪个单位工作?”等,实际上这就是在寻找双方交谈的共同点。交谈双方要谈得投机,就要有一个共同感兴趣的话题,要能够引起双方的“共鸣”。其实只要双方留意,就不难发现彼此对某一问题有相同的观点,在某一方面有共同的爱好和兴趣,有某一类大家都关心的事情。可以说,交谈中找到“共鸣”是打开话匣子的金钥匙。

(2)就地取材法。巧妙地借用彼时、彼地、彼人的某些材料为题,借此引发交谈。如果是在朋友家,不妨赞美一下室内的陈设,问问电视机的性能,夸夸主人的孩子等。

(3)投石问路法。与陌生人交谈,先提一些投石式的问题,在略有了解后再有目的地交谈。不能直接问“你是干什么的?”,最好在对方说明了自己的知识领域后再询问对方的工作等情况。

(4)循趣入题法。即根据对方的兴趣,循趣生发,顺利地进入话题。因为对方最感兴趣的事,总是最有话可谈也最乐于谈的。清代重臣左宗棠平素喜欢牛,认为牛能任重致远,他甚至把自己看作是牵牛星降世。他身体肥胖,大腹便便。一天,他捧着自己的肚子问手下人:“你们知道我这腹中装的是什么东西吗?”有的说是满腹文章,有的说是满腹经纶,有的说腹中有十万甲兵,有的干脆说腹中包罗万象。左宗棠听了后连说:“否,否!”忽然有位小校出来大声说:“将军之腹,装满了马绊筋。”左宗棠听了拍案大加赞赏说:“是,是!”小校因此而受到提拔。

湖南人称牛吃的草为“马绊筋”。小校的回答正是抓住了左宗棠的兴趣点,所以受到左宗棠的赞赏。

3.如何避免尴尬和打破僵局

转移话题是摆脱尴尬的好办法。在两种情况下需要转换话题:一是自己对谈论的话题已失去兴趣,而对方却谈兴正浓,彼此难以谈到一块。此时,不必硬着头皮去听,而应当通过提出一个富有启发性的问题,或接过对方的某一句话,自然地扯到另一个双方都感兴趣的问题上。这样,对方的自尊和谈兴都未受到损害。另一种情况是,自觉、敏感地观察对方的反应,知趣地感受对方的暗示和约束自己的谈兴。例如,当对方表现出厌倦神色时,就该适可而止,转移话题了。

转移话题的方法有:

(1)节外生枝。谈话总是要围绕一个中心内容来谈,如果你对此不感兴趣,或不想多谈,你可采用节外生枝的方法来转移话题。如:

> 2010 年 6 月 13 日开始,江西省先后有 34 条河流发生超警洪水,抚河、信江、赣江三条主要江河发生超历史纪录的特大洪水,严重威胁下游 5 个乡镇 14.5 万人的安全。在央视 6 月 21 日《24 小时》的抚河汛情电话采访中,央视主持人邱启明焦急地询问下游群众情况,而江西防总办公室副主任却大谈各级领导的“重要指示”。邱启明第一次打断说:“× 主任,你告诉我,决口有多大?下游的群众有没有转移?”但 × 主任充耳不闻,又开始介绍国家防总副总指挥、水利部部长、国家防总秘书长、水利厅厅长等的“重要指示”。这时,脸上已现焦急之色的邱启明再次打断问:“× 主任,我是非常想了解下游的群众有没有转移!”这时,× 主任才回归正题。

据悉,视频被转载后,网友纷纷发表看法,仅在新浪网上便有 6300 条评论。有网友评论说:“这都什么时候了,还在官话连篇。人民生命最重要,主持人好样的!”

(2)巧妙闪避。谈话中,有时会遇到不好回答的问题或者尴尬的场面,这时不要正面回答,而要说一些与此相关的事情以引起对方的思考,或移花接木,或借取比喻,含蓄作答。如:

> 一位数学教师刚走上讲台,同学们忽然大笑起来,令他感到莫名其妙。坐在前排的一位女同学小声对他说:“老师,您的扣子扣错了。”教师一看,果真错了,场面有些尴尬。突然,这位教师对学生们说:“老师在想心事,急急忙忙赶着来上课才会不小心扣错。不过,这也没什么好

笑的，因为昨天我们有的同学做习题时，运用数学公式就是这样张冠李戴的。”

这位老师先是用幽默的话语为自己解了围，紧接着又顺势把这个意外事件和学生的学习联系起来，借此作比，指出了学生学习中的类似错误，既显得自然，表达又具体，很快就为自己解除了尴尬的局面。

（3）岔开话题。未等对方完全摊开话题之前，你就另立话题，不给对方再提话题的机会，但态度要极为诚恳。

有一位姓王女士上班迟到，挨了老板的训斥，中午吃饭时，一位男同事便凑到她的桌前说：“王姐，今天早晨时起晚了，还是有别的事啊？”“王姐，老板看样子挺凶的，他都说你什么了，是不是给你顿臭训啊？”

这时王女士赶紧岔开话题说道：“你还说呢，我要是夜里不陪老公看NBA，怎么会迟到啊！老公看球像个孩子，火箭队略微输了几分，他的情绪暴躁，恨不得自己钻进电视机里帮火箭队一把力。”话音刚落，几名男同胞乘兴大谈NBA常规赛的对决盛况。那位爱打听闲事的同事只好草草收场。

王女士迟到挨训，不愿意深入谈这个话题，所以她从迟到扯到了NBA，引起大家的兴趣，那位男同事的好奇心便被大家的话题淹没掉了。

（4）避实就虚。就是对方说西，你就说东；对方说人，你就说事；对方谈工作，你就谈家事，装作没有领会对方的谈话意图，来个云山雾罩，避实就虚，让对方无奈。如：

在一次签约的谈判中，商家突然向厂家代表说：“请问，贵厂去年的销售量是多少，今年的市场如何，产品售出后，你们大约有多少的利润空间？”

厂家代表敏感地感到商家问其商业机密，不能直接回答，但还是照顾到对方的情绪，说：“这一点请您放心，本厂的产品正在销往全国各地，销售额也在不断增长，只不过有的地区增长多一点，有的地区增长少一点。利润空间是多少，您估算一下原材料的价格、能源价格和运输价格，就明白我们的利润究竟是多少了。可不管怎样，我们厂解决了1000多名职工的吃饭问题，这不是最大的利润吗？”

厂家代表说得头头是道，商家却什么有效消息也没捞着。

4.如何巧对不善

在工作与生活中，难免会碰到一些恶意的话语，有时候可以进行直接的反击，如：

加拿大前总理让·克雷蒂安左脸局部麻痹、嘴角畸形。他的英语和法语说得都不是非常流利。但他却时常能妙语连珠，引人入胜。有一次，前保守党部长史蒂文斯讥笑他用嘴的一角讲话。他马上抢白说："我用一边嘴讲一种话，不像你用两边的嘴讲两边的话。"意思是口是心非，见人说人话，见鬼说鬼话。他的机智对答令对方面红耳赤，无地自容。

但有时不宜锋芒毕露，旁敲侧击、绵里藏针反而更见力量，例如：

萧伯纳是英国著名作家，他写的新剧本《武器与人》首次演出，获得成功。剧终时，许多观众要求萧伯纳上台，接受大家的祝贺。可是，当他走上舞台时，突然有个人冲到台前，对他大声喊叫："萧伯纳，你的剧本糟透了！谁要看这个破戏！赶快收回去，停演吧！"观众大吃一惊，以为萧伯纳准会气得浑身发抖，愤怒抗议这个无理挑衅者。不料萧伯纳不但不生气，反倒彬彬有礼地向那个人深深地鞠了一躬，笑容满面地说："我的朋友，你说得很对。我完全赞同你的意见，但遗憾的是，我们两个反对这么多观众有什么用呢？我们俩能禁止这个剧本的演出吗？"这下子引爆了全场的哄堂大笑，紧接着是暴风雨般的热烈掌声。在掌声中，那个挑衅者只好灰溜溜地走了……

5.如何活跃谈话的气氛

与人交谈时，氛围是很重要的。良好的氛围容易让人放松，交谈起来也就更加坦诚。一个交谈高手在与人交谈时，自己会很放松，还能在谈话中不时地加上一些幽默的语言或自嘲的话语来活跃气氛。如：

有一次，国画大师张大千要从上海返回四川老家。他的学生设宴为他饯行，还邀请了著名京剧艺术家梅兰芳等社会名流作陪。张大千为人一向孤傲，大家入席后不免有点拘谨。张大千看出了这一点，便一扫平时的孤傲，以幽默的话语巧妙地调节了沉闷的气氛。宴会开始，张大千举杯向梅兰芳敬酒说："梅先生，你是君子，我是小人。我先敬你一杯。"众宾客莫名其妙，梅兰芳不解其意，问道："先生此话怎么讲？"张大千含笑解释道："你是君子——唱戏动口，我是小人——画画动手。"一句话引得满堂大笑不已，梅先生也哈哈大笑，举杯一饮而尽，宴会气氛马上热烈起来。

与人交谈时，适当的自嘲不但不会损害自身形象，还能够活跃现场气氛。如：

一次白岩松接受采访，现场放映了一段白岩松第一次主持《东方之子》的画面，白岩松提醒大家“一定要做好心理准备”，画面上白岩松身着一套不合身的西装，戴一副超大镜框的眼镜，身形瘦削……片花放完后笑声一片。白岩松自嘲地说：“我以为看的是喜剧呢，回头一看是恐怖片。那是我体重最惨的时候，110 多斤，我现在 160 多斤，多了一袋子面。我觉得自己以前长得非常尖锐，现在长得善良多了，而且比以前好看多了。”

面对过去“不堪入目”的形象，白岩松却幽了自己一默。先是让大家“一定要做好心理准备”，又用“看恐怖片”来打趣。而将增加的体重形容为“多了一袋子面”，用“尖锐”一词来描述自己的长相，让观众在欢笑的同时，也钦佩于他勇于自嘲的豁达与爽朗。

在一次大型招待会上，有一个服务员在倒酒时，不慎将啤酒洒到一位宾客那光亮的秃头上。服务员吓得手足无措，全场人目瞪口呆。这位宾客却微笑地说：“老弟，你以为这种治疗方法会有效吗？”在场的人闻声大笑，尴尬局面即刻被打破了。

这位宾客借助自嘲，既展示了自己的大度胸怀，又维护了自我尊严，消除了服务员的尴尬。

6.对不好回答的问题，如何巧答

在这方面，白岩松的睿智与幽默为人们所公认。

有一次，一位女记者接连向白岩松抛出了两个刁钻的问题：“如果把节目的完美比作地平线的话，您认为您距离地平线有多远？另外，您的新节目起点有多高？”白岩松不假思索，两句妙答出口，赢得了全场观众热烈的掌声：“距离完美的地平线就一天的路程——明天，就在明天。至于新节目的起点嘛，是 1.79 米——也就是我的身高。”

女记者问的问题抽象，白岩松来了个以实对虚，用“完美就在明天”巧妙应答；被问及“新节目的起点”时，他用插科打诨般的“个人身高”来回应，言语轻松而幽默，谈笑间展示了出色的口才与敏捷的思维。再如，白岩松的《痛并快乐着》出版后，引起社会各种评论甚至非议。当有人就此问他有何

感想时,他故意苦着脸自嘲说:

我原以为写书是最痛苦的,现在才知道把书全部写完,推向市场之后痛苦才真的来了。

这样一个"戳伤疤"的尖锐问题不好回答,但白岩松应对从容,幽默洒脱,借写书的"痛"对比现实的"痛",用诙谐的话语化解了尴尬。

(二)说服

在生活中或职场中,随时可能会遇到要说服别人的情况。需要说服的对象有很多,他可能是你的父母、你的上司、你的顾客、你的朋友、你应聘的主考官等,如果不掌握说服技巧就难以达到理想的效果。说服的技巧包括以下几种。

1.实话实说法

即用自己的亲身经历来说服别人,它真实、可信、含蓄、委婉,对方易于接受。

美国前总统尼克松曾在政治上出现严重的危机。1952 年,当他为竞选奔忙时,《纽约时报》却抛出抨击他在竞选中秘密受贿的文章。新闻飞遍全国,顿时舆论哗然,压力越来越大。使他化险为夷的奇迹,是他做了一次震撼美国的演说。

尼克松被迫在电台发表半小时讲话。在讲话中,他把自己的财务全部公开,从自己的家产,一直谈到他的欠债。他详细说明自己的经济收入情况,连如何花掉每一分钱都告诉听众。他还告诉大家:"这次竞选提名之后,确实收到一件礼物,那就是得克萨斯州有人送给我孩子一只小狗。"当他讲完时,到处都响彻欢呼声。有 100 万人打电话、电报或寄出信件,从邮局汇来的小额捐款达 6 万美元,全国听、看这次演讲的竟达 6000 万人。演讲使事实得以澄清,还得到了大批的同情者。

尼克松的演说,就是以真诚和朴实赢得了大众之心。

2.循循善诱法

就是有步骤地、耐心地诱导受众思考,使对方心悦诚服。

有一次,陶行知先生看到男生王友用泥块砸自己班的男同学,当即阻止了他,并令他放学时到校长室去。

放学后,陶行知来到校长室,王友已经等在门口准备挨训了。可一见面,陶行知却掏出一块糖果送给他,并说:"这是给你的,因为你按时来到这里,而我却迟到了。”王友惊疑地接过糖果。随之,陶行知又掏出一块糖果放到他手里,说:“这块糖果也是奖给你的,因为我不让你再打人时,你立即就住手了,这说明你尊重我,我应该奖励你。”王友更惊疑了,他眼睛睁得大大的。陶行知又掏出第三块糖果塞到王友手里,说:“我调查过了,你用泥砸那些男生,是因为他们不守游戏规则,欺负女生;你砸他们,说明你很正直善良,有跟坏人做斗争的勇气,应该奖励你啊!”王友感动极了,他流着眼泪后悔地说道:“陶……陶校长,你……你打我两下吧!我错了,我砸的不是坏人,而是自己的同学呀!”陶行知满意地笑了,他随即掏出第四块糖果递过去,说:“为你正确地认识错误,我再奖给你一块糖果,可惜我只有这一块糖果了,我的糖果用完了,我看我们的谈话也该完了吧!”说完就走出了校长室。

3.说理动情法

在说服对方时要注重情感的交流,用情感打动对方,使其心生信赖。同时,讲清道理,以理服人也是不可或缺的。

有一个孩子跟父母闹别扭而离家出走,他饥肠辘辘而又无钱买东西,他曾经有过回家的念头,可是又不甘心向父母低头。当他走到一个老奶奶摆的面包摊前时,他停住了脚步。可他欲言又止。细心的老奶奶从他那饥饿的眼神中看透了他的心思。就拿出面包给他吃,他感动得热泪盈眶,他向老奶奶表达了感激的同时,也诉说着父母对他的不理解,透出了对父母的深深的不满和埋怨。当时,老奶奶并没有顺着小孩的意思去埋怨他的父母,而是把他手揽到怀里说道:“孩子呀,我只给你一个面包,你就对我如此的感激,并把你的所有委屈都向我和盘托出,可你曾想过,你的父母每一年要给你买多少好吃的东西,多少好穿的衣服,你读书所要交的学费,你生病时打针吃药甚至住院的费用,还有你的一日三餐,这一些付出那该是多少呀。孩子,你可曾算过?”听了这番话后,那个孩子谢过了老奶奶,开心地回家去了。

老奶奶的一番话,一是告诫孩子,不要动不动就离家出走;二是要善于和父母沟通,理解他们的良苦用心;三是要有一颗感恩的心。晓之以理,动之以情。

4.换位思考法

这种技巧能使对方有互易立场的模拟感觉,然后接受你的观点。

一位著名的人际关系学大师曾租用某家宾馆的大礼堂讲课。有一天,他突然接到通知,租金要提高三倍。他前去与经理交涉。他说:"我接到通知,有点震惊,不过这不怪你。如果我是你,我也会这么做。因为你是旅馆的经理,你的职责是使旅馆尽可能赢利。"紧接着,他为经理算了一笔账:"将礼堂用于办舞会、晚会,当然会获大利。但你撵走了我,也等于撵走了成千上万有文化的中层管理人员,而他们光顾贵旅馆,是你花5000元也买不到的活广告。那么,哪样更有利呢?"经理被他说服了。

这位大师之所以成功地说服了经理,在于当他说"如果我是你,我也会这么做"时,他已经完全站到了经理的角度。接着,他站在经理的角度上算了一笔账,抓住了经理的兴奋点——赢利,使经理心甘情愿地听从了他的意见。

生活中诸多不快、诸多矛盾的引发,未必都有多么复杂、多么严重的理由,如果能够互相了解、互相理解,或许就根本不会发生。而换位思考就是达到互相理解的一种有效途径。

三、表演类言语交际的方法和技巧

(一)演讲

演讲又叫讲演或演说,是指在公众场所,以有声语言为主要手段,以体态语言为辅助手段,针对某个具体问题,鲜明、完整地发表自己的见解和主张,阐明事理或抒发情感,进行宣传鼓动的一种言语交际活动。

演讲一般可分为陈述型和说服型两种演讲。陈述型演讲是为了面向大众陈述一个事件、过程、计划或其他。说服型演讲是为了某一种或多种目的通过演讲渲染一种气氛,通过演讲的逻辑性达到说服的目的。

1.演讲如何开头

"万事开头难","良好的开头是成功的一半"。美国著名口才大师洛克伍德说过:"在整个讲话过程中做到轻松地、巧妙地和大家交流思想是困难的。然而,做到这一点的关键是讲话开头的用字表达。"下面是几个演讲开头的例子。

(1)直入式。闻一多《最后一次的讲演》的开头说道:

这几天,大家晓得,在昆明出现了历史上最卑污、最无耻的事情!

李先生究竟犯了什么罪？竟遭如此毒手，他只不过用笔，用嘴，写出了说出了千万人民心中压着的话，大家有笔有嘴有理由讲啊，为什么要打，要杀，而且偷偷摸摸的杀！

这个开头语，闻一多没有做任何铺垫，一开始就用一连串激昂的感叹句把演讲直接引入正题，给听众一种畅快淋漓的印象。

(2)引用式。吕元礼《祖国——母亲》的开头说道：

人们常说，第一次把美人比作花的是天才；第二次把美人比作花的是庸才；第三次把美人比作花的是蠢材。不错，如果人云亦云，鹦鹉学舌，那么，就是再美妙的比喻也就会失去光彩。但是在生活中却有这样一个比喻，即使你用它一百次、一千次、一万次，也同样具有强大的感染力。同志们或许会问，这是个什么样的比喻呢？那就是，当你怀着赤子之心，想到我们祖国的时候，你一定会把祖国比作母亲。

吕元礼的演讲开头引用了一个关于比喻的说法，说明了对重复比喻的厌烦，然后话锋一转，强调另一种比喻可以不厌其烦地运用，引出了演讲的主题《祖国——母亲》。这样的开头方式，显得水到渠成。

(3)提问式。蔡畅《一个女人能干什么？》的开头说道：

今天讲一个问题，就是一个女人能干什么？

一个女人能干什么呢？我的回答是：能干，什么也能干；不干，什么也不能干。能干又不能干，不能干又能干。为什么这样说呢？要确定女人能干不能干，有两方面的条件：首先要看看环境，就是要看处在一个什么政权下，什么社会制度下，这是一方面；另一方面，也要看个人努力怎样。如果环境好，自己不去努力，只靠人家解放那就什么也不能干。但如果自己经常努力干下去，就可以得到好的结果。如果努力干，就是从那些小的具体工作到管理国家大事都能够干；如果不干，就又会变成新社会的寄生虫。

蔡畅通过提问来引发听众的兴趣，再经自问自答的形式来阐发自己的观点，给听众留下了清晰的印象。

(4)故事式。一位演讲者在题为“诚信无价”的演讲开头这样说道：

今年1月，电视台在国际新闻中介绍了一位112岁的法国女人瑞的故事。当她90岁时，有律师想要她的房产，许诺每月付给她2500法郎的生活费。不料这一付就是30年。直到这位继承人去年去世，老太太还健在，而律师付出的90万法郎，足够买三四套那样的住房。于是，不少法国人把这个故事当作笑话讲，以讽刺律师贪小便宜吃大亏的赔本交易。然而，我倒不觉得有何可笑之处。一个人在已经知道判断失误的情况下，能继续信守诺言，把契约坚持到死，保持个人的信誉，并把它看得比金钱更重要，这不正好说明了诚信无价的道理吗？

显然，演讲者讲述的这个法国老太太与律师之间发生的事情，只不过是一个非常典型的个例，人们把它当成笑话，也是可以理解的。然而，正是这个令人发笑的事例，却引起了演讲者冷静的反思和精辟的议论，从而引出了“诚信无价”的观点。这样以真实而又生动的事例开头，无疑增强了演讲的吸引力，激发了听众的兴趣。同时，典型事例引出的独特观点，作为接下来演讲者深入论证的中心，自然就引起了听众强烈的关注和深刻的思考。

(5)提纲式。演讲时，应当利用开头部分对演讲内容加以概述，让听众了解演讲的中心思想和结构。特别是当演讲的主题很复杂，或是专业性较强，或是需要论证几个观点时，这样做就能使演讲显得清楚而易于理解。

汉诺威信托制造公司的主席及总裁约翰·F.麦克基里卡迪在一次演讲的开头中就很明了地陈述了他演讲的结构及范围：

“女士们，先生们，晚上好。我很荣幸应科里曼主任的邀请来参加这个在我国很有权威的商业论坛——在见解上它可以与底特律和纽约的经济俱乐部相提并论。首先，我将对最近的国内经济形势加以展望。我认为它并非人们有时所想象的那样严峻。其次，谈谈近期欧佩克的经济增长对国际经济增长的影响——对包括我们自己在内的许多国家来说是件痛苦的事，但又是完全有办法应付的。再次，对总统的能源建议作几点评论，我认为它既令人鼓舞，又令人失望。最后，我将就演讲逐渐成为一种时尚和必要的现象以及美国的现状谈一点个人看法。”

(6)幽默式。幽默式即以幽默或诙谐的语言及事例作开场白。这样的开场可以使听众在演讲者的幽默启发下集中精力进入角色，接受演讲。如：

1965年11月，美国人安娜·路易斯·斯特朗女士在中国上海庆祝她的80寿辰。周恩来总理在上海展览馆大厅为她举行了盛大的祝寿宴会。并发表了祝贺演说，他是这样开场的：

今天，我们为我们的好朋友，美国女作家安娜·路易斯·斯特朗女士，庆祝40“公岁”诞辰。在中国，“公”字是紧跟它的量词的两倍。40

公斤等于80斤,40公岁就等于80岁。

周恩来总理幽默的话语、巧妙的解释,在几百位祝寿者中激起了一阵欢笑,而寿星斯特朗女士也激动得流下眼泪。

(7)悬念式。设置一种使听众关注的情境和氛围,造成悬念,令人关注,使听众急切地想知道下面演讲的内容,构成悬念式开头。如:

我想诸位会同意今天晚上我要讲的这个题目的,它对于这个国家中的每个男人、女人、孩子都是绝对的至关重要。因为它将触及每个人的腰包,和我们在座的每个人都密切相关。

这个开头充满悬念,一下子就引起了听众的好奇,紧紧抓住了听众的注意力,促使听众急切地想知道答案,并满怀兴趣地听下去。

(8)即兴式。由于演讲是在特定的时间、特定的空间进行,因此,演讲时的天气、气候、自然环境、场景布置等都可以作为开头的话题,借景发挥。如2009年2月2日,时任国务院总理的温家宝在英国剑桥大学发表题为"用发展的眼光看中国"的演讲,开头是如下:

今天外边下着大雪,天气严寒,但是我的心是热的。我早已盼望在剑桥同老师、同学们见面,互相交流。现在正是金融危机的严冬季节,但是我看到年轻人,仿佛看到了春天,看到了光明和未来。因为我坚信,知识的力量,年轻人的勇气,是可以改变人的命运、国家的命运、整个世界的命运。

温家宝同志以当时天气的严寒和自己的心是热的来开头,不仅借景发挥,而且通过热与冷的对比,拉近了与听众的距离。

2.演讲如何结尾

(1)点题式。演说者往往认为自己的观点非常清楚,听众也应该对这些观点同样清楚,事实并不尽然。所以,结尾点题很重要。如1989年,西班牙的卡米洛·何塞·塞拉·特鲁洛克获诺贝尔文学奖,塞拉在授奖仪式上发表了题为"虚构颂"的演讲,他这样结尾:

通过努力与想象,人最终可以成其为人。……在这个很大一部分尚未完成的事业中,虚构在任何时候、任何情况下,都是一个决定性的工具:它能够在通向自由的无尽的征途上为人们指引方向。

结尾直接回归演讲的主题"虚构颂",强化了他自己所倡导的"虚构"的重要性,将他的文学主张深刻地烙在了人们的心里。

(2)幽默式。如：

> 我国著名作家老舍先生是幽默大师。他在某市的一次演讲中，开头即说“我今天给大家谈六个问题”，接着，他井井有条地谈下去。谈完第五个问题，他发现离散会的时间不多了，于是他提高嗓门，一本正经地说：“第六，散会！”听众起初一愣，不久就欢快地鼓起掌来。

老舍在这里运用的就是一种“平地起波澜”的造势艺术，打破了正常的演讲内容，从而出乎听众的意料，收到了幽默的效果。

(3)抒情式。演讲本身是一种思想和激情的燃烧，用诗情画意的语言结尾，最易激起听众心中感情的浪花，给听众以极大的鼓舞和力量。如1978年3月18日，具有深远历史意义的全国科学大会在北京召开。时任中国科学院院长的郭沫若在闭幕式上发表书面讲话《科学的春天》，成为对那次大会的最诗意的表述。其结尾用比喻的手法绘出了科学的春天的诗情画意：

> 春分刚刚过去，清明即将到来。“日出江花红胜火，春来江水绿如蓝。”这是革命的春天，这是人民的春天，这是科学的春天。让我们张开双臂，热烈地拥抱这个春天吧！

(4)启发式。新东方教育科技集团董事长俞敏洪在北京大学2008年开学典礼上的演讲结尾是：

> 人的一生是奋斗的一生，有人的一生分成琐碎和伟大。如果我们有一个伟大的理想，我们有一颗善良的心，我们一定能把很多琐碎的日子堆砌起来，变成一个伟大。但是如果你每天庸庸碌碌，没有理想，从此停止进步，那未来你一辈子的日子堆积起来将永远是一堆琐碎。所以，最后我希望我们所有的同学能把自己每天平凡的日子堆砌成伟大的人生。

这个结尾启发大家，不论是雄鹰还是蜗牛都能达到金字塔的顶端，尽管每个人的天资不同，只要有理想、有善良的心，同样能有伟大的人生。

(5)谦虚式。北京时间2012年12月8日凌晨，诺贝尔文学奖得主莫言在瑞典学院发表领奖演讲。莫言的演讲主题是“讲故事的人”，在约40分钟的演讲中，莫言追忆了自己的母亲，回顾了文学创作之路，并与听众分享了三个意味深长的“故事”。他演讲的结尾是这样的：

> 我是一个讲故事的人。因为讲故事我获得了诺贝尔文学奖。我获

奖后发生了很多精彩的故事,这些故事,让我坚信真理和正义是存在的。

今后的岁月里,我将继续讲我的故事。

莫言的这个结尾显得诚挚、低调、谦虚,令人敬仰。

(6)号召式。演讲稿《一位纪委书记的"小家"和"大家"》用号召式结尾:

同胞们,朋友们,我们正处在一个伟大变革的黄金时代,经济的发展,国家的富强,民族的振兴,需要全体人民的艰苦奋斗,特别是共产党人的模范带头作用。如果每一个共产党员都能正确处理好"小家"和"大家"的关系,严格地按党性原则要求自己,用党的纪律约束自己,用党旗下那神圣的誓言激励自己,那么我们党的形象将会更加光彩照人,我们党将会更加坚强伟大!

这种号召式的结尾是演讲者以慷慨激昂、扣人心弦的语言,对听众的理智和情感进行呼唤或提出希望,以激起听众感情的波涛,使听众产生一种蓬勃向上的力量。

(7)戛然而止式。中国人民解放军国防大学原政委刘亚洲在一次党课的结尾讲了四句话:"坚定信仰、忠诚于党、开拓创新、解放思想。"送出这四句话后,演讲戛然而止。大家静静地起身离场,没有掌声,只有反思;没有解读,只有追问。

3.演讲中如何运用事例

(1)运用事例表情达意。运用生动感人的事例,是演讲者表情达意的重要途径。在演讲的情感高潮处,演讲者往往会情不自禁地讲述起某件难忘的事情,以表达自己的真切感受,从而产生感动人心的现场效应。如:

我记得1985年,我那个时候已经拍完《神雕侠侣》,然后我很希望,那个时候我看到有成龙,有周润发,他们在电影上面已经发展得非常好,我很希望有机会去拍电影。那我就跟公司说,我可不可以每一年拍一部电视剧,其他的时间给我拍戏,他们说不可以。我真的去选择,我选择了没有留在电视台。然后那个时候有一群人,比如说是他、他或他,他就跟我说:"刘德华,你这个选择太失败了。"但是每一个人的选择,他是从心而发的,我就跟着我那个方向走,一直走,一直走。结果,我碰到《法外情》,我碰到《旺角卡门》……我碰到《天若有情》。那结果同一群人……就说:“哎哟,刘德华,你当年的选择太成功了。”

其实,成功真的谁说了算,没有人知道,但是你要记得,成功不是只有一种方法。我离开了电视台,我在外面不停地拼搏的时候,有一个人留在电视台,而那个人就是梁朝伟。今天他的成就是有目共睹的,所以不一定留在电视台你会成功,也不一定你离开电视台你会成功。你一定要记得,成功是有很多很多不同的路,不同的方法,找一个最适合你们自己的,千万不要胡乱地去拷贝人家成功的例子,一定要想清楚。

这是刘德华在中央电视台《开讲啦》栏目中讲的一段话。他通过具体讲述自己离开电视台后获得了很多机会和梁朝伟留在电视台也取得了成功两个事例,告诉现场的观众,成功的道路不止一条,成功的方法也不止一种,一定要找到选择适合自己的路并为之努力。

(2)运用事例阐发哲理。在演讲过程中,演讲者常常运用事例阐发哲理。这样情理交融的表述,往往会让听众获得深刻的人生感悟。例如,北京大学法学院原院长朱苏力在一次毕业欢送会上的致辞中这样说道:

我们就是这样走过来的。我们的陈兴良老师就曾是千岛湖畔的一位民警,白天走家串户,深夜还抱着郭小川或浩然,而牟平姜格庄的大地也一定记得那本梦想署名“卫方”的《春苗》类剧本,甚至十多年前,我们的“老鹤”还曾勇敢下海,尽管几个月后又扑腾着水淋淋的翅膀上了岸。还有,我们的姜明安老师、王世洲老师、龚刃韧老师和孙晓宁老师,三十年前都当过或当着军人,也许早早预知了贺老师的批评?复转军人没进法院,都进了法学院,而且是北大法学院。在一个三十年前不曾想到更谈不上热爱的职业中,如今,他们都创造了自己,也正塑造着你们和你们的未来。

听起来很有点传奇,但却是我们这代人的经历。不希望你们重复,也不可能重复,前方拐角等着的有你们的传奇。但它还是给你我一些启示:生活和职业,过去不是,今后也不会是个人爱好的光影投射。它是子弹划出的那条抛物线,无论是否连接了击发者和他心中的目标。这是我们所有人的命运:规划人生,却无法完成设计;向往未来,却只能始于现在。

朱院长首先以同学们熟悉的一些老师的独特人生为例,讲述了“我们这代人的经历”,接着以击发子弹为喻,生动地阐明了“生活和职业”与“个人爱好”之间的关系,最后才从“所有人的命运”的哲理层面上,启发同学们正确认识和对待人生和未来。毫无疑问,这样运用听众熟悉的人物和陌生的经历的事例,来阐发人生的哲理,会让在场的每一个毕业生都感到既真切又深刻,因为他们在即将步入社会的前夕,聆听导师如此语重心长的叮嘱和言简意赅的告诫,一定会受到启示,从而更加理性地去开创美好的人生和未来。

4.如何选择演讲的风格

明确了主题,准备好材料后,在动笔之前我们还要考虑一个问题,那就是这次演讲采用一个什么风格和基调。内容上是以正面弘扬为主,还是以反面揭露为主?是歌颂还是鞭挞?在风格上是高亢还是深沉?是大河奔流,还是潺潺流水?是慷慨激昂,还是娓娓道来……只有基调确定下来了,我们才能组织语言。

演讲的风格基调从内容上讲,可以分为三种:

一是以颂扬为主的演讲。这类多为好人好事的事迹演讲,歌颂、赞美一个好人或者一件好事,或以赞美祖国、党、人民为题的演讲。

二是以批评、揭露、指责为主的演讲。这类演讲多指对丑恶现象、事物、人物的挞伐。

三是反思型演讲。这类演讲多是颂扬与揭露并存,通过对一个社会现象、社会事实、人物的反思,提出问题、分析问题、解决问题,这类演讲是演讲中最多的一种类型。

(二)主持

主持一般包括会议主持和晚会主持。下面重点介绍晚会主持。

主持人恰如其分的语言技巧,对整台晚会能起到承上启下、锦上添花的作用。常用的方法主要有以下几种。

1.设计一段精彩的开场白

开场白是一台晚会的“脸面”。一段好的开场白无疑会先声夺人,使观众耳目一新,为之一振,观赏情趣陡增,从而收到未曾开戏先有情的艺术效果。开场的方式可以不拘一格。

(1)直抒胸臆。如某“五一”劳动节文艺晚会的主持人开场白:

女:尊敬的各位领导、各位来宾,

男:来自全市各行业的劳动者、建设者们:

合:大家晚上好!

女:"五一"的鲜花绽放着劳动者自豪的笑脸,

男:"五一"的目光敬仰着劳动者闪亮的勋章;

女:劳动创造了生活,

男:劳动创造了世界,

合:光荣永远属于伟大的劳动者!

女:由市总工会、市文化局共同举办的庆祝2011年五一国际劳动节职工文艺晚会……

合:现在开始。

开门见山的几句话,表达了对劳动者的尊重,对建设者的情感,一下子拉近了双方之间的距离,也体现了晚会的主题。

(2)高度概括。开场白无须长篇大论,面面俱到。在一次解放军三军官兵联欢晚会上,主持人有这样一段开场白:

带着南国海疆官兵真诚的渴望,带着黄河两岸官兵热切的期盼,带着塞外大漠官兵殷切的呼唤;为了一个多年的梦想,为了一个绿色的希望;从大地,从天空,从海洋,从将军的摇篮里,我们走到一起来了!今天我们要用自己的歌,来歌唱这一难忘的时刻……

寥寥数语,高度凝练,抒发了来自不同战斗岗位的三军指战员的真情实感,内涵十分丰富。

(3)回顾追溯。如一场纪念红军长征胜利歌咏晚会的开场白:

当一曲曲难以忘怀的旋律在耳畔响起,昔日那一幕幕壮丽的画卷映入眼帘;从嘉兴南湖的红色航船到八一南昌的辟地开天;从井冈山上的星星之火到雪山草地的深沉呼唤;从游击战争的艰难困苦到十四年抗战的不熄烈焰;从战略决战的波澜壮阔到开国大典的独立宣言……

这个开场白运用排比的手法回顾人民军队诞生、成长、发展、壮大的历史,具有教育启迪意义。

2.组织好串场词

如果把节目比作是一粒粒散落的珍珠,主持人的串场词便是贯穿珍珠的一根红线。恰如其分的串联,能使节目锦上添花。

(1)概括式。如:

女:工人,一个最先进的阶级,是人民共和国大厦的伟大构建者;

男：团结，一个最有力的号召，是社会主义建设永不衰竭的动力。

女：我们是铁，我们是钢，

男：我们是不可战胜的力量！

女：请听大合唱——《咱们工人有力量》。

(2)启发式。如小品《羊毛出在猪身上》的串场词是这样说的：

一个要买书，一个要买猪，公说公有理，婆说婆有理，究竟是先买猪还是先买书呢？还是请观众自己来评判吧！

短短几句，道出了物质文明和精神文明要一起抓的深刻含义。

(3)设问式。如：

观众朋友，您见过万里长城吗？下面的一曲《长城长》，将把您的思绪带回历史的遐想中。

这种设问的方式，常常给老节目赋予了一种新鲜感。

(4)借代式。如：

干我们这一行的，常年奔波在外，很容易得胃病，得了胃病不要紧，怕就怕遇到那些草菅人命的庸医。您瞧，他来了——

这段串场词，就是借用了大家十分熟悉的电视广告词，把《庸医》这个小品引发出来。

(5)照应式。有时候，主持人的客串不是在节目之前，而是等节目演完之后，再不失时机地插上一段话。如：

一曲《战士第二故乡》终了，不仅使我们想起了大海、小岛，更使我们感受到了海防战士的胸怀像大海一样宽广。

这种情况谓之照应式。

(6)抒情式。如：

女：山美水美，茶浓酒香，我们的家园如诗如画；

男：在这片热土上，我们的汗水尽情挥洒，我们的智慧激情迸发！

女：用劳动为可爱的家乡添砖加瓦，祝愿我们美丽的家园锦上添花！

男：请欣赏歌舞——《美丽家园》。

3.有一个完美的结束语

成功的结束语，或是将晚会推上高潮，或是营造出一种余音绕梁的艺术氛围，给观众以回味无穷的心理感受。

(1)以继往开来的方式结束。如：

昨天,我们到黄河口来,看到的是经济建设的春潮澎湃;今天,我们到黄河口来,看到的是日新月异的腾飞世界;明天,我们还会到黄河口来,期待着石油新城更美的风采……

这当中既包含了对共建单位以往取得成就的赞美称颂,又寄托着对美好明天的良好祝愿。

(2)在深情赞美的气氛中结束。如：

有位著名的作家这样说过:在所有的称呼中,有两个最闪光、最动听的称呼——一个是母亲,一个是教师。我们的老师就是这样以敬业奉献为荣,以教书育人为本,笑迎冬寒夏暑,喜育春华秋实。他们培养的学生,有的当上了工程师,有的成了科学家,有的走上了各级领导岗位,而他们自己仍然是一名默默无闻的普通教师。他们一根教鞭,两袖清风,三尺讲台,四季耕耘,执着从教几十年痴情不改,忠诚于党的教育事业这一神圣使命,无愧于这一伟大闪光而动听的美名!

这段串场词从人们最为崇尚的教师的职业特点讲起,字里行间,充溢着赞美颂扬。

(3)以希冀憧憬的方式结束。如：

催征的战鼓已经响起,眼前是一片崭新的天地;时代在召唤,未来在昭示;面对挑战,跨越世纪;时不我待,只争朝夕;让我们投身建功立业的大舞台,让壮丽的凯歌奏响在鲁豫大地!

这样的结尾,似催征,如号角,很能鼓舞士气,激发力量,从而使晚会在高潮中落下帷幕。

四、讨论类言语交际的方法和技巧

(一)讨论

讨论是言语交际的一种形式。讨论的参与人较多,个人陈词不一,可以赞同,也可以反对,还要有主持人进行话题的连接与过度、小结,是言语交际较为复杂的一个门类。

1.讨论的四个环节

(1)准备——明确话题范围。由于参与人员较多,观点之间难免有相互抵牾之处,甚至可能会出现游离于话题之外的语言介入,所以,所有参加者要尽量做好准备，对话题范围做一些界定，多思细想，做到材料充实，论述有力。

(2)开场——语言直白明了。主持人的开场白对讨论的进程发展和所有参加者都具有重要影响。开场时，主持人要用最简洁的语言把要讨论的话题陈述清楚，让所有听众能够听得清、说得明，能够以积极饱满的情绪参加到讨论中。主持人的语言具有引导性质，要不偏颇、不带有任何情感和立场倾向，以免对讨论者的观点产生诱导、误导。

(3)过程——表达得体适度。参与者在语言表述上，既要明确谈出自己的观点、看法，也要注意自己的语言表达方式。要注意陈说观点时的语气态度，语言简洁，谦敬适当，不做人身攻击类的陈述，反驳别人时语气要缓和，不说过于绝对的话。

(4)收尾——总结公正深刻。主持人在讨论结束时，要对讨论内容进行公正的总结。总结要全面深刻，层次性、条理性强，要做到不遗漏有价值的观点，褒扬有特色的论说，委婉含蓄地指出明显带有偏激色彩、讹误信息的论述，让所有参与者都能从讨论中得到思想上的启迪和观点上的收获。

总之，讨论的话题一般都具有一定的思辨性，参加者可以各抒己见、尽情表达。

2.讨论发言的方法

讨论要围绕主题各抒己见。发言的具体方法和技巧，应注意把握如下几点：

①开门见山，不转弯抹角。

②直奔主题，不穿靴戴帽。

③围绕中心，不漫无边际。

④言之有据，不空洞无物。

⑤语气平和，不偏激浮躁。

⑥精简明了，不闲言碎语。

⑦见好就收，不拖泥带水。

如在长沙市举办的一次“如何树立正确权力观”的座谈会上，与会者就什么是正确的权力观、如何树立正确的权力观等踊跃发言：

有的认为：为官谨记慎用权，勒住权力的缰绳，切实监督权力。一是掌权者应自觉接受监督；二是要认真履行监督主体职责，大胆监督别人;三要突出监督重点,加强对“一把手”和掌握人权、财权、物权和资金高密集领域的掌权者的监督;四要由事后监督为主转为事前和事中监督为主;五是要讲究监督方法。

有的说:权力观说到底是世界观问题。权力观包括对权力的认识、态度和掌权的目的等,其核心是个世界观、人生观和价值观的问题。

还有的说:尽职尽责多干实事。权力是党和人民赋予领导岗位的,不属于个人而属于人民。要把为民谋利融于日常工作中,主动接受人民监督,做到该用权时用好权,该放权时放到位。

也有的说:领导干部要时刻做到慎权、慎独、慎微,自觉接受监督,用权过程要经得起法律、群众和历史的检验和评判。

上述这些讨论发言,都从不同的角度和侧面,表达了自己对权力的看法,是对正确权力观的阐释,是对如何正确使用权力的见解。各位讨论者都围绕主题,观点鲜明,各抒己见,见仁见智。但各自的观点不交锋、不争论,各说各话。也有的讨论则类似于辩论,各自坚持自己的观点,观点之间相互交锋,既要立论也要驳论。

3.网上讨论的特点

随着互联网和多媒体技术的快速发展,网上讨论成了讨论的一种常见方式。网上交际的快捷性使得交际者经常摆脱语言规则的约束,简洁和变异成了网上讨论语言的突出特点。

如网易论坛中围绕“你是说话高手吗?”展开了一次讨论。下面是一些网友的发言,很有特色和个性。

江苏省南京市网友:我的说话技巧是,说话要慢、脑子要快。在听别人给你说话的过程中,脑子一定要转得快一点,然后说话要慢,一字一句,从容淡定。

河南省洛阳市网友:说话有“两种话”,说人话的就跟他说人话,不说人话的就不能跟他说人话。

北京市朝阳区网友:我的说话技巧是,坦诚来说,我不觉得自己说话有任何技巧,只是坚持自己的原则或是上限或下限,然后在这个范围内坦诚地沟通,它是我的方式,而非技巧。

陕西省西安市网友:我的说话技巧是,冲动时想脱口而出的话,忍5分钟,如果5分钟后还想说就说吧。

中国网友:我的说话技巧是,少说为妙,慢说为高。

内蒙古自治区呼和浩特市网友:口才好的不一定是人才,但是人才的口才一定好。

广东省广州市网友:按照你这标准,韩非就不是人才了。

网络语体虽然能张扬个性,没有太多禁忌,但在网上讨论时要注意,不得发表违反国家法律法规的言论,不得发表包含种族、肤色、性别、性取向、宗教、民族、地域、残疾、社会经济状况等歧视内容的言论,不得发表对他人构成伤害的言论,不得发表宣扬邪教、色情、淫秽、暴力、迷信、教唆犯罪的言论。

(二)谈判

谈判,有广义与狭义之分。广义的谈判是指除正式场合下的谈判外,一切协商、交涉、商量、磋商等,都可以看作谈判。狭义的谈判仅仅是指正式场合下的谈判,就是了解对方真实的需要,进而通过谈判解决问题。

1.谈判如何开局

(1)准确传递信息。谈判不允许戏言与随意的反悔,说的每一句话,叙述的每一件事,列举的每一个数字,乃至每一个承诺,都代表着己方的立场,都需要负责的。因此,开局发言的信息传递要准确,要恰如其分,要完整鲜明,从语音、语法、逻辑上,都要经得起推敲,要让对方完全弄懂你所要表达的真实见解与意图。

(2)紧扣谈判主题。谈判中不要拐弯抹角,不要让与主题无关的话题掩盖了中心意旨。否则,对方容易误认为,你是在有意拖延时间或企图浑水摸鱼,从而产生反感,使谈判的气氛与进展受到破坏。

(3)讲究策略方法。谈判要重视语言策略的运用,不要把自己摆在绝对正确、以我为主的位置上,以免对方感到你以势压人。比如要舍弃那些绝对化的语言,如“绝对”“独一无二”“绝不”等词语,要留有余地,避免因失实而闹出笑话。同时,应边听边思,遇到不明白的地方,可有礼貌地提请对方稍作解释或证实,必要时可反馈式地概括一下对方的发言要点。

2.谈判中如何提问

提问是谈判的重要手段,边听边问可以引起对方的注意,引导他思考的方向;可以获得自己不知道的信息,尽量让对方提供自己未掌握的资料;可以传达自己的感受,引起对方的思考;可以控制谈判的方向,使话题趋向结论。

谈判中的提问形式有如下几种：

(1)限制型提问。这是一种目的性很强的提问方法。它能帮助提问者获得较为理想的回答，减少被提问者说出拒绝的或提问者不愿接受的回答。这种提问形式的特点是限制对方的回答范围，有意识、有目的地让对方在所限范围内做出回答。比如，就洗衣机价格问题谈判，对方报价甚高，你可以问他："为什么有这么高的报价？"对方自然会向你谈出支持他报价的依据，比如洗衣机性能良好、是最新产品、是节水或节能洗衣机等。限定了对方回答的范围，你可以就调查了解同类产品的情况进行比较，然后逐项反驳，讨价还价。

(2)婉转型提问。是用婉转的方法和语气，在适宜的场所向对方发问。这种提问是在没有摸清对方虚实的情况下，先虚设一问，投一颗"问路的石子"，避免因对方拒绝而出现难堪局面，又能探出对方的虚实。如谈判一方想把自己的产品推销出去，但他并不知道对方是否会接受，又不好直接问对方要不要，于是他试探地问："这种产品的功能还不错吧？你能评价一下吗？"

(3)协商型提问。如果你要对方同意你的观点，应尽量用商量的口吻向对方提问，如"你看这样写是否妥当？"这种提问，对方比较容易接受。而且，即使对方不能接受你的条件，谈判的气氛仍能保持融洽，双方仍有合作的可能。

3.谈判中如何答复

"问"有艺术，"答"也有技巧。问得不当，不利于谈判；答得不好，同样也会陷入被动。谈判中答复的常用方法有：

(1)慎重回答。回答问题之前必须认真思考。一般情况下，谈判者答复的好坏与思考时间成正比。正由于如此，有些提问者会不断催问。这种情况下，答复者更要沉着，应转告对方你必须认真思考。或者这么回答："对你所提出的问题，我没有第一手的资料来做答复，我想，你是希望我为你做详尽而圆满的答复的，但需要时间，你说对吗？"

(2)避而不答。例如，发问者直接询问产品的价格，如果直接回答对方，在进一步谈判过程中就会比较被动。可以这样回答："我相信产品的价格会令人满意的。请先让我把这种产品的性能做一个说明好吗？我相信你们会对这种产品感兴趣的……”或者回答说:“现在回答这个问题为时尚早,我们是不是先讨论一下 ×× 问题。”

(3)以问代答。利用反问把问题转移。如:“是的,我猜想你会这样问,我可以给你一个满意的答复。不过,在我回答之前,请先允许我提一个问题。”倘若对方还是不满意,可以这样回答:“也许,你的想法很对,不过你的理由是什么呢?”“那么,你希望我怎么解释呢?”

谈判过程是一个有问有答的过程。由于谈判双方在表述与理解上的不一致,错误理解对方话语意思的事情经常发生,这样会增加谈判双方信息交流与沟通上的困难,因而有必要对自己的意思予以解释和更正,这在谈判当中也很重要。

思考与练习

一、为什么说“作为实践主体,交际主体是交际活动中唯一积极主动的因素”?

二、在言语交际过程中,我们应如何积极地对待语境?

三、关注交际对象,应注意哪几个方面的问题?

四、分析交际主体的社会角色与其交际角色之间的异同。

五、谈谈言语交际三要素之间的关系。

六、在特定的语境下,我们应如何把握好自己的角色和遵守言语交际规则?

七、举例说明语境的制约作用。

八、在言语交际过程中,应怎样避免尴尬和打破僵局?

九、在日常工作生活中,我们应如何有意识地锻炼和提高自己的言语交际能力?

十、改错并说明理由。

1.交际能否成功,主要在于说话者的言语表达。

2.言语交际三要素之间的关系处于变动不定的状态,它们之间的相互作用与影响是完全没有规律性可言的。

3.言语交际活动只受言语交际规则的制约,交际双方在交际过程中只需遵守言语交际规则,无须考虑其他因素。

主要参考文献

[1]北京大学中文系现代汉语教研室.现代汉语:重排本[M].北京:商务印书馆,2004.

[2]陈保亚.20 世纪中国语言学方法论研究[M].北京:商务印书馆,2015.

[3]陈章太.语言规划研究[M].北京:商务印书馆,2005.

[4]戴汝潜,等.汉字教与学[M].济南:山东教育出版社,1999.

[5]戴昭铭.规范语言学探索[M].2 版.上海:上海三联书店,2003.

[6]方梅.浮现语法:基于汉语口语和书面语的研究[M].北京:商务印书馆,2018.

[7]方梅,曹秀玲.互动语言学与汉语研究:第二辑[M].北京:社会科学文献出版社,2018.

[8]方梅,乐耀.规约化与立场表达[M].北京:北京大学出版社,2017.

[9]费锦昌.语言文字规范应用手册[M].上海:上海辞书出版社,2022.

[10]冯广艺.语言生态学引论[M].北京:人民出版社,2013.

[11]国家语言文字工作委员会,郭熙.中国语言生活状况报告.2019[M].北京:商务印书馆,2019.

[12]国家语言文字工作委员会,郭熙.中国语言生活状况报告.2020[M].北京:商务印书馆,2020.

[13]郭锦桴.汉语与中国传统文化[M].修订本.北京:商务印书馆,2010.

[14]郭熙.近 20 年来中国的语言文字规范化工作[J].修辞学习,2005(5):14-20.

[15]何自然,冉永平.新编语用学概论[M].北京:北京大学出版社,2010.

[16]贺阳.公关语言学[M].北京:中国人民大学出版社,2005.

[17]侯世达,桑德尔.表象与本质:类比,思考之源和思维之火[M].刘

健,胡海,陈祺,译.杭州:浙江人民出版社,2018.

[18]黄伯荣,廖序东.现代汉语.上册[M]增订六版.北京:高等教育出版社,2017.

[19]黄伯荣,廖序东.现代汉语:下册[M]增订六版.北京:高等教育出版社,2017.

[20]姜晓.影视剧语言文字的规范化研究[M].北京:中国社会科学出版社,2021.

[21]李兴亚.应用汉语指南:母语学习新观念[M].北京:中国文史出版社,2001.

[22]李宇明.中国语言规划续论[M].北京:商务印书馆,2010.

[23]李宇明.语言规划学研究:第11辑[M].北京:中国社会科学出版社,2021.

[24]李宇明,费锦昌.汉字规范百家谈[M].北京:商务印书馆,2004.

[25]李明洁.语病百讲[M].上海:上海文化出版社,2018.

[26]刘丹青.新中国语言文字研究70年[M].北京:中国社会科学出版社,2019.

[27]刘钦荣.现代汉语语法分析理论与方法[M].北京:新华出版社,2016.

[28]刘晓红.不同领域、职业和人群的语言文字的规范化应用[M].上海:上海人民出版社,2014.

[29]林仲湘.规范字与繁体字、异体字辨析字典[M].北京:商务印书馆,2021.

[30]陆方喆.现代汉语反预期标记研究[M].北京:中国社会科学出版社,2017.

[31]陆俭明.现代汉语基础[M].北京:线装书局,2000.

[32]罗常培.语言与文化[M].长春:吉林出版集团股份有限公司,2017.

[33]施春宏.语言在交际中规范[M].北京:中国经济出版社,2005.

[34]施春宏.语言规范理论探索[M].北京:北京语言大学出版社,2021.

[35]苏培成.现代汉字学纲要:增订本[M].北京:北京大学出版社,2001.

[36]王国安,王小曼.汉语词语的文化透视[M].上海:汉语大词典出版

社,2003.

[37]王克非.语言与文化之间[M].北京:人民出版社,2021.

[38]王群,曹可凡.节目主持语言智略[M].上海:复旦大学出版社,2008.

[39]王铁琨.世纪之交语言文字应用规范的理性探索:《21世纪语言文字应用规范论析》评介[J].语言文字应用,2002(2):110-113.

[40]王衍军.汉语文化词汇概论[M].北京:清华大学出版社,2014.

[41]王琪.汉语术语规范化理论与实践[M].北京:商务印书馆,2022.

[42]吴建生,安志伟.汉语语汇的变异与规范研究[M].太原:山西人民出版社,2017.

[43]邢福义.汉语语法学[M].修订本.北京:商务印书馆,2016.

[44]邢福义.现代汉语[M].修订版.北京:高等教育出版社,1993.

[45]徐颂列,马丽.大众传媒语言中的文化缺失研究[M].北京:中国社会科学出版社,2010.

[46]《咬文嚼字》编辑部.2021年《咬文嚼字》合订本[M].上海:上海文艺出版社,2022.

[47]《咬文嚼字》编辑部.2020年《咬文嚼字》合订本[M].上海:上海文艺出版社,2021.

[48]于根元.中国网络语言词典[M].北京:中国经济出版社,2001.

[49]于根元,王铁琨,孙述学.新词新语规范基本原则[J].语言文字应用,2003(1):89-95.

[50]张斌.现代汉语[M].北京:中央广播电视大学出版社,2003.

[51]张斌.现代汉语描写语法[M].北京:商务印书馆,2010.

[52]张斌.新编现代汉语[M].2版.上海:复旦大学出版社,2008.

[53]张伯江.从施受关系到句式语义[M].北京:商务印书馆,2009.

[54]张谊生.与汉语虚词相关的语法化现象研究[M].上海:学林出版社,2017.

[55]张谊生.现代汉语副词阐释[M].上海:上海三联书店,2017.

[56]张云辉.网络语言语法与语用研究[M].上海:学林出版社,2010.

[57]张治.汉语同意应答语研究[M].武汉:武汉大学出版社,2017.

[58]赵小东.现代汉语句法规范研究[M].北京:人民出版社,2012.

[59]赵毅,钱为钢.言语交际学[M].上海:上海三联书店,2003.
[60]赵元任.汉语口语语法[M].吕叔湘,译.北京:商务印书馆,2005.
[61]朱跃,朱小超,鲍曼.语言与社会[M].北京:北京大学出版社,2015.

附录一　语言文字综合测试题

下面每篇文章中都有10处差错，请找出来并加以改正。

一、认真是一种习惯

季羡林先生在回忆录《留德十年》里，讲过一个关于德意志民族的故事。

1944年冬天，盟军完成了对德国的铁壁合围，第三帝国覆灭在即。整个德国笼罩在一片末日的氛围里，经济崩溃，物资馈乏，老百姓的生活陷人严重困境。

对普通老百姓来说，食品短缺已经是人命忧关的事；更糟糕的事，由于德国地处中欧，冬季非常寒冷，家里如果没有足够的燃料，根本无法挨过漫长的冬天。在这种情况下，各地政府只得允许老百姓上山砍树。

你能想象帝国崩溃前夕的德国人是如何砍树的吗？由于生命受到威胁时，人们并没有去哄抢，而是先有政府部门的林业人员在林海雪原里拉网式地搜索，找到老死病残的树木，一一做上记号，政府再向民众发出告示。砍伐无记号的树木者，将要受到处罚。在有些人看来，这样的规定简直就是个笑话，国家都快要灭亡了，谁来执行处罚？

然而令人匪夷所思的是，直到第二次世界大战彻底结束，全德国竟然没有发生过一起居民违章砍伐无记号树木，每一个德国人都忠实地执行了这个没有任何强制约束力的规定。

当时季先生在德国留学，目睹了这一幕。事隔五十多年，他仍对此事感叹不已，说德国人“具备了无政府的条件，却没有无政府的现象”。

是一种什么样的力量致使德国人在如此极端糟糕的情况下，仍能表现出一种继往的自律？答案只有两个字：认真。认真是一种习惯，它能深入一个人的骨髓里，熔化到一个人的血液里。因了这两个字，一个民族在经历了毁灭性的打击之后，仍能奇迹般地迅速崛起。

参考答案：

1.茏罩——笼罩 2.馈乏——匮乏 3.人命忧关——人命攸关 4.由于——在 5.告示。——告示：6.令人匪夷所思——匪夷所思 7.违章砍伐无记号树木——违章砍伐无记号树木的事件 8.致使——使得 9.一如继往——一如既往 10.熔化——融化

二、学会倾听

唐亚是我的同学。她性格怪癖，说话不尽情理，常让人不舒服，甚至生气。

说真的，我不喜欢她。

唐亚经常找渣，跟我唱对台戏，说我“虽然不丑，也不漂亮”“说话声音大，像吵架一样”“吃东西吧唧吧唧，没有女生的文雅”……起先我尽量忍着，可长期这样下去也不是一回事。于是想到和她谈谈，可是根本没法和她勾通，谈着谈着她又挑起我的刺来，说我“不是优等生，不该拿奖学金……”我忍无可忍，和她大吵了一架。

父亲知道后，语重心长地对我说：“孩子，与其报怨别人，不如反醒一下自己，想想唐亚说的对不对。她说对了就改正；错了也不必那么计较。要学会倾听——不要因为话语刺耳而捂住自己的耳朵。”我平静了下来，试着按爸爸说的去做。令我吃惊的是，我发现唐亚说的竟有一半是对的！突然，我有了一个念头：心平气和地面对唐亚，凡是她说对了的，努力去改正。

在接下来的日子里，唐亚依然固我，照样对我吹毛求刺，而我总是竖着耳朵听，然后按照我认为正确的去做。

后来，电视台举办青年歌咏比赛，我报名参加了。唐亚阴阳怪气地说：“你唱歌虽然不算难听，但那是在模仿别人，没有特色，校园里唱唱还凑合，电视台的大型比赛就别痴心妄想了。”唐亚说的没错，要想获大奖，靠模仿别人是不行的！从此以后，我尝试用最适合自己的方式演唱，力求唱出自己的风格，并经常故意在唐亚跟前唱，让她挑毛病。几个月后，我获奖了。

有人问我秘诀的成功所在，我回答：“因为我的生活中，有一个叫唐亚的人。”

回答很少有人能听懂，但这是我最真实的心声：“要想成功，必须学会倾听，倾听别人正确的声音。”

参考答案：

1.怪癖——怪僻　2.不尽情理——不近情理　3.找渣——找碴　4.勾通——沟通　5.报怨——抱怨　6.反醒——反省　7.对了就改正；——对了就改正，　8.依然固我——依然故我　9.吹毛求刺——吹毛求疵　10.秘诀的成功所在——成功的秘诀

三、小沙弥和行脚僧

一位行脚僧，带着一个小徒弟云游四方。

一天，师徒二人到了成都。成都有个大慈寺，寺中的吴祖禅师德高望众，斐声天下，世人景仰。行脚僧便到大慈寺，想与无相辩论佛法，一比高下。

一个小沙弥出来接待，说无相禅师正好外出，让行脚僧师徒二人先驻赐寺中，等禅师归来。

行脚僧自然看不上小沙弥，心想：禅师不在，不防捉弄一下小沙弥。于是用手在小沙弥胸前，比了一个小圆圈。谁知小沙弥从容地摊开双手，画了个大圆圈。行脚僧非常意外，又伸出一根手指。小沙弥毫不含糊，立马伸出了五个手指。行脚僧不敢小觑小沙弥了，再伸出三根手指。小沙弥想也没想，用手指了指自己的眼睛。行脚僧觉着遇到了高手，忙向小沙弥赔罪，羞愧地离开了大慈寺，不敢与无相禅师辩论了。

徒弟如云里雾里，不明究里。行脚僧解释说：我用手比了个小圆圈，向其胸前一亮，是问他心胸有多大。他摊开双手了，画了个大圆，说有大海那么大。我伸出一指，是问他自身如何。他伸出五指，说已受持五诫，皈依我佛。我再伸出三指，问他三界如何。他指指眼睛，说三界即在眼前。一个小沙弥不仅这么高明，无相禅师的修为可想而知，还是甘败下风走为上策好。

无相禅师回寺后，小沙弥报告了行脚僧来访之事。并对禅师说：不知那位师父是怎么知道我俗家是卖烧饼的。他用手比个小圆圈，说我家的饼只这么一点大。我摊开双手，说有这么大呢！他伸出一指，问一个一文钱吗？我伸出五指，说五文钱一个。他又伸出三指，说最多只能卖三文钱，我指了指眼睛，说他不识货。熟知他连忙道歉，逃走了！

无相禅师听后，若有所思，说道：“一切皆法，一切皆禅！”小沙弥一脸

茫然。

参考答案：

1.德高望众——德高望重　2.斐声天下——蜚声天下　3.驻赐——驻锡　4.不防——不妨　5.不明究里——不明就里　6.受持五诫——受持五戒　7.不仅——尚且　8.甘败下风——甘拜下风　9.来访之事。——来访之事，　10.熟知——孰知

四、深夜来客

有时，让别人看的上自己，只需一颗善良的心就够了。

这个故事，发生在20世纪初的美国。

一天深夜，一对头发班白的夫妻走进一家旅馆，他们想要一个房间。前台侍者是一位神采弈弈的小伙子，他闪着一双清沏的眼睛回答说："对不起，我们旅馆已经客满了。"

看到老人疲惫的神情，侍者想，在这样一个小城，恐怕其他的旅馆这时也早已客满了，总不能让这对疲惫不堪的老人流落街头哇！于是，他将这对老人引领到一个房间，说："这里有一间，你们能将就一下吗？仅管很小，但还干净。"老人见眼前是一间整洁而温馨的屋子，就愉快地住了下来。

第二天，当老人来到前台结账时，侍者却对他们说："不用了，因为我只不过是把自己的屋子借给你们住了一晚。祝你们旅途愉快！"

原来如此！侍者自己一晚没睡，他就在前台值了一个通宵的夜班。两位老人十分感动。老头儿说："孩子，你是我见到过的最好的旅店经营人。你会得到报答的。"侍者笑了笑，说这算不了什么。

没想到有一天，侍者突然接到一封信函，里面有一张去纽约的单程机票，并附有一份邀请函——聘请他去经营一家酒店。于是侍者乘坐飞机来到纽约，到达目的地时抬眼一看，竟是一座气派大酒店，富丽堂皇，一派璀灿。

原来，几个月前的那个深夜，他接待的是一个有着亿万资产的富翁和他的妻子。离开酒店后，富翁一直掂记着这个善良的侍者，最终出巨资为这个侍者买下了一座大酒店，深信他一定能够经营好。这位侍者，就是全球曲指可数的大饭店——希尔顿酒店的首任经理。

成功的决窍并不复杂。希尔顿的座右铭是:“你今天对客人微笑了吗”?

参考答案:

1.看的上——看得上 2.班白——斑白 3.神采弈弈——神采奕奕 4.清沏——清澈 5.仅管——尽管 6.璀灿——璀璨 7.掂记——惦记 8.曲指可数——屈指可数 9.决窍——诀窍 10.微笑了吗”?——微笑了吗?”

五、别盯着杯子

一次,几位同学去拜访大学时的老师。

问了一阵寒暄之后,老教授问起了同学们的生活景况。教授的讯问,勾出了大家积压在心底的牢骚,你一言我一句,纷纷诉说起诸多不如意来:工作压力大呀,生活烦恼多呀,生意不顺呀,仕途受阻呀……一时间,大家仿佛成了上帝的弃儿,心中冲满了委屈。

教授仔细地听着,时而颔首微笑,时而低头沉思,并不着急发表意见。就这样,时间不知不觉过去了半个多小时。

教授从橱房里拿出许许多多的杯子,摆放在茶几上。这些杯子各式各样,有陶瓷的,有玻璃的,有塑料的;有的精致,有的粗糙……教授说:“你们都是我的学生,我就不把你们当客人看待了,要是渴了,自己倒水喝吧。”

同学们已经说得口干舌燥了,各自拿起喜欢的杯子倒水喝。等同学们手里都端了一杯水时,教授才开始说话。他指着茶几上剩下的杯子说:“大家有没有发现,你们手里端着的杯子都是最好看最别致的,而这些比较粗糙普通的杯子没有人挑选。这并不奇怪,因为大家潜意识里都希望拿好看的杯子喝水。”

“这就是烦恼的根源,”教授接着说道,“大家要知道,我们需要的是水,而不是杯子,但我们却会有意无意地去选杯子。”教授的话,深深地触动了同学们的心弦,大家一言不发,静静地倾听着。

“如果生活是水的话,那么,工作、金钱、地位就是杯子,它们只是我们用来盛起生活之水的工具。杯子是否好看,并不代表水的质量好。如果过多地将心思花在杯子上,你哪有闲暇哪有心情去品偿水的甘甜!”

教授的谆谆教悔，如提壶灌顶，让同学们明白了生活的真缔。

参考答案：

1.问了一阵寒暄——一阵寒暄　2.讯问——询问　3.冲满——充满　4.橱房——厨房　5.各式各样，——各式各样：　6.杯子是否好看——杯子好看　7.品偿——品尝　8.谆谆教悔——谆谆教诲　9.提壶灌顶——醍醐灌顶　10.真缔——真谛

六、让孩子体验失败

光光所在的小学，十分重视动手能力的培养。比如课堂上讲到中国长城，老师就要求孩子自己动手做一个长城模形；课堂上讲到美国南北战争，老师又会要求孩子做一顶当时士兵头上带的帽子。有一次，光光在课堂上学的是古埃及文化，老师让他们制作那个狮身人面的斯芬克司雕像。

我当时的反应是，不切实际。用什么材料？石头？木头？小小年纪能雕得动吗？妻子的脑子比我灵活，她提出用蜡作雕像的材料。母子俩立马就搞起了斯芬克司雕像工程。

开始，两人搞得兴趣盎然，有滋有味。斯芬克司雕像初具模样后，再往下细雕，粗手粗脚的光光尽出错。于是母子出现了分岐，意见甚至争锋相对。卷入太深的妈妈，好像忘了谁是这个项目的“负责人”，怕孩子半途而费，关键的地方竟然自己动手，不让光光参与。

光光毫不客气地对妈妈嚷道：“这是您的作品，还是我的作品？”妻子着急了，想说服光光，“就因为是你的作品，我才这么帮你。如果做坏了，你拿什么去学校交差？”我当然不能袖手旁观，对妻子说：“孩子这么想是对的，就让他自己去干吧。”妻子无奈，十分不舍地退出了光光的“雕像工程”蓝图。

单干了一阵，孩子终于完成了斯芬克司雕像。还真像那么回事，用不着任何说明，就能猜到它是什么。端祥着孩子的作品，妻子也满意地点了点头。

当然，这是一件带缺陷的作品，斯芬克司的下巴少了一块，脸部一边大一边小，两条前腿的根部出现了断痕。不过，光光的老师赞不绝口，还让光光同他的斯芬克司合影留念。

听了我的故事，你想到了什么？为了孩子的成功，你是不是也常越俎代疱，事事包办？从根源看，这无疑是爱的表现。但是这样的爱，无疑剥夺了孩子感受失败的权力。在孩子的成长过程中，体验失败与感受成功同样重要。经历了失败，孩子才会获得争取成功的动力！

参考答案：

1.模形——模型　2.带的帽子——戴的帽子　3.分岐——分歧　4.争锋相对——针锋相对　5.半途而费——半途而废　6.想说服光光，——想说服光光：　7."雕像工程"蓝图——"雕像工程"　8.端祥——端详　9.越俎代疱——越俎代庖　10.权力——权利

七、古代的稿费

"稿费"在古代叫作"润笔"。润笔之风，兴于晋而盛于唐。

稿费的多寡与作者名望相关。韩愈是大文豪，利用如掾巨笔，获利颇丰。宋人洪迈《容斋随笔》记载：裴度、韩宏等率兵平定淮西叛乱后，韩愈撰写了《平淮西碑》叙述其功业。唐宪宗把石刻的拓本赐给韩宏，韩宏寄送给韩愈500匹绢。用现在的物价估算，这篇1500字的碑文，韩愈得了18~20万元稿费。在同时代作家中无出其右。

有些名家对润笔的多寡是很计较的。皇甫湜为人偏狭。他为裴度写《福先寺碑》，裴度以车马和一些绸绢等实物作为报酬，但皇甫湜对自己的润笔是有标准的，以为裴度给的太低，很气愤地说："我写的碑文有3000字，我一个字值3匹细绢。为什么只给我这么少的东西？"于是，裴度只得赔着笑脸增加到绢9000匹。

宋代的润笔已成"国之常规"。欧阳修为宰相王旦撰碑文，王旦之子王仲义送金制酒盏10副、注子（古代酒壶）2把作为润笔。欧阳修开玩笑说，还缺少一个捧酒盏的人。王仲义立即派人花费1000缗买来两个侍女（音mǐn，古代穿铜钱用的绳子，1000文铜钱为1缗）。欧阳修知道这个玩笑开大了，只收了酒具，退了侍女。

明代嘉庆四十年，江南名士徐渭为浙江巡按胡宗宪写过一篇600多字的《镇海楼记》，得文银220两。他用这笔稿费买了一座庭院，取名《酬字堂》，表示对胡的谢意。

清代“扬州8怪”之一郑板桥独树一格,对自己画作的润笔明码标价:“大幅六两,中幅四两,小幅二两……”他每作一大幅,可买米5斗。

不过,能获高额润笔收入的毕竟是极少数。像曹雪芹这样的大家,搞的是纯文学,既不卖文,又没得到当政者的认可,穷困潦倒,最后竟连“举家日食一粥”也难以为继,在凄凉中离开了人事。

参考答案:

1.如掾巨笔——如椽巨笔 2.18~20万元——18万~20万元 3.偏狭——褊狭 4.花费1000缗买来两个侍女(音 mǐn,古代穿铜钱用的绳子,1000文铜钱为1缗)——花费1000缗(音 mǐn,古代穿铜钱用的绳子,1000文铜钱为1缗)买来两个侍女 5.明代嘉庆四十年——明代嘉靖四十年 6.文银——纹银 7.取名《酬字堂》——取名“酬字堂” 8.扬州8怪——扬州八怪 9.独树一格——独树一帜 10.人事——人世

八、吴冠中“烧楼”

在当代中国画坛,吴冠中大名顶顶,有“当代中国最贵画家”之称。这可不是浪得虚名,他的《长江万里图》在2010年拍出了5712万元人民币,创造了内地中国油画作品拍卖的新标干。可你知道吗,这样一位“落笔成金”的画家,多年来一直保持着烧画的习惯,如果他觉得作品有暇疵,便会忍痛烧毁。

19世纪50年代,吴冠中创作了一组井冈山风景画,后来他感到不满意,便陆续烧掉了。1966年,他把从法国留学回来后画的几百张作品熔于一炉。改革开放后,他的作品很受欢迎,市价一路高涨。1980年,他在东京举办个人画展,一副《巴黎蒙马特》卖出了104万港元。然而,到了1991年,他将自己多年来不满意的作品集中起来,一次烧了200多张。那次烧画,有人撞见了,大为惊讶,说:“您的画价等于楼价,这不是烧楼吗?”

吴冠中生前说起“烧楼”的事,总是哈哈一笑。看似不以为然,其实他也心痛。他在《毁画》一文中说,撕画时是满怀婉惜之情的,“我往往教儿媳替我撕,自己确乎也有不忍下手的隐痛”。

那他对自己的作品为何如此苛求呢?原来,在他心里,只有让明天的行家挑不出毛病的画才值得保留。他说:“作品表达不好一定要毁,古有‘毁

画三千’的说法,我认为那还是少的。”

毁去了不满意的,留下的自然更加弥足珍贵。但吴冠中不是为自己、为家人留的。他对家人说:“我的作品不是遗产,房子、钱可以留给你们,但作品要捐给国家……”在他生命的最后几年,吴冠中散尽所藏,将画陆续捐赠给了北京故宫博物院、中国美术馆、新加坡国立美术馆等……

吴冠中“烧楼”,和某些“书画大师”的“流水式作画”相比,其境界不啻有天壤之别。

参考答案:

1.大名顶顶——大名鼎鼎　2.标干——标杆　3.暇疵——瑕疵　4.19世纪50年代——20世纪50年代　5.熔于一炉——“付之一炬”或“烧毁”之类　6.一副《巴黎蒙马特》——一幅《巴黎蒙马特》　7.不以为然——不以为意　8.婉惜——惋惜　9.更加弥足珍贵——“更加珍贵”或“弥足珍贵”　10.等……——等。

九、夫妻情深

启功先生是一位响誉海内外的艺术大师。在他心目中,有一位永远难忘的人——他的妻子章宝琛。

启功21岁中学毕业时,在母亲的包办下,与从未见过面的章宝琛成婚了。章宝琛不通文墨,而且是带着一个拖油瓶弟弟一起嫁过来的。婚后,她觉得丈夫是个值得托付终生的人,每日任劳任怨地操持家务。启功对她也由“同情”逐渐转化为“爱情”。启功的母亲1956年病逝时,启功于悲恸中顿悟了妻子持家的艰辛,竟忍不住双膝跪下一拜,叩谢贤妻。

经过努力,启功的书法艺术当时已崭露头脚。孰料1957年的反右运动,启功也难逃劫难。一天,妻子不解地问他怎么会划上了右派。启功宽慰她说:“我参加过土改,划什么‘分子’都有比例。这个‘右派’也是有比例的。你想想,咱们是封建家庭,皇室残渣,受的是根深蒂固的封建教育。既然有比例,就有凑数倒霉的,在下就是一个。”

妻子听后,没有怨天忧人,而是给他鼓励,劝他埋头写书,不缀书画。妻子又变卖了首饰,换了钱来给丈夫买资料。

“文革”时期,启功遭拘留审查。幸亏章宝琛有胆有识,早把启功的书画文稿统统包裹埋藏好。红卫兵多次前来抄家,一无所获。一位红卫兵逼问到:"启功!你是清朝的孝子贤孙,封资修的东西一定不少!"启功也幽了一默:"实话实说吧,'资'没有,'修'也没有,就是有'封'。不过,老朽虽系皇室后代,想当'孝子贤孙'还当不上呢……"

1975年的某一天,迷留之际的妻子拉着启功的手,指点了书画文稿的埋藏之处。妻子去世后,启功找出来一看,发现自己多年沤心沥血所作的书画文稿,用一层层的牛皮纸外套塑料膜包裹着,完好无损!

参考答案:

1.响誉——享誉　2.拖油瓶弟弟——弟弟　3.托付终生——托付终身　4.崭露头脚——崭露头角　5.怨天忧人——怨天尤人　6.缀——辍　7.一位——一个　8.逼问到——逼问道　9.迷留之际——弥留之际　10.沤心沥血——呕心沥血

十、时间管理

教授先在桌子上放了一支罐子,再从桌子下面拿出一些正好可以从罐口放进去的"鹅卵石",然后一块一块地往里放,直到不能再放为止。

教授问他的学生:"这罐子满了吗?"

"满了。"学生们异口同声地回答。

"真的吗?"教授面带神秘的微笑,又从桌子底下拿出一袋碎石,再把碎石从灌口倒进去,用力摇一摇,再加一些,直到不能再倒为止。

"现在罐子是满了或者没满?"教授再问学生。

这回学生学乖了,不敢轻率回答,教室里鸦雀无声。

在教授再三鼓励下,一位学生小心翼翼地低声回答:"也许没满……"

"很好!"教授颔首微笑,又从桌下拿出一袋沙子,慢慢地倒进罐子里。

倒完后,教授再问学生:"你们再告诉我,这个罐子是满的吗?"

"没有满!"同学们似乎全开窃了,都大声回答。

教授竖起大姆指,幽默地夸耀这些学生:"儒子可教也。"再从桌底下拿出一瓶水,把水倒进看起来已经被鹅卵石、小碎石、沙子填满了的罐子。

"你们从中得到了什么启示?"教授郑重地问同学。

班上一阵沉默。

“无论我们的工作多忙，行程排得多满，如果计划得当，还是可以多做些事的。”最后一位同学聪明地回答。

“答案不错，”教授喜笑眼开，满意地说道：“对工作进行合理按排，就是对时间进行有效管理！”

参考答案：

1.一支——一只 2.或者——还是 3.领首微笑——颔首微笑 4.开窃——开窍 5.大姆指——大拇指 6.夸耀——夸奖 7.儒子可教——孺子可教 8.喜笑眼开——喜笑颜开 9.满意地说道：——满意地说道，10.按排——安排

十一、猴子与香蕉

科学家特制了一个大笼子。笼子里放有一串香蕉，香蕉旁设置了一个机关。只要有谁去取香蕉，必然会碰到机关，从而打开按装在笼子上方的高压水笼头，水流随之急速喷出，要持续二、三十秒钟才会停止。

科学家将六只猴子关进笼子。其中一只个头很大，看样子很强盛，有一副桀骜不训的模样。见笼子里有香蕉，兴奋得不能自己，大摇大摆地走过去取。刚一接触到香蕉，水便从笼顶上喷射下来。不仅它自己被水柱击翻，其同伴也遭了殃，全成了“落汤猴”。稍后又有一只猴子禁不住诱惑，慢慢向香蕉走去……结果不言而喻。通过几次尝试，使笼子中的猴子明白了：香蕉是不能拿的，否则，会受到喷水的惩罚。六只猴子最后全服服帖帖的，谁也不敢去取香蕉吃了。

后来，科学家放走了一只猴子，再关进一只猴子。新来的猴子看见有香蕉，瞥了其他猴子一眼，准备过去取。令人吃惊的是，另外五只猴子一起跳过去，给它一顿暴打，阻止它去碰香蕉。尽管这只猴子并不知道原因是什么？但不能去动香蕉的事实还是接受了。

科学家又从原来的五只猴子中放走一只，再关进一只新的。这只新猴子当然会去拿香蕉，而其他五只照样对它进行暴打。而打得最厉害的，竟然是此前刚关进的那只。结果是，这只猴子也不敢去拿香蕉了。

科学家的工作在继续，放出去一只猴子再关进一只……最后笼子里的猴子全换完了，其中没有一只被水喷射过，但它们还是不会去拿香蕉吃。后

来，科学家干脆拆除了喷水装置，也就是说，此后不管哪只猴子去取香蕉吃，都不会发生喷水事件。但笼子里的情况还是与原来一样，猴子们都遵循着不去动香蕉的传统，如果有谁破坏这个规则，它就会被暴打。

这个有趣的实验在世界科学家领域非常著称，它让你想到了什么呢?

参考答案：

1.按装——安装　2.水笼头——水龙头　3.二、三十秒钟——二三十秒钟　4.强盛——强壮　5.桀骜不训——桀骜不驯　6.不能自己——不能自已　7.使笼子中的猴子明白了——笼子中的猴子明白了　8.原因是什么?——原因是什么，　9.竞然——竟然　10.著称——著名

十二、宽容

闻名遐尔的普吉岛，是世界著名的旅游圣地。

去年暑假，我梦想成真，来到泰国西南海域这个有“金银岛”之称的迷人地方。温暖的海水，乳白的沙滩，迷人的小岛，天然的洞窟……无不让我恋恋不舍，流连往返。

除了让人如痴如醉的自然风光以外，在这里目睹的一件小事，也让我久久不能忘怀。

这天，我在岛上一个渡假村的大厅里，看见一位工作人员正在安慰一个三四岁大小的小孩。小孩似乎受了惊吓，已经哭得筋疲力尽了。但无论怎么哄都无济于世，小孩哭声不止。工作人员惴惴不安，神色惶恐，急得一愁莫展。

经打听我才知道，这位工作人员刚刚带领许多小孩在一个网球场参加“儿童俱乐部”活动，孩子较多，一时疏忽，返回清点人数时少了一位，这位小朋友落在了网球场。返回大厅发现人数不对，她才赶回网球场将小孩带回来。

不一会儿，小孩的妈妈来了。工作人员赶忙赔理道歉，并说明了事情的原委。看着可怜兮兮的孩子，这位妈妈会怎么做?痛骂工作人员一顿，还是马上向主管部门抗议?似乎都可能，也都可以。

但这位妈妈并没有这样做。她蹲下身子安慰自己的孩子，“已经没事了，你不是好好的吗?小孩要勇敢，这位姐姐不是故意把你扔下的。”到底

是妈妈来了,孩子一会儿就破碲为笑,不哭了。

最后,妈妈坚定地对孩子说:“因为落下你,这位姐姐非常紧张难过,看,她眼泪都流下来了。现在你必须亲亲姐姐,安慰安慰她!”只见小孩垫起脚,在蹲在他身旁的工作人员的脸颊上亲了一下,并且轻轻地告诉她:“不要害怕,已经没事了!”人群中响起了一阵热烈的掌声。

我想,这掌声,不仅仅是为小孩,更是为这位妈妈响起的!时间已经过去一年多了,但这掌声还时时在我的心头响起。

参考答案:

1.闻名遐尔——闻名遐迩　2.圣地——胜地　3.流连往返——流连忘返　4.渡假村——度假村　5.无济于世——无济于事　6.一愁莫展——一筹莫展　7.赔理道歉——赔礼道歉　8.孩子,——孩子:　9.破碲为笑——破涕为笑　10.垫起脚——踮起脚

十三、人生的背篓

有个年轻人,感觉生活的压力很大,整天哀声叹气。于是,他向一位哲人请教:如何才能从重压中解脱。

听了年轻人的报怨,哲人递给他一个背篓,然后指着门前上山的小路说:“你背着这个篓子上山,每走十步就捡一块石子放在篓子里,我在山顶等你。”说完,哲人快步上山了。一头雾水的年轻人在后面尊嘱而行。

年轻人花了整整半天时间,才背着一篓石子汗流加背地爬到了山顶。没等他歇一会儿,哲人便让他说说这一路上有什么感受?

“越来越沉,感觉无法承受。”年轻人气喘嘘嘘地回答。

“这就是你的生活越来越沉重的原因。”哲学家慢条丝理地说道。年轻人不明究里,一脸茫然。

哲人接着说:“每个人来到这个世界上,都背着一个空篓,每走一段人生路,都捡一些东西放进去,这可能是让你觉得越走越累的原因。”

“有什么办法可以减轻吗?”年轻人问。

“有啊!”哲人说,“不过这个问题要你自己来回答,事业、爱情、父母、朋友等等,你愿意去掉哪个呢?”年轻人张口接舌,半响说不出一句话。

“其实,我们篓子里装的不是负担,而是责任,是我们放进去再也不想

拿出来的东西，它们曾经并将继续给我们带来快乐和幸福。你觉得累，是因为你把背篓里的东西，当成石头，当成负担了。”

年轻人若有所悟，告别哲人，轻快地离去。

参考答案：

1.哀声叹气——唉声叹气　2.报怨——抱怨　3.尊嘱——遵嘱　4.汗流加背——汗流浃背　5.有什么感受？——有什么感受。　6.气喘嘘嘘——气喘吁吁　7.慢条丝理——慢条斯理　8.不明究里——不明就里　9.张口接舌——张口结舌　10.半响——半晌

十四、爱的链条

一位盲人打车，下车时记价器显示 12 元。司机把盲人扶下车，送进小区，并且不肯收车钱，说：“不用付钱，因为我挣钱比你容易。”正在此时，一位文质杉杉的男士走了过来，并上了这辆车。到了目的地，车价显示 15 元。男士却给司机 27 元，说：“我挣钱比你容易，刚才那位盲人的车钱我付吧。今后我们一如继往，去帮助有需要的人。”

类似的故事，并不鲜见。

一个年轻人自驾游，途径一个牧区时遭遇暴风雪，汽车意外抛锚，被困在了一个荒辟之地。夜已很深，寒风刺股，年轻人冻得瑟瑟发抖。正在他心急如焚的时候，来了个骑着马的男子。二话不说，骑马男子用马把汽车拉到了小镇上。年轻人感激不尽，为了表示谢意，他拿出一笔钱给骑马男子。骑马男子却说：“不需要回报，但我要你一个承诺，当别人有困难时，你也要尽力帮助他。”年轻人深受感动，发誓要像骑马男子一样，在有人需要帮助的时候，毫不犹豫地申出援助之手。在后来的日子里，年轻人帮助过无数需要帮助的人，他每次都把骑马男子那句话转述给被他帮助的人，拒绝任何回报。

在多年后的一天，因遭遇洪水，年轻人被困在了激流中的一块大石上。水势越来越猛，水位越来越高，大石很快就会掩没在洪水之中。年轻人一愁莫展。就在千钧一发之际，一位勇敢的少年冒着危险救了他。在他表达谢意时，少年竟然说出了那句自己曾说过无数次的话：“不需要回报，但我要你一个承诺，当别人有困难时，你也要尽力帮助他。”

一股暖流拥上年轻人的心头:我穿起了一根链条,爱心在链条上传递着,经过无数的人,现在又传了回来。

参考答案:

1.记价器——计价器　2.文质杉杉——文质彬彬　3.一如继往——一如既往　4.途径——途经　5.荒辟——荒僻　6.寒风刺股——寒风刺骨　7.申出——伸出　8.掩没——淹没　9.一愁莫展——一筹莫展　10.拥上——涌上

十五、2 减 1 等于几

一家大公司要招聘一批管理人员,招聘启示刚刚贴出没多久,就吸引了一大批应聘者。

公司在业内闻名遐尔,前来应聘的人不乏行业翘楚,及条件优越的高学历者。经过数轮淘汰,最终进入面试环节的不足 10 余人。当然,能留下的都是出类拔粹的行业精英。

关于面试的形式和题目,大家有各自的猜想和预测,共同点是:一定很"刁",一定很难!最终呈现在大家面前的题目出人意料地"简单":2 减 1 等于多少。

看到这个题目,应聘者面面相馐,心里不由得都敲起了泼浪鼓:"不会吧,连学都没上过的孩子都会做的算术题,竟然拿来考我们?""答案不会这么简单,里面肯定大有文章。""考官一定是想得到一个别出心栽的答案。""这是在考'创造性'思维能力。"……

就这样,大家开始铰尽脑汁地想答案。有的答:"等于被减掉的 1 所能换来的所有东西。"有的答:"2 减 1 等于 1 是消费,等于 2 是经营,等于 3 是贸易,等于 4 是经融,等于 100 是贿赂……"还有人居然答:"领导说它等于多少就等于多少,答案就是领导意志。"总之,千奇百怪,五花八门。

只有一个人,犹犹豫豫地回答:"等于 1。"主考人员问他为什么不大大方方地说出来,他沉没了一会儿,说:"实话实说,有时并不是一件容易的事。"最后,这个说出答案是 1 的人被录用了,被录用的也只有他一个人。因为,公司要招聘的,就是敢于实话实说的人。

参考答案：

1.启示——启事　2.闻名遐尔——闻名遐迩　3.不足10余人——不足10人　4.出类拔粹——出类拔萃　5.面面相觑——面面相觑　6.泼浪鼓——拨浪鼓　7.别出心栽——别出心裁　8.铰尽脑汁——绞尽脑汁　9.经融——金融　10.沉没——沉默

十六、找回自己

他本来颇有资产，生活富足。谁也不曾想到，他后来投资失败，金钱、产业、甚至妻子儿女，都离开了他。

他深陷绝望之中，自抱自弃，每天沉缅于酒精之中，还一度想到过死亡。就在这时，有人告诉他，有位哲学家能帮人走出低谷。他立刻赶去，寻求哲学家的帮助。

他向哲学家讲述了自己的遭遇，熟料哲学家竟说："我帮不了你。"唯一的希望也破灭了，他再次陷入绝望之中。"不过"，哲学家再次开口，"我知道一个人，这个世界上他是唯一能帮你的人。""谁？"他眼中又一次亮起希望的光。

哲学家把他带到一面镜子前，让他看看镜子，对他说："就是他。""我自己？"他不敢相信，镜子里的自己是那么狼狈——头发蓬乱，满脸污诟，衣服很长时间没有换洗，脏的不堪入目。"对，这个人就是世界上唯一能帮你走出低谷的人。再靠近一点，仔细回想这个人原来的样子。"

他想起以前神彩飞扬、斗志昂扬的自己，想起曾一路披荆斩棘、所向披靡的自己。再看看镜子里不堪入耳、萎靡不振的自己，他不由笑了起来。

"谢谢您，我明白了！"说完，他转身离去。

多年以后，哲学家迎来一位神色从容的客人。这位客人就是他。他告诉哲学家，他也找回了自己曾经拥有的一切，更重要的是——他又找回了他自己。

参考答案：

1.金钱、产业、甚至妻子儿女——金钱、产业，甚至妻子儿女　2.自抱自弃——自暴自弃　3.沉缅——沉湎　4.熟料——孰料　5."不过"，——"不过，"　6.污诟——污垢　7.脏的——脏得　8.神彩飞扬——神采飞扬

9.所向披糜——所向披靡　10.不堪入耳——不堪入目

十七、生命的价值

有个年轻人,觉得自己太普通,甚至没有什么作为,看不到人生的希望,成天郁郁寡欢。

一天,他向一位哲学家请教,“你能告诉我,像我这样的人,活着有什么意义吗?”

哲学家想了想,捡起一块普普通通的石头,递给他,吩付道:“你把这块石头拿到集市上去卖;但是记住,无论别人出大价钱,你都别出手。”

年轻人疑惑不解,但还是照做。出人意料的是,由于年轻人一再拒绝出售,人们都以为这石头里有什么大明堂,出价越来越高。

第二天,年轻人又带着这块石头去玉石市场。仍凭别人怎么出价,他还是不肯出售,价格一路彪升,远远超过了一般玉石。

第三天,年轻人到珠宝市场去卖这块石头。照样,这块本来不名一文的普通石头,奇迹般成了出价最高的奇珍异品。

“怎么会这样呢?”年轻人好奇地问哲学家,“这明明是一块很普通不过的石头啊。”

“但是,”哲学家回答道,“如果你珍惜它,把它视为稀世珍宝,它便拥有了无上的价值!生命的价值,也一样。”

年轻人的眼神中,又亮起了希望的光茫。

参考答案:

1.甚至没有——没有　2.请教,——请教:　3.吩付——吩咐　4.无论别人出大价钱——无论别人出多少钱　5.大明堂——大名堂　6.仍凭——任凭　7.彪升——飙升　8.不名一文——不值一文　9.很普通不过的——普通不过的　10.光茫——光芒

十八、解开“缆绳”

我们都知道,捕渔是项非常辛苦的活儿。其实,光辛苦远远不够,渔民能否鱼满舱,还要仰赖好天气,指望好运气。

最近,有个渔民几乎每天都满载而归。他捕到的鱼,比别的渔民多出了

一倍。为了庆祝这等好事，渔民在船上大宴宾客。应邀而来的，都是些亲朋好友，彼此非常熟悉。渔民无所顾及地痛饮起来。宴会结束时，他已经醉意阑珊了。等大伙儿散尽了，渔民草草收拾了一下，便废力地摇起船浆准备回家。可是划了半天，渔船竞然纹丝不动。

“难道，难道我是遇上鬼了不成?”渔民被吓到了，醉意一下子消退了一半，跌跌撞撞地下船往岸上走。刚到岸上，就被什么东西拌得趔趄了一下，头重重地磕在一个硬邦邦的东西上，然后就失去了知觉。

醒来时，渔民发现自己躺在河边，头还在隐隐作痛。回想发生的事，他仍感到有点匪疑所思。“船怎么会不动呢?”渔民朝脚边看去，恍然大悟，终于明白了是怎么一回事？原来，因为醉得厉害，他根本没有解开船的缆绳。害他摔跤的，就是那根缆绳；而磕了他一个包的，就是栓绳的石礅。

人生的船，也有一根缆绳。如果没有它，我们就不能在生命的港湾平静地停靠。但远航前必须解开它，否则，我们将寸步难移！

参考答案：

1.捕渔——捕鱼　2.能否鱼满舱——鱼满舱　3.无所顾及——无所顾忌　4.醉意阑珊——醉眼蒙眬　5.废力——费力　6.船浆——船桨　7.竞然——竟然　8.拌得趔趄了一下——绊得趔趄了一下　9.匪疑所思——匪夷所思　10.是怎么一回事？——是怎么一回事。

附录二　中华人民共和国国家通用语言文字法

（2000年10月31日第九届全国人民代表大会常务委员会第十八次会议通过，2000年10月31日中华人民共和国主席令第37号公布，自2001年1月1日起施行）

目　录

第一章　总则

第一条　为推动国家通用语言文字的规范化、标准化及其健康发展，使国家通用语言文字在社会生活中更好地发挥作用，促进各民族、各地区经济文化交流，根据宪法，制定本法。

第二条　本法所称的国家通用语言文字是普通话和规范汉字。

第三条　国家推广普通话，推行规范汉字。

第四条　公民有学习和使用国家通用语言文字的权利。

国家为公民学习和使用国家通用语言文字提供条件。

地方各级人民政府及其有关部门应当采取措施，推广普通话和推行规范汉字。

第五条　国家通用语言文字的使用应当有利于维护国家主权和民族尊严，有利于国家统一和民族团结，有利于社会主义物质文明建设和精神文明建设。

第六条　国家颁布国家通用语言文字的规范和标准，管理国家通用语言文字的社会应用，支持国家通用语言文字的教学和科学研究，促进国家通用语言文字的规范、丰富和发展。

第七条　国家奖励为国家通用语言文字事业做出突出贡献的组织和

个人。

第八条　各民族都有使用和发展自己的语言文字的自由。

少数民族语言文字的使用依据宪法、民族区域自治法及其他法律的有关规定。

第二章　国家通用语言文字的使用

第九条　国家机关以普通话和规范汉字为公务用语用字。法律另有规定的除外。

第十条　学校及其他教育机构以普通话和规范汉字为基本的教育教学用语用字。法律另有规定的除外。

学校及其他教育机构通过汉语文课程教授普通话和规范汉字。使用的汉语文教材,应当符合国家通用语言文字的规范和标准。

第十一条　汉语文出版物应当符合国家通用语言文字的规范和标准。

汉语文出版物中需要使用外国语言文字的,应当用国家通用语言文字作必要的注释。

第十二条　广播电台、电视台以普通话为基本的播音用语。

需要使用外国语言为播音用语的,须经国务院广播电视部门批准。

第十三条　公共服务行业以规范汉字为基本的服务用字。因公共服务需要,招牌、广告、告示、标志牌等使用外国文字并同时使用中文的,应当使用规范汉字。

提倡公共服务行业以普通话为服务用语。

第十四条　下列情形,应当以国家通用语言文字为基本的用语用字:

(一)广播、电影、电视用语用字;

(二)公共场所的设施用字;

(三)招牌、广告用字;

(四)企业事业组织名称;

(五)在境内销售的商品的包装、说明。

第十五条　信息处理和信息技术产品中使用的国家通用语言文字应当符合国家的规范和标准。

第十六条　本章有关规定中,有下列情形的,可以使用方言:

(一)国家机关的工作人员执行公务时确需使用的;

(二)经国务院广播电视部门或省级广播电视部门批准的播音用语;

（三）戏曲、影视等艺术形式中需要使用的；

（四）出版、教学、研究中确需使用的。

第十七条　本章有关规定中，有下列情形的，可以保留或使用繁体字、异体字：

（一）文物古迹；

（二）姓氏中的异体字；

（三）书法、篆刻等艺术作品；

（四）题词和招牌的手书字；

（五）出版、教学、研究中需要使用的；

（六）经国务院有关部门批准的特殊情况。

第十八条　国家通用语言文字以《汉语拼音方案》作为拼写和注音工具。

《汉语拼音方案》是中国人名、地名和中文文献罗马字母拼写法的统一规范，并用于汉字不便或不能使用的领域。

初等教育应当进行汉语拼音教学。

第十九条　凡以普通话作为工作语言的岗位，其工作人员应当具备说普通话的能力。

以普通话作为工作语言的播音员、节目主持人和影视话剧演员、教师、国家机关工作人员的普通话水平，应当分别达到国家规定的等级标准；对尚未达到国家规定的普通话等级标准的，分别情况进行培训。

第二十条　对外汉语教学应当教授普通话和规范汉字。

第三章　管理和监督

第二十一条　国家通用语言文字工作由国务院语言文字工作部门负责规划指导、管理监督。

国务院有关部门管理本系统的国家通用语言文字的使用。

第二十二条　地方语言文字工作部门和其他有关部门，管理和监督本行政区域内的国家通用语言文字的使用。

第二十三条　县级以上各级人民政府工商行政管理部门依法对企业名称、商品名称以及广告的用语用字进行管理和监督。

第二十四条　国务院语言文字工作部门颁布普通话水平测试等级标准。

第二十五条　外国人名、地名等专有名词和科学技术术语译成国家通用语言文字，由国务院语言文字工作部门或者其他有关部门组织审定。

第二十六条　违反本法第二章有关规定，不按照国家通用语言文字的规范和标准使用语言文字的，公民可以提出批评和建议。

本法第十九条第二款规定的人员用语违反本法第二章有关规定的，有关单位应当对直接责任人员进行批评教育；拒不改正的，由有关单位作出处理。

城市公共场所的设施和招牌、广告用字违反本法第二章有关规定的，由有关行政管理部门责令改正；拒不改正的，予以警告，并督促其限期改正。

第二十七条　违反本法规定，干涉他人学习和使用国家通用语言文字的，由有关行政管理部门责令限期改正，并予以警告。

第四章　附则

第二十八条　本法自 2001 年 1 月 1 日起施行。